80 [illegible] 事业系列丛书

80后养老事业
系列丛书

80后的养老事业
四十不惑

张晶　主编

华龄出版社
HUALING PRESS

图书在版编目（CIP）数据

80后的养老事业：四十不惑 / 张晶主编 . -- 北京：华龄出版社，2022.9

ISBN 978-7-5169-2396-2

I. ① 8… II. ①张… III. ①养老—服务业—产业发展—研究—中国 IV. ① F726.99

中国版本图书馆 CIP 数据核字（2022）第 166179 号

责任编辑 程 扬　　**责任印制** 李未圻

封面设计 王 宇

书　名	80后的养老事业：四十不惑	**作　者**	张 晶
出　版 发　行	华龄出版社 HUALING PRESS		
社　址	北京市东城区安定门外大街甲57号	**邮　编：**	100011
发　行	（010）58122255	**传　真：**	（010）84049572
承　印	北京天工印刷有限公司		
版　次	2022年9月第1版	**印　次**	2022年9月第1次印刷
规　格	710mm×1000mm	**开　本**	1/16
印　张	25.25	**字　数**	427千字
书　号	ISBN 978-7-5169-2396-2		
定　价：	78.00元		

初　心

篆刻家　宋涛先生

忠孝博愛開放利他

80后的养老事业—四十不惑

李琦题

书法　李琦先生

送给40岁
更好的自己

插画师　徐子砚女士

寄语

关心养老，就是关心我们的未来。80后的养老事业，展现的爱老敬老的责任担当，彰显的是青年一代的大爱情怀。让我们携手并进，勇毅前行，不负“老吾老以及人之老”的美好托负，让每一位老人都能老有所养、老有所依、老有所乐，颐养天年。

——史可 全国政协委员、农工党中央常委、江西省科学技术协会主席

与疫情伴随的时光里，我们大多经历过或长或短的停摆，被迫慢下来，体验“退休”生活，使得人们对生命、健康、乐活的思考愈发深入了。随着人民生活水平的日益提高，人们对老年生活的需求也愈发多元，给正在从事或者有意加入养老行业的新时代养老人提出了更高的要求，这既是挑战也是机遇，亦是时代赋予的使命与担当。中国人的养老要走出中国特色，新时代的养老更需守正创新。养老不是个体的事情，但又需要每一个个体的积极参与，期待未来我们共同见证养老业的中国奇迹。

——李俊 农工党中央医疗卫生专委会委员、爱尔眼科医院集团北京爱尔眼科医院 CEO

四十不惑、青春不悔，奋斗的脚步熠熠生辉，执着的信念耀亮夕阳，梦想的羽翼为爱飞翔！祝福80后的新生代养老人在各自的岗位上事业有成！一起向未来！

——高新荣 黑龙江省医养结合养老服务专科联盟主席

未雨绸缪，善待老人就是善待明天的自己。站在今天，展望明天，这些勇敢前行的80后，既探索着今天的养老模式，也为未来我们的养老打下坚实的基础。未来的样子就是今天我们创造的样子，亲手创造的美好值得期待！祝福！

——卢秋平 优和时光（北京）文化中心有限公司总经理、北京美后肆时、角楼图书馆运营负责人

这本书的内容是鲜活的，有生命的，因为她来源于实践，来源于十余位80后优秀养老人在实践中对老龄化的真切感悟，对养老产业的真切思考，对“养老”及“养老+”的真切探索，字里行间蕴含着金子般珍贵的真“经”真“宝”。相较于几千年的家庭养老，社会化养老无疑才刚刚开始，还需要不断探索。这本书总会给你的探索以这样或那样的启迪。

——赵学昌　南开大学法学博士、天津易胜合律师事务所主任律师、天津职业大学老年服务与管理专业教授

这本书汇聚了中国优秀的80后养老人，体现了新一代养老人的责任与担当，他们聚焦行业热点，探索事业发展。我是90后，读完感到激励和感动，鞭策我在养老事业的路上奋勇前行！书里的编委都是我非常钦佩的养老人，中国“80后”的故事，值得被世界听到。

——焦子豪　哈尔滨德众养老产业发展有限公司总经理

我有个“约老”梦想，老伴、老友、老酒、老狗，“老”是那么美好。当60后，70后，80后开始约老，是一种“半老”之约，新的生活就像打开的老酒，扑面而来成熟后风华的味道，令人陶醉。借这本《80后的养老事业——四十不惑》与80后做一个“约老”之约。

——于鲁　知学星链创始人、知学学院院长

“年龄只是一个数字”，老年人的概念不能简单以年龄作为标签，更要关注功能状态。当我们以积极健康的视角看待老年人，我们看到的是青春飞扬；当80后的青春养老人遇到新时代的青春老龄事业和产业，我们看到的是青春的碰撞！

——屠其雷　北京社会管理职业学院（民政部培训中心）老年福祉学院院长、中国老年医学学会健康管理分会会长

四十不惑，人生通达，正值壮年，却开启了为老服务的创业历程。他们为老服务创业的历程或情怀驱动，或价值使然，一定是人生理性选择的结果。他们创业的故事，都是积极应对人口老龄化国家战略背景下一个个生动的为老服务创新实践，是新时代养老服务的典型代表，故事里定有突破的喜悦，也有遇挫的困惑，无论怎样，这样一个生命影响生命的创业故

事、人生感悟，对养老服务的从业者、“向老而生”的广大群众，定会有情感的共鸣与投身养老事业的触动。

——倪赤丹　深圳健康养老学院院长

80后出生的年代和成长的时间正是中国社会前所未有的剧烈变化时期，社会一直在各种不可知的变化中。对于80后，中国的养老问题将会变得非常尖锐，因为之前几千年的养老传统就是朴素的养儿防老，真正让养老问题显现的原因是生活条件变好带来的预期寿命变长+计划生育政策导致的传统养儿防老无法持续，而80后正是计划生育政策下的第一代。现如今，80后正步入中年时代，我们的父母也成了统计学意义上的老年人。从过往经验上看，我们相信，经过大风大浪洗礼的80后，完全有能力解决特殊历史时期产生的独生子女赡养双方老人的挑战。而这中间碰撞出的精彩故事，会在《80后的养老事业——四十不惑》中娓娓道来。

——吕梓平　鑫远集团鑫颐养老服务有限公司总经理

“让老年人有尊严的养老、让中青年更专注于社会价值创造”。一个时代的人群，都有一个时代的使命，越来越多的80后和90后养老人，正投身在养老事业的大潮中，他（她）们承上启下，起着中流砥柱的作用。老人们是他们工作中要呵护的，企业是他们要肩负的，企业行稳致远，对老年人的服务才能持续深入。养老服务的高品质，必定来源于从业人员的高素质。80后、90后的养老人就是这个行业的代表，他们会带动整个行业向前发展，传承养老基因，赓续精神血脉。

——白巍　广宇集团副总裁

“传承中华优秀孝道，建设中华养老文明”是时代赋予我们的神圣使命，期待更多的青年人投身到“80后的养老事业”中，勇担使命，共创辉煌。

——王平　湖北省高校人文社科重点基地——湖北工程学院中华孝文化研究中心研究员，中国老年学和老年医学学会孝文化分会副主任委员，湖北当代孝文化研究院院长

作为一名80后养老行业从业者，《80后的养老事业——四十不惑》这

本书知识宽泛，内容新颖丰富，能够很好的弥补知识断层，开拓视野，是一本不可或缺的行业指南，相信能为步入中年的80后进军养老产业提供新思路。同时，也可以帮助更多的90后、00后进入养老行业进行指引。

——石禹　佳木斯市养老服务行业协会会长、黑龙江乐颐养护服务有限公司总经理

《80后的养老事业——四十不惑》这本书完美的诠释了80后这代养老人对养老事业的责任感和使命感，从各个角度深度剖析中国养老行业的现状，对中国未来养老之路的走向分析以及行业融合发展等方面，都提出非常多的创新的解决方案，为养老人指明了方向。此书必将推动中国养老事业的发展，非常值得关心养老的朋友们详细读阅。

——王军博　山东金秋嘉源养老服务有限公司董事长

四十不惑于选择，80后养老人坚定不移地选择将“养老”做为自己毕生追求的事业；四十不惑于表象，80后养老人深知实现养老产业化、人才专业化才是长久发展的必经之路；四十不惑于传承，将国际理念和创新实践能力相结合，80后养老人正探索出一条中国特色的养老之路。

《80后的养老事业——四十不惑》一书从理论到实践，从机构到社区，内容翔实，案例典型，全面向读者展示了中国养老事业的发展历程，展望了辉煌的未来，非常值得养老从业者和有志于从事养老事业的年轻人学习借鉴。期待更多的80后养老人成为中国养老事业发展的中流砥柱，实现人生价值。

——聂永慧　远洋养老健康医疗总监、中国老年医学学会标准化专家库专家、中国健康管理学会临床营养与健康分会副会长

不论你几岁，不论你是否是“四二一”世代，就算是你只是预备进攻银浪商机，也该知道：现在是历史上关乎老化、老人、生死，好书最爆量的时候。《80后的养老事业——四十不惑》一书即从事业、产业、案例三个不同的面向为切入点，汇整了养老服务可能发生或面临的处境，着力推动养老事业与产业高质量协同发展，非常值得一读。

——林菡雅　中国台湾长期照顾关怀协会理事长

序 一

PREFACE Ⅰ

有了年轻人　养老更精彩

关注80后这批养老人已经有5年了。看着他们一步一步在养老领域摸爬滚打，成长进步，使我强烈地感受到了中国养老的未来和希望。正是因为有了他们这些80后、90后甚至00后的加入，中国养老才会更有希望，更有力量，也注定会更加精彩。

对于80后来讲，已经是四十不惑。但是对于我来讲，倒是很羡慕他们的年纪。回想自己的四十不惑，17年前我刚调到全国老龄办工作，那时候中国刚进入老龄化不久，大家还普遍缺乏社会养老意识，养老也基本是国家在做的福利事业。从2013年的养老产业元年开始，中国老龄事业飞速发展，我见证了中国老龄事业与产业发展的大事小事。作为养老行业的过来人，我想与大家分享几个关键词。

1. 转型

中国社会在转型，产业结构在转型，家庭规模在转型，养老观念在转型，个人也在转型。我从原来的机关到了高校研究机构工作，从曾经跟他们一样满腔热血为国奉献的青年到现在即将进入六十耳顺的年龄，做好人生的转型，更好地发挥自己的经验和价值，换了一个新平台继续为国家做贡献。

应该说每个人的转型都是大事，要非常慎重。对于四十不惑的80后来说，处于百年未有之大变局，转型的成功与否非常关键，这也许会决定着职业生涯的后半程。所以，对于很多关注养老行业的人来说，不妨先多听听、多看看，一定要想清楚再进入。

2. 创新

看着 80 后这批青年努力地成长起来，如今也到了四十不惑的年龄，我认为这个年龄是人生中最好的阶段，年富力强，能力水平已经纯熟，又积累了足够的经验，正是创造事业的好时候。看着这批 80 后，生机勃勃，与中国的老龄产业发展同步，时代赋予他们“老年人口红利”的机会，需要他们用前瞻性的眼光和脚踏实地的行动去乘风破浪。五年前初识时我就眼前一亮，因为他们“创新 跨界 国际化”的思路正是社会需要的。他们善于思考，总是用创新的方式去解决曾经我们认为的难题。社会需要创新，这样的创新值得肯定和鼓励。

3. 榜样

中国老龄产业发展这十年来，不同背景的养老企业起起伏伏。未来的老龄化社会环境与过去会有很大不同，鞭策 80 后继续奋斗，不断创新，带着 90 后、00 后去创新，发挥好承上启下的作用，做出榜样。榜样的力量是无穷的，榜样的形象是光彩照人的。希望 80 后能涌现出更多的典型和榜样，承担更多的社会责任。

100 年前，是中国共产党带领人民站起来；40 年前，是改革开放的好政策和产业工人带领人民富起来；10 年前，老龄产业刚起步。如今，老一代养老工作者也将陆续退休，需要靠 80 后、90 后的年轻人去创造老龄行业的新时代，做时代的榜样。

4. 学习

学习是终身的事情，老年人需要学习，年轻人更需要学习。80 后从学校毕业到企业工作，现在已经有了丰富的实践经验，但还要善于总结，继续学习，不要止步，要更上一层楼。

在庆祝中国共青团成立 100 周年大会上，习近平总书记在讲话中用了多个“最”字表达他的评价和期待：“青年是常为新的，最具创新热情，最具创新动力”“青年是社会中最有生气、最有闯劲、最少保守思想的群体，蕴含着改造客观世界、推动社会进步的无穷力量”“青年之于党和国家而言，最值得爱护、最值得期待”……

习近平总书记又指出，“追求进步，是青年最宝贵的特质，也是党和人民最殷切的希望。”他勉励新时代的广大共青团员在以下几个方面做模范：要做理想远大、信念坚定的模范；要做刻苦学习、锐意创新的模范；要做敢于斗争、善于斗争的模范；要做艰苦奋斗、无私奉献的模范；要做崇德向善、严守纪律的模范。

时代各有不同，青春一脉相承。1916 年，李大钊在《青春》一文中寄语青年“进前而勿顾后，背黑暗而向光明，为世界进文明，为人类造幸福”。中国老龄事业和产业方兴未艾，今后 10 年更是黄金机遇期，是一个值得为之奉献青春又充满希望的新领域，也是年轻人创新创造创业的处女地。

《80 后的养老事业——四十不惑》记录了以 80 后为主的养老人真实的心路历程，既有成熟的一面，也有创新的一面，是新一代的养老生力军，很有意思。当有越来越多的 80 后、90 后加入到青春期的老龄行业时，中国的老龄产业一定会更加精彩！

吴玉韶

复旦大学老龄研究院副院长　教授

（全国老龄工作委员会办公室原党组成员、副主任）

2022 年 5 月 16 日

序 二

PREFACE Ⅱ

作为生活在中国的老外，我有幸目睹、也亲身经历了中国养老市场的巨变。我们英国DWA养老设计公司机缘巧合地在2012年参与过一个国内大型养老社区的国际竞标进入了中国市场。英国DWA养老设计公司在英国的养老市场中是领头羊企业，公司于1988年成立，至今落地了超过500个实体案例。我们与八零养老2017年就建立了缘分，这次很有幸被邀请为《80后的养老事业——四十不惑》写序言，我从一个老外的角度，一个深度参与中国养老事业的老外角度，聊聊我对中国养老行业的认识。

【重新定义老年人】

首先我感觉有必要重新界定一下老年人。十年前，我在中国听说有50多岁退休后就说自己是老人的说法，表示非常惊讶。在英国，即使80岁的老人，只要身体健康，能独立生活，他会希望一直保持独立性，把生活安排得丰富多彩，不会把自己贴上老人的标签。大家想一想，新东方的俞敏洪60岁，万科原董事长王石71岁，他们是老人吗？俞敏洪60岁还在考虑二次创业，王石71岁还在做投资、做自媒体，这哪里是传统的退休养老模式？他们还在开启人生的第二春！我们现在面对的更多的是新型老年人，他们即使年过六旬，大部分身体健康，甚至充满活力，有很多创造力，典型代表就是王德顺。面对新型老人群体，养老产业确实有太多角度可以介入，等待大量的模式创新。而不仅仅是政府政策“9073”中提及的机构养老和社区养老，触及“90”才是真正的养老蓝海。

【中英养老对比：理念、政策】

2013年是中国的养老元年，DWA亲历和深度参与这10年的发展，我从心底感慨中国的养老人用十年时间完成了欧洲20年甚至30年的发展变化，中国养老人真牛。2012年DWA进入中国时，国内很多养老理念还很初级，我们经历的顺德善耆家园养老社区就花了大量时间“洗脑”项目方和政府领导，灌输养老社区的全龄化理念，灌输以人为本的养老理念，养老项目不是慈善项目，从项目启动就要算经济账等。这些理念当时对市场的冲击很大，有些当时还不能被市场接受，但到了今天很多理念被证明是经得起市场考验的，我们也是“接地气且超预期”的国外设计机构。

这些年身在养老行业，我亲眼见证了中国的养老人不断探索、不断尝试新模式，以便在外界人士看来是蓝海的养老市场上活下来。以我对中外养老市场的观察，中国的养老之所以难做，症结在中国老人没有支付意愿、没有支付能力。中国面临由“老龄化社会”到“老龄社会”的转变，与之伴随的“未富先老”的尴尬。中国老人虽然支付意愿在逐年改观，但支付能力也没办法一下子改变，需要把富人等老，中国养老市场的繁荣期就到来了。在英国，能去养老机构养老的老人也是少数，要支付的费用也不是中产家庭能够简单承受的，也需要很早就做养老规划，购买养老的金融理财产品，甚至是卖房养老，但这些理念大部分英国老人都能接受，如果说中外老人的差别，首当其冲的可能是理念。

在英国，即使是政府投资建设的养老院，也没有税收、贷款或者用地方面的优惠，它们和民营的养老机构一样，都要根据市场规律来运作，并不存在给予养老院的建设补贴或者运营补贴等资金方面的支持。政府更多的是充当政策制定、监管、评估以及购买服务的角色。因此，养老服务体系呈现市场化和多元化的特点，政府直接提供服务的比例非常少，更多的是依靠民营养老服务机构和慈善组织为老年人提供各种养老服务。

中国养老市场还是看政府政策的主导方向，根据政府补贴政策和力度调整市场策略，像险资类投资养老能够形成养老闭环的模式还是少数，目标客户针对的是高端养老人士。随着中国老龄化程度的不断加深，中国政府针对养老的政策也越来越完善，我的感受是政策透明、落地性强，而且还在持续地完善。

【养老是个抗风险行业】

养老是个抗风险行业，估计这次疫情，很多业内人士都有感触，由于养老机构的封闭式管理，对于入住率高的机构，收入稳定经济影响不大，但对于刚开业的机构，入住率还没达到收支平衡的机构，运营成本就太高了，机构面临严峻考验。

在英国疫情期间，养老项目呈现集中大爆发，主要原因是地价便宜了，争夺地块的竞争对手减少，养老品牌纷纷圈地、适时扩张。疫情导致的餐饮、旅游、酒店等行业的市场需求大幅下降，养老却是刚需，而且需求稳健增长，因此养老品牌的适时扩展也就不难理解。

【结尾】

我感觉中国的80后这代人特别不易，他们是计划生育政策实施后独生子女的一代，是亲身经历了社会大变革大发展时期、亲眼见证当代中国在改革开放后日渐发展崛起并与之一同成长的特别的一代人。中国的80后普遍都接受过较好的素质教育，愿意接受新事物新思想，现正陆续背负起家庭的责任，面临上有老下有小的压力，也日渐成熟并成为社会的中流砥柱，思考民族荣誉国家前途。

英国的代际划分时间跨度要大一些，所谓的80后，我们通常会称为Gen Y，Y代人生活和社会压力不大。我们这代人的父母是目前全社会最富有的一代，类似中国的70后、80后，赶上了国家经济蓬勃发展，房市红利让众多家庭很早就步入中产，社会呈橄榄形，中产位于中部，是大部分群体。由于父母独立，大多数人仍处于活力状态，财务富庶，因此我们赡养老人的压力不大，我们更关心父母心理状况和生活质量。

不管是英国的Y代人还是国内的80后，当下都是我们的时代。正如《百岁人生》所说，现代人的人生规划不再是出生成长—受教育—工作—结婚生子—退休的单线进程，而是出生成长—受教育—工作—结婚生子—受教育—工作，不断换工作换赛道，不断延迟退休，甚至模糊退休概念，工作到人生最后一分钟，最大可能地延长自我价值。养老行业从这个角度看就是更大的市场，应对的就是更丰富的需求，是个可以做终身和可传承的行业。

最后，感谢《80后的养老事业——四十不惑》编委会给我们提供一个这样好的媒介，这不仅仅是一本书，还是让大家可以从不同视角交流养老心得、碰撞思想的有益平台。希望我们能各自充分发挥好各自的优势，一起真正实现养老服务的公共价值最大化，构建养老服务体系现代化建设的新发展格局。

Mark Dodds 马丰宁

英国 DWA 养老设计公司执行总经理

2022 年 5 月 6 日

自 序

2022 年，我 40 岁，不惑之年。

20 年关注研究，9 年实战锻炼，一路走来，饱尝了养老行业的酸甜苦辣。

为了让更多人关注养老、参与养老，唤醒人们心中的孝道，2015 年，我开始酝酿写作《80 后的养老事业——养老产业商业模式与跨界创新》一书。经过一年多的反复打磨，该书终于在 2017 年春节后正式出版。面世以来，得到广大读者的认可与好评，甚至有很多朋友因为看了我们的书而进入养老行业。他们现在，有的已经成为养老企业中的骨干，有的看准机会勇敢创业，有的利用学到的专业知识解决自己父母的养老问题。

我们组建了“80 读者群”，在群里大家分享资料、答疑解惑、互相帮助，快速成长。后来，《80 后的养老事业》的视频、音频也都上线，传播力度更大，帮助很多养老企业解决发展中的问题，帮助更多家庭解决养老难题。这些也算是我们 80 团队为养老事业发展做出的一点点贡献吧。

当然，我们也收到一些读者提出的建议或意见，各种批评指正我们虚心接受。作为主编，我能感受到大家对我们青年一代参与养老服务工作的鼓励与支持。这份情义、这份寄托更让我感受到肩上的责任。2022 年，我步入不惑之年，工作台上摆着枸杞、大枣、保温杯，心里惦念着孩子的成长及父母的安康。所有问题都要自己面对、自己解决。

但四十岁的我们拿得起、放得下，想得开——逢山开路，遇水架桥。我想，乐观、包容、更加自信是这个年龄段的特征。所谓的“35 岁危机”我们已经战胜。或许 85 后会遇到一些瓶颈，比如工作、家庭、感情……，因为这些是他们人生中初次遇到，自己在心理、情感、时间、物质等方面的准备还不够，所以会有困惑、有不知所措。作为过来人，我想说困难都是暂时的，30 到 40 岁之间就是在磨炼“三十而立”的过程，其实我们经历的所有痛苦，都不是痛苦本身，都是面对人生问题的看不穿，想不通，说不透。待到 40 岁就能想开、看开、解开不惑了。

今天呈现给大家的这本书仍是围绕“80 后养老”这一主题。40 岁的我们，身上的压力更重。这几年，我见到有朋友因为父母年纪大，不得不放弃北京、上海令人羡慕的工作回到老家；也有因为父母身体不好，频繁更换护工，身心疲惫，最后只能自己请长假回家照顾的人。身边的朋友，向我咨询养老问题的越来越多。参加社交活动，换名片后都会说一句：“以后养老找你啊！”

看似轻描淡写的一句“以后养老找你啊”，反映出现代社会人们养老观念的巨大转变。以前是养儿防老——靠子女，白头偕老——靠老伴。可是，现在儿女和另一半似乎越来越靠不上，80 后的养老还是得靠自己。而对于“找我”，这个“我”代表了专业的、社会化的养老服务，80 后已经在社会变迁中潜移默化地有了养老意识。

对于同龄人的需求，我感同身受。看到需求、看到痛点，进而去解决，这就是《80 后的养老事业——四十不惑》写作的初衷。

除此之外，养老行业每年都发生很多新变化，这一点可以和互联网行业相媲美——新名词、新概念层出不穷，更新得稍微慢些就可能落伍。五年来，市场出现了哪些变化，又有哪些新的需求、新案例？我们以 80 后自身独特的视角、发展的眼光进行比较和阐述，期待与同龄的读者产生共鸣。

《80 后的养老事业——四十不惑》仍以“为 80 后父母提供养老解决方案、为 80 后养老事业提供创业指导”为目标，不是长篇大论、不是政策解读，而是实实在在让读者看到即用到的实用工具，内容都是发生在身边的故事，都是现实生活中的养老需求。如何解决这些问题，满足这些需求，帮您分担一些责任，让父母感受到晚年的幸福，教育子女孝老敬亲？……老吾老以及人之老，在这本书里都将一一进行解答。

除了 80 后父母的现实养老需求，80 后自身也进入了退休规划期。上一本书我们就明确提出，养老不应从 60 岁退休才开始，而应从 40 岁就开始做退休规划与养老金管理。这个话题我们曾在北京金融街组织过几次沙龙，参加的以 70 后企业中高管为主，他们很关心自己将来退休后的生活质量，普遍需要专业团队给予咨询建议。实际上通过我们的活动和服务，已经把养老观念提前了 20 年，把传统的养老需求与金融跨界结合了起来。

我们看到，有越来越多的行业正在跨界与养老融合，说明我们的社会正在向老年友好型社会发展。也许十年前做养老我们会感觉孤独，因为做养老的年轻人太少了，但这些年随着国家政策的扶持与引导，产业的规范与发展，养老行业越来越具吸引力，我们身边出现了更多的80后和90后，这是一个行业能够生机勃勃的基础，也让大家看到了更多的希望。马尔克斯说："孤独之前是迷茫，孤独之后便是成长。"他还说："孤独的反义词就是团结。"是的，养老问题不仅仅是养老工作者的问题，也是家庭的责任、社会的责任。十年前我们孤单地做着养老，那么现在我们应该团结起来，发动全社会的力量一起解决国家与小家的养老问题。

时代在变化，社会在进步，养老行业也在飞快发展，未来80后的养老环境一定会与现在不同，未来我们的养老会是什么样？大家可以想象一下。如果你对现有的养老模式、产品、服务等不满意，那么这就是你创业的新机会。未来自己理想的养老生活，要靠自己去创造。

这些年从事养老行业，做得越深入，就越感觉到自己知识的欠缺，所以从事养老行业也是一个不停探索、不断学习的过程。通过大量阅读和一线实践，自己更加认同中华传统孝道的价值——这一精神是支持养老行为的内在动力，是中华文明能长盛不衰的基础，是中华民族屹立于世界之林的底蕴。我认为，不能把做养老行业简单地看成是经商办企业，它有社会属性，有博爱的成分。要想做好养老，必须懂得中华孝道文化。做好养老不仅仅是对长辈尽孝，在过程中也会影响到孩子，父母的以身作则、言传身教对孩子是潜移默化的影响。良好的社会氛围要靠每一个家庭去营造，而家庭中每一个人的培养都是从小开始，所以养老行业特别强调从小的孝道培养，这是根本，是家庭教育的基础。

我们做过专门统计，关注"八零养老"公众号的粉丝大多处于25～45的岁年龄段，也就是80后、90后。"80后养老事业系列丛书"的读者如星星之火一般，照亮了养老人脚下的路，而80编委团队就是聚起来的火把，用创新和实践为养老人指引方向。80编委团队期待与读者们一起探讨养老行业的发展趋势，增进交流，合作共赢。

人与人之间的交往，其实是一场场能量的交换。

巴菲特曾说："你最好跟比你优秀的人混在一起，这样你将来也会不知不觉变得更加优秀。"与勤奋的人在一起，你不会懒惰；与积极的人在一起，你不会消沉；与智者同行，你不会平庸；与高人为伍，你才能走上巅峰。

40岁，步入中年，也是我们人生的又一次启航。恰逢百年未有之大变局，伟大的中国梦是靠我们一代一代人奋斗出来的，让更好的80后创造更好的新时代。

作为80后养老事业系列丛书总策划、《80后的养老事业——四十不惑》主编，我力求通过此书解决大家遇到的养老问题，答疑解惑，切实服务读者。这几年，“八零养老”各地团队人才辈出，新模式、新思想、新产品不断涌现，80后养老人一直走在创新之路上。为了能够给更多伙伴展示、成长的机会，同时也是“八零养老”创立五年后，下一个五年的开始，我们力图再次打造一部能够关爱时代的力作——《80后的养老事业——四十不惑》。

如果本书能够为政府、企业、院校以及希望有更好未来的读者提供一些启发和帮助，将是我最大的荣幸。

张晶

2022年5月19日

目录

CONTENTS

事业篇

产业篇

案例篇

问答篇

事业篇

第一章　老龄化与你有真真切切的关系 *

第一节　中国老龄化日渐严重

一、全球都在加速变老

2022 年 7 月，联合国经济和社会事务部发布了最新一轮关于全球人口估计和预测的相关数据。根据联合国最新一轮全球人口估计和预测，2022 年 11 月世界人口将达 80 亿，2080 年达到峰值 104 亿左右。2023 年印度人口将超过中国。基于该报告内的数据，我们可以观察和分析全球老龄化的变化趋势。

“人口老龄化”其实并不是一个罕见的词语，但是事实上，如何定义“老年人”却始终没有一个统一的定义方法。

联合国同意通过年龄来定义“老龄”——通常将 65 岁作为老龄的年龄边界。

在评价一个国家（地区）的老龄化程度时，常用的一个指标是老龄人口比例，即该国家（地区）的老年人人口数量除以该国家（地区）总人口数量。

按照联合国的标准是一个地区 60 岁及以上老年人人口数量达到总人口数量的 10% 或 65 岁及以上老年人人口数量占总人口数量的 7%，即视为该地区进入老龄化社会。

图 1–1 展示了从 1950 年到 2100 年，全球老年人口比例的变化趋势。从 2010 年开始，全球进入老龄人口比例快速增长的阶段。在 2010 年之前的 60 年里，全球老年人口比例一共只增加了 3.1%。

而 2010 年后的 60 年，老年人口比例快速增加，将达到 10.1%，增幅接近前 60 年变化的 3 倍！在这里，中国的老龄化起了巨大的作用。

以法国为首的发达国家，自 19 世纪中叶开始相继步入老龄社会，是世界

*　本章由八零养老产业发展（北京）有限公司董事长张晶执笔。

上老龄化起步最早的国家。1950年，发达国家老龄人口达0.94亿人，约占世界老龄人口的一半；老龄化水平为11.6%，比世界平均值高3.5个百分点。此后，发达国家老龄人口规模不断扩大。目前，发达国家已经全部进入老龄社会。世界老龄化水平最高的前20位国家中，大都是发达国家。2050年，发达国家老龄人口规模将增至4.22亿，老龄化水平达到32.8%。

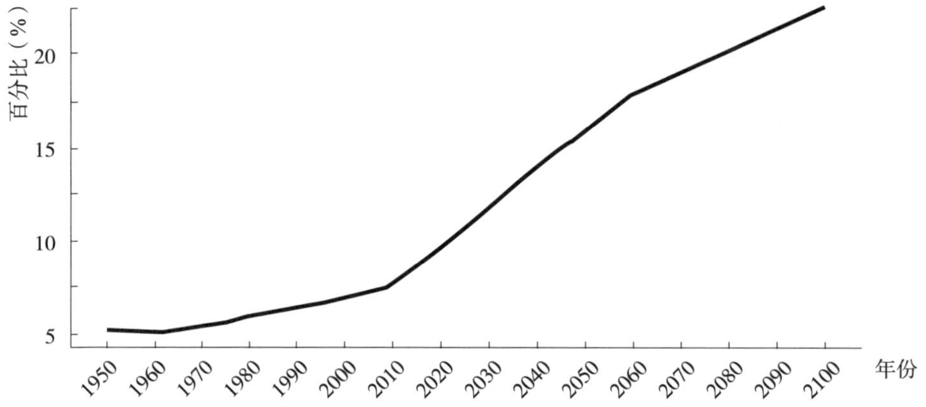

图1-1　1950—2100年全球65岁以上老年人口比例变化

数据来源：联合国经济和社会事务部人口司2019人口预测报告。

除了老年人口比例这一指标，另一个能反映老龄人口结构对社会影响的指标是“老龄抚养系数”。

世界卫生组织对于抚养系数的描述为：“从长远的角度来看，当死亡率和可工作人口持续下降，而老年人口上升时，会导致抚养系数上升。这种现象被称作‘人口负担’。这是人口结构发生转变过程中的一种不可避免的结果，任何一个国家在人口结构发生转变时，都必须面对这个问题。”

老龄抚养系数有多种计算方法，这里我们定义该系数为：（65岁及以上人口数量/20～64岁人口数量）×100%。在大多数地区，20～64岁可以被认为是能积极参与社会劳动并作出社会贡献的年龄。那么这个系数越大，意味着该国家（地区）在人口结构上的养老压力越大。以大洲为单位，图1-2展示了在1950—2100年这150年间，中国与亚洲、南美洲、北美洲、欧洲、大洋洲、非洲及世界的平均老龄抚养系数的发展变化趋势。

2010年以前，老龄抚养系数整体保持稳定或缓慢增加。2010年开始，老龄抚养系数开始快速增加。2010—2060年，中国的老龄抚养系数增速将大于世界上任何一个大洲的平均水平。

中国这一指标在 2020 年达到 17.8%，即约 6 个年轻人将赡养 1 名老人。预计到 2050 年这一指标将超过 43%，即 1.3 个年轻人赡养 1 名老人，中国养老负担过重。所以，仅仅从人口结构上来看，中国的老龄化压力是非常大的。

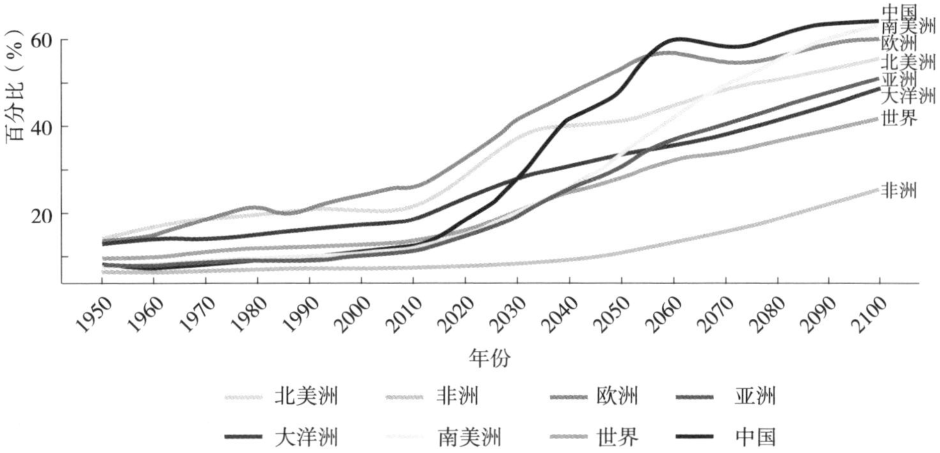

图 1-2　1950—2100 年中国与全球平均老龄扶养系数变化

数据来源：联合国经济和社会事务部人口司 2019 人口预测报告。

说的再直接一点，就是 80 后的父母养老以及 80 后自己的养老压力会在未来 30 年越来越重。这也是我在《80 后的养老事业——养老产业商业模式与跨界创新》书中讲的："中国石油（股票代码 601857）（图 1-3）曾经是股市中著名的蓝筹股、指标股，其光环吸引了无数的眼光和投资人，但其上市后高开低走，股价从每股 46 元跌至每股不足 6 元，之后一直萎靡不振，套住了所有投资者。也许

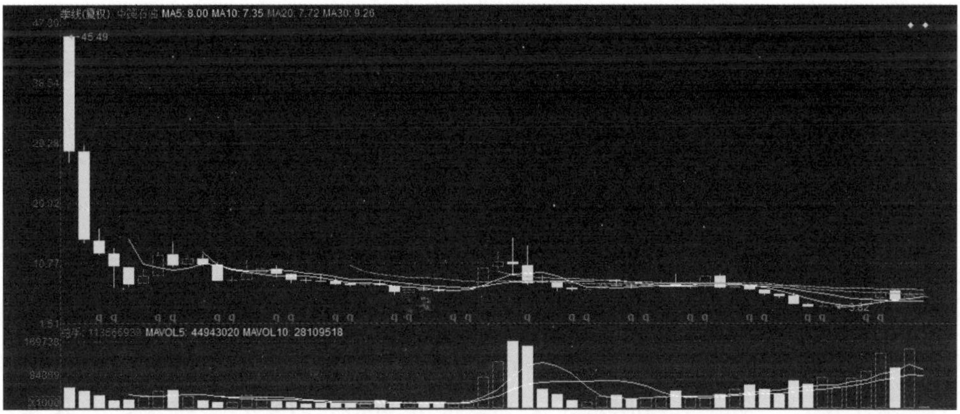

图 1-3　中国石油 A 股股价图（股价取自上市日至 2022 年 4 月 1 日）

80 后正在复制中国石油的股价走势，80 后是“高开低走”的一代人，经历了幸福的童年、压力的青年、苦恼的中年和悲催的老年。80 后在退休前会经历高生活成本、承担最繁重的赡养任务，但退休时却面临无人赡养的窘境。”

二、任何经济都是人口经济

任何经济都是人口经济。可以说，没有一个经济现象与人口无关。人口老龄化、少子化加速到来，使得中国经济从人口红利转向人才红利，经济潜在增长率下降，将带来经济和社会结构的深远变革。

因此，研究人口规律，是一个经济从业者必须做的功课。人口经济关系着我们生活的吃穿住行，方方面面。

在世界人口规律中，有一个特殊的词汇叫“战后婴儿潮”。婴儿潮（Baby Boom），指的是在某一时期及特定地区，人口出生率大幅度提升的现象。历史上有记载的几次婴儿潮，通常起因于振奋人心的事件，例如农作物丰收、打赢战争及赢得体育竞赛等，但也有其他因素，比如中国农历的“寡年”，结婚的人少，次年人口出生率会大幅下降，第三年又会回潮。

婴儿潮有时候是个不大不小的谜。2005 年美国新奥尔良市在遭遇“特里娜”飓风袭击几个月后，出现了大量的孕妇。一位孕妇开玩笑说：“因为飓风使得我们无法出门去买避孕药，所以……”这说明，导致婴儿潮的原因是很多的，而且大多数很有趣。

战争是人口的天敌。第二次世界大战结束之前，世界各国都或多或少地因大大小小的各种战争而人口增长不多。1940 年的敦刻尔克大撤退，更被后人戏称为“保种大撤退”。毕竟，那时从法国港口敦刻尔克逃往英国的军人，大多数为青壮年，他们是那些西欧国家未来孩子的父亲。“二战”结束触发了婴儿潮，一是由于远赴战场的男人解甲返乡；二是由于战后重建，工厂招工青睐有工作经验的中年女性，而年轻女性赋闲在家，可以安心育儿没有工作压力。世界上大多数国家均有此现象。

“战后婴儿潮”这个词首次出现在美国，主要是指美国在第二次世界大战后的“4664 现象”——1946—1964 年，这 18 年间出生的人口高达 7800 万人。

中国的婴儿潮有所不同。因为 1945 年第二次世界大战结束后，中国还经历了四年内战，1949 年新中国成立后共出现过三次婴儿潮。

新中国成立后不久就出现了第一次婴儿潮：当时实行鼓励生育的政策。那时一个家庭有四五个孩子很正常，人口增长率较新中国成立前大幅增加。

但是当时中国人口只有5.4亿人，基数小，第一波“婴儿潮”人口的绝对数量相对不大。

第二次婴儿潮自1962年三年自然灾害结束后开始，这一波最高峰是1963年，当年有2934万人出生，一直持续至1973年，是我国历史上出生人口最多、对后来经济影响最大的主力婴儿潮。这一时期，国民经济逐渐好转，补偿性生育来势很猛，人口出生率在30%～40%，平均达到33%，10年全国共出生近2.6亿人，占当前全国总人口数约18.5%。现在，他们已成长为社会的中坚力量。

1986—1990年，中国上一次“婴儿潮”新增人口已经成家立业，进入生育年龄，又产生了第三次婴儿潮，称作“回声婴儿潮”。其中1990年是这5年中出生人口最多的一年。由于计划生育政策，此次婴儿潮出生人口总量虽不及主力婴儿潮，但也有1.24亿人，是当前全国总人口数的8.8%。

以此类推，每次“婴儿潮”平均都会有20～30年的周期。

婴儿潮对中国老年产业的直接影响是，20世纪五六十年代出生的“婴儿潮”一代人正在进入老龄阶段，形成中国历史上最大的“老人潮”。这波“老人潮”是国家的建设者，是改革开放的参与者，现在他们都老了，理应成为国家发展的受益者。

2010—2040年，是我国人口老龄化迅速发展的时期，因为从2010年开始，新中国成立之后婴儿潮出生的婴儿相继步入老年，直到2040年。1971年我国全面开始开展计划生育政策，出生人口的数量大幅度减少了，于是自2040年开始，我国老龄化进程应该会有所减缓。但是预计到2040年之后我国老年人比例将仍会居高不下，长期徘徊在30%左右。

关于婴儿潮的到来以及产业受益，后面有编委专门论述讲解，请大家耐心看完。

三、加速变老的中国

中国的老龄化拥有两个世界第一：一是老龄人口数量世界第一；二是老龄化速度世界第一。

的确，世界上最具代表性的几个人口老龄化国家中，没有一个像中国这样“老”得这么快。

联合国对一个国家人口老龄化的划分是，65岁人口的比重在低于7%、7%～14%、14%～20%、高于20%时，分别对应的人口老龄化程度为：年轻、轻度老龄化、中度老龄化、重度老龄化。2000 年中国 65 岁人口超过 7%，2021 年则超过 14%，预计 2035 年超过 20%。

联合国公布的人口数据显示，1990—2010 年世界各国老龄人口平均增长速度为 2.5%，中国为 3.3%。发达国家老龄化进程长达几十年甚至上百年，比如法国用了 115 年，瑞典用了 85 年，澳大利亚用了 73 年，美国用了 69 年，加拿大用了 65 年，日本用了 26 年，而中国仅用了 22 年。其他国家的重度老龄化，比中国有更多的时间来适应，如何快速适应和预防人口老龄化带来的问题，无疑成了中国面临的重大课题。

根据第七次人口普查数据显示，我国人口共 141 178 万人，与 2010 年的 133 972 万人相比，增加了 7206 万人，增长 5.38%；年平均增长率为 0.53%，比 2000—2010 年的年平均增长率 0.57% 下降 0.04 个百分点。数据表明，我国人口 10 年来继续保持低速增长态势。

全国人口中，0～14 岁人口为 253 383 938 人，占 17.95%；15～59 岁人口为 894 376 020 人，占 63.35%；60 岁及以上人口为 264 018 766 人，占 18.70%，其中 65 岁及以上人口为 190 635 280 人，占 13.50%（表 1-1）。与 2010 年第六次全国人口普查相比，0～14 岁人口的比重上升 1.35 个百分点，15～59 岁人口的比重下降 6.79 个百分点，60 岁及以上人口的比重上升 5.44 个百分点，其中 65 岁及以上人口的比重上升 4.63 个百分点。

表 1-1　全国人口年龄构成

年龄（岁）	人口数（人）	比重（%）
总计	1 411 778 724	100.00
0～14 岁	253 383 938	17.95
15～59 岁	894 376 020	63.35
60 岁及以上	264 018 766	18.70
其中 65 岁及以上	190 635 280	13.50

数据来源：2021 年国民经济和社会发展统计公报。

31 个省份中，15～59 岁人口比重在 65% 以上的省份有 13 个，在 60%～65% 的省份有 15 个，在 60% 以下的省份有 3 个。

除西藏外，其他 30 个省份 65 岁及以上老年人口比重均超过 7%，其中，12 个省份 65 岁及以上老年人口比重超过 14%（表 1-2）。

表 1-2　各地区人口年龄构成

单位：%

地区	比重			
	0～14 岁	**15～59 岁**	**60 岁及以上**	**其中 65 岁及以上**
全国	17.95	63.35	18.70	13.50
北京	11.84	68.53	19.63	13.30
天津	13.47	64.87	21.66	14.75
河北	20.22	59.92	19.85	13.92
山西	16.35	64.72	18.92	12.90
内蒙古	14.04	66.17	19.78	13.05
辽宁	11.12	63.16	25.72	17.42
吉林	11.71	65.23	23.06	15.61
黑龙江	10.32	66.46	23.22	15.61
上海	9.80	66.82	23.38	16.28
江苏	15.21	62.95	21.84	16.20
浙江	13.45	67.86	18.70	13.27
安徽	19.24	61.96	18.79	15.01
福建	19.32	64.70	15.98	11.10
江西	21.96	61.17	16.87	11.89
山东	18.78	60.32	20.90	15.13
河南	23.14	58.79	18.08	13.49
湖北	16.31	63.26	20.42	14.59
湖南	19.52	60.60	19.88	14.81
广东	18.85	68.80	12.35	8.58
广西	23.63	59.69	16.69	12.20
海南	19.97	65.38	14.65	10.43
重庆	15.91	62.22	21.87	17.08
四川	16.10	62.19	21.71	16.93
贵州	23.97	60.65	15.38	11.56
云南	19.57	65.52	14.91	10.75
西藏	24.53	66.95	8.52	5.67
陕西	17.33	63.46	19.20	13.32
甘肃	19.40	63.57	17.03	12.58
青海	20.81	67.04	12.14	8.68
宁夏	20.38	66.09	13.52	9.62
新疆	22.46	66.26	11.28	7.76

数据来源：2021 年国民经济和社会发展统计公报。

据报道，2020 年，149 个地级及以上市 65 岁及以上人口占比已经超过了 14%，进入中度老龄化。

从区域分布来看，这 149 个城市中，来自东部沿海地区的共 41 个，占 27.5%；东北地区有 36 个，占 24.2%；中西部地区有 72 个，占 48.3%。总体上看，中度老龄化的城市集中在东北地区、中部地区、长三角、黄河中下游以及成渝城市群。

从省份来看，149 个城市分布在 22 个省份，其中有 7 个省份的中度老龄化城市达到或超过 10 个。其中，四川的中度老龄化城市达到了 17 个，数量位居第一。

其中南通、资阳、泰州、自贡等 11 个城市已经进入重度老龄化阶段，主要来自苏中地区、四川、辽宁和内蒙古，以中小城市为主。

这些城市进入重度老龄化社会的原因之一，是部分城市人口出生率较低。一部分城市如苏中的南通、泰州，工业化和城镇化较早，独生子女占比也较高，这种低出生率惯性一直延续至今，因此儿童人口占比低，老年人口占比较高。

但更多的城市是由于当地产业发展不足，劳动年龄人口外流，因而老年人口占比较高。典型的是四川的资阳、自贡等地，这些地方的人口大量流向“强省会”成都以及沿海发达地区。这也是山东等地很多地级市老龄化程度高的重要因素。实际上，出生率较低的苏中和东北地区，也存在劳动年龄人口外流的问题。可以说，劳动年龄人口外流是大多数三四线城市进入中度老龄化、重度老龄化社会的主要原因。

在中度老龄化乃至重度老龄化的现实下，这些三四线城市在养老、医疗、社会经济发展方面面临着不小的压力。

因为没有了年轻人，缺乏劳动力，也缺乏消费主力，经济发展容易停滞，甚至倒退，社会活力堪忧。东北小城鹤岗卖 2 万元一套的房子曾经刷屏，这就是劳动力流失的结局，没人的地方就没有需求，房子不值钱。

没有年轻人工作，自然也就没有人缴纳养老保险，老年人的退休金也就发不出来。黑龙江省的现状就是这样，从 2018 年开始每年亏空几百亿，幸好有中央的调控，否则，黑龙江的老人领退休金都是个难题。

在人口流入省份，比如北京，即便有迁移人口的流入，人口老龄化也在不断深化。北京市每年新增约 12 万名退休人员，“找保姆比找媳妇都难”，这是一线城市很多人的体会，尤其是那些孩子还小，或者老人需要照顾的家庭。

我的朋友曾经半年内换了 5 个保姆，一个比一个给的工资多，但没有一个干满两个月的。有的朋友为了留住好保姆，借给人家十几万买房，还每半年涨 500 元工资，最终也没坚持到孩子上幼儿园。有个朋友的父母都患有严重的慢性病需要照顾，在换了 3 个保姆之后，决定自己每天给父母送饭。

一个靠谱的保姆薪资在 6000～8000 元，照顾新生儿和老人的保姆价格更高。而北京市一名刚毕业的大学生，平均收入也就 7000 元左右。这是劳动力短缺在大城市的初露端倪，因为供不应求，不断推高成本。随着人口老龄化越来越严重，老年人越来越多，类似的劳动力短缺现象还会更突出。

而农村老龄化问题更为严峻。从全国数据看，农村 60 岁、65 岁及以上老人的比重分别为 23.81%、17.72%，比城镇分别高出 7.99 个百分点和 6.61 个百分点。

其实，即使没有这样的统计数字，仅凭直观印象，也能够得出农村老龄化高于城市的结论，我们到农村走一遭，看到的基本是老人，年轻人是很少的，这就是直观印象。

自从农民工可以自由流动到外地或城市打工以后，青壮年农民纷纷外出，留在农村的就是老人和儿童，即所谓留守老人和留守儿童。由于上学的需要，一些地方的留守儿童也逐渐被打工的父母带到城镇上学，农村留守的主要就是老人了。这是农村老龄化偏高的一个原因。

近些年，农村老龄化还有一个新的现象。那就是前些年外出务工的第一代农民工，现在已经到了老年，这第一代农民工，有些在打工的城镇落户扎根，告别了农村，但也有相当一部分在城镇没有扎下根，年老之后不得不落叶归根。当这些在城镇不能落脚的老龄农民工返乡之后，农村的老人自然也就更多了。

农村的老龄化比城镇的老龄化带来的挑战更为严峻。对于城镇来说，产业集中，医疗资源丰富，大力发展养老产业，养老问题就会得到一定的缓解。这是因为，城镇居民毕竟有更好的收入和财富，有更完善的社会保障，城镇老人往往有能力购买市场化的养老服务。对于农村老人来说，这些显然相当遥远。一方面，由于居住分散，消费能力低，在农村很难发展养老产业，农村几乎就没有市场化的养老产业供老人选择。另一方面，即使有这样的产业，农村老人普遍收入低、储蓄少，使得老人没有足够的财力享受这样的服务。

2022 年 4 月 10 日，新华社发布《中共中央 国务院关于加快建设全国统一大市场的意见》。意见明确，加快建立全国统一的市场制度规则，打破地方保护和市场分割，打通制约经济循环的关键堵点，促进商品要素资源在更大范围内畅通流动，加快建设高效规范、公平竞争、充分开放的全国统一大市场，全面推动我国市场由大到强转变，为建设高标准市场体系，构建高水平社会主义市场经济体制提供坚强支撑。

新时代，中国开启了全面建设社会主义现代化国家新征程，实现共同富裕，要建立在人口老龄化的新国情之上，要将积极应对人口老龄化与创新驱动发展、乡村振兴、可持续发展等国家战略和重大举措深度融合，在发展中积极解决各种问题，让城市和农村的老人都能安享晚年。

第二节　高龄化社会是什么样

一、高龄化社会的挑战

不管处于什么时代，长寿都是最热门的话题之一。生活中，长寿的老人无形中总是会得到世人的尊敬，这不仅是人们对生命的敬畏，也是对长寿的向往。目前全球百岁老人正以每 5 年翻一番的速度增加，比 20 世纪 70 年代的增速提高了一倍，如今 110 岁以上的老人已不罕见。

高龄化社会是老龄化的下一个阶段，这里我必须再次说明，对于社会、家庭，更难以应对的是高龄化。

未来的高龄化社会，会变成什么样？

劳动人口稀缺，人工成本升高；退休年龄延迟，白发雇员增加；养老品质分化，社区养老成主流；经济发展缓慢，发展预期降低。如已经进入中度老龄化社会的欧洲很多国家及日本、韩国，许多退休老人收入不足，白发人仍然在工作。

目前我国已经有 12 个省份进入中度老龄化阶段，这 12 个省市分别是辽宁、重庆、四川、上海、江苏、吉林、黑龙江、山东、安徽、湖南、天津和湖北。这些省市主要位于东北、华北和长江流域。

与世界发达国家相比，中国将面临更多的挑战。中国人口基数大、生育率下降快，导致人口老化持续加速。现行的养老保障体系、医疗保障制度难以匹配人口年龄结构转变所带来的需求。尽管中国人口的预期寿命增长迅速，但是人均收入及储蓄仍与同时期的发达国家存在较大差距。2020 年中国 65

岁及以上人口占比达 13.5%，人均 GDP 为 1.05 万美元，而日本、韩国在同等老龄化水平时，人均 GDP 都超过了 3 万美元。

欧洲成功老年人的标准是：75 岁前基本健康，能参加社会活动，75～84 岁生活能自理，85 岁以上才需护理服务。

中国的老年人虽然平均寿命普遍延长，但人到高龄时，往往患有多种疾病，生活质量差。可以说，人在 60 岁以后有 2/3 的时间就是在与疾病为伍。在中国，受慢性病困扰的老人占比超过一半。成都市第一人民医院医生刘述益等在 2015—2016 年做的调查统计数据显示，慢性病合并并发症后，住院费用花费普遍在 10 万元以上。

表 1–3　五种慢性疾病每一种疾病分别合并其他疾病的费用情况分析

单位：元

慢性疾病组	n	住院总费用	人均费用	日均费用	西药费	中药费	检查费	治疗费
糖尿病合并高血压	238	4 422 563	18 582	715	1 281 691	481 031	848 660	1 744 787
糖尿病合并冠心病	26	549 489	21 134	691	189 119	62 580	96 954	210 199
糖尿病合并脑梗塞	33	767 614	23 261	878	285 853	72 663	135 975	253 586
糖尿病合并 COPD	40	998 339	24 958	848	348 535	97 233	146 344	376 744
高血压合并冠心病	110	2 775 014	25 227	903	789 304	308 085	583 696	1 053 704
高血压合并脑梗塞	263	6 580 040	25 019	857	2 232 309	556 708	1 184 660	2 554 823
高血压合并 COPD	130	2 973 580	22 873	921	1 189 930	158 720	496 912	1 012 225
冠心病合并脑梗塞	34	794 090	23 355	749	242 049	123 241	131 718	319 106
冠心病合并 COPD	50	1 378 753	27 575	874	533 961	131 041	199 100	488 002
脑梗塞合并 COPD	60	1 924 466	32 074	1256	766 733	139 365	327 632	607 962
糖尿病合并高血压、冠心病	55	1 367 334	24 860	816	407 163	155 783	250 664	504 679
糖尿病合并高血压、COPD	36	734 322	20 397	865	289 034	43 086	134 792	238 708
糖尿病合并高血压、脑梗塞	123	2 911 369	23 669	697	974 423	310 257	481 394	112 133
高血压合并冠心病、脑梗塞	69	1 940 643	28 125	948	611 863	238 465	334 560	742 138
高血压合并冠心病、COPD	78	1 846 438	23 672	773	659 038	104 084	257 018	817 186
冠心病合并脑梗塞、COPD	26	509 543	19 597	857	164 019	63 317	89 618	189 254
糖尿病合并高血压、冠心病、脑梗塞	59	1 353 306	22 937	714	452 466	132 121	22 7015	480 561
糖尿病合并高血压、冠心病、COPD	14	332 863	23 775	1046	152 797	8965	45 872	120 286

续表

慢性疾病组	n	住院总费用	人均费用	日均费用	西药费	中药费	检查费	治疗费
糖尿病合并脑梗塞、冠心病、COPD	10	234 492	21 775	1023	122 343	7665	211 823	75 5644
冠心病合并高血压、COPD、脑梗塞	8	257 792	32 224	1120	120 948	14 054	35 410	81 173
糖尿病合并高血压、冠心病、脑梗塞、COPD	8	106 504	13 313	388	22 840	23 714	17 892	33 826

数据来源：《四川医学》。

每个家庭都会面对老龄化所带来的问题。目前我国多数老人选择居家养老，“一人失能，全家失衡”，翻身、洗澡、理发等这些看起来很简单的小事，对于很多卧床老人和家属来说，都是不容易做到的事。不仅会给家庭带来沉重的经济负担和心理负担，还可能影响到家庭的亲情，老人的生活质量也会大打折扣。

在八零养老山东社群里，我就听到过来自枣庄学院的一位50多岁的老师的诉说，她70多岁的妈妈每天照顾90岁的姥姥，由于姥姥患有阿尔茨海默症，常常是白天睡大觉，而夜里来了精神要活动，黑白颠倒，让家人照顾起来十分困难。长期的操劳照顾让已经70多岁的妈妈吃不消，曾说过再这样下去说不定自己要“走到”姥姥前面的话。如何正确地照护老人，尤其是患上阿尔茨海默症、帕金森等病的老人，是一个非常棘手的问题。

高龄老人的吃饭也是一个非常现实的问题。目前，《中国居民膳食指南》明确给出了中国老年人的14条膳食建议，概括为4句口诀：二两粗三两细，主食搭配要合理；一两肉二两鱼，一个鸡蛋一把豆；一杯奶一斤菜，半斤水果防老衰；食用油吃半两，限盐6克保健康。

但先别说吃得健康，“一日三餐”对很多独居老人来说，其实也是异常困难的。尤其2020年以后的新冠肺炎疫情给所有人都敲响了警钟，让人们开始重视生活中容易被忽略的问题：在医疗资源不足、没有专业人员照顾、儿女被疫情限制无法回家等一系列情况的影响下，很多基础疾病多、抵抗能力差的老年人没有得到及时的帮助与治疗。那我们到底该不该让高龄老人独自居家养老呢？

从医疗、护理、生活、教育、文娱设施、养老、社会保障体系等问题出发，这些不单单是有钱就能解决的，而是需要长远的规划、长期的资源投入以及正确的价值观导向才能实现的。社会保障体系的不完善、医务人员与社会工作者的缺口、养老资源的匮乏、老龄化所带来的劳动力短缺问题、社会大众的心理影响问题等，件件棘手。

二、重度老龄化社会的日本

全球现有日本、意大利、德国、瑞典和法国 5 国是“现役”的“重度高龄化”国家，即有 20% 以上的人口超过 65 岁。到 2024 年可能新增韩国、加拿大和英国，意味着“重度高龄化”国家总数将达到 8 个国家。

《朝日新闻》报道，截至 2020 年 9 月，日本 65 岁以上老人总数达到 3617 万人，再创历史新高。老龄人口在总人口当中的比例达到 28.7%，在 201 个国家和地区中排名第一。日本国立社会保障和人口问题研究所曾预计，到 2040 年，日本老龄人口的比例将达到 35.3%。

日本节节攀升的老龄化率，原因是多方面的。最重要的原因，自然是医疗技术进步带来的平均寿命提高。2019 年，日本人平均寿命连续第 8 年延长，女性达到了 87.45 岁，男性 81.41 岁，分别位列全球第二、第三位。2021 年，“世界最长寿男性”的吉尼斯世界纪录花落日本。由居住在日本新潟县，现年 112 岁的渡边智哲获得。

日本作为东亚养老事业发展的先行国家，智慧居家养老体系发展比较早，也比较全面，同时还是一个非常注重人文关怀的国家。研发了不少智能产品监测老年人在家中的活动，以确保他们在家中生活的安全。同时政府还会安排便利店、快递员上门送货时以面对面的方式关心老人起居与安全问题，以增加老年人的社交性，加强与外界的交流。

高龄老人，首要面对的风险就是认知症，也就是阿尔茨海默症。作为一个人口老龄化严重的国家，阿尔茨海默症对日本的冲击也不容小觑。为此，日本政府从 21 世纪初就开始调整政策，将应对阿尔茨海默症等认知症问题提升为国家战略。

日本九州大学教授二宫利治在 2015 年发表的一项研究报告显示，2012 年日本 65 岁以上老人中，每 7 人就有 1 人患老年认知障碍；预计到 2025 年将提高至每 5 人中有 1 人患老年认知障碍。有数据显示，截至 2019 年，中国已有 1000 多万阿尔茨海默症患者，是全球患者数量最多的国家，每年有 20 万阿尔茨海默症老人走失。

2015 年 1 月，日本发布了《认知症施策推进综合战略——面向构建认知症老年人友好社区》，提出要加深全社会对认知症理解的普及和启发，对认知症病状适时、适当地进行医疗与介护，建设面向认知症患者在内的高龄老人友好社区……一连串的政策，加深了阿尔茨海默症在日本社会中的认知度。

其实早在20世纪80年代中期，日本民间以阿尔茨海默症等认知症患者为对象的照料支援便已起步。经过近40年的发展，目前日本面向阿尔茨海默症患者的各类服务机构已经普及流行，其照料服务主要分居家照料和设施照料两种。轻、中度患者在家接受照料服务的较多，而重度患者一般选择设施照料。

2015年，日本厚生劳动省推出支援阿尔茨海默症患者的举措，专门开设了阿尔茨海默症咖啡沙龙。患有该病的老人及其家人、关心阿尔茨海默症问题的人，还有支援者和医疗专家等定期在咖啡沙龙聚会，为病人和家属提供帮助。让患者及家属等在喝茶、喝咖啡的同时，交换治疗信息、学习相关知识，一起唱歌、做游戏等，有的咖啡沙龙还推出患者和家属可以共同体验的临床美术和音乐刺激疗法。到2016年，日本阿尔茨海默症咖啡店已有655家，现在则达到数千家。本书中的《文化赋能养老 开家养老主题书店》一文，就有预防和治疗认知症的系列活动。

为提高公众意识，日本还会在必要的店铺放置和阿尔茨海默症相关的手册。比如，横滨市西区的商店里就放有阿尔茨海默症的科普手册，让店员了解患者的特征，以耐心应对患者，并且在必要时及时寻求医疗机构的支援。

为了预防认知症患者走失，日本警方也注意加强同其他机构的合作，包括同民间企业和地方政府构建信息共享网络等。比如一些地方政府会向可能走失的人出借卫星定位系统（GPS）设备，定位信息将用于警方搜寻。2019年，日本有超过1.7万认知障碍者走失，但超过99%的人一周内就可以被找到。

2018年，日本专门设置了“推进认知症施策相关阁僚会议”统筹认知症国家战略的制定，并于2019年审议通过《认知症施策推进大纲》。其中首条政策，便是“推广与理解、支持患者本人发声”。这一大纲的颁布，标志着包括阿尔茨海默症在内的认知症问题升级成为日本国家战略的一部分，为阿尔茨海默症的相关研究和治疗提供了有力支撑。

此外，老龄化也延缓了日本经济复苏的进程。日本总务省的劳动力调查显示，截至2020年，日本仍在工作的老年人近900万人，创下了历史最高纪录。

前不久，日本一名90岁的老奶奶获吉尼斯认证成为“世界最高龄办公室文员”。这位老奶奶名叫玉置泰子，自1956年起，在一家金属器械生产公司任办公室文员，负责会计和总务长达64年。老奶奶不仅能熟练使用办公软件，还是社交平台的“老手”。

2019年5月，日本政府发布了旨在确保有意愿的老年人能工作到70岁的《高年龄者雇用安定法》修正案概要，以打造“终身不退休”的社会。2020年2月，日本国会通过修订案，要求各企业自2021年4月起，将员工的退休年限延长至70岁，或是废除退休年限。

2020年7月，日本家电零售集团野岛电器（Nojima）宣布，正式将员工的退休年限从65岁放宽至80岁，如果员工有意留任并且健康状况无恙，那么公司最长将持续聘任至80岁。该公司还表示，如果有超过80岁的员工仍有继续工作的意愿，那么公司也将研讨80岁以上的雇用方案。

日本公司一把手平均年龄也创新高。日本民间调查公司帝国数据银行的最新调研结果显示，2021年日本全国大约147万家公司的社长平均年龄60.3岁，自开始这项调查以来连续31年刷新纪录。

生老病死是永远的轮回，再好的医疗保障也阻止不了死亡的脚步，超高老龄化一定伴随着高死亡率，殡葬业高度承压。

日本国内火葬场从2010—2020年十年时间增加数量不足4%，而这十年间日本死亡率增长23%。如此大的数据落差，就造成了很多老人死后不能及时火葬、逝者需要排队等候火葬的现象，也催生了独特的新兴行业——“遗体宾馆”，顾名思义，就是存放遗体的宾馆。

日本在2019年的死亡人数为1 381 098人，为“二战”后最多。更可怕的是，这个数字在疫情后更是攀升。仅是2021年前9个月，日本的死亡人数同比增长大约6万人，超过发生3.11东日本大地震、“二战”后死亡人数增加最多的2011年。不仅是新冠肺炎疫情造成的死亡，因心脏病及自杀等死亡的人数也同比猛增。在新冠肺炎疫情余波下，出现了远远超过往年的“超额死亡”。有日媒报道称，日本人口密集，步入老龄化社会已久，随着死亡人数的激增，日本已经进入“多死社会”，甚至有外媒称日本为“死亡之国”。

新冠期间，甚至有日本人画了这样一张漫画。漫画中，成年人苦苦支撑着老年人。而新冠肺炎仿佛是天使，将这些老年人带走，年轻人如释重负……

图 1-4　2020 年 3 月 21 日，推特上出现的日本漫画

数据来源：社交平台 Twitter。

不仅是日本，所谓的西方文明国度，也是同样的风景，他们给新冠命名“Boomer Remover”，意为“老人毁灭者”。

以上，或许都不能完全说明老龄化的问题。归根究底，少子化才是一切的根源和开端。2020 年，日本出生人口只有 84.8 万人，降至 1899 年以来的历史最低。

第三节　少子化产生的社会问题

一、老龄化究竟是好事还是坏事

对老龄化的焦虑，我们听得太多了。

但从客观的角度来说，人口老龄化是经济社会和科技发展进步的结果。追求健康长寿，是人类共同的愿望。因此寿命延长带来的老龄化，体现了社会进步。而且，随着预期寿命的增长，健康预期寿命也会增长。因此，只要充分发挥健康人的潜能，社会负担并不会因为整体寿命的延长而大幅增加，应对方法是逐渐延长退休年龄。

但少子化带来的老龄化，并不是好事，而是真正的危机所在。

据共同社东京报道，在新冠肺炎疫情扩大导致日本女性不愿生孩子的背景下，日本总务省于 2022 年 5 月 4 日公布的数据显示，截至 4 月 1 日，日本 14 岁以下儿童人口约为 1465 万人，这一数字包括居住在日本的外国儿童。其中，男童大约 750 万人，女童 715 万人。比前一年减少约 25 万人，连续 41 年下降，创 1950 年有可比数据以来新低。这一年龄层儿童占日本总人口比例为 11.7%，同比下降 0.1 个百分点，连续 48 年下降，同样刷新最低值。联合国《人口年鉴》显示，在 35 个人口超过 4000 万人的国家中，日本这一比例最小。韩国这一比例为 11.9%，意大利为 12.9%。日本儿童人口在 1954 年达到 2989 万峰值，20 世纪 70 年代初期，日本儿童数量有过短暂增长期，但从 1982 年起每年递减。

少子化起因于生育率下降，新生儿减少，客观上会拉升老年人口所占的比例，致使老龄化程度加重。而且，只要生育率一直低于更替水平，人口规模就会持续萎缩。这样的后果是：社会失去活力，技术迭代变慢，经济先停滞后萎缩，综合国力下降。甚至在这个过程中，人口会加速向大城市集聚，而大量农村和中小城市将愈加萧条甚至被废弃。这已经在有的西欧发达国家出现端倪。

因此，我们面临的人口问题与其说是老龄化，不如说是少子化。老龄化可以积极面对，而长期的持续性少子化带来的将是经济的崩溃，甚至是整个民族的消亡。

有的观点认为，随着生育率降低，少儿抚养比下降，会促使储蓄率提高，为技术和产业进步提供了可能，进而推动经济增长。从这个角度讲，少子化也有其好的一面。

但实际上，这种看法有些片面。现在出生的小孩少一些，虽然短期可以降低抚养比，增加人均收入，但长期却提高老年抚养比，减少人均收入。而且将来这些孩子长大参加工作的时候，负担会更重，每个劳动力需要抚养更多的老人。现实中的 80 后、90 后就是这样。

纵观历史，西方国家的工业化和崛起却是在人口增长的背景下完成的；随着生育率降低，少子化影响西方国家的经济发展速度普遍放缓。同样，少子化将会给我们国家带来的问题也不容忽视。

首先，少子化会影响经济发展的活力。

人口众多是中国的核心优势之一，人口越多，规模效应越显著。人多市场大，规模生产就有了效益，大企业才会产生。人口不断萎缩后，需求和供给也同步萎缩，众多行业将受到影响而步入衰微，国内投资动力不足，造成经济衰退。

多年的实践证明，年轻人更具创造力，尤其是 30 多岁是最易出成果的阶段。所以，如果一个国家拥有大量 30 岁左右且受过高等教育的年轻人，那么其创新尤其是颠覆性创新极有可能不断出现。相反，如果一个国家正在迅速少子化，那么潜在的年轻发明家和企业家就会变少。从这个意义上讲，少子化会削弱创新、创业的活力。

其次，人口萎缩会削弱综合国力。

一国综合国力的增强有赖于人口素质、发展水平、组织能力以及凝聚力等条件，但人口规模是基础性因素。这被过去几百年的世界发展史和我国近几十年的发展所证实。事实证明，在其他条件相同时，国力与人口数量成正比。虽然人口多并不必然强大，但人口急剧萎缩，在某种程度上一定预示着衰亡。

再次，少子化还会导致中华文明的式微。

中国不只是一个国家，也代表一种文明——中华文明。五千年的中华文明一脉相承却历史弥新，很大程度归功于主体民族顽强的生育文化和庞大的人口基数。庞大的人口基数是维持中华文明相对独立和实现民族复兴的根基。然而，根据育娲人口研究发布的《中国人口预测报告 2021 版》，在中预测情形下，中国人口将在两年内进入负增长，到 2050 年减少到 12.64 亿人，2100 年中国人口将降到 6.85 亿人，占世界比例将从现在的 18% 降至 6.5%，而新出生人口只有世界新出生人口的 2.56%。届时，中国或许就不再是一个人口大国了。

最后，少子化会加速个体的消亡。

在家庭逐渐缩小的世界里，越来越多人由于后代缺席，家庭的互利与互助精神将逐渐消逝，高龄化与少子化直接冲击社会的未来发展，也直接导致未来家庭和个体的灭亡。我们拥有较少的小孩，较少的亲戚，我们的小孩也比他们的上一代更少朋友。所以不仅个人的生活有根本性的改变，我们的社会也悄悄地改变设定程序；家庭会变成例外的现象，我们要越来越依赖自己。

但事实是，孤单一人活不下去。

在 19 世纪美国早期移民开发西部的过程中，最终成功的往往是那些以家庭为单位的拓荒者，而非年轻力壮、单打独斗的孤胆英雄们。现在，越来越多的年轻人不想生孩子或只生一个孩子，这种观念又会影响到下一代，如此循环，那我们的未来会怎样？总有一天，我们要面临血缘关系淡薄甚至根本没有血缘关系的一代。然而血浓于水，家庭是维系整个社会的原始核心力量。福利社会终究代替不了友情和亲情，更无法取代家庭的作用。孤独的一代更需要无私和“利他”的精神。因此，我们必须重新组织起来，学会互助共存。

二、无可逃避的少子化冲击

2021 年，“中国超 2 亿人单身”莫名其妙上了热搜。之所以奇怪，原因是早在 2018 年，这个数据就已经发酵过一次。

民政部数据显示，2018 年，我国单身成年人口高达 2.4 亿人。与之相应的是结婚率降低，2020 年的结婚率仅为 5.8‰，创下二十年来新低。

2.4 亿人，几乎与日本加上俄罗斯的总人口相去不远。

虽然这建立在我国庞大的人口基数之上，但单身人口增多作为多米诺骨牌的第一环，层层传导，最后结果势必是人口出生率降低。

表 1–4　中国 2000—2020 年结婚率与离婚率

单位：‰

年份	结婚率	离婚率
2000	6.7	0.96
2001	6.3	0.98
2002	6.1	0.90
2003	6.3	1.05
2004	6.7	1.28
2005	6.3	1.37
2006	7.2	1.46
2007	7.5	1.59
2008	8.3	1.71
2009	9.1	1.85
2010	9.3	2.00
2011	9.7	2.13
2012	9.8	2.29
2013	9.9	2.58
2014	9.6	2.67

续表

年份	结婚率	离婚率
2015	9.0	2.79
2016	8.3	3.00
2017	7.7	3.20
2018	7.3	3.20
2019	6.6	3.40
2020	5.8	3.10

资料来源：民政部历年发布的统计报告、育娲人口。

我国结婚率从 2000 年的 6.7‰ 上升到 2013 年的 9.9‰，随后逐年下降，2020 年结婚率下降到 5.8‰；离婚率从 2000 年的 0.96‰ 上升到 2020 年的 3.1‰。我国初婚人数在 2013 年达到 2385.96 万人的峰值后持续下降，2020 年初婚人数下降到 1228.60 万人，比 2013 年下降 48.5%。

表 1-5　中国 1985—2020 年婚姻登记情况

年份	婚姻登记（万对）	初婚人数（万人）
1985	831	1608
1990	951	1819
1995	934	1776
2000	849	1581
2005	823	1483
2006	945	1706
2007	991	1780
2008	1098	1973
2009	1212	2169
2010	1241	2201
2011	1302	2310
2012	1324	2361
2013	1347	2386
2014	1307	2287
2015	1225	2109
2016	1143	1913
2017	1063	1746
2018	1014	1599
2019	927	1399
2020	814	1299

资料来源：中国统计年鉴 2021、育娲人口。

2013 年，我国结婚登记对数为 1347 万对，2021 年结婚登记对数下降到 763.60 万对，连续八年下降。这是继 2019 年跌破 1000 万对、2020 年跌破 900 万对大关后，结婚登记对数跌破了 800 万对大关。

另外，初婚年龄大幅推迟。2021 年安徽省初婚平均年龄分别为男 31.89 岁，女 30.73 岁。

我国结婚登记人数近年来为何不断下降？育娲人口研究发布的《中国婚姻家庭报告 2022 版》总结了以下几个原因：

①年轻人数量下降。根据国家统计局数据，我国 80 后（1980—1989 年出生人口，依此类推）、90 后、00 后人口分别为 2.23 亿人、2.1 亿人和 1.63 亿人，整体呈不断下降趋势。

②适婚人口男多女少。2020 年第七次全国人口普查数据显示，20～40 岁男性人口比女性多 1752 万人。

③养育成本过高。虽然结婚的目的不仅仅是生孩子，但是在很多情况下，如果恋爱双方没有能力养育孩子，就没有迫切的结婚需求。数据表明，一方面中国的初婚年龄最近几年不断延后；另一方面同居率上升很快，而非婚生孩子还是非常少。另外，根据《中国生育成本报告 2022 版》，中国 0～17 岁孩子的平均养育成本相当于人均 GDP 的 6.9 倍，几乎是世界最高的。这些数据表明，如果我们有效降低生育成本，也许能够同时提高生育率和结婚率。

④城市高房价和农村高彩礼。房子是结婚的首要条件，虽然有一部分年轻人可以接受租房结婚，但在大城市房租价格也高企，况且现在也有很多年轻人希望买房结婚。当前，我国部分大城市的房价早已超出普通工薪阶层的经济承受能力，许多年轻人由于买不起房，只能选择推迟结婚。在部分农村地区，天价彩礼导致很多男青年结不起婚。并且，越是偏远、经济不发达的地方，彩礼要得越高，让很多农村贫困家庭不堪重负。

⑤社会竞争激烈，就业压力大。近年来，大学毕业生的就业竞争压力越来越大，许多大学毕业生选择“慢就业”。如果没有稳定的经济收入来源，结婚生育意愿自然会降低。

⑥随着经济社会的发展，年青一代的婚姻观念已经发生改变。与父母辈相比，越来越多的年轻人把单身视为一种正常的生活选择。“30 多岁了还没结婚”在年轻人中已经见怪不怪。尤其是，近年来随着女性的教育水平和经

济独立程度的大幅提高，调查数据显示女性的结婚意愿比男性更低。

从 1991 年开始，中国的总和生育率已经连续 31 年低于世代更替水平。2020 年第七次人口普查显示，中国总和生育率仅为 1.3。按照人口学标准，总和生育率在 1.5 以下就意味着已经掉入低生育率陷阱。

我国有些地方人口增长已趋于停滞，例如东北地区生育率极低。早在 1982 年，辽宁、吉林、黑龙江三省的总和生育率分别是 1.773、1.842 和 2.062，就明显低于全国 2.584 的平均水平。此后，随着独生子女政策的进一步推行，东北地区 2000 年的总和生育率更是跌破了 1.0，2010 年第六次人口普查显示，东北地区的总和生育率只有 0.75。以辽宁为例，2010 年，辽宁省的总和生育率为 0.74，排在北京和上海之外，位列全国倒数第三。

从 2014 年的“单独二胎”到 2016 年“全面放开二胎”，出生意愿集中释放，出生人口迎来小高峰。2021 年 5 月，中共中央政治局召开会议，审议《关于优化生育政策促进人口长期均衡发展的决定》并指出，实施一对夫妻可以生育三个子女政策及配套支持措施。2021 年全年出生人口 1062 万人，出生人口较上年减少 138 万人。1062 万人的出生人口，创下了近年来新低，比 2016 年下降了 43.6%。

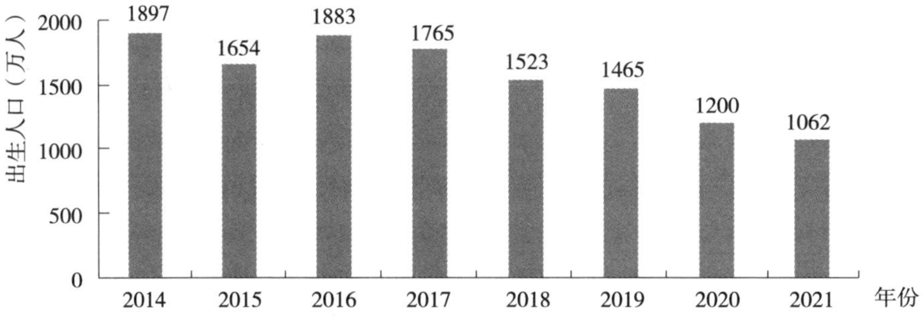

图 1–5　2013—2021 年中国出生人口数量统计

数据来源：中商产业研究院数据库。

2021 年中国人口出生率为 7.52‰，连续两年跌破 10‰。2021 年出生率也是创 1950 年以来的新低。

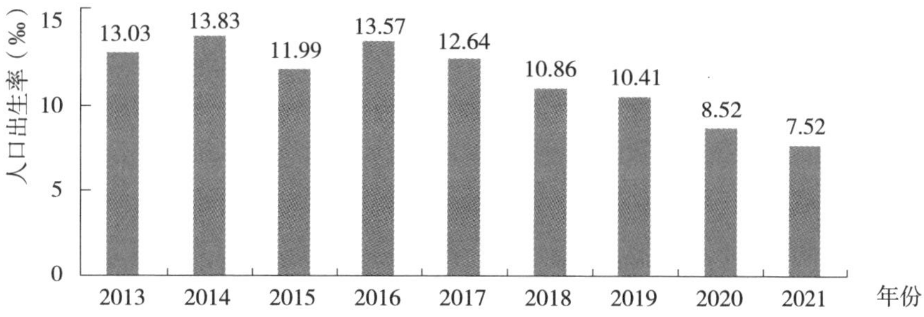

图 1-6　2013—2021 年中国人口出生率统计

数据来源：中商产业研究院数据库。

从人口学理论分析，适度、理想的低生育率被称为“更替水平”，也就是总和生育率在 2.0 左右。这一数字在 2.1 以下的叫做“低生育率”，1.5 以下的为“很低生育率”，1.3 以下的为“超低生育率”，1.0 以下的为“灾难性低生育率”。

目前，联合国推算的人口标准出生率为 2.4，而根据《2020 年世界人口状况报告》来看，不少国家没有达到这个标准，韩国的总和生育率在世界各个国家和地区中排名倒数第一，数值为 1.1。排在倒数第二、第三位的是新加坡、摩尔多瓦。

在人口大国中，尼日利亚是 5.4，巴基斯坦是 3.6，印度是 2.2。

根据 2020 年全国第七次人口普查数据显示，我国的总和生育率为 1.3。

中国女性的平均生育年龄为 29.13 岁，90 后已经取代 80 后成为中国的生育主体人群。80 后人口 2.28 亿人，90 后 1.74 亿人，00 后 1.47 亿人，80 后是一波人口洪峰，90 后比 80 后少了 30.68%，00 后比 90 后少了 19.39%。

按比例来说，90 后的育龄人口数量就比以前 80 后为主时减少了超过三成。按 80 后生育高峰时的平均出生人口 1600 万人来计算，减少 30%，为 1120 万人。2020 年出生人口 1200 万人，2021 年出生人口 1062 万人，可以看作是在 1120 万人附近波动，这样也就能理解中国出生人口连续下降的原因了。

“十四五”时期，生育旺盛期的妇女规模在加速下降，将从 2020 年的 1.41 亿人降低到 2025 年的 1.11 亿人，年均减少 620 万人。其中 2021 年 15～49 岁育龄妇女比上年减少约 500 万人，21～35 岁生育旺盛期的育龄妇女减少约 300 万人。

中国的人口出生率在逐年下降，2021 年人口净增长下降至 48 万人。2022 年全国死亡人数很可能超过出生人数，导致人口出现负增长。联合国之前预测，在 2034 年左右中国才会出现人口负增长，现在看提前了 12 年，这是一个重要的指标。

如果总和生育率降到 1.0，到 2100 年，新出生人口只有 179 万人，还不到美国新出生人口的一半。少子化将深远影响中国经济增长潜力、创新活力、抚养负担、民众幸福指数乃至民族复兴。

三、少子化与传统观念的巨大反差

在中华文明当中，人口从来都是第一位的资源和财富，“多子多福”历来都是我们这个民族深入人心的观念，而“断子绝孙”则是最恶毒的诅咒。新中国成立以来我国家庭规模的总趋势是不断缩小。下面是历次人口普查的中国家庭规模：

1953 年“一人普”为 4.30 人；

1964 年“二人普”为 4.29 人；

1982 年“三人普”为 4.41 人；

1990 年“四人普”为 3.96 人；

2000 年“五人普”为 3.44 人；

2010 年“六人普”为 3.10 人；

2020 年“七人普”时只有 2.62 人。

《礼记·礼运》中孔子谈到理想的大同社会时，其中的标准之一就是男子努力工作，女人努力地生孩子和持家。孔子说这话的时候，中国人口约占世界三分之一，今日中国人口约占世界六分之一。总体而言，人口是第一宝贵的资源，人口增长的意义是正面的、积极的。这是中华民族几千年历史上超越阶级、超越政治、超越信仰、超越民族的核心共识。

孝在西周乃至春秋之前，其初始义是尊祖敬宗、生儿育女、传宗接代。善事父母是其后起之义，前者可以说是一种宗族伦理，后者才是家庭道德。

孝要求我们不仅要珍视生命之所源，生命之所在，而且要延续祖先之生命，生儿育女，传宗接代。唯有生命的继续存在，才能继先人之志，一切文化理想的实现才有可能。

历史上，中国人大体是一百年生育五代，1990 年之后的趋势则是一百年生育四代，现在恐怕是 100 年生育三代了。家族的香火不断，有人祭祀先人，才不会使家族的生命链条断掉。

现代社会有些年轻夫妻选择了“丁克”家庭模式，这在现代社会是个人的自由，但在传统孝道看来也许就是不孝，因为这会断了家族的香火。当然，我们今天也不能简单化地用传统的道德标准来要求现代人。但从正面来看，面临当代中国已经进入老龄化社会的情景，生儿育女不仅是对家族香火的延续，也是对国家和民族尽一份责任。

据《2022 中国女性职场现状调查报告》显示，论及生育愿望不强烈的原因，男性和女性普遍感到的是经济负担的压力，64.5% 的女性和 67.9% 的男性有此顾虑，在所有选项中占比最高。也有 32.2% 的女性害怕失去自由和自我空间，高于上一年的 26.8%。这表明，追求自由和自我实现对女性来说越来越重要。

可以说，中国工作年龄妇女的就业率是全世界最高的。中国人创造经济奇迹的另一个基础就是妇女，如果中国没有广大的“半边天”参与劳动，劳动力会减少一半多。如果老人不能帮忙看孩子，年轻的妈妈就不得不辞职自己带娃。如果年轻的妈妈不想辞职带娃，她们就会减少生育，孩子少了，将来劳动力也会减少。

所以，在改变“少子化”现状的进程中，女性将扮演极为重要的角色，影响的不仅是一个家庭，还会是整个社会、一个民族。在现代，一个生育友好的社会必须也是一个女性友好的社会。大力保障母亲权益和女性就业权益，就显得尤为重要。

少子化已成为中国社会面临的一大挑战。要解决低生育率问题，需要整个社会巨大的投入。如果把提升生育率作为国家的头等大事来看待，充分发挥我们的制度优势，中国完全有可能解决这个世界性难题。

四、少子化与劳动力人口趋势

据 2020 年人口普查数据，中国 80 后、90 后、00 后、10 后的人口分别是 2.23 亿人、2.1 亿人、1.63 亿人、1.8 亿人。在实施全面二孩政策后的三年（2016—2018 年），我国出生人口达到了本世纪小高峰（2016 年创世纪新高，2017 年二孩效应延续）。但到了 2018 年，二孩效应明显减弱，2019 年、2020 年出生人口连降。特别是 2020 年我国出生人口称得上是“断崖式”下跌，出生人口 1200 万人，比 2019 年的 1465 万人下降了 265 万人之多。

最终的结果就是，目前的人口年龄结构非常的诡异：00 后、10 后加起来比80后加90后少了近一亿人。这种萎缩速度甚至远快于深陷低生育率危机的日本和德国。人口增长率下降带来的经济社会压力，对中国的影响比对其他经济体更加深远。

2012年我国劳动年龄人口首次出现净减少，减少345万人。2017年，劳动年龄人口减幅达到578万人。有的专家认为，我国已进入所谓的刘易斯拐点，也就是从劳动力过剩开始转向短缺的拐点。

从2000年之后，中国经济大体分为三个阶段：第一阶段是2001—2007年，以全球化和贸易为主要增长引擎。第二阶段是2009—2013年，以基础设施建设投资为主要增长引擎；第三阶段是2014年至今，以结构性改革、创新为主要增长引擎。

2019年7月2日，李克强总理在第十三届夏季达沃斯论坛开幕式上致辞，表示中国经济总体平稳、运行在合理区间，经济基本面继续保持稳中向好态势，主要经济指标符合预期。“我们稳增长首要是为保就业，就业是经济运行合理区间的下限，不能有闪失。要深入落实就业优先政策，支持以创业带动就业，加强对灵活就业、新就业形态的支持，多管齐下稳定和扩大就业。中国有7600多万个体工商户，带动约2亿人就业；有3600多万户企业，其中90%是中小微企业。这些量大面广的个体工商户和中小微企业，在扩大就业、方便生活、拓展消费等方面发挥着重要支撑作用，必须予以大力支持。我们要大力引导社会力量发展服务业，增加医疗、文化、旅游、体育等服务供给，特别是瞄准民生的痛点和堵点，加快发展社区养老、托幼服务，实施消费促进政策，激发消费潜力，提升人民生活水平。”

作为全球唯一正增长的主要经济体，政府工作报告将2022年的GDP增长目标定在5.5%，按照预测，我国仍将维持10年以上的GDP高质量增长。

庆幸的是，现在的时代也不同了，未来人工智能可以提高生产效率，不需要太多的人工人力，应该可以从产出端弥补劳动力的不足。

机器可以帮助我们生产，但却不能帮我们消费，如果不消费，生产的意义又在哪呢？所以，未来的问题肯定在消费需求端。解决了这个问题，经济才可能会快速增长。

最终，还是要在生育率上下功夫。

2021年4月14日，中国人民银行一份《关于我国人口转型的认识和应对之策》的论文激起千层浪，被认为是我国全面放开生育的信号。

论文指出，我国要认清人口形势已经改变，要认识到人口红利当时用得舒服，事后是需要偿还的负债；要认识到人口惯性是跨代际的巨大力量，其反作用力将导致人口反方向变化；要认识到教育和科技进步难以弥补人口的下降。

为此，应全面放开和鼓励生育，切实解决妇女在怀孕、生产、入托、入学中的困难，综合施策，久久为功。

五、无人养老的韩国中产

1988 年的韩国，汉城奥运会早几年就开始带飞韩国经济，但没人料到那是韩国年轻人最后的黄金时代。正如韩剧《请回答 1988》里，双门洞的 5 个家庭可谓人丁兴旺。

从生育率来看，父辈们显然踌躇满志。

但到了 2021 年，韩国总和生育率为 0.81，创下历史最低纪录，连续四年全球垫底。2020 年，韩国只有 27.24 万新生儿，“死亡交叉”出现，令韩国人口较 2019 年减少了约 2 万人。

在韩国，有一个现象——有 420 万老人不是在工作，就是在找工作的路上，数量甚至比 20 多岁的打工青年还多。对比韩国老人和中国老人的退休生活会发现，中国老人退休的时候，韩国老人在工作；中国老人跳广场舞的时候，韩国老人在工作；中国老人带孙子时，韩国老人还是在工作——这不是工作狂老了以后的生活，而是老龄化国度的真实景象。

在如今的韩国，退休老人已经成了劳动市场上的生力军。韩国的法定退休年龄是 60 岁。而实际上，人们平均工作到 71 岁才会真正休息。退休年龄只是重新找工作的开始。据报道在首尔召开的“银发招聘会”开出了 6000 个职位，却有 3 万人参与竞争，而且这些职位还大多属于“低端行业”，包括快递员、保安、清洁工、加油员。针对韩国老人的工作生存现状，《纽约时报》曾有《养儿不能防老，韩国老人走上绝路》《在韩国，退休可能是难以捉摸的》的报道。

谁又能想到，这一代韩国老人，其实是最有资格休息的一代——正是他们一手打拼出了韩国经济起飞的奇迹。然而能不能休息不取决于贡献，而取决于有没有钱。贫穷使老人只好继续工作。

据统计，韩国 65 岁以上老人的贫困率高达 49.6%，是发达国家中比例最高的。虽然政府在 1988 年开始实行养老金制度，但养老金不是想领就能领。不仅需要持续缴纳 10 年以上，还需要证明没有子女照顾。政府默认，有子女的老人自古都是由家人照料。结果是，只有三分之一的老人能拿到养老金。

即便有资格领养老金，也不意味着可以安心享福，因为养老金在飞涨的物价面前实在是微不足道。韩国 60 岁以上老年人平均每月领取的养老金约为 2000 元人民币，还不到最低生活标准的三分之一。韩国经济增速大不如前。更高的物价和更少的就业机会。使年轻人在疯狂的竞争中自顾不暇，传统的赡养父母观念受到巨大冲击。过去 15 年，认为应该赡养父母的孩子比例从 90% 暴跌到 37%。“养儿防老”传说被现实无情牺牲。

这只是老龄化国家的一个缩影。目前，65 岁以上老人占韩国总人口的 13%，到 2060 年，比例将变成 40%。在一场老龄化浪潮里，没人能够幸免。

第四节　80 后的父母都老了

一、父母们的时代记忆

80 后，人到中年；80 后的父母，变老了。

2022 年热播的电视剧《人世间》，讲述的时间是 20 世纪七八十年代，以小县城中的周姓一家的故事为主线，向观众展示了那个年代的城市平民、政府官员、知识分子、国企工人、个体商户等各阶层的社会群像，并且通过大家的努力和奋斗，慢慢使生活变得幸福、国家飞速发展的故事。

这部剧父母们都特别爱看，演出了他们年轻时的状态。也正是凭借着年代感十足的家庭故事、鲜明生动的人物群像，获得了收视、口碑的双赢。导演李路曾表示，如果拍的这部剧会使年轻人对自己的父辈乃至祖辈有一种全新的认识，能通过这部剧加强了几代人之间的互相了解，在这种了解的过程中增进年轻人对长辈们的尊敬，和对他们身上遗留下来的一些生活习惯的包容体恤，这剧也就算成功了。

梁晓声老师写的这部著作我在 2019 年读过两遍，虽然没有时间再看电视剧，但是书中描写的故事仍然记忆犹新。我常拿《人世间》与路遥老师的《平凡的世界》，包括《阳光灿烂的日子》《尘劫》等作品说事儿，因为这些作品反映了我的父辈们青春时期的工作、生活状态，我会把在书中看到的情节进行思考后跟长辈们沟通，或者说是聊天，他们回忆起往事来更加健谈，也显得更加自信了。作为养老工作者，应该了解被服务对象的成长历史，我们了解得越多，越能避免误解，越能深刻地理解到他们的辛苦，才会更加尊敬他们、包容他们，才能更有孝心地去服务他们。这也正是“学史明理　学史增信　学史崇德　学史力行”在养老工作中的实践。

对于50后，可以被称为“传统老人”。60后的人群，可以被称为“新老人”。

传统老人有三大特点：

一是生活动荡，经历苦难。他们出生在新中国刚成立时期，百废待兴而又赶上了阶级斗争，国内外环境错综复杂，百姓生活普遍处在运动和贫困中。与父母所处的年代相比，尽管我们眼前遇到了一些困难，但是现在的我们仍然要幸福得多。

二是工作期间收入低，生活艰苦，节俭的习惯深入骨髓。50后年轻时的苦难经历，使他们养成了节俭的习惯。表现为能省则省，能凑合就凑合，能买便宜的就买便宜的，哪怕公交出行得坐上半天，他们也心甘情愿。要是让他们花子女的钱，他们也难受，也舍不得。50后父母的子女大多有这样的经历——偶尔带父母出去吃饭，父母都会问：花了多少钱？答：花了300元。他们马上会很不舍得地说：“在家里吃，30块钱就够了！”

三是自我意识差。50后的父母操心重，对子女依赖也很大，子女永远是第一位的，自己放在第二位，甚至是第三位。只要子孙好，自己好不好没那么重要。有人说，这是中国最后一代无私的好父母，之后的60后这一代对子女可能还没有这么好，子女对60后也没那么依赖，中国的家庭关系开始有了西化的倾向，各自相对独立，实在说不清楚是好事还是坏事，是进步还是退步。

由于50后历经苦难、节俭习惯深入骨髓，自我意识差，表现在生活上，就成了“有钱没钱，都是穷人”的感觉，有钱没钱，都过最节俭的日子。他们生活的那个年代就是这样，因此虽然中国进入老龄社会20多年，并没有迎来老人消费的高峰，老龄产业也是叫好不叫座。传统老人舍不得为自己花钱是根本原因。

另外，传统老人深度利用互联网的并不是绝大多数，他们更希望自己的生活能停留在物理空间，社交关系局限在亲友、邻里、同事之间，他们的世界相对较小，如果子女不在身边，内心会更感孤独。这几年疫情引发的数字鸿沟，传统老人就是“重灾区”。

60后出生的那个时代，国家经济还很落后，仍处于物资少、生活质量不佳、精神文化生活稀缺的层面，吃穿用都需要凭票才能够拿到。吃饭是大事情，“民以食为天”在那个年代体现得淋漓尽致。幼时的饥饿记忆，让许多人对食物仍有一种攫取欲。很多农村的孩子想上学却上不起，家里兄弟姐妹又多，条件有限就只能够在家帮父母干活。人们身边的一切皆来之不易，大家都会格外珍惜与惜福。

在那个年代的童年生活中，玩的游戏不是通过电脑手机，而是来自大自然，来自双手，不是捏泥巴就是吹肥皂泡，夏天可以捉蝴蝶、蜻蜓、昆虫……还可以叠纸飞机、推铁环、打水仗等；手指上的游戏不是“王者荣耀”也不是“吃鸡”，而是打玻璃弹珠、丢沙包等。

他们经历过动乱时期，却大多数都是恢复高考后第一代接受高等教育，并且首先把握住改革开放良机来发展自己进而取得巨大成就的一代人。他们身上有明显的保守和沧桑感，但却是新中国成立后实实在在的成功一代和中流砥柱。

那个年代成长起来的人，感情往往是激烈的，情怀是壮阔的。在教育方面，50 后在那些“大干快上”的年代，怀着扎根农村的心情经历了“上山下乡”。大部分 60 后则受到了相对较好的教育，在知识结构和思路培养上都有所优化。

当 1977 年恢复高考，60 后一齐涌上了高考那座独木桥。但那时高校招生的名额有限，是真正的百里挑一。一旦考上了，那便是真真正正的“天之骄子”。

成家后，这群人赶上了计划生育政策，没有了父辈多子多福的感受。不过，只生一个也好，无论生男生女，都看得极贵重，格外注重培养，于是才有了现在优秀的 80 后、90 后。

当他们工作正起劲的时候，碰上了下岗。由于改制，在 20 世纪八九十年代，大批国有企业的员工下岗，不得不进行再就业。他们一度涌入劳务市场，为生存而再次拼搏。没有人知道他们内心的那份苦涩艰辛，但他们忍了，他们内在的坚毅品质为国家分了忧、担了愁。

60 后成长于较为封闭固守的时代，国家义务、社会责任，还有那时势造英雄的情结和说不清根由的义气，都深深烙印在这代人的意识中。和现在尚为年轻的 70 后、80 后相比，60 后们对过去还有一定的记忆，这种对动乱的感受促使他们在后来的工作中格外重视制度和稳定，对改革开放的成就也有着更深刻的感受。

在改革开放的时代大潮中，60 后的商界领袖紧跟时代步伐，不断求新求变，有着实业兴国的强烈责任感。比如，1963 年出生的李书福为了实现让中国汽车跑遍全世界的梦想，致力于改变吉利的企业基因，蜕变为比互联网公司“更互联网”的汽车企业；在方洪波掌舵美的期间，美的从一家家电企业向全球化的科技集团转型，成为国内唯一一家家电行业全产业链、全产品线的领先企业。

我国已迎来史上最大“退休潮”，60后群体持续进入退休生活，开启人生后半场。他们正以平均每年近2000万人的速度退休，其中不少女性60后在年满50岁时，就早早切换到退休养老的人生轨道。

已经和即将退休的60后，不同于以往的“传统老人”，他们快速成长于改革开放时期，受教育程度相对较高，收入和消费水平也较前代大幅提升，思想观念更加开放，知识视野更加开阔。他们以鲜明的群体特征，正在擦亮一个新标签——“新老人”。

满足“新老人”的新梦想、新需求，既要依靠60后自身的主观努力，也给政府、企业、社会出了一道新考题。精准聚焦“新老人”目标人群，拓展养老内涵、扩大养老供给、升级养老服务、做强养老产业、激活银发消费，一系列深层次问题待破解。深耕养老蓝海，构建老龄友好型社会，将因“新老人”群体的涌现而变得紧迫，并拥有无限可能性。

回顾来时路，大约2/3的人生旅程已经走罢；放眼夕阳红，尚有1/3左右的人生旅程等待续写新篇。他们对退休生活有想法、有规划、有创意，对更高质量养老有需求、有期待、有愿景。

“新老人”指20世纪60年代出生、正步入低龄老龄阶段的人群。作为受益于改革开放与中国经济腾飞的一代人，60后大多拥有一定的教育背景。其进入职场和社会后的人生轨迹，几乎与40多年的改革开放进程同步。他们是改革开放事业全过程的参与者和中坚力量，是改革开放后参与国家现代化建设、推动经济社会快速发展的主力军。与传统老人相比，“新老人”的人生经历可提炼为：改革开放的青年、经济红利与PC互联的中年、资产富足与移动互联的老年。

作为目前我国资产持有量最多、消费潜力最大的人群，“新老人”这一庞大群体的需求正在被关注和激发。他们中的大多数人，都不同程度赶上了数字化发展的潮流。实际上，中国最早的一批数字技术机构、企业和平台的创立者、开拓者群体，正好是60后生人。因此，大批60后跨入老年行列，无疑将从许多方面刷新传统的老年、老人、老龄社会等概念，改变基于旧有的老人观念形成的养老产业和养老标准。

大数据为移动互联时代的“新老人”画了像：在地理分布上，“新老人”主要分布在中、东部地区的一、二线城市。从地域特征上看，南方和北方的“新老人”具有鲜明的地域特点，大城市与小城市的“新老人”兴趣爱好存在差异。从性别上看，女性更加好动，男性更喜欢“宅”，总体上呈现出女性较男性在社交、参与活动、接触新事物上更加积极活跃，消费行为也更加多元。

“新老人”退休后没有了朝九晚五的职场羁绊，但他们依然紧跟时代步伐和社会潮流，不断扩展生活半径。越来越多的“新老人”回归内心，重视自身需求，用多彩的精神文化生活充实闲暇时光，提升晚年生活质量与层次。

他们或以文会友，或才艺交流，或运动健身。插花、茶艺、乐器、摄影、油画、瑜伽、外语、模特、配音秀、短视频主播、线上练歌、邮轮、公益、骑行等时下流行的玩法，不少“新老人”同样可以玩，玩出精彩。在“出彩中国人”“舞林大会”等众多电视节目中，不乏“新老人”大秀才艺的身影。“新老人”消费需求结构更加丰富多元，从生存型向发展型、享受型嬗变。其不断增强的消费能力孕育出市场新热点，网络消费、智能消费、健康消费等成为银发经济新的消费增长点。越来越多的企业认识到，“新老人”是消费潜力有待释放的重要群体，夕阳经济必将成为朝阳产业。

总结来说，与传统老人相比，60 后“新老人”在中年后通过互联网大大拓宽了生活的视野。“新老人”特点更分明：生在新社会，享受了改革开放的成果，部分人有机会上大学，收获了中国经济高速发展的红利；他们收入高、积蓄多、有房产，最重要的是他们消费观念新，舍得花钱，也更舍得为自己花钱。疫情前兴起的高端自助游，有大半就是“新老年”群体。

二、父母们的困境

上周末，我回父母家去看望，他们住在三层。

当我进入楼门时，就听见了有人在大声喘着气，然后是艰难的拖动东西的声音，起初我还以为是快递员在搬重货，但是当我走到一层与二层之间的楼梯折返处，看到的却是一位老奶奶，戴着 N95 口罩，满头大汗，正在拖拽着买菜的小推车一阶一阶地往上拉。

她看到我时下意识地停下了动作，她知道自己行动缓慢，就靠边示意让我先上楼。看得出她的困难，我主动问：“您住在几层呀？我帮您提上去。”老奶奶顾不上擦拭额头上的汗珠，一个劲儿地道谢。

对我们来说，这其实就是举手之劳，可是对于老年人真的很困难。看这位老奶奶得有 70 多岁了，一个人住在五层，子女也不在身边，平时都是自己照顾自己，也许她每天都要经历这样艰难的“攀登”。

再想想自己的父母，今年 68 岁了，他们上下楼也都必须要扶着楼梯扶手了，若是再过几年，他们也会不方便上下楼。

北京老城区的小区在加装电梯，住在高层的老人都盼着能早点装到自己家。

随着社会的发展，生于 20 世纪 50 年代和 60 年代的人群，半数以上成为“空巢老人”。特别是 50 年代出生的人，有一个特别的社会现象，就是千方百计将自己的孩子送到国外去。因为那个年代的很多人没有上大学的机会，更没有出国的机会，他们对孩子的补偿心理和寄托心理特别重，希望子女帮他们实现理想，以孩子在国外上学或工作为荣。虚荣心和补偿心理得到了满足，换来的却是自己晚年的孤独。

有首歌一到过年就特别流行，叫《常回家看看》，它唱出了老人的心声：

> 常回家看看，回家看看，哪怕帮妈妈刷刷筷子洗洗碗。老人不图儿女为家做多大贡献，一辈子不容易，就图个团团圆圆……

“哪怕帮妈妈刷刷筷子洗洗碗”，老年人的口气是多么的卑微！后来“常回家看看”写进了法律。常回家看看，回家陪伴老人，这是人之常情，却需要法律支持，可见这个问题有多么严重！

我一直认为法律是对人们的最低要求，道德才是我们应该追求的。现在的社会，用最低的标准来要求，而孝老爱亲却越来越少了。

我国推行的养老模式，主要为“9073”模式，即 90% 的老年人由家庭自我照顾，7% 享受社区居家养老服务，3% 享受机构养老服务。2020 年我国的养老模式结构为“居家养老占市场份额 96%，社区养老占 3%，机构养老占 1%”，距离国务院提出的“9073”模式结构尚有差距。

先说家庭养老的问题。目前，在大中城市，70% 的老年人家庭是空巢家庭，农村留守老人有 1600 万人。全国共有 4000 多万名失能老人。失能有一个程度问题，有的是轻度失能，比如耳聋，有的是完全失能，卧病在床，不能自理。据中国人民大学的一位专家估计，全国完全失能的老年人有四五百万。对这些家庭来说，只能期待社会化养老的支持，否则的话，家庭养老太难了。

2019 年，有不少人都在追《忘不了餐厅》这档“催泪”综艺。这家特殊的餐厅，五位主力服务员年龄加起来有 363 岁，而且都是患有阿尔兹海默症的老人。随着节目口碑爆发，也让不少人开始关注老龄化问题。一个值得注意的细节是，这档节目餐厅选址在深圳，这个一贯被认为“年纪轻轻、充满朝气”的城市，如今也开始抵抗“变老”的烦恼。而对其他省市而言，想必有过之而无不及。

节目里，黄渤谈起自己的父亲，说父亲“已经不认识自己了”。其实，他的父亲早就生病了，但是，直到他父亲不认识他了，他才知道父亲病了。

我们总是觉得父母不会那么快老去。但是我们却忘记了，有些衰老是一瞬间的。他生了一场小病，摔了一跤，就彻底地不能动了。

是的，父母老了。他们不能再帮我们看孩子，不能再给我们准备饭菜，甚至是还会忘记我们是谁。他们需要我们喂饭，需要我们辞去工作照顾，甚至是他们需要我们一直像呵护孩子一样去呵护他们。

他们开始生病，开始害怕孤单与寂寞，也开始懂得如何向儿女隐瞒病情。他们养大了我们，但是当他们需要我们养老的时候，我们却开始抽不开身。

曾经，中央电视台有一个公益短片叫《老爸的谎言》，没有人陪伴的老人在电话里告诉孩子，每天都和老朋友出去玩，吃得好、睡得香，一天忙到晚，孩子问到妈妈，老人告诉孩子，你妈妈出去跳舞了，没事儿都挺好的，你放心吧。可接着镜头一转，老人拿上东西赶到医院去照顾已经住院的老伴儿……是啊，老人在说谎。这谎言，只是为了让忙于工作的孩子能够安心。不忍让他们为了自己的生活再操心受累，成为他们的负担。

还有一种非常残忍的情况——失独。

年轻时失独，属于不幸中的万幸；老来失独者，处境真是太悲惨了。

这世上最悲痛的事，不是葬礼，而是一对年迈父母出席自己唯一孩子的葬礼。精神支柱没了，生活动力也没了，这是一种无法想象的痛苦。“时间能治愈一切”成了空话。对于失独的人来说，任何劝慰都是苍白无力的。

失独家庭是个不发声的群体，往往被人们忽视，存在感极低，实际的失独问题远比媒体报道的要严重得多。学者冯学荣的研究结论：父母在独生子女 25 岁之前“失独”的概率约为 4%，而如果将时间拉长到独生子女 55 岁，则其父母的“失独”概率为 10% 左右。

原国家卫计委发展规划与信息司副司长郭震威曾发表的论文《独生子女家庭丧子概率的测算》指出：按 2000 年人口普查资料，把各个年龄段的死亡概率累计起来计算，至少有 9.65% 的独生子女会在 55 岁前非正常死亡。其中，至少有一大半的“失独事件”发生在丧失生育能力之后。也就是说，5%

的独生子女家庭的父母将老无所倚。

独生子女死亡的规模越来越大，积累的问题越来越突出，需要引起高度关注。未来1000万个失独家庭，2000万个失独老人，冰冷的数字背后，是多么惨痛的社会现实。后文有编委专门针对失独家庭做的公益项目，请大家耐心看完。

三、让父母有尊严地老去

到晚年大家都想长寿，却不喜欢变老。以一种体面的方式变老，拥有与我们年龄相宜的态度和智慧，是一项艰难的艺术。

变老是人生一世不可逆转的趋势，关于老年的哲学思考有着漫长的历史，古罗马时期对老人推崇备至，中国也有“老吾老以及人之老”的名句。

健康老龄化的观念日益受到国际社会的关注。联合国提出，将健康老龄化作为全球解决老龄问题的奋斗目标。健康老龄化是指个人在进入老年期时在躯体、心理、智力、社会、经济五个方面的功能仍能保持良好状态。一个国家或地区的老年人中若有较大的比例属于健康老龄化，老年人的作用能够充分发挥，老龄化的负面影响得到制约或缓解，则其老龄化过程或现象就可算是健康的老龄化，或成功的老龄化。为实现健康老龄化需要社会各方面协调一致的努力，也需要年轻人的积极参与。

在电视剧《人世间》里，作家梁晓声借冯化成的口，提出了“养口体”和“养心智”的两种孝顺形式：养口体是伺候在父母身边，照顾衣食住行；养心智是远走高飞有所成就，让父母以此为荣。

剧中的周家对三个孩子的教育是成功的。他们在起起伏伏的时代变革中，克服了各种各样的困难和磨难，有取有舍地活出自己。周秉昆因为时代原因留在母亲身边，他尽到了一个为人子的孝道，这是“养口体”的孝。而周家长子、长女在那个时代能勇敢地走出去，离开父母，到艰苦的地方去，并且取得优秀的成绩，他们是有社会责任感的好青年，这是“养心智”的孝。对周家父母而言，他们的子女都是优秀的代表，“养口体”与“养心智”的目标都实现了。

对于80后来说，我们也需要帮助父母可以有尊严地老去。

请你学会反哺，像照顾孩子一样去照顾他们，给他们好的饭食，勤快地换洗他们的衣服，带着他们出去散步，和他们交流沟通。

80后四十不惑，80后的父母70岁左右，父母可能觉得人老了是家庭的负担，但是父母在，家是全的，家里是温暖的。如果到了 80 后五十知天命的时候，父母还在不在了？我们不知道，所以要在最后的时间里陪伴好父母，不要给自己留下遗憾。

不要觉得只有自己在承担生活的压力。他们也曾承担，但是他们未曾缺失对我们的爱。这个世界上，没有什么比“子欲养，而亲不待”更令人悲伤。

或许，你看看自己孩子的眼睛。他的眼睛里藏着你的未来。他眼睛里看到了，你如何对待自己的父母，他就会怎样对待老去的你。

孝顺，这件事，说到底不过是一场场轮回。

从古至今，赡养老人都是家庭的一项基本职能，也是人之为人的一项基本道德准则。孝，就是子女对父母的一种善行和美德，是家庭中晚辈在处理与长辈的关系时，应该具有的道德品质和必须遵守的行为规范。在一个家庭中，爱幼与尊老一个都不能少，只有两件事都做好，这样的家庭才是圆满而和谐的。

在如今的法治社会，赡养老人更是每个成年公民应尽的义务。2021 年实施的《民法典》中，就规定了成年子女对父母负有赡养、扶助和保护的义务，充分体现了依法治国和以德治国相结合的治国理念。2021 年 11 月 24 日发布的《中共中央 国务院关于加强新时代老龄工作的意见》，也明确鼓励成年子女与老年父母就近居住或共同生活，履行赡养义务、承担照料责任。

从这个角度而言，孝不仅仅是一个家庭、一个家族的家风家训的重要内容，更代表了一个国家、一个民族的价值导向和道德标准。因此，是否行孝、能否尽孝，既是“家事”，也是“国事”。

老年人不仅需要社会的扶养，同时也有很高的社会价值。中国许多老人年老志不衰，仍然在各个领域继续作贡献。老人的知识、经验、威望、品德、能力等都是社会的宝贵财富，提倡“老有所为”是中国特有的老龄工作方针之一，充分体现了对老年人的重视、尊重，仍应继续作为中国老龄工作的重要方针。

仔细想来，真正的养老，也许是珍惜好眼前的每一段时光，享受每一个美好的情感，保持心态的年轻。像杨本芬，80 岁成为一名畅销书作家；像王德显，一个 80 多岁老人还在走 T 台；像杨绛在 100 岁的时候，还能写出《走到人生边上》；像日本的柴田丰老奶奶，101 岁还出版自己的诗集。

当我老了，我还有诗与远方，也许这是最有尊严的老去方式。

第二章　80 后的养老事业 *

第一节　80 后是中国社会最大的养老痛点

一、80 后的人生困境

80 后的父母正在老去。我国已经进入老龄化，所有 80 后必须清楚地意识到，80 后自己才是养老压力最大的一代人。在这场养老危机中，80 后整个群体将经历不可承受之痛。

80 后，是整个中国、是全社会最大的养老痛点。

我在编写《80 后的养老事业：养老产业商业模式与跨界创新》时，就明确提出了 80 后父母与 80 后自身的养老问题。图书 2017 年出版后引起了社会讨论和很多同龄人的共识，现在时间过去了五年，我们这些曾经的 80 后青年纷纷步入中年，五年前我在书里提到的那些问题解决了吗？

我们大多数的 80 后一出生，就得了一个国家级证书，叫独生子女证。这个证可以保证我们能够独享父母全方位的宠爱，但是这个证，也要求我们承担赡养父母的全部责任。

1984 年，中国正式确立市场经济体制，从此 80 后们被夹裹进社会经济改革的大潮之中。被父母过分溺爱的 80 后，开始成为社会学家关注的对象：80 后自私、懒惰、无责任感、贪慕虚荣……社会转型的病垢在 80 后身上找到了合理爆发的突破口，于是 80 后被冠以"垮掉的一代""最没责任心的一代""愚昧的一代""最自私的一代""最叛逆的一代"等诸多罪名。

可现实是，辛辛苦苦小学六年，勤勤恳恳初中三年，废寝忘食高中三年，兵荒马乱地进入了大学。但 80 后面对的，是即使拥有毕业证、学位证，也不

* 本章由八零养老产业发展（北京）有限公司董事长张晶执笔。

一定找得到如意工作的现实。福利分房早已成为前尘往事，住房公积金少得可怜，又赶上遍地炒房的现实，辛辛苦苦工作了一年，才发现如果不吃不喝、不买多余东西，一年攒的钱才能买四五平方米住房。买不起房的在操心下个月的房租。真的住进新房，一点也开心不起来——要还 20 年的贷款啊！国家放开了二胎三胎，我们中的许多人却连第一胎都不敢生。这两年赶上疫情，地产、互联网，还是旅游、商业……苦不堪言，过了 35 岁的 80 后在人力资源市场已经没有了竞争力，经历着随时被裁的恐惧。老了，又开始成为延迟退休的一代……忧从中来，不可断绝。

我有个朋友，懂得感恩，特别孝顺。他想做一个好儿子，曾经跟我说过要赚很多的钱，带着父母去旅游，让爸妈过上特别好的生活。他从很早就开始经济独立，假期也在工作，父母几乎一整年都见不到两次。对于很多像他这样在外求学、工作打拼的独生子女来说，大量的 80 后和父母身处异地，咱们的父母都变成了空巢老人。

独生子女家庭的“高危性”，就在于它是最不稳定的“倒三角”结构，意味着全部的负担都落在独生子女身上。八零养老辽宁社群多了一位新朋友，他本来是位在北京头部养老企业的负责人，但是 2021 年他果断的辞职后回到沈阳创业，他放弃了有光环的企业、放弃了优渥的工作环境、放弃了成熟的团队、放弃了稳定的高薪、放弃了北京这个大都市，他放弃不了一个人在家的 70 多岁的老父亲，回到沈阳就是可以离家近点，经常陪陪妻儿，可以照顾老父亲。

从需求看，现阶段 25～42 岁独生子女人群，将面对最大的养老压力，那压力来自父母和自身；从供给看，未来 10 年“物美价优”的养老产品和服务仍会“供不应求”。

在众多老龄人口数据背后，是一个个不为人知的养老难题。当父母老去，也给 80 后带来了资产规划、时间分配、情感陪伴等交织的问题。

2019 年 11 月 18 日，豆瓣上出现了一个叫“独生子女父母养老交流组织”的小组，有 5 万个独生子女在这里分享了彼此的焦虑，他们相互吐槽、鼓励、取暖。小组成员有私企白领、公务员、在校大学生、作家等。

他们大多出生在城镇中产家庭，父母有不低的退休金，即便如此，养老问题还是令他们担忧：想出国留学，心里又放不下年纪渐长的父母；工作地点和父母相隔遥远，不知未来如何取舍？如果父母同时生病，自己分不开时间精力照顾怎么办？

他们在爱与责任之间往复，在羁绊中挣扎。

21 世纪，什么最重要？

人才？不，是护工。很多在一二线城市打拼的独生子女们的月薪，也就刚好够给护工发工资。

独生子女的中年，最怕听到父母生病的消息，父母生病就像个定时炸弹，随时准备摧毁一个家庭多年的努力和积累。都说三十而立，四十不惑，可真的站在四十岁的岔路口，抬眼望去，人生中都是依靠我们的人，而甚少我们可以依靠的人。没有兄弟姐妹、没有退路的独生子女们必须背负起两倍、三倍的经济压力。自己的孩子还在嗷嗷待哺的年纪，可父母已经佝偻了身体。

2022 年 3 月 9 日，话题“建议独生子女父母退休金上调 10%～20%”持续占据微博热搜第一，引发关注。

在 2022 年全国“两会”上，全国人大代表、山东三箭劳务管理有限公司油漆工班组长陈雪萍建议提供独生子女老年父母的养老补助，鼓励兴办独生子女父母养老院，在政策所规定的退休金的基础上，独生子女父母退休金上浮 10%～20%，并允许已达到退休年龄的独生子女父母投靠异地工作生活的独生子女。

陈雪萍表示：我国自实行计划生育政策以来，第一代独生子女父母已迈入老年行列。他们的子女正值干事创业黄金期，也赶上全面放开二孩、三孩政策。独生子女一方面要拿出主要时间、精力投入工作，同时要腾出精力培养教育孩子，探视照顾父母的时间已所剩无几，独生子女父母养老、医疗等方面问题已逐渐凸显。随着社会进步，80 后、90 后年轻人逐渐成为工作岗位的重要担当者。面临着没时间回家、承受高额房贷、生活压力大、教育成本高、消费增长快等问题。此外，农村独生子女补助标准已经持续很多年标准不变，即每人每月 80 元，每年共 960 元。

她建议：提供独生子女老年父母的养老补助。补助金与国家统计局发布的物价涨幅相联系，根据实际情况在全国标准的基础上，上浮养老补助金，实行城乡统一。以财政、税收、土地使用优惠等方面的政策，鼓励兴办独生子女父母养老院。以接纳的老年的独生子女父母数量为依据，适当减免税费。适当提高独生子女父母的退休金，在政策所规定的退休金的基础上，上浮 10%～20% 的退休金。在政府财政支持下，适当提高农村独生子女老年父母的养老保险金。对于没有交过社会保险的独生子女父母可以补交养老保险，达到退休年龄也可以领取养老保险。打破地区分割，允许年老的独生子女父母跨省区投靠有稳定职业、固定居所的子女，在子女的工作生活地落户，并且享受到与当地居民一样的待遇。

一边是工作中面临的激烈竞争，另一边则是随时可能袭来的父母养老困境。当这些问题近在眼前或已经发生，迷茫无助成为了 80 后的常态。

2021 年，《新周刊》曾经讲述了几个 80 后独生子女的故事，其中这个案例也很经典：30 多岁的李彧堂在澳大利亚工作。以前他每年回国几次，陪陪父母；疫情暴发后，他有一年多时间没回国。想到自己可能会长期生活在国外，他开始为父母的养老问题焦虑。

李彧堂开始有意识地帮父母养成健康的生活习惯，为此，他想了一个简单粗暴的办法——直接给他们采购生活物资。每月寄一箱橄榄油、两次鲜鱼、一箱猕猴桃，还有藜麦、鹰嘴豆等低升糖指数的碳水化合物食品。此外，他还让父母每天做运动、拉伸。

其实，“爱自己”和“爱父母”这两件事是牢牢绑在一起的，父母健康，子女也就可以多过几年轻松日子。

为了避免突如其来的意外，有的年轻人选择未雨绸缪。不少人选择尽早帮父母规划养老安排：购买商业保险，考察养老机构，了解医疗和护理知识，等等。与此同时，目睹父母养老的过程，独生子女们也在思考自己的生活。

在一场青年的交流会上，白岩松说：“我非常同情 80 后，80 后的父母没有积累太多的财富。80 后不仅承担着物质追求，还有精神享受等待着他们去发掘。对于 80 后来说，他们十分拧巴和挣扎。”白岩松对 80 后的评价引起了极大的反响，人们开始反思：原来 80 后才是整个社会中最不容易的一代人。80 后没有丰富的物质累积，他们的精神追求也被 90 后所不屑。80 后生活在社会转型的关键时期，他们是社会的奉献者，同时也是牺牲者。

部分 80 后早些年都目睹过父辈的国企下岗潮，对失业是很恐惧的。其实 20 世纪 90 年代下岗潮，父辈们没有什么负债，房子是分配的，也不会有什么贷款。当时社会转型有大量岗位，“糊口”并不难。但现在的失业，面临的不只是吃饭问题，还有负债问题，情况比 90 年代更复杂。

2022 年高校毕业生规模预计 1076 万人，同比增加 167 万人。但往年能吸纳大量毕业生的房地产、互联网等行业都正值寒冬，降薪裁员。越来越多的年轻人要考研考公，一方面是没有那么多就业岗位，另一方面现在“体制”才能带给人们安全感。

可哪来那么多“体制”性的岗位？绝大部分的就业不还是靠着中小型民企吗？政策严、疫情难，民企又哪里来足够的冗余资源，可以用空间换时间的？就更别说小本经营的小公司、私人业主、个体户了。

虽然也陆续出台了一系列扶持刺激政策，但落实到老百姓头上几乎感觉不到。比如五大银行针对因疫情不能按时还房贷问题，提供了包括延后还款时间、延长贷款期限、调整账单计划等在内的服务支持，听上去对于借款人是利好，可实际执行起来需要多种证明、手续和条件……

当 80 后的我们老了，我们的下一代能管得了我们吗？

难。而我们既顾不了上，也顾不了下，所以 80 后这一代人就必须好好想清楚这件事。有人嘲笑般说了这么一句话：80 后这一代是懂得孝顺的最后一代，更是被子女彻底抛弃的第一代。

对于中国这样一个非移民国家来讲，解决的唯一办法就是鼓励多生小孩。而这谈何容易。一旦人们习惯少生小孩，就很难转变为多生。再加上自身生活成本、小孩抚养成本高企，即便愿意多生，经济能力却达不到。从整个社会人群的收入中位数看，80 后的上一代人可以做到一人工作能够养活三口之家；再往上追溯一代人，可以看到，一人工作养活五口之家；而现在的 80 后小夫妻，两人工作养一个小孩，日子都过得紧巴巴。因此，尽管国家全面放开三胎政策，能生二胎及以上的家庭还是少之又少。

身为 80 后，我总能听到身边朋友对父母和自己未来养老的困惑：

父母年纪越来越大，病也找上来了，面对着家里四位老人要赡养，我们怎么办？

“4+2+1”的家庭结构 80 后们能撑得住吗？

二、延迟退休会影响养老金吗

2020 年 11 月 12 日，“延迟退休”的话题登上了微博热搜榜第一。

比起明星八卦、国际要闻，所有人更关心自己，“延迟退休”关系着切身利益。

实际上，延迟退休在 2012 年 6 月就被提上议程。当时是“研究”，8 年后正式“实施”。《中华人民共和国国民经济和社会发展第十四个五年规划和二〇三五年远景目标纲要》里提出，按照小步调整、弹性实施、分类推进、统筹兼顾等原则，逐步延迟退休法定年龄，促进人力资源充分利用。

延迟退休政策对 70 后的影响并不是很大，因为生于 70 年代初的女职工已经开始退休了，所以对于 70 后的影响有限，而对于 80 后、90 后则是影响最大。

各国对延迟退休年龄政策都采取了十分谨慎的态度，主要措施之一就是小步慢行，逐步过渡，渐进到位。

比如德国 2006 年通过法律，从 2012—2029 年逐步将退休年龄延长至 67

岁，采取的办法是前12年每年延长一个月，后6年每年延长两个月。而美国、日本都已经实施延迟退休了。美国实际退休年龄是66岁；日本法定退休年龄是65岁，实际退休年龄是69.5岁。韩国法定退休年龄是60岁，实际退休年龄是72岁。

在老龄化程度高的国家，延迟退休是普遍做法，也是缓解养老金不足的方法之一。但是那些国家都是发达国家。人均收入与社会保障要好得多。因此，结合我国国情，个人的养老金储备重要性不言而喻。

然而虽然大家普遍意识到要准备养老金，但真正付诸行动并有完整规划的人却又寥寥无几。中国保险资产管理业协会于2022年2月10日发布的《中国养老财富储备调查报告》就揭示了这一现象。

报告数据显示，在34个省份收集到的7438份调查问卷中，大部分受访者具有退休规划意识，但仅有27%的人把养老规划付诸于行动，而有完整规划的只有4%。在实际和预期退休收入中，受访者对基本养老保险的预期和依赖度都很高，保险已成为家庭资产配置的重要组成部分。

八零养老每年都会组织以“退休规划与养老金管理”为主题的沙龙，参与活动的70后较为积极，因为70后离退休更近，掌握的财富比80后更充足，所以更关心自己的养老金和退休后的生活质量。我们多次提出40岁开始就应该重视自己的养老金规划了。现在80后也四十岁了，宜未雨而绸缪，毋临渴而掘井。这里我还是要再次提醒读者，中年的财富储备决定着晚年的生活质量。这里的“财富”不仅仅是金钱，还包括：健康、兴趣、爱好、知识、智慧、阅历、社交、朋友等。通过这样的沙龙活动，我们把用户接触养老的年龄从60岁降到了40岁，同时把养老与金融等行业跨界结合起来，培养了很多忠实的粉丝。

说到养老，我国的养老体系目前以现收现付制为主，也就是说现在的老人是用我们这一代年轻人交的养老保险来养活，那么80后呢？到我们老的时候，会面临“缴费的人少，领钱的人多”的窘境吗？是否会出现有钱难以买到合适养老服务的情况？以后的年轻人越来越少，他们将来不仅要负担养老金，而且还要照顾老年人。

有专家推算过，2020年养老保险抚养比大约为2.94：1，差不多3个工作的年轻人养1个退休老人。所以我们看到现在的老年人靠退休金生活，在没有过分需求的情况下，退休生活还是比较滋润的。但到了2050年，预计只有1.3个年轻人去养1个老人，养老压力可想而知。那个时候的老人，单靠退休金生活，还会像现在这般滋润吗？

2022 年 5 月 29 日，人社部、财政部印发《关于 2022 年调整退休人员基本养老金的通知》，再次把基本养老金上调 4%。至此，我国养老金已完成 18 连涨。

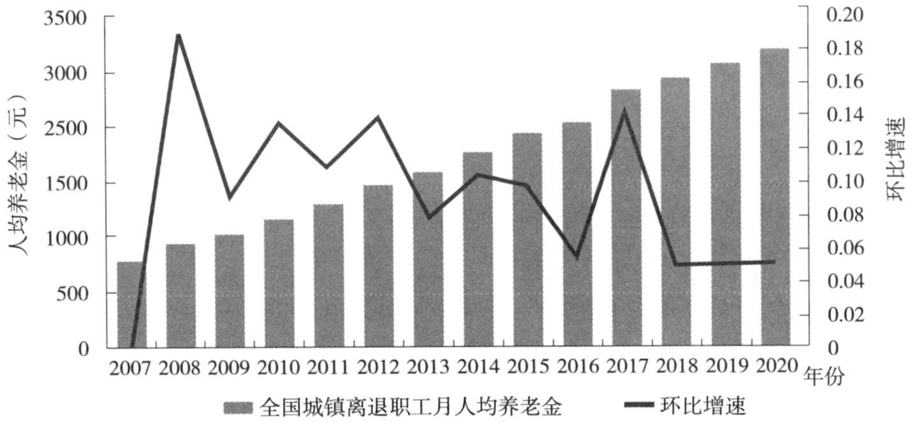

图 2-1　全国城镇离退职工人均养老金

数据来源：勾股大数据。

其实我国的养老金压力很大，《中国养老金精算报告 2019—2050》，就给出这样一个危险信号：2019 年养老金结余 4.26 万亿元，此后持续增长；2027 年达到峰值 6.99 万亿元，然后开始迅速下降；2035 年耗尽累计结余。

也就是说，13 年后我国养老保险基金就将耗尽。

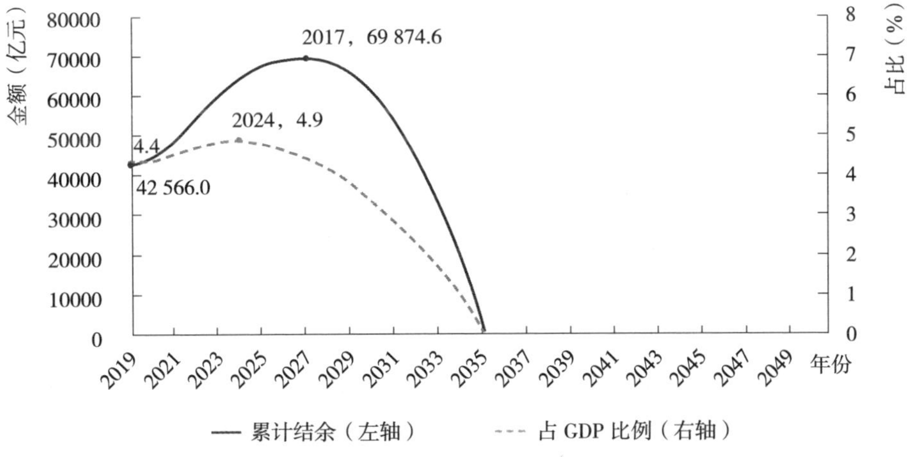

图 2-2　2019—2049 养老金结余和占 GDP 比例变化

数据来源：中国社科院。

但为了抗通胀，养老金仍然要涨，这是由我国的社会制度决定的。

2035 年，最早的一批 80 后正好 55 岁。那时，80 后或将成为无养老金可领的第一代人。基于这种可能，年轻人心有疑虑。

但切勿过于悲观，这个报告的预测结果，是基于不作任何有效调整的基础上。而政府，一直在调整，一直在改进。

2017 年 11 月，国务院印发《划转部分国有资本充实社保基金实施方案》，将国有企业资本划转至社保基金，比例为企业国有股权的 10%。据预测，该政策对社保基金带来的增量资金可达 6 万亿，可以弥补未来将近 30 年的养老金缺口。但话说回来，2050 年，正是我们这些 80 后、90 后到了六七十岁的年纪，真到了那个时候，退休年龄、退休后能领取的退休金数额，无法预测。

前面提到全国人大代表提出给独生子女父母增加补助等建议，而当 80 后逐渐成为国家建设力量的主体、社会的主流，当住房、婚姻、生育、教育等关系社会稳定的因素越来越严重困扰着 80 后生存与发展的时候，政府或许会考虑给予 80 后这个特殊时代的困难群体更多的政策支持，或者说是“补偿”。

第二节　为什么说养老是 80 后的事业

一、如何面对人生下半场

在过去，能够活到 100 岁的人寥寥无几。

但是，从 2016 年起，全球出生的孩子中将有一半可活到 105 岁。科学家发现，在过去的两个世纪里，人的平均寿命每十年就会增长两岁。在不发生意外的情况下，下一代的寿命将会比上一代更长。

按当前政策，男性 60 岁、女性 55 岁即可退休，若真能活到 100 岁甚至 120 岁，60 岁也只是刚刚步入中年，后面还有半辈子的时间如何度过？

就拿正值壮年的 80 后这代人来说，从现在开始至少还有 60 年生命，其中近 40 年是所谓的晚年生活，而这样长的时间，我们要如何面对呢？

40 年，若没有提前做好规划，可能就只是按传统的退休方式——遛弯下棋带孙子，买菜做饭养养花；或是日复一日地消耗生命；甚至是因自己的存款不足，很难维持长久的退休生活，穷困拮据不知所措。千万不要到时才拍脑袋顿悟：我 40 年前在干啥？为什么不做好规划？

这个问题需要每个人认真思考。毕竟，为工作、为生活拼搏了大半辈子，退休后如何活的舒适才能不负自己是个大命题。

2018 年有则新闻：因为一个收费站被裁撤，一名女员工哭诉说，“我都 36 岁了，除了收费，啥也不会。”而另一位 100 岁的老奶奶却说：“我特别后悔 60 岁的时候没有开始学小提琴，如果当时练了的话，现在已经有 40 年的演奏经验了。”

或许，这就是我们这代人的故事：60 岁上大学，70 岁学门手艺。

在百岁人生情境下，人们和孩子的关系也会变得不一样。

按照过去的习惯，老一代总想把自己最珍贵的东西传递下去，不管是经验还是观念，人类祖祖辈辈就是这么过来的，代际传承是这个世界的基本价值纽带。但是当我们可以拥有百岁人生时，代际传承变得有困难。比如，当你 100 岁，而孩子 70 岁时。我们有没有能力与子女像朋友一样相处，这会不会成为一个新的社会问题？

有多少年轻人考虑过自己的养老问题？

曾有一项对 1217 名 18～35 岁青年进行的调查显示，89.6% 的受访青年认为有必要从现在开始考虑自己的养老问题。要过上幸福晚年生活，59.8% 的受访青年选择靠自己，50.1% 选择靠配偶，42.1% 选择靠子女。

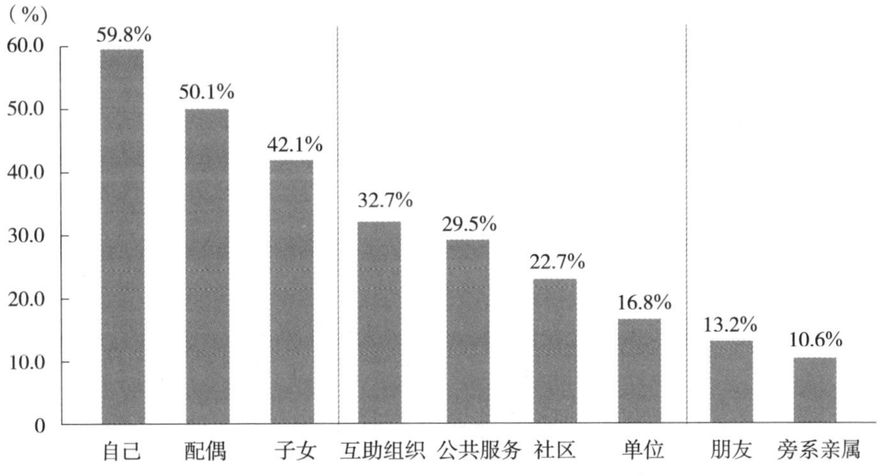

图 2–3　调查《要过上幸福生活，你寄希望于谁？》

数据来源：中国青年报社、社会调查中心。

受访者的其他养老依靠还有：养老互助组织（32.7%）、采购养老公共服务（29.5%）、社区（22.7%）和单位（16.8%）等。

在我国老龄化加剧的现状下，将养老责任过分寄托于政府，并不现实。我们每一个人都需要提前预备，付诸行动。养老，从来不只是国家的事，更是个人的事。

数据显示，中国居民的养老意识已连续三年持续提高。在年青一代（18～34 岁）中，有 51% 的受访者说他们今年已经开始储蓄，这一比例高于 2019 年的 48% 和 2018 年的 44%。近 70% 的年轻人表示，正是市场的大幅波动促使他们增加储蓄，以备不时之需。在中国为将来储蓄的人数在所有人口结构中都持续增长。对于年青一代来说，他们通常从 30 岁开始储蓄，平均每月存下 1334 元人民币。年轻的受访者将退休储蓄目标定在 150 万元人民币，退休的目标年龄在 57 岁左右。

如果按照上述调查报告所示的 150 万元人民币的退休储蓄目标，从 30 岁开始储蓄，理想的退休年龄定在 57 岁，也就是说参访的 51% 的年青一代将有 27 年的时间来储备资产。

如果要在这 27 年间存够 150 万元，简单来算，这部分年轻人需要每个月储蓄 4629.63 元，这与报告中提到的年青一代平均每月实际存下的 1334 元人民币有相当距离。

愿望很美满，现实略骨感，年轻人养老仍需努力。

他们可以独居着成为“空巢青年”，也可以摒弃传统的养儿防老观念，认清自己如果想要过上幸福的晚年生活，只能靠自己，早早就将养老纳入人生规划。在压力之下，有的年轻人选择了长期的自我积蓄与储备，理性地规划人生；也有的年轻人自我放飞，得过且过；更多的年轻人，带着压力负重前行，迷茫而盲目。

“大不了以后住养老院嘛！”

你对养老院了解有多少？现在的养老机构能满足你的需求吗？机构养老、居家养老、社区养老、异地养老、候鸟式养老，哪种方式更适合你？

其实，养老院里也存在各种鄙视链：有退休工资（或者养老金）的，看不起没有退休金、需要儿女出钱的；识字读过书的，看不起没什么文化的；或者说用智能手机的，看不起用老人机的。其他的鄙视链也很多，比如，身体健康完全能自理的，看不起需要半护（失智老人为主）、全护和特护的；孩子经常来的，看不起孩子在外地回不来的……

那什么样的老人能站在鄙视链的顶端呢？

那便是 60～70 岁、能自理、有爱好、又有退休金的老人，他们简直是这里的王者。如果丧偶或者离异的话，院里面会有非常多热心人撮合他们来一场“夕阳红”，甚至还会有不少异性“仰慕”。

但无论老人处于鄙视链哪层，孤独且渴望亲情都是他们的共同特点。

虽然大部分的老人说“住进来，不给子女添麻烦”“想要自己的生活”，但每当他们和我聊天，我都能明显感觉到他们的孤单。每次我们去的时候，老人们都会把我们当作自己的孙子孙女对待，拿出零食分给我们，拿出最新保存的家庭照片给我们分享家人的趣事……

没有一片树叶不落下，没有一年不入秋。

高房价与房贷压力，80 后的养老金如何能积攒下来？就算攒下来的养老金能比通货膨胀增值快吗？我们每个月缴纳的养老金等到退休时还够花吗？“以房养老”适合中国吗？适合 80 后吗？

再看 70 后、90 后的退休养老情况，其实也并不容乐观。不过，70 后在退休前的生活比 80 后要好，因为 70 后毕竟不是生在独生子女时代，他们家中的每位老人都可以有多个子女一起轮流照顾，并且 70 后（尤其是 1975 年前出生的人）不需要对高房价买单，他们中相当一部分人甚至还享受到了福利分房的政策，这与 80 后群体有质的区别。

反观 90 后，倒是与 80 后有太多相同的命运：都是独生子女、都要面对高房价、都处在物价高度通胀年代、都有着“4+2+1”家庭结构、退休后都将面临社会整体赡养比极低的 2.0。90 后简直复制了 80 后的一切，不过还好有 80 后在前面扛旗。

人们常说：孩子是我们的未来，而现实是，老人才是我们自己的未来！

大多数时候，养老不是一个个人话题，而是一个社会性的宏大议题。当前，养老的社会化变迁，也是一个由内及外的变化。也许，我们会说中国老龄化是未富先老与未备先老，但是对于 70 后、80 后再这么说就不大公平，因为时代给我们留出了准备的时间，而我们不提早准备只能自负其责！当代年轻人越早、越多地关注养老，就能更好地规划，更好地行动，得到更好的收益。我个人认为应做好以下三点。

第一，身体健康。身体是革命的本钱，身体是 1，其他都是 0，要想健康长寿，80 后在中年时就要有意识地养生，不仅仅是喝红枣枸杞茶，还要控制饮食、经常运动、按时睡觉、调理情绪、定期体检等，总之要给自己晚年打个好底子。

年轻时为了事业拼命工作，经常应酬喝酒，熬夜 K 歌，很多社交都是为了别人。到了中年，让自己的生活更有质量。养老是个过程的集合，变老是个过程，大家都认可；养也是个过程，不是等老了再养，而是要一直保持的习惯，好的状态，你就感觉不会老。这方面女性平时都很注意，各种护肤品坚持用下来确实不一样。男性里面，林志颖、蔡国庆这些公众人物都是熟知的不老神话，令人羡慕。今年，八零养老就组织了几次“养生趴”，为会员做体质筛查、中医调理等，也为老年人做防摔倒预警的监测，取得了非常好的效果。

第二，提前做好养老金规划，努力为未来做储蓄。都说钱是一个人的底气，你有了足够的钱，养老问题就不会十分突出。毕竟部分老人退休生活比较落魄，大多因为退休金太少，子女也不孝敬。反观那些退休金高的，子女反倒是很孝顺。老龄化社会之后，经济的增速会相对较慢，因为劳动人口下降，导致生产力下降。养老问题只会越来越突出。现在房价有多高，将来养老院床位可能就有多高。要想避免中年危机，避免养老危机，必须准备多元化的收入方式，在 30 岁之前，80% 的收入可以来自工资，但到了 35～40 岁，至少要有 40% 来自财产性收入，过了 40 岁，财产性收入占比应该进一步扩大，到了退休前，有 80% 的收入来自财产性收入才不会影响生活。这个收入结构就比较合适了。什么是财产性收入，可以是房租、公司股权分红、股票分红、基金分红，也可以是资产组合，还有存款、国债等利息收入。

第三，树立人生赢家的目标，切忌为了工作而忽视家人。周国平在《我喜欢生命本来的样子》中写道：“事业再辉煌，社会上成就再大，如果不能与家人和睦相处，家则不能称为家，这样的人生是有根本缺陷的。”人生下半场，夫妻恩爱互助，父母健康，儿女承欢膝下，才是最大的幸福。我们要学会和孩子好好相处，以身作则，传承孝道。教育孩子其实就是一种投资，虽然现在“养儿防老”的观念不断变化，但孩子肯定是重要的一环，毕竟能给自己带来很多精神慰藉，即便偶尔回家看看，也让人开心。除了子女，还要有适当的社交，要有自己的朋友圈。到了晚年，子女不在身边的时候也能有人陪伴。

无论是早熟还是不谙世事，都应该在年轻时想到晚年，要开始积累资本、积累身体和精神上的资源和美好的回忆，而且年龄的增长越来越要求我们有克服痛苦经历的能力，我们也要开始培养这些能力。

作为80后，对于80后的困境与焦虑，我有切身体会。我认为80后这代人的命运，就像中国石油的A股股价，是个“高开低走”的过程。如果不早做准备，提早应对，那么后市很难乐观。我们人生的后半程，能不能出现反弹，甚至是大逆转，就在于中年时期做足准备。

更好的你，从40岁开始！

二、开始百岁人生的规划

在《百岁人生》这本书中，来自伦敦商学院的两位教授琳达·格拉顿和安德鲁·斯科特有很深入的洞察：我们正在进入一个老龄化的社会，我们的寿命会被拉长，我们很有可能面临的是百岁人生，我们这一代人恐怕要工作更长的时间，甚至到80岁。

书中提到：

2007年出生的人有50%的概率活到104岁，
1997年出生的人有50%的概率活到101～102岁，
1987年出生的人是98～100岁，
1977年出生的人是95～98岁，
1967年出生的人可能活到92～96岁，
1957年出生的人可能活到89～94岁。

总的来说，从50后到00后，基本上有50%的概率能活到100岁左右。

在古代，人的一生只有两个阶段：儿童时期和成年时期。20世纪又出现了两个“根据年龄划分”的阶段：青少年时期和退休时期。

而作者认为，传统的“上学—工作—退休”的“三阶段”生活模式不再适合，多阶段的生活模式更加具有吸引力：探索者、独立生产者和组合者。这些阶段是根据心态而非年龄进行划分的。保持年轻的心态会让人愿意去尝试、参与、改变和成长。美国斯坦福大学的文学教授罗伯特将这种心态描述为“返老还童”，就是永葆青春和越活越年轻的心态。这会让我们更愿意去尝试、参与、改变和成长。

我们先看看探索者。探索者会观察周围环境，通过反复尝试来了解自己的喜好，才能发现自己与生俱来的天赋。在他们的一生中，会不断审视自己的价值观，而加强自我认同感。探索者们积累了大量的经验，这让他们做出的选择能和自身的价值、兴趣和技能产生高度一致地契合。我们的人生美满度是由很多个选择决定的，选择一个适合自己的教育方向、找到一份理想的工作、为一个能体现自身价值的公司效力，还有找到一生挚爱，这些选择影响着我们的整个人生。如果能活到 100 岁甚至更久，那么做出正确的选择就更有意义了；同样地，错误选择的影响也会让我们痛苦更久。

独立生产者也可以说是创业者，现在我们还是认为创业者是冒险的，大多数人还是望而却步，不敢尝试。而在未来人们 100 年的漫长生命中，会选择一种新的创业形式，不是现在的要创建公司当老板，而是真正意义上的独创事业。人们离开传统职业去从事独立的工作，比如说生产产品、提供服务或者是追求理念，独立生产者正是能看到商机并能立刻抓住它。

组合者也很好理解，处在组合阶段的人会参加各种各样的活动，工作、志愿活动、或是追求兴趣爱好的项目。尽管很多人认为，组合阶段是适合晚年的一个选择，但是组合阶段并不是由年龄来定义的。

改革开放以来，劳动力市场的高技能和低技能岗位的需求量不断增长，而中等技能岗位的需求量却在减少。这是因为，人工智能取代了很多中等技能岗位，以后还会承担越来越多的常规工作，比如驾驶，或者诊病之类的，中等技能岗位的数量会越来越少，而技术型人才就成了抢手货。不管怎么说，科技进步和生产力的提升提高了整体生活水平，还促进了消费、催生新兴产业，未来还会出现更多的新领域和新的就业机会。

若想不被人工智能替代，就要掌握机器做不来的技能。大卫·奥托尔在他的论文《为什么还有这么多的工作》中指出，人类具有两大独特的特质，第一个是通过总结经验和归纳推理来解决复杂的问题，第二个是在人际交往中扮演各种各样的角色。在 21 世纪出生的人更该选择具有“绝对优势”的职业，像是人类总是能比人工智能更出色地完成的那些工作，写文做诗、科学研究等；或者选择具有“比较优势”的职业，这是需要人类与机器共同完成的工作，比如服务行业。

在长寿时代里，我们要学习和发展自己，才能不被取代。而我们人类还有一样宝贝是人工智能没有的，那就是无形资产。

在一个富足、充实的生活中，家庭、朋友、健康和学习都是无形却又不可或缺的部分。这些无形资产会帮助我们拥有更多的有形资产。比如，我们学习和掌握一些技能后，会找到比之前更好的工作，通俗一点，就是能挣更多的钱。无形的优势包括“生产型资产”“活力型资产”以及“转型资产”。

我们先来了解一下什么是生产型资产。像教育和技能提升就属于生产型资产，能够提高能力和促进职业发展。在漫长的 100 年人生旅途中，旧技能会被淘汰而新技术会不断涌现，我们想不被淘汰就不能停止学习的脚步，这就叫做学无止境。

无形资产中的活力型资产，是我们最应该积极维护和改善的，它代表了我们的身心健康，不健康的人生怎么能是幸福美满的呢？我们要有一个健康的饮食习惯，坚持定期锻炼身体，学会管理压力和维护人际关系。过时的"三阶段"生活模式就会让人们忽视活力型资产，而导致生活失衡。在长寿时代，一直做一个类型的工作会让人倦怠，多段式生活会让我们延长自己的受教育时间，工作阶段更加碎片化，也就是说，当我们觉得身处的职业没有活力了，自己没有激情了，就可以辞职去休息以及学习进修，充实了自己再进入新的工作岗位。

而转型资产是以上两种资产的开关，离了转型资产谁也玩不转：首先，通过对自己状态的客观评估和对未来的预想，来实现自我认知；其次，要有能力从一个广泛的社交圈中选择适当的人，组建不同的人脉网；最后，对新想法和新事物保持开放的态度，愿意尝试和改变自己的行为。

无形资产帮助我们拥有了更多的有形资产，有财，我们得会理才行。

我相信，我们中有很多人是不懂理财术语甚至是金融的基本知识。如果还没有给自己的未来做打算，那么你可能会面临过早耗尽资源的风险。所以我们要提早做好理财规划，准确评估自己的财务状况，还需要有遵循储蓄计划的自控力。

长寿会改变我们的生活方式，而科技的进步则会让我们的工作种类更新换代。要想不被抢了饭碗，可得好好规划，不管外界环境如何变换，我们都要做出最适宜的养老选择，从而做到老有所养、老有所依、老有所乐、老有所为，让生命的旅程流光溢彩。

第三节　80 后自身的养老规划

一、正在松动的"三座大山"

80 后是改革开放之后的一代人，从出生到成年的人生经历是处于社会大变革大发展时期的独有经历。从计划经济转型市场经济，80 后的物质生活与精神生活相对上一代人来说更加富足，耳濡目染地接受了发展变革带来的新事物、新思想，并且受到较好的素质教育，见证了改革开放的成果，也从中享受到了改革红利。可以说在改革开放政策实施过程中，80 后几乎每十年就有一个大变化。

在我的上一本书《80 后的养老事业：养老产业商业模式与跨界创新》中，列举了阻挡青年人创新创业的“三座大山”——金融、房地产、互联网垄断。

这几个行业曾经有力地推动中国经济增长，同时也享受到了巨大的时代红利，但当泡沫被吹大、未来一再被透支之后，无论如何，都要重新走上价值回归之路。

2021 年 4 月 8 日，网上传出一则“七部门查处深房理”的新闻。舆论可能还没认识到这意味着什么，但房地产圈的人已经几欲先走。这次七部门联合出手，释放出一个最大的信号——央行和财政部已经开始参与房价调控。借用新闻的一则标题来描述就是：炒房，再也不会被善待。

2022 年 3 月 5 日，全国“两会”召开。这一次，房地产行业的代表、委员声音微弱，有的人大代表甚至没有提出议案。这种集体低调和过往形成了鲜明对比，曾几何时，开心的笑容和 H 型皮带是房地产业在两会中的代表形象，那是一个行业大踏步向前、财富爆发式聚集的时代。

如今，一切都不同了。房地产市场持续多年的调控，让投机性、投资性购房没了市场。信贷政策优先支持首套房购房者，保障基本购房需求。同时，新冠肺炎疫情的暴发和持续，也让一些居民认识到收入和就业的不确定性，以及由此带来的债务压力。在多方面因素的综合影响下，“房住不炒”从政策目标走向现实，成了社会的共识。

再有就是反垄断。2020 年 1 月 2 日，国家市场监督管理总局官网发布了《反垄断法》修订草案。此次反垄断法在施行 11 年之后迎来的首次大修，其中最大的亮点便是新增了互联网领域的反垄断条款。

2022 年 6 月 24 日，十三届全国人大常委会第三十五次会议表决通过关于修改《反垄断法》的决定，自 2022 年 8 月 1 日起施行。国家建立、健全公平竞争审查制度，制定和实施与社会主义市场经济相适应的竞争规则，国务院反垄断执法机构负责反垄断统一执法工作，健全统一、开放、竞争、有序的市场体系。

2021 年 4 月，阿里巴巴收到一张 182.28 亿元的罚单，互联网反垄断监管拉开大幕：7 月，国家市场监督管理总局公告宣布，禁止由腾讯牵头的虎牙和斗鱼合并案，反垄断从“事后惩罚”走向“事前监管”。10 月，美团因“二选一”被罚 34.42 亿元。

巨头们被施压，利好的是广大中小企业，它们才是解决社会就业问题的最大保障。

2022 年 3 月 16 日，国务院金融稳定发展委员会召开专题会议，研究当前经济形势和资本市场问题。会议提出，金融机构必须从大局出发，坚定支持实体经济发展。

而早在 2017 年《政府工作报告》就已明确，促进金融机构突出主业、下沉重心，增强服务实体经济能力，坚决防止脱实向虚。这也正是要对资产市场大量的投机和炒作现象进行纠偏。

当时，全国两会人大代表、央行副行长陈雨露对金融机构提出两个要“千方百计”做到的事情：一方面要千方百计地保持证券市场和房地产市场的稳定，避免大起大落，控制货币资金大规模流向资产泡沫领域；另一方面要千方百计地拓宽和疏导金融之水流入实体经济之田的渠道，特别是要找到金融重点支持实体经济的着力点。

在执行层面，《政府工作报告》更明确提出，鼓励大中型商业银行设立普惠金融事业部，国有大型银行要率先做到，真正做到“下沉重心”。

无论是反垄断、房地产还是发展实体经济，都具有再分配的性质。要防止社会阶层固化，就要畅通向上流动通道，为人们勤奋致富创造更加良好的制度环境，让大家的日子越来越有盼头、生活越来越有奔头。

关于我国的分配政策，还记得课本上是怎么说的吗？——“初次分配注重效率、再分配注重公平。”

两个字：公平。

二、国家释放的信号

2021 年，《中共中央国务院关于支持浙江高质量发展建设共同富裕示范区的意见》发布，共同富裕示范区落地浙江。

一个人口数量堪比欧洲大国的省份，正在积极打造共同富裕的样板。

这不禁让我们回想起 1990 年的 4 月 7 日，已在前一年宣布退休的邓小平同志，在北京会见泰国正大集团董事长谢国民时，谈到正在推进的改革开放事业，他对谢国民说道：“我们是允许存在差别的。像过去那样搞平均主义，也发展不了经济。但是，经济发展到一定程度，必须搞共同富裕……社会主义的一个含义就是共同富裕。”

共同富裕，不但是中国特色社会主义的初心与使命，也更是经济继续发展的空间，是国家构建可持续经济发展与竞争力的关键。

共同富裕的再次被提出，是经济增长与再分配的关系正在不断被调整的强烈信号。

2021 年，李克强总理在十三届全国人大四次会议记者会上曾说道：“老龄产业是个巨大的朝阳产业，它带来多样化需求。中国这样一个广大的市场，也必然会给外国企业的产品服务乃至投资创造更多的机会。中国人民吃苦耐劳，只要就业门路更宽广，我相信中国人民会用自己勤劳的双手逐步迈向共同富裕。”

共同富裕在养老方面的表现，我的简单理解就是老年人养老金充足，养老产品与服务供应充足，退休生活丰富多彩，不能自理的有专业机构照顾，老年人及子女对于养老没有后顾之忧，有幸福感。

当所有国家面临同一个“老龄化”问题的时候，不同选择造成不同结果的差异性就凸显出来了。比如俄罗斯选择将养老金冻结 10 年，为军事支出服务；韩国选择牺牲底层人民，为财阀服务；日本正在逐步取消退休年龄，迎接“终身工作时代”的到来。

中国有 14 亿人，面临的情况复杂得多。

但从政府决策透露的信息来看，除非你是富人阶层，可以在任何一个地方生活得很好。否则与相同甚至更高发展水平的国家相比，在中国老去，一定是更有尊严的选择。

这不但是由我国的社会制度决定的，还来源于中华民族几千年来儒家思想的传承——百善孝为先，早就烙在每个中国人的 DNA 里了。

从 2022 年的政府工作报告中，我们可以看出国家对老龄化的积极应对。报告指出，要积极应对人口老龄化，优化城乡养老服务供给，支持社会力量提供日间照料、助餐助洁、康复护理等服务，鼓励发展农村互助式养老服务，推动老龄事业和产业高质量发展。

如何推进养老服务发展，也成为了 2022 年全国两会众多代表委员关心的话题。

养老护理人员短缺一直是制约我国养老服务体系建设的瓶颈问题，全国政协委员安阿玥通过调研提出关于养老护理人员的多项建议：第一个是要抓紧多层次培训、不同层次的培训；第二个是从职业道德上进行培训，建立一个黑名单制度，在护理老人的过程中有虐待老人的现象或者服务不周到的人员，不能再从事养老服务行业。在社会上提高养老从业人员的认知度，获得社会尊敬。

江苏南通佰仁堂常青乐龄护理院院长助理李楠楠则讲述了自己看到的现状：很多护理专业的00后毕业生，都选择到医美机构和体检中心工作，他们觉得那里更有吸引力。养老护理院的工作和医院一样三班倒，工资待遇却比不上医院，很多年轻人看不到职业发展前景。想让年轻人长久留在养老护理院工作，就要打通护理院年轻人的晋升通道。

在人口老龄化进程中，如何避免农村老人成为“孤岛”？北京大学经济与管理学部副主任金李提出了自己的看法，鼓励部分城市老人在农村长期居住养老。在他看来，这既能降低养老成本，减轻对于城市资源的挤占，又发挥有条件的城市退休老人余热，带动当地农村经济发展。金李还建议，借助乡村振兴，大力发展农村田园康养、旅游度假康养等服务，开发一个庞大的乡村养老银发经济圈。对此，可以推出康养地产项目用地的优惠政策，配套基础设施建设。鼓励企业到农村去做康养旅游，制定相应养老考核指标，明确相关税费优惠政策，也更好吸引部分农村年轻人回乡务工。

作为关注养老问题的“提案大户”，全国政协委员、广东财经大学法学院院长鲁晓明履职5年来提交多份关于应对社会老龄化的提案。今年，他带来的其中一份提案是建议组建老龄事务部，他认为对老龄事务工作的统筹谋划，老年人福祉的有效推进，还有老年人权益的保障以及执法监督等工作，亟须一个强有力的管理机构。

电子支付、看病预约、健康码出示……信息技术的快速发展和智能化服务改变了人们的生产、生活方式，但也给不少老年人带来不便。如何帮助老年人跨越“数字鸿沟”，让他们在智能时代不掉队，全国人大代表、苏州大学校长熊思东建议“两条腿”分步走，“第一步实行技术更新改造，推出一批适合老年人掌握的APP应用程序。第二步应设立过渡期，在没有更适老化的应用推出前，对于一些还无法通过技术改进实现的应用场景，应保留传统路径，防止给老年人带来过多困难。”

2022年年初，国家发改委发展司司长欧晓理在《“十四五”城乡社区服务体系建设规划》的政策吹风会上表示：我们不能让老年人在互联网时代成为“需求孤岛”，也不能让农村八九十岁的高龄老人自己劈柴做饭。我们要力争在未来五年内，大城市老年助残服务逐步覆盖 80% 以上的社区，特殊困难老年人月探访率能达到 100%。

……

种种信号，已非常明确。

在中国，政策就是商机，缺口就是风口。把握住政策风口和市场缺口，参与到实现“共同富裕”的机会中来。

三、80 后的“银色”机遇

银色经济，指为老年人专门开发设计、生产制造商品、提供各种专门社会服务的市场。当人均 GDP 超过一万美元、卫生支出占 GDP 的比例不断提高、国民平均预期寿命不断增长，这个国家或地区就进入了健康长寿的银色经济时代。

为满足日益增长的养老需求，国家在不同时期出台了一系列养老政策。在养老政策体系中，中央政府扮演着“掌舵者”角色。2000—2012 年，国家养老政策年平均发文数量为 5 项，政策数量在较低水平区间震荡徘徊，增长缓慢，这表明：在老龄化社会初期，养老议题并未成为政策热点。

随着中国老龄化上升趋势，国家养老政策的供给同步增加。党的十八大、十九大报告以及“十三五”“十四五”规则纲要都明确提出积极应对老龄化，一系列与老龄化相关的政策文件密集出台，养老政策网络呈现“封闭——半开放——开放”发展路径，而且部门联合发文也呈现显著增加趋势。

2013 年以来，国家层面出台的“十三五”涉老专项规划有 20 多项，国务院及有关部门出台的涉老政策近 450 项，应对老龄化的政策体系更加成熟健全，政策涉及领域持续扩展，政策内容也更加精细化。

政策出台的频率越来越高。对这些政策进行统计分析后我们发现，这些政策中 2/3 以上与养老服务业相关，老年服务业政策在养老政策中占据绝对主导地位。国家层面将促进养老服务业的发展当作最重要的方向。

在国家对养老重视程度不断加深的环境下，2012—2020 年我国养老产业市场规模不断壮大，年复合增长率为 12.81%。2020 年我国养老产业市场规模达 7.4 万亿元，同比 2019 年增长 7.25%。中国社科院的《中国养老产业发展白皮书》显示，预计到 2030 年中国养老产业市场可达 13 万亿元。

而展望 2022 年劳动力市场和就业形势，近年大学毕业生已经成为每年一千多万潜在新增求职人员的主体部分，2022 年预计大学毕业生人数将比去年大幅增加 167 万人，第一次超过千万门槛达到 1076 万人创纪录水平。另外进入劳动力市场求职的还有 400 万～500 万中专毕业生、几十万退伍军人和一定数量中学毕业生等，新增求职人数会达历史新高。

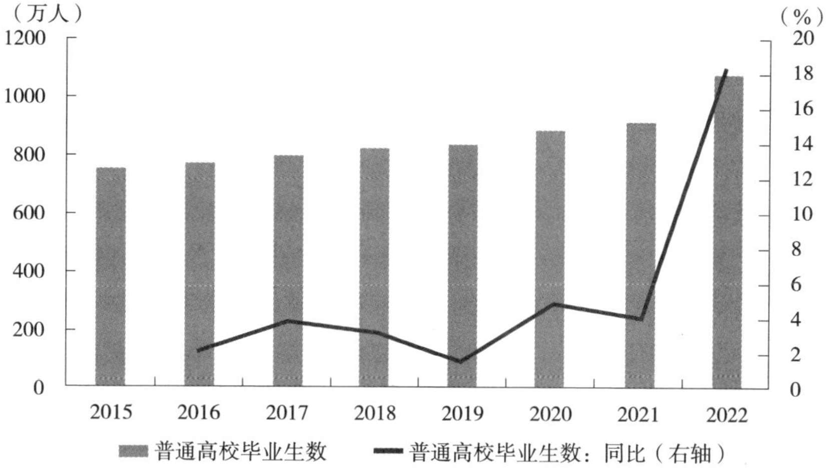

图 2-4　2015—2022 年普通高校毕业生数变化

数据来源：万得、教育部、信达证券研发中心。

然而目前经济下行压力较大，2022 年宏观经济稳增长任务繁重，会对就业创造构成宏观制约。因而 2022 年实现充分就业目标困难较大，劳动力市场和就业形势不容乐观。虽然由于历史原因 1962 年出生人口大幅上升，这些人口 2022 年达到 60 岁男性法定退休年龄，退休人数上升增加释放就职岗位对就业困难会有所缓解，然而可能仍难以根本改变 2022 年劳动力市场总体紧平衡局面。

应该说政府早就预见到了即将出现的困难，所以在 2021 年 6 月 22 日，李克强总理主持召开国务院常务会议，部署“十四五”时期纵深推进大众创业万众创新，更大激发市场活力促发展、扩就业、惠民生。

如今，80 后逐渐成为社会的主力，这一代人在社会中发挥着越来越重要的作用。当出口贸易、房地产、互联网这些行业发展遇到瓶颈，纷纷被寡头垄断的时候，80 后如何创业与创新？

危机危机，危中有机。不能说老龄化只是负担，老龄化也给 80 后带来了机会。在 80 后养老事业系列丛书的第一本书中我就提到过，80 后的一生会经历中国老龄化的出现、发展、高峰的所有阶段，在 80 后的职业生涯里，老龄产业都会一直处于上升通道，需求会越来越强烈，产业规模会越来越大。因此，与其他周期性行业比较，养老产业是最值得80后、90后选择的事业！

80后这一代人特点鲜明，我们可以充分发挥这一代人的优势，可以说80后的养老事业大有可为。而且做养老事业不仅是解决工作就业，更是在为自己的父母、自己的家庭尽孝。对于80后，做好养老事业是一举多得。

我国老龄化的过程至少要持续到2050年，家庭养老功能弱化使得未来30年养老市场的需求会越来越大。家庭养老需要更多的社会化服务来满足，养老行业会一直处于上升周期中。而对于80后来说，到2050年已届老年，面对社会快速增长的养老需求，与正在下滑的经济比较来看，还有哪个行业能像养老市场一样有如此庞大的市场和确定性的机会呢？

2021年，教培、互联网、房地产等行业都出现了大幅度裁员，众多中小微企业被迫停产歇业，但我们却极少看到养老企业裁员，反而有很多企业转型进入康养行业，尤其是感觉到了央企、地方国企跑步进场，在加大招聘力度。

养老行业的范围之广、吸纳就业能力之强，除了新人毕业，有很多转行换岗的就业可以被包含，我们书中就有编委从其他行业转行做养老的成功案例，还有关于养老职业教育和就业的专业指导，非常值得一读。

对于“变老”这件事，我们需要建立新的认知。从生理上长出第一根白发到真正需要看护养老之间，要经历数十年漫长的生理和心理上的变化。而老龄化社会的机会，会出现在各个行业、各个方面，或者说，所有行业都会因为老年客户群体的不断增加而改变。在这之中，诞生了无数的垂直细分的需求和机会。小到一副满足老年人功能需求、审美需求的老花眼镜，大到整个房屋的适老化改造，将目光从60岁以后的人群扩展到全龄人群，养老产业仅仅是银发经济中的一个组成部分，这就是老龄化社会。

围绕银发人群而诞生的相关产业受到了来自资本方面的关注。艾媒咨询数据显示，2013—2020年，中国健康养老产业融资规模不断扩大，2020年融资规模达1976.36亿元。

在2022年的第一个月，红松学堂与明椿学社两家关注中老年兴趣生活的平台先后宣布斩获融资。年轻人的“种草机”小红书完成了“老红书”商标的注册，出现在面向中老年女性的短视频平台“友友视频”背后，被看作是其低调布局银发赛道的举动。

这是一个涉及5亿人生活方式的赛道。这并不是一个垂垂老矣的生意，它是我们每个人都会接触到，同时我们自己最终肯定也会进入的阶段。

四、孤独消费催生的文化养老刚需

2017 年，中国最大的职场实名社交平台脉脉数据研究院对上万名职场人进行了一次“孤独感”调查，并推出《孤独经济年度白皮书》。调查显示，61.47% 的人平时会感觉孤独。孤独的原因主要是背井离乡、单身、贫穷、没有朋友、事业上受挫折等。独在异乡为异客，有着漂泊无依的孤独；身在家乡心茫然，有着亲朋好友也无法排解的孤独……无论是不是“单身狗”，孤独似乎是现代年轻人的常态。年轻人的孤独，催生了手游、一人食、外卖、单身公寓这些“孤独经济”商业模式。

与年轻人孤独相对应的，是老年人的孤独。截至 2015 年，中国老年空巢家庭率已达 50% 以上，大中城市更是高达 70%。2050 年时，65 岁以上独居、空巢老人数量，将增到近 2 亿。

这是社会变迁中的一个特别现象：年轻人出外打拼，漂泊在外，孤独难耐，形成“孤独经济”；老年人空巢在家，更是孤独寂寞，形成“孤独消费”。老年人的孤独消费，有些是畸形的，比如一度盛行的“亲情营销”为销售高价保健品骗子们的利器。他们对孤独的空巢老人，成天“关怀备至”喊爹喊娘，洗衣做饭，洗脚按摩，利用老人的孤独骗取大量的钱财。

老人的孤独消费，应该是阳光消费，他们走出对子女的依赖，走出家庭，外出交友，过上自己的生活。比如上老年大学，一块学习，结伴出游。甚至可以抱团养老，互相帮助，互相安慰，过上快乐的生活。老人的孤独消费中，更多的是文化养老，上老年大学和随之而来的参与活动与结伴旅游，成为文化养老的重要形式。

获得精神文化教育的满足，是避免不必要的快速衰老的有效途径之一。据科学研究发现，拥有书籍并每天阅读超过 30 分钟的人预期寿命约可延长两年。教育增加了大脑中的“关联”，更能对抗痴呆。

老龄化改变了大家以往的观念，老年人的文化消费意识和消费购买力正在持续提高，成为推动中国文化产业的新动力。书法、绘画、舞蹈、戏曲等传统文化持续回温，广场舞、门球、棋牌等群体性文娱活动广受欢迎。越来越多的老龄群体走出家门、步入社会，成为社会文化活动的主体力量。中国老龄文化产业发展迅速，呈现数量多、种类全、坚持久、影响大等特点。

在老年人的需求里，隐藏着大量的商机。

在日本，老年群体因为随着年纪的上升，对一些运动量较大的活动已经不再感兴趣了。阅读，成为他们日常生活中最热衷的选择。

对于老年群体而言，最关注的莫过于“健康养生”方面的书籍，为了照顾老年群体的消费需求，有些商家特意设立了专业老年书店，准备了关于旅行、住宅、汽车等方面的书籍，在书店里为其服务。老年群体习惯“早睡早起”，老年群体的书店营业时间也开始于早上七点。因为年纪大了不适合开车，或者步行太远不方便，书店针对老年群体还会设置专车接送服务，方便老年人出门消费。

仅是看看日本图书馆针对老年人提供的其中两项简单服务，或许也会对你有所启发。

首先是面对面朗读服务。专门针对视力不佳或是阅读有一定困难的老年人特殊群体，图书馆会提供一些面对面朗读的服务。朗读服务不仅仅是将书中内容原封不动读给另一人听，在进行朗读服务之前，工作人员要充分了解老人选择书籍的大致内容，掌握文章整体思路以及难以理解的地方，对其中难点进行相应解释，陪老人说说话。

其次是开展传统主题回忆座谈会。随着经济的不断发展，许多年轻人工作压力大，陪伴老人的时间减少，很多时候也无暇好好地坐下来与老年人说话。针对很多老年群体对历史和过去怀念的特点，日本图书馆会定期开展以传统历史主题为主的座谈会。通过展示某个时期生活用品、历史材料以及书籍、影片等资料，老年群体可以自发报名参加，在讲述事件时可以同时展示自身携带具有历史意义的生活用具或是文字资料等，也可以借助图书馆展示的资料来讲述当年那个时期所发生的事件以及自身生活体验等，让老人获得精神的愉悦和满足。

我说 2020 年是文化养老的元年，因为 1960 年出生的人开始退休了，这一代人的生活环境、综合素质等方面都要比以前好，接下来的 70 后、80 后会更好，在物质需求得到满足后，人们对文化养老的需求大大提高，也就是说文化养老这一细分领域将加速发展，所以我们要进入这一细分市场。

关于老年书店，后面会有专门一篇文章来分享，也期待与各位读者交流。

五、窗口期已至，风口期未到

中国进入老龄社会已经 20 多年，进入老龄社会的快速发展期也逾 10 年，但养老产业的发展仍处在相对落后的阶段。

养老产业的落后表现在：行业中没有大企业出现；国家不断推出整合扶持政策，大家都在岸上拍手叫好，就是不愿意下水游一下；都说老年产业是朝阳产业，就是不愿意大投入。原因很简单，这个行业的赢利能力不够。

用当下流行的说法，中国养老产业的窗口期已至、风口期未到。

“窗口期已至”是指从老年人群绝对数量增长、人均消费能力提升、需求升级来看，趋势已显，正是企业和资本蠢蠢欲动、谋篇布局、深度介入的最好时机。此时老龄化的大背景正是时代赐予 80 后这代人的历史机遇，而且这一机遇至少可以维持 30 年。从而立之年开始算，接下来这 30 年的时间就是 80 后的养老事业黄金期。做早了，会在泥潭中苦熬；做晚了，将失去跑马圈地的机会。

“风口期未到”是指目前老年人群的绝对数增长、消费力释放，主要集中在普通大众产品和服务领域，且是低价低质的领域，处于解决从无到有、从不消费到跟随消费、低级消费的阶段。此类市场环境下，难以培育出专门针对老人需求的独特产品、服务和品牌。

前文提到，由于中国人口政策的原因，“新老人”成为中国第一代独生子女的父母。相比上一代家庭，父母和子女的关系比较淡，互相的依赖性没有那么强。改革开放的思想浪潮和集体主义的传统交织，一定程度上影响了“新老人”的消费方式，他们开始关注“自我”的需求。来自阿里巴巴的《老年人数字生活报告》指出，疫情期间，老年群体消费金额三年复合增长率达到 20.9%，增速仅次于 00 后。

传统老人难以接受去养老机构养老，而“新老人”完全可以接受，不少人内心早已提前酝酿，甚至为抱团养老提前准备。你肯定听过父母辈说过类似的想法：和几个朋友一起在乡下盖一处大院子，主要目的是未来抱团养老；也有人约几个玩得好的朋友在同一个养老社区买房，也是为抱团养老。

由此可以判断：未来二三十年，养老机构的好日子就要到来了，而且会形成不同层次的需求，如同宾馆有三星级、五星级一样，养老机构也会分级（养老机构分五星级，养老服务驿站分三星级），到那个时候，大家比的可能就是看谁住的养老机构星级高了。

“新老人”成为老年人的主流以后，中国老龄人口消费能力和消费欲望会大大增强。这一变化将使养老行业发生根本性的变化：养老机构、居家养老、康养旅游、养老设备、养老服务、智慧养老、养老文化、老年用品、养老主题书店……过去十年看起来很美好、做起来很艰难的养老行业会发生变化，这也必然催生养老行业的霸主出现，养老行业将正式进入“春秋战国”时期。

据国家社科基金《养老消费与养老产业发展研究》课题组测算，到2050年，我国老年市场规模将达48.52万亿元，养老产业规模将达21.95万亿元，老年人消费市场将达60万亿元。

在窗口期已至、风口期未到之际，谋划如何更好地覆盖和服务老年人群，进而研发产品和服务，80后、90后挺进蓝海，恰逢其时。

第三章　80后迎来四十不惑*

第一节　四十不惑的人生感悟

一、我的四十不惑

孔子曰："吾十有五而志于学，三十而立，四十而不惑，五十而知天命，六十而耳顺，七十而从心所欲，不逾矩。"

2022年，四十岁的我，有种突然长大、一下子成熟的感觉，能够看透很多现象，放弃掉一些可有可无的人和事，清楚自己要去的方向。

到了这个年纪，发现肩上的责任越来越重、遇到的事情越来越多。到最后，拼的往往是一个人的扛事能力和自愈能力。谁能扛得住生活的刁难，谁能够在一地鸡毛的生活中，心中依然能开出一朵花，谁便是生活的胜利者。做一个能扛事儿的人，首先是遇事不乱，不随便发脾气。成年人面对各种事情千头万绪，家庭、工作都需要统筹兼顾，只有保持稳定的情绪、冷静的头脑，才能不乱于心，洞察全局，审时度势，从而做出正确的决断。所以，保持情绪稳定，是一个能扛事儿的人所需要的必修课。情绪失控、发脾气，不但解决不了问题，反而让自己乱了，从而判断失误，做出错误的决定，让事情变得越来越糟。智慧，源于沉静的心态。那些优秀的人物，莫不是磨掉了自己的浮躁，能够遇事处变不惊，才有了一次次的正确决断。我想，这也就是"四十不惑"的意义。

我始终相信，"人生变好，从多读书开始。"当你从书中了解了不一样的人生、收获了不一样的思想，人也就蓄满了重新出发的力量。这两年我潜心读书、沉淀，回顾过去，思考了很多，这里分享我这个80后对"四十不惑"的认识。

---

* 本章由八零养老产业发展（北京）有限公司董事长张晶执笔。

（一）理解父母　理解家庭

自从女儿出生后，喂奶喂饭、擦屎擦尿、哄着逗着、眼睛一刻也不敢离开孩子……当自己为人父母后，才懂得做父母的不容易，才知道以前的自己多么不懂事。父母永远都是为了孩子，许多父母以前教育自己的话虽然听了，但没有真正听懂，更没有理解，也就没有执行或者没有执行到位，造成了很多失误和过错，想来十分后悔。

家庭不只是二人世界的谈情说爱，更是实实在在的柴米油盐；不是自己吃饱了全家不饿，而是上孝父母，下料妻儿。家既是回归的港湾、温暖的依靠，也要自己付出去建设和维护。现实生活中会有很多不如意，需要家里每一个人的付出，共同把家撑起来。

听南怀瑾大师讲过一个故事：660年，唐高宗李治到山东泰山去，听说有一位九代同居的老人，名叫张公艺，便很好奇顺道去他家里看看，问他是用什么方法，能够做到九代同居而相安无事？这位张公艺请求皇帝，给他纸笔，他接连写了一百个“忍”字。高宗看了很高兴，就赏赐他许多缣帛。这就是“张公百忍”的历史故事。

这个故事给了我一个启示：在人生的经历中，要有承受失败和忍辱的心理素养，假若自己都经受不起失败和挫折，那你就焕发不出前进的动力，更没有人生的勃勃生机。

对于已经四十岁的我来说，“忍”几乎已经成了家常便饭。要“忍受”孩子的调皮幼稚，要“忍受”老人的固执任性，要“忍受”另一半的抱怨牢骚，要“忍受”工作的不如预期，要“忍受”社会的变化无常，要“忍受”不知道什么时候才能过去的疫情……生活中，大家都喜欢聪明的人，但真正聪明的人并非时时锋芒毕露，而是懂得对在乎的人适当地装糊涂。对待父母要糊涂，老人上了年纪，不要计较，要包容；对待伴侣要糊涂，小事不斤斤计较，大事才能相互扶持；对待子女要糊涂，鸟不离巢不会飞，儿孙自有儿孙福。如此，家庭才能幸福。

孔子曰：“百行之本，忍之为上。”忍是中华民族的传统美德，也是做人做事必备的常识。纷繁复杂的人生历程，不容得我们随心所欲，无所拘束。忍，是一种宽广博大的胸怀，是一种包容一切的气概，它既体现出你的智慧，又显示出你的能力。忍，显示着一种力量，是内心充实，无所畏惧的表现。忍，不是低三下四、甘愿受他人摆布、忍气吞声、受人欺侮、逆来顺受不去反抗，而是一种积蓄力量的方式。

两个“理解”，让我活得更明白。

（二）接受社会　接受现实

也许是自己发展的道路太过平顺，也许是父母对我的照护太过周到，促使自己有时顾前不顾后，甚至滋生了骄纵的习惯、不切实际的幻想。青年时期常常抱怨这抱怨那，殊不知，无数的抱怨不如靠自己的行动去改变，如果改变不了就接受。

两年来接触到形形色色的人物，深入社会基层，与他们一起交流，反而感受到幸福。我们的社会不会只有阳光明媚，一定会遇到暴雨和雷电，这就是大自然。多听多看，接受不完美，甚至是阴暗的那一面，因为这些都是最真实的。一颗包容、平和的心，是生活的一束阳光。生活，总免不了柴米油盐、锅碗瓢盆的碰撞，一不小心就一地鸡毛。逃避解决不了问题，唯有接受、修炼自己的心境，心有诗意，万物皆美。人生，拼的是心态。幸福从来不是从天上掉下来的，而是从自己心里长出来的。那些总能够生活得游刃有余、从容恬然的人，不是因为生活中没有一点杂事，不是因为周围都是和谐的声音，而是因为有一颗包容平和、知足感恩的心。

如今，我能懂了，万事万物，顺其自然，顺势而为，让自己努力做到厚德载物。

两个“接受”，让我过得更踏实。

（三）承受压力　承担责任

不可否认，到了中年的80后压力越来越大。买房成家还贷款，儿女出生养孩子，经常问候两边的父母，每天都想着怎么给家人更好的生活。除了要经营好公司，要投入、要养人、要交社保、交税、要开发市场、要维护关系……频繁的应酬出差，深夜加班又成了家常便饭。“996”可真的不只是互联网公司，不少养老企业员工也都是连轴转。记得去年底，我拜访一位国内龙头养老企业的总裁，因为平时太忙就把时间约在了周末。本以为会是全员加班的状态，可到了公司后只看到这位总裁和助理，就开玩笑说现在加班的都是老板！

养老院里最辛苦的是护理员。疫情期间，赶上养老院封闭，那些护理员无法休息，连续工作几个月，身体和心理十分疲惫。看着养老行业一批批90后新人的加入，作为最早一批深扎在养老行业里的80后，有责任给年轻人带好头，作出榜样。尽管自己在摸索与实践过程中也遇到过很多挫折，但是我想人生最大的成功是做一个有目标的人，所有的快乐就在于实现这个目标。

四十岁的80后真难，可是我想这几乎是每个人必经的经历。我们父母当初不也是这样走过来的吗？这个担子我们能不能扛起来？是主动承担还是消极逃避？其实，80后没得选，必须承受就积极一点，主动承担起来吧。人到四十，相信自己的能力。这些不仅是责任，更是一种使命，为更多的人做更多的事情。

两个“承担”，让我坚持走得更远。

（四）树立榜样　给予希望

曾经，爸爸妈妈就是我的榜样，我为是他们的孩子而骄傲。后来，比尔·盖茨是我的榜样，他创造了伟大的微软，改变了人类生活，改变了世界，让我们的生活更高效便捷，更科技智能，但他并不把世界首富当成人生目标，将自己所有的财富捐赠于公益事业，环保、教育、医疗等领域常能看到他的身影。人人都在使用微软，他将微软公司的收入回报给社会，他是真正的英雄。

2022年，我的孩子就要四岁，开始记事，父母是孩子的第一任老师，我必须严格要求自己，以身作则，教育引导孩子，把我们国家的优秀传统文化和家风家训传给孩子。这个榜样不仅是对孩子，也是对父母，让她们看到未来与希望；也是对朋友和同事，让他们看到信任与希望，有了希望就会有信心，去创造更好的明天。

很多人走着走着就忘掉自己的初衷。不要把全部生命耗费在名声、权力或金钱的积聚上，千万不能只使用生命，而不曾享受生命。做人一定是先悠然扫一屋，再从容扫天下。

（五）上善若水　知足常乐

《道德经》上写道：“上善若水，水善利万物而不争。处众人之所恶，故几于道。居善地，心善渊，与善仁，言善信，正善治，事善能，动善时。夫唯不争，故无尤。”正所谓，最善的人，好像水一样，水善于滋润万物而不与万物相争。停留在众人都不喜欢的地方，所以最接近于“道”；最善的人，居处最善于选择地方，心胸善于保持沉静而深不可测，待人善于真诚、友爱和无私，说话善于恪守信用，为政善于精简处理，能把国家治理好，处事能够善于发挥所长，行动善于把握时机；最善的人，所作所为正因为有不争的美德，所以没有过失，也就没有怨咎。

真正高明的人，做起事情来就像是不断流动的水。水有两大特性，一是它的适应性；二是它的流动性。所谓适应性指的是它能够适应各种各样的环境，在任何环境，水都能够找到自己的生存之道；而它的流动性，则代表源源不断的活力，时刻处于动态，一切事情都是有可能发生的。水的这两大特性注定了它在世间万物当中的不败地位。

折射到我们人生当中，便是海纳百川，有容乃大。当一个人的心胸足够宽广的时候，他能够吸取各种各样的想法，伴随着接收的想法越多，一个人的见识也在不断增长，格局自然也会不断提升。人生就应该像水一样，不管走到哪里都能够很快适应，始终保持一颗虚怀若谷的心。

“不惑”并不是说，让人一迈入 40 岁的门槛，就能达到佛经中所说的“烦恼即菩提”，而是说人到中年就应该把“不惑”当成自己余生所求所望的境界。不因外物而困惑，不为他人而乱心，心中笃定某种价值观，指引自己走完余生的路。一切答案都是未知的，因为人生有太多转折，你不知道明天会如何，只有活在当下，享受现在的人生即是最好的选择。不再有烦闷的心情，就这样心如水般宁静，无论明天如何，也要充满希望的活着。

华为创办人任正非在他的回忆文章《一江春水向东流》里，提到过自己在不惑之年的感受。“不惑是什么意思，是几千年的封建社会，环境变动缓慢，等待人的心理成熟的一个尺度。”

在“不惑”之前，任正非认为自己处处都处在人生逆境，个人很孤立，幼稚可笑，碰到头破血流，蹉跎了很多的岁月。

任正非四十岁的时候在深圳过得很惨淡，他失业、离婚后与父母、侄子住在一间十几平方米的小房子里，在阳台上做饭，父母每天图便宜买些死鱼、死虾吃。正是在人生路窄、生活所迫的境况下，任正非开始了华为的艰苦创业。也许，人生没有固定的时区，每个人都有自己的节奏，有人一飞冲天，有人厚积薄发，我们只能跟自己比。

多年后，任正非对他的数万年轻员工说，80 后是有追求的一代人，他们不甘心平庸地度过一生，他们的观念和行为具有很强的可塑性，个性张扬和不盲从权威的批判精神，只要引导得好、管理得好，将更富创新性。在华为，60% 的部门经理是 85 后，41% 的地区总经理是 80 后，还有 80 后的地区总裁；在阿里巴巴，80 后已经进入 10 万人的组织核心，担当阿里的合伙人。

人到四十，身心都会有一个非常大的变化，我们应该认真省察自己的变化，然后判断自己应该向着什么方向努力。把自己价值观的框架构建清楚，不在迷雾中行走，方可遇开云见日之时。

中年，是人生的分水岭。

我们藏起了曾经肆意江湖的英雄梦，撑起了家里的半边天；我们放下了曾经的年少轻狂，碎碎念着每日的柴米油盐；我们在岁月的侵蚀中磨平了昔日的棱角，学会了稳重和温柔。

企业家冯仑说：“一个人真正的伟大不是领导别人，而在于管理自己。”

人这一生，就是一场自我雕琢的修行。一个人若是不能及时地修缮自己，那么再好的机遇，也会化为泡影。只有在岁月中持续地精进，才能牢牢掌握住生活的航向，驶向更为辽阔的远方。未来的日子里，愿你我都能管理好自己，将人生打造成自己最想要的模样。

二、中国老龄事业的四十不惑

1982 年，我出生；1982 年，中国老龄事业开始。到 2022 年，整整四十年，不得不说这既是巧合，也是天意的安排。

1982 年，在维也纳举行第一次老龄问题世界大会，通过《老龄问题国际行动计划》，大会的目的是举办一次会议“以便制定出一项国际行动纲领来保证年纪较大的人能够得到经济和社会保障，并保证这些人有机会对他们本国的发展作出贡献”。

因此，在《中国老龄事业发展大事记》中记录，中国的老龄事业开始于 1982 年。

1982 年 3 月，国务院正式批准成立老龄问题世界大会中国委员会，代表中国参加在维也纳召开的联合国老龄问题世界大会。此次大会通过决议要求各国建立起自己的老年机构和老年组织。

1982 年 4 月，“老龄问题世界大会中国委员会”在北京正式成立。

1982 年 10 月 20 日，经国务院同意，“老龄问题世界大会中国委员会”更名为“中国老龄问题全国委员会”。

1995 年 2 月 19 日经国务院总理李鹏批准，将“中国老龄问题全国委员会”更名为“中国老龄协会”。为国务院副部级事业单位，由民政部代管。

2005 年 8 月，经中央编委批准，中国老龄协会与“全国老龄工作委员会办公室”实行合署办公。

1982 年，是中国养老事业的起点，中国养老人都该铭记这一年！

80 后，注定为养老事业而生，为老龄产业而奋斗！

正如本书的书名——《80 后的养老事业——四十不惑》，我们要把养老作为一生的事业。

前面我总结了个人的四十不惑，而中国养老事业也到了四十不惑，我们的养老人做了哪些反思与总结呢？

2013 年是中国养老产业元年，到 2023 年就发展到第十个年头了，应该说不论是事业还是产业，与社会的需求还有很大距离，我们真的该好好反思过去的经验教训，养老这件事儿是实实在在的。

第二节　做养老　尽孝道

一、重新理解传统孝道

近代社会以来，在欧美风雨的影响下，传统孝道在全新的社会环境下，发生了若干变异。尤其是在风云变幻的 20 世纪，孝文化也随着五四新文化运动、土地革命、抗日战争、解放战争、社会主义改造、“文化大革命”、改革开放等历史进程，或起或沉，或抑或扬，走过了曲折的一百年。家庭规模的小型化，打破了中国传统的大家庭模式，在一定程度上削弱了孝文化所依赖的载体。在“4-2-1”结构下，代际赡养负担加重，再加上城市化带来的迁移流动，子女往往对尽孝行为心有余而力不足。生前遗嘱、心灵呵护等观念的出现，也让很多人对传统孝文化的内容和形式有了不同的认识和理解。

在我看来，应对老龄社会与复兴中华文化有直接关系。中国传统文化强调家庭养老、孝道传承，而现代社会，家庭关系越来越冷淡，中华优秀传统文化的传承与发扬也受到极大挑战。今天，重新反思孝文化的百年道路，对于弘扬传统、重建孝道、树立新风、建立起适应时代需求的代际关系和家庭亲情，具有迫切的现实意义。

“孝为德之本，百善孝为先。”孝道是中国传统文化的核心，渗透到了几千年来中国社会生活的方方面面。自古以来中国就重视家庭、重视亲情，在几千年的文明发展进程中，孝老爱亲、尊老爱幼、父慈子孝等家庭伦理道德规范对于维护中华民族的家庭观念、家庭模式以及促进社会的和谐稳定和长远发展都有重要作用。孝在中国文化中的作用之大、地位之高，以至于如果谈中国文化而忽视孝，即非于中国文化真有所知。这种文化传统早已融入中国人的血脉中，铭刻在中国人的心灵里，沉淀为我们宝贵的价值体系，成为支撑中华民族生生不息、薪火相传的重要精神力量，是家庭文明建设的宝贵精神财富。

在古代，蒙学读物、家训、女诫，是古代孝道教育的直接体现。

蒙学读物旨在用朗朗上口的通俗文句，使孩童能将孝道捻熟于心。《三字经》常常结合孝行故事来启蒙孩童：“香九龄，能温席，孝于亲，所当执。融四岁，能让梨，弟于长，宜先知。”《弟子规》则更系统地对践行孝道的原则加以概述：如“父母责，须承顺”“亲所好，力为具”“亲有过，谏使更”“亲有疾，药先尝”“丧尽礼，祭尽诚”“事死者，如事生”。女诫中对孝道的阐发，与蒙学读物有不少相通之处。例如，唐代宋若莘、宋若昭姐妹所撰《女论语》中，专门有“事父母章”，提出“每朝早起，先问安康”“父母检责，不得慌忙”“父母年老，朝夕忧惶”“父母有疾，身莫离床”等具体要求。这都是对孔儒和《孝经》孝道原则的继承发展。

而历史上的著名家训，往往是家国并言、忠孝并论，对《孝经·开宗明义章》“孝始于事亲，中于事君，终于立身”的立意有更多阐发。据《史记·太史公自序》记载，司马谈临终前的嘱托，便是希望司马迁“勿忘吾所欲论著”，并援引《孝经》，强调“扬名于后世，以显父母，此孝之大者”。北齐颜之推在《颜氏家训》论治家之道亦是从孝道入手：“夫风化者，自上而行于下者也，自先而施于后者也。是以父不慈则子不孝，兄不友而弟不恭，夫不义则妇不顺矣。”

当然，在新时期，我们对孝道伦理也应有全新的理论认识。

第一，孝道是“天伦”，是人类最基本的伦理，不因时代变化而变化。

第二，孝道不是农耕社会的特有道德，与现代化事业并无冲突。

第三，孝道对于疗救某些后现代社会的社会疾病，不仅无害，而且有益。在后现代社会，生活节奏加快，经济利益至上，人际关系淡薄，人与社会、人与自然尤其是人与自我的关系紧张，常常出现无法调和的心理问题。这种情况下，家庭是安顿心灵的最后港湾。尤其是在人口数量呈现负增长的情况下，家庭担负着无可替代的责任，即为国家和社会输送身心健康的建设者。

第四，关于传统孝道束缚个性的说法，是一种误解，可以通过重新诠释而建立一种更全面的新孝道观念。

“孝”不是标本，不是栖身于博物馆中的“遗产”，而是一直“活着”，且是当代中国社会得以正常运行的重要“资源”。在新时期，孝道重建是对当今中国现实需求的回应。因此，我们的养老主题书店明确把孝文化建设与弘扬当作我们的重要服务内容。

第一，孝道重建是中国养老事业的需要。养老问题，是当代孝道践行中最首要、最现实的问题。

第二，孝道重建是乡村建设的需要。目前，中国的乡村人口减少，青壮年外出打工，老人空巢而居的现象非常严重。为此，国家多次从战略高度，强调乡村振兴。其中，乡村孝道的建设是重要一环。2019 年 1 月，中共中央、国务院在《坚持农业农村优先发展做好“三农”工作的若干意见》中再次强调要对孝道式微、老无所养等不良社会风气进行治理。

第三，孝道重建是学校教育的需要。青少年是孝道建设的主体。独生子女政策，加上生活的富足无忧，很容易强化少年的极端个人主义思想，享乐至上，缺乏同情和同理之心，将父祖前辈的辛勤付出视为理所当然。所以，孝的教育、感恩的教育非常必要。

孝道的基本含义是“养”与“敬”。前者主要指子女在物质上对于父母的赡养与扶助，后者指对父母在心理、精神上的尊敬、爱戴和敬畏。《孝经》中，“用天之道，分地之利，谨身节用，以养父母。”这是讲“孝养”。而孔子认为，仅衣食之养还不足以称之为真正的孝。《论语・为政》中，孔子回答子游“问孝”时说：“至于犬马，皆能有养。不敬，何以别乎？”在他看来，在养与敬之间，敬比养更高，而且已经到了人之区别于动物的高度了。

在传统中国社会，孝有诸多社会功能与重要作用。

第一，它以伦理文化的巨大力量，充分保证并实现了家庭养老功能，真正实现了中国人的老有所养。在传统中国，主要依赖家庭养老，是一种代际反馈式养老。“积谷防饥，养儿防老”。家庭养老说到底就是子孙在父母亲祖年老体衰时奉养亲老，在某种意义上也可以说是子孙们通过践行孝道而养活了中国人自己。

第二，它以道德的力量维护了亲子家庭关系的和谐与家族的团结、兴旺发达。孝道就是子孙对长辈的伦理义务与规范，父子有亲，父慈子孝，这种家庭道德的伦理原则与规范，明确了父母亲子之间的伦理义务，各尽自己的伦理责任，互以对方为重，使亲子关系亲切和谐。光宗耀祖的大孝追求，也使子孙辈产生了深厚的对家族的责任感，鼓励他们努力奋斗，扬名显世，以显父母，从而推动了个人与家族事业兴旺发达和人生幸福。

第三，它对建立传统中国的和谐社会发挥了重要的政治教化功能。《论语・学而》：“有子曰：‘其为人也孝弟，而好犯上者鲜矣！不好犯上，而好作乱者，未之有也。’”在家是一个孝顺听话的孩子，在族里乡里，也会尊重长上，恭敬礼貌，更不会去主动惹是生非，更少有犯上作乱、违法犯罪之举，这样肯定有利于政治的稳定与社会的和谐。

第四，提倡孝德有重要的育人价值。《孝经》有言："孝者，德之本也，教之所由生也。"这是说孝是传统道德的根本，它确实以"爱、敬、忠、顺"的精神实质成为传统伦理的精神根本。正因为它是道德的根本，从而成为教化与教育的根源，孝是教育的起点，人格的成长离不开父母早期的爱敬忠顺的教育，中国传统文化以德教为先，而德教则以教孝为起点。

二、孝道的养老新机遇

还记得 2015 年春节团拜会上，习近平总书记深情吟诵了唐代诗人孟郊的《游子吟》："慈母手中线，游子身上衣。临行密密缝，意恐迟迟归。谁言寸草心，报得三春晖。"为人父母天下至善，为人子女天下大孝。

作为母亲，孩子平安喜乐，便是最大的欣慰。而母亲齐心对习近平的期望中，更多了一份对国家和人民的责任与担当。深受齐心言传身教影响的习近平，始终牢记母亲的叮嘱，严于律己，不忘初心。两代共产党人，书写了一段母子情深、家风传承的佳话。

在习近平总书记的办公室里，常年摆放着这样一张照片：他紧紧握着母亲的手，两人一起悠闲地在公园里散步。这定格的温情瞬间，直抵无数人的内心。

习近平非常孝敬母亲。每当有时间陪她在一起吃饭后，他都会拉着母亲的手散步，陪她聊天。难得的闲暇时光，习近平选择用来陪伴自己的母亲。

然而，走上领导岗位后的习近平，节假日也常常不能回家与母亲团聚。2001 年春节，习近平没能跟父母团聚，母亲齐心与在地方任职的他通了一次电话。她在电话里深情叮嘱习近平："只要你把工作做好了，就是对爸爸妈妈最大的孝心。"

"把工作做好"就是最大的孝心。多年来，习近平谨记母亲的教诲，夙夜在公、勤勉工作。据他在地方任职时的同事回忆，习近平工作效率很高，但因为事情过于繁杂，他周末几乎从不休息，每天加班。

党的十八大以来，习近平总书记更是日理万机。报送给他的请示，不管多晚，即使到了夜里 12 点，第二天早上都能收到他的批示。出国访问他的日程安排常常要精确到分钟，国内考察他有时接连换乘飞机、火车、汽车，辗转数小时，只为专程去看一个贫困村。寒来暑往、马不停蹄，他用脚步丈量祖国大地，用真心聆听人民心声，用实干践行“我将无我，不负人民”的誓言。

在习近平总书记的领导下，中国经济总量超过110万亿元，稳居世界第二位。近一亿农村贫困人口实现脱贫，历史性地解决了绝对贫困问题，创造了人类减贫史上的奇迹。母亲的深情叮嘱和谆谆教诲，已深深烙印在习近平治国理政的思想和实践中。

“在家尽孝、为国尽忠是中华民族的优良传统。没有国家繁荣发展，就没有家庭幸福美满。同样，没有千千万万家庭幸福美满，就没有国家繁荣发展。”在2019年春节团拜会上，习近平总书记发表重要讲话，指出我们要在全社会大力弘扬家国情怀，培育和践行社会主义核心价值观，弘扬爱国主义、集体主义、社会主义精神，提倡爱家爱国相统一，让每个人、每个家庭都为中华民族大家庭作出贡献。“古人讲，‘夫孝，德之本也。’自古以来，中国人就提倡孝老爱亲，倡导老吾老以及人之老、幼吾幼以及人之幼。我国已经进入老龄化社会。让老年人老有所养、老有所依、老有所乐、老有所安，关系社会和谐稳定。我们要在全社会大力提倡尊敬老人、关爱老人、赡养老人，大力发展老龄事业，让所有老年人都能有一个幸福美满的晚年”。

值得关注的是，在中央发布的有关党的建设的文件中，学习中华优秀传统文化也被纳入进来，成为党员学习的重要内容。

2019年5月，中共中央印发《中国共产党党员教育管理工作条例》。《条例》要求“引导党员学习党史、国史、改革开放史、社会主义发展史和中华优秀传统文化”。2019年11月，中共中央办公厅印发《2019—2023年全国党员教育培训工作规划》，把“中华优秀传统文化”列入党员培训工作规划的主要内容。根据中共中央办公厅、国务院办公厅印发的《关于实施中华优秀传统文化传承发展工程的意见》，中华优秀传统文化的内容包括“孝悌忠信”“孝老爱亲”的内容。

如果我们把近年的几个关于传统文化的重磅级文件结合起来就可以看出，党和国家近年来弘扬中华优秀传统文化的战略方针持续推进，不断完善与深化。

2014年教育部印发《完善中华优秀传统文化教育指导纲要》。

2017年中共中央办公厅、国务院办公厅印发《关于实施中华优秀传统文化传承发展工程的意见》。

2019年10月27日，中共中央、国务院印发《新时代公民道德建设实施纲要》(以下简称《纲要》)。

这三个文件，发文级别越来越高，覆盖面越来越广，教育引导越来越深入。

其中，《纲要》非常明确地要求“自觉传承中华孝道”，并对相关要求做出了经典表达：“自觉传承中华孝道，感念父母养育之恩、感念长辈关爱之情，养成孝敬父母、尊敬长辈的良好品质。”这是中央文件首次对传统孝道的正面肯定表达，肯定了传统孝道的价值和基本要求。

在“深化道德教育引导”部分专列“用良好家教家风涵育道德品行”一节，详细阐释了包括孝道在内的家庭美德养成与培育的内涵。“家庭是社会的基本细胞，是道德养成的起点。要弘扬中华民族传统家庭美德，倡导现代家庭文明观念，推动形成爱国爱家、相亲相爱、向上向善、共建共享的社会主义家庭文明新风尚，让美德在家庭中生根、在亲情中升华。通过多种方式，引导广大家庭重言传、重身教，教知识、育品德，以身作则、耳濡目染，用正确道德观念塑造孩子美好心灵；自觉传承中华孝道，感念父母养育之恩、感念长辈关爱之情，养成孝敬父母、尊敬长辈的良好品质；倡导忠诚、责任、亲情、学习、公益的理念，让家庭成员相互影响、共同提高，在为家庭谋幸福、为他人送温暖、为社会作贡献过程中，提高精神境界、培育文明风尚”。

《纲要》对于“孝道”的内涵、养成，以及孝道与其他道德品质之间的关系，是目前所知的政策法规中首次清晰明确的表述。

在当代中国弘扬传统孝道究竟有什么样的价值呢？

第一，有利于改善家庭亲子关系，促进家庭关系和谐稳定。在现代家庭关系中，较之传统社会，夫妻关系的重要性似乎增强了，但亲子关系仍然是家庭关系中不可忽视的核心关系。望子成龙是中国家长普遍的期待，亲子和谐是家庭和谐幸福的源泉。加强孝道教育，可促进亲子家庭和谐与社会稳定。

第二，有利于促进以孝为基础的家庭养老。在传统中国社会，是以孝道为基础的家庭养老养活了中国人自己。在现代社会，还有机构养老、国家福利养老等形式，但在我们这样一个人口众多和具有孝道文化传统的国家，以孝道为核心的家庭养老仍然是我国社会在相当长时期内最主要、最可靠的养老方式。

第三，有利于增强当代中国社会基层社区的和谐稳定与发展。我们应该吸取传统中国德治主义传统的经验，以孝睦族睦乡的基层治理经验，以弘扬孝道作为社会基层治理的重要方法，让人们不辱亲，进而报亲报乡。

第四，有利于立德树人，培养现代中国人的道德责任感，提升公民道德素质。如果抛弃了传统孝道的政治功能，那么，孝作为人的伦理责任心的源头和实践道德的首德这一内在机制在当代社会的道德建设中并没有改变。确实，人最早接触的人际关系就是与父母的关系，人间的慈爱与呵护首先来自父母，人总是在他人的爱中感受爱，体验并形成最初的道德责任感。因此，爱团体、爱社区、爱民族、爱国家的道德心与责任感，首先都是产生于爱父母的感情中。一个人的初始责任也是对父母的责任，人的道德成长正是把这种责任感不断扩充、升华而形成了对他人及社会的爱与责任。因此，我们在人的道德发展的青少年时期，一定要重视对其进行孝敬父母的教育。在中国文化中不太强调代际的独立与断裂，因此，我们每个人不管年龄多大，只要父母健在，我们仍然是儿女，不能摆脱孝敬父母的责任。而每一个社会成员大多具有为人子女的身份，因此，要求每个人孝敬父母实在是培养公民道德素质的起点。传统中国之所以能把孝泛化，一方面是因为孝的主体是广泛的，另一方面孝作为道德的起点与内在精神即爱与责任也有进一步扩充、升华的可能。从孝敬父母中可以升华出爱他人、爱民族、爱国家的社会责任感来，如对民族行大孝的意识，如视祖国为父母之邦的意识，因此，孝道教育实在是培养中国人道德的起点与源头。

三、孝道的引导与实践

我们看到，中国古代的孝道之所以能够长久传承，是由于传统社会有一整套系统在起着维持作用。这不纯粹是儒家的理论和实践，它是朝廷政治、法律制度和社会生活各方面综合作用的结果，科举教育、朝廷旌表、地方教化、乡规民约、家礼家训等要素，都在发挥着维系孝道、传承孝道的合力功能，光靠儒家经学不可能达成这种效果。我们今天讨论孝道，对传统社会的任何一个环节都应当关注。同时，今天弘扬孝道也一样，任何一个环节也不能缺失，单方面的研究和宣传远远不够。

“十四五”规划纲要进一步指出，要“健全学校、家庭、社会协同育人机制”，明确了家庭、学校和社会在立德树人中的重要位置及合力价值。可通过重塑亲子观念、拓宽教育内容形式、加强社会风气营造等多个维度来加强新时代的孝道教育。

《中华人民共和国老年人权益保障法》传承中华优秀传统养老与孝治模式，指出“居家为基础、社区为依托、机构为支撑的社会养老服务体系”。“居家为基础”，也就是子女供养，这与传统的家庭养老一以贯之。既然居家养老，就要弘扬孝道，激活传统孝道的养亲、孝亲、尊亲、敬亲的优良传统。

“社区为依托”，社区就是家生活的最近圈子，邻里守望相助，类似于传统社会的家族相依。“机构为支撑”，机构大多指专门养老机构，受政府委托，为需要扶助的老人提供养老服务。

只要“居家养老”得到有效解决，中国老龄化社会养老的大头就没有问题。对于不能居家养老的，就需要社区、机构出场，政府监管。养老不只是养活，更重要的是让老人舒心。和自己亲近熟悉的儿女在一起的养老模式无疑是最佳的选择。

家庭、社区、机构，分别代表小家、大家与国家。能够居家养老的，就居家养老；居家有困难的，需要社区来协助，社区就作为补充发挥作用；如果不能居家，或者居家没有养老条件的，就要由机构来承担养老服务。这种养老体系符合我国基本国情，也符合我国孝老爱亲的大传统。

据文献记载，历史上不少朝代都曾经以国家的名义制定或颁布过有关养老的礼仪规范和法规，如汉代的《王杖诏令册》，被称为中国最早的“老年人保护法”。直至宋朝以前，国家对鳏寡孤独的救济基本局限于临时性的赏赐。到宋朝，基本建立起相对完善的社会保障救济制度，实现了从临时性赏赐、季节性救助到集中收养的转变。至此，出现了我国古代最早的养老机构——“居养院”，即专门收养“鳏寡孤独者”的居住护养机构，重点是 60 岁以上无人赡养的老人及其他基本生活无着的群体，由政府提供食品、衣物和住所。居养院遍及全国各州郡，官方要求凡是有 1000 户以上的城镇都必须设置。

我们还可以看看隔壁的韩国。孝道作为儒家思想的核心，很早便从中国传入韩国，在古代韩国形成了相对稳定的社会意识形态，在现代韩国的精神文化生活仍占有主导地位，从汉江两岸到智异山下，儒家思想恍如一条精神的彩带连着韩国的历史和现在。在韩国，90% 的国民认为，孝是人类一种生生不息的亲情之爱，是家和万事兴的基础。只有在家庭中尽孝，在工作上才能敬业，对国家才能尽忠。

从 20 世纪 70 年代起，韩国民间的孝道文化推广得到韩国政府的重视。韩国有双亲节（也叫父母节），与西方的父亲节、母亲节不同。每年 5 月 8 日，作为子女都会给父母送上节日祝福，以及自己精心准备的小礼物。在韩国，整个小学六年，每年的双亲节，教师都会为学生准备好康乃馨和彩纸，让学生们写一封给父母的信，引导督促学生感恩父母。1997 年，韩国指定 10 月 2 日为老人日，以弘扬敬老孝亲精神，传承传统文化。

20 世纪 90 年代，韩国政府提出文化立国战略，文化产业成为韩国经济发展的战略性支柱产业。其中，孝道产业成为韩国经济一大特色。

韩国的生产厂家、商场，常常把呼吁尽孝作为宣传的出发点，尤其是重大节日，常常推出孝敬老人的产品，还会发放“孝道商品券”等。韩国政府为表彰对孝道推广做出重要贡献的企业，设立了“孝子企业奖”。

经过艰难而漫长的努力，在官方和民间的共同协作下，2007年7月，《孝行奖励资助法》在韩国国会获得高票通过。这是全球当代第一部专门奖励孝行的法律。这部法律主要包括了四个方面：对孝行教育进行鼓励；对行孝之人进行表彰和资助；向父母等长辈提供居住设施（限于与子女共同居住的父母等长辈）；对民间孝道推广团体提供支持和资助。《孝行奖励资助法》作为一部奖励法和推动法，其正文内容全部都是如何奖励孝行的计划和措施，并且奖励措施非常具体，具有很强的可操作性。

第三节　更好的80后　创造更好的新时代

一、崛起的80后

党的十八大以来我国养老服务政策密集出台、渐成体系。随着2022年党的二十大的召开，我们坚信，在党领导下的中国老龄事业和产业将继续蓬勃发展，走出自己的创新之路。

80后一代独生子女，正在成为社会中坚力量。80后中青年作为时代生力军，是为实现伟大的中国梦注入的生机与活力的源泉。

80后、90后都要尽快成长起来，扛起我们更多的社会责任，解决老龄化社会的问题。做养老不只是养老从业者的事情，需要社会方方面面的共同参与。需要全社会共建，实现友好的老龄化社会。

更多80后正在成长起来，为伟大祖国脱贫攻坚、抗击疫情、全面复兴的伟大中国梦奋斗。如今，全国人大代表中的80后比重也在不断攀升。他们大多来自基层，奋战在一线，有着80后的鲜明特点——有激情、有冲劲、有抱负，做着和其他年龄段代表一样的事：忙调研、提建议、议国事。中国梦是中华民族的梦想，是每个中国人的梦。

近段时间以来，多地履新的80后厅级干部受到舆论关注。这些成长在改革开放之后的干部，大都学历较高，知识结构多元。如今，年富力强的他们逐渐走向重要岗位历练。

贵州省文旅厅官网显示，1980 年 5 月出生的孙含欣走马上任。孙含欣现任职务为省委宣传部副部长（兼），省文化和旅游厅党组书记、厅长。

在正厅级岗位履新的还有宁夏的龚雪飞。2022 年 3 月，宁夏共青团官网最新信息显示，出生于 1983 年 12 月的龚雪飞，已担任共青团宁夏回族自治区委书记，主持全面工作。

80 后正厅级干部的人事变动还发生在河南。2022 年 2 月，此前任共青团河南省委书记的王艺，以河南省住建厅党组副书记、副厅长（正厅级）的身份参加公开活动。

目前，全国省级团委书记中，80 后还包括：共青团青海省委书记董玉毅（1981 年 7 月）、共青团上海市委书记上官剑（1980 年 8 月）、共青团湖北省委书记周森锋（1980 年 7 月）、共青团湖南省委书记李志超（1980 年 1 月）。

受到舆论聚焦的 80 后干部还有在地级市上任的副市长。

2022 年 4 月初，新一届江苏苏州市政府领导班子出炉。此前任昆山市副市长（正处级）的张桥履新苏州市副市长。昆山市政府官网的信息显示，1982 年 6 月出生的张桥，是农工党党员，曾任省属高校教授、副院长、处长等。目前，张桥是江苏 13 个设区市中唯一的 80 后副市长。

2022 年 3 月，湖南常德也迎来了一位 80 后副市长，1980 年 4 月出生，今年 42 岁的陈章杰成为常德市政府领导班子中唯一的 80 后干部。2021 年 6 月，中组部曾发布关于表彰全国优秀县委书记的决定，其中，湖南省共有 4 人荣获“全国优秀县委书记”称号，时任临澧县委书记的陈章杰是其中之一。

迎来 80 后副市长的还有湖北荆州。今年 1 月，40 岁的湖北监利市委书记韩旭出任荆州市副市长。韩旭 1982 年 1 月出生，是理学博士，曾在河南、湖北两地履职，曾任荆州市招商局局长、石首市委副书记、江陵县县长、监利县县长等。

生于 1982 年 9 月的王鸣昊，当选如皋市市长后现场发表题为《以实干笃定前行 以实绩回报信任》的就职讲话，激励了许多人：民之所盼，政之所向。我将向总书记“我将无我，不负人民”的崇高境界看齐，紧扣民心这个最大的政治，把如皋人民对美好生活的向往作为奋斗目标，坚持问计于民、问需于民，切实回应群众关切，全力做好民生实事项目，努力让民生更有“质感”、发展更有“温度”。

生于 1989 年 7 月的焦三牛，高考时以 617 分成为新绛县“文科状元”，考入清华大学外文系英语专业。于 2011 年 9 月，焦三牛作为甘肃省委组织部选调生。培训结束后，进入武威市凉州区清水乡政府担任干部。2021 年 11 月 21 日下午，民勤县第十九届人民代表大会第一次会议举行选举大会。焦三牛当选为民勤县人民政府县长。

近年来，70 后干部进入省部级领导岗位，80 后干部进入厅级领导岗位，这是干部梯队发展的自然规律。年富力强的 80 后干部补充到重要领导岗位，可以让地方党政领导班子年龄结构、知识结构更科学，有利于干部梯队建设，有利于深化改革，促进国家治理体系和治理能力的现代化。

放眼各行各业，这些新时代的年轻人，将个人命运和国家命运紧紧联系在一起，也让人生价值在中国梦的实现过程中得以发光发热。

生于 1980 年 1 月的王亚平，作为“神舟”十三号乘组的唯一一位女航天员，受到了极大的关注：21 岁成飞行员，33 岁乘“神舟”十号进入太空讲课，41 岁的她，乘坐“神州”十三号再次进入太空！她身上的标签，不仅是“中国首位 80 后女航天员”“中国首位出舱女航天员”，还有“中国空间站第一位女航天员”。

2022 年年初，上市公司华策影视发布了一则公告：为进一步促进核心领导力的年轻化、专业化、国际化，推动组织升级发展，经董事会审议通过，由傅斌星担任华策影视集团总裁职务。傅斌星 1984 年出生，本科就读于英国布里斯托大学会计学专业，后在伦敦城市大学卡斯商学院攻读电影商业研究生。2007 年完成学业并加入华策影视，经历了国际发行、电视剧制作等一线岗位的历练后，从零开始拓展华策北京业务，并在激烈的竞争环境中，带领团队克服重重困难，创立电视剧、电影、艺人经纪、音乐、动漫等多元业务，促进公司“影视全产业链”业务整合，华策影业已成为一家以内容为核心，“制作 + 发行”双轮驱动的综合性、创新型电影公司。

铁路信号工付天宇和一代代建设者一起，扎根新疆阿拉山口，保障铁路运输安全。在“一带一路”倡议的深入推进下，这里连续 5 年出口货物总量位居全国铁路口岸第一。

清华大学毕业的高材生于新辰，投身祖国航天事业，24 岁时就成为了西昌卫星发射中心火箭分系统上最年轻的指挥员，工作 8 年，他已经参加了嫦娥探月、北斗卫星组网等世界级的工程。

来自内蒙古的草原汉子冯玉祥，34 岁就已经在珠江口的超级工程“深中通道”项目中，负责伶仃洋大桥这样的重要节点性工程建设，而粤港澳大湾区的宏伟蓝图，也因为他们的努力即将变为现实。

毕业后决定回到家乡承包荒山植树的吴永昌，坚持植树6年，在他眼中，每一棵树木都承载着他绿化荒山的梦想。现在，他被村民推选为东山村的村书记，带领着大家一块儿在山上栽种着一棵棵小树苗，让荒山渐渐变成了绿山。

独生女钟晶，辞去大医院的工作，成为一名坚守在贵州深山的乡村医生。她用精湛的医术和贴心的服务，为当地少数民族群众解除病痛。她得到了乡村百姓无限的信任，她是网民眼中“最美乡村女医生”。

最美教师张丽莉、最美司机吴斌、最美战士高铁成、航母设计师王硕威……这些时代先锋，这些最美的中国青年，他们无一不是80后青年在用自己的实际行动践行自己的中国梦，他们用行动展示的是这个时代的青年的共有特征——奉献、担当。

这本书的编委团队是以80后为班底组建的，各位优秀的编委来自全国各地，用他们的创新与实践书写着中国养老向未来的故事。

二、中国梦就是80梦

谈到梦想，作为一名80后，我想说这一代人并非没有梦想，但正如近日《人民日报》一篇评论指出的那样，“需要社会对他们敞开更多的机会之门，提供更公平的竞争环境，更广阔的上升空间”。“机会面前人人平等”，这是实现中国梦的一部分。

现在，80后逐渐成为社会的主力并成为养老工作的骨干，作为背负养老压力最大的一代人，单凭个人的力量很难照顾周全，因此这就是“八零养老”的成立背景。团队成员以80后、90后为主，有着相同或相似的家庭结构、养老需求等，大家联合互助，共同解决养老难题。

《80后的养老事业：养老产业商业模式与跨界创新》编委团队以及《80后的养老事业——四十不惑》编委团队，绝大多数都是80后，我们一起带动更多人关注养老、参与养老，传承孝道。

如今，80后已进入四十不惑，就好比我们的祖国在改革开放四十年后遇到的新问题。中国这艘航船行进到新的历史方位，如何进一步激发社会活力，凝聚起中华民族伟大复兴的更大力量，当接力棒传递到80后手中，我们年青一代需以奋斗为发展蓄力、以担当为改革接力，我们完全有理由相信：更好的 80 后，创造更好的新时代。

当然，我们的成员肯定不仅仅是 1980—1989 年出生的人，我们认为“80 后”是一种精神，这种精神充满正能量，积极向上，勇于创新，敢于承担，追求幸福美好的退休生活。凡是具备此气质的伙伴都可以申请加入，在每次活动中，60 后、70 后也会踊跃报名参加，他们像 80 后一样有朝气、有活力；更有大量的 90 后、00 后加入到养老事业中来，他们的加入让我们更加有信心把养老事业坚持下去！

在“八零养老”微信公众号里，有“80 人物”系列，报道了优秀的 80 后代表，有政府干部、企业家、文体人士等，在各个领域 80 后百花齐放，人才辈出，所以说更好的 80 后，创造更好的新时代。

“八零养老”定位：创新、跨界、国际化。

“八零养老”目标：为一代人的养老服务。

“八零养老”精神：忠孝、博爱、开放、利他。

“八零养老”行动：为 80 后父母提供养老解决方案；为 80 后养老事业提供创业指导。

没有天生伟大的时代，只有让时代伟大的人。在这些伟大成果上继续前进的中国人，没有理由不对未来更加乐观与自信，也没有理由不让时代更加伟大。

南巡讲话，党的十四大，确立社会主义市场经济体制……站在 2022 年回望，世人普遍认为，1992 年开启了一个伟大时代，1992 年的中国可谓春潮滚滚，遍地黄金。

但站在 1992 年，又有多少人敢于设想、看到、相信中国人会走出一个这样的今天？

对 1992 年大多数中国人来说，小康，只是新鲜词汇，或是一个遥远的梦；在伟大新时代的畅想背后，更多是如何走出眼前困顿的思虑与焦虑。

不只是 1992 年，回望过去 30 年，很多如今看来的巨大机遇之年，在当时的处境中，也都是困难重重，甚至一年比一年更困难。1997 年的亚洲金融危机；2003 年的“非典”；2008 年全球金融海啸……2008 年以后，“今年是最困难的一年”，几乎成为全民的口头禅。但难关难过年年过，每过一关，中国经济都会站上一个新台阶。

1992 年，中国国民生产总值才 2.4 万亿元，到 2021 年，这一数字已超过 114 万亿元。巨大的增长之下，是 1992 年的中国人不敢想象的一系列经济成就与民生巨变，是国家的伟大进步与发展，是中国人站到世界舞台的中央并越来越自信。

在这些伟大成果上继续前进的中国80后，没有理由不对未来抱持更加乐观的信心，也没有理由不让时代更加伟大。

有人说，2020年很难，2021年更难。

但对养老行业来说，“地狱难度”可能是在2022年。据我了解，国内某一线养老企业，2020年发了工资、绩效、奖金；2021年只发了工资，没有绩效、更没有奖金；2022年刚开始，就遇到了不顺利的事情……

难，但不要失去希望。市场已经真正的打开了，等待我们的是用更便捷的方式、更优质的产品和服务、更有竞争力的价格去满足。

当今世界，并不太平。虽然80后身处的国际形势继续发生深刻复杂变化，百年变局和世纪疫情相互交织，经济全球化遭遇逆流，大国博弈日趋激烈，世界进入新的动荡变革期，国内改革发展稳定任务艰巨繁重。

但，察势者明，趋势者智。

在2022年全国两会上，习近平总书记在3月5日参加十三届全国人大五次会议内蒙古代表团审议时，回顾新时代党和人民奋进历程，鲜明提出“五个必由之路”的重大论断：

“坚持党的全面领导是坚持和发展中国特色社会主义的必由之路”；

“中国特色社会主义是实现中华民族伟大复兴的必由之路”；

“团结奋斗是中国人民创造历史伟业的必由之路”；

“贯彻新发展理念是新时代我国发展壮大的必由之路”；

“全面从严治党是党永葆生机活力、走好新的赶考之路的必由之路”。

一天之后，北京友谊宾馆聚英厅，习近平总书记在参加全国政协十三届五次会议农业界、社会福利和社会保障界委员联组会时，深刻阐明我国发展仍具有的战略性的“五个有利条件”：

“有中国共产党的坚强领导”；

“有中国特色社会主义制度的显著优势”；

“有持续快速发展积累的坚实基础”；

“有长期稳定的社会环境”；

“有自信自强的精神力量”。

这两个论断，深刻揭示了新时代我们为什么成功、未来我们怎样继续成功的中国密码，具有重大的历史意义和现实指导意义。

2022 年全国两会处在新的时代方位：去年，我们党走过百年华诞重大时刻，召开党的十九届六中全会并作出党的第三个历史决议；今年是进入全面建设社会主义现代化国家、向第二个百年奋斗目标进军新征程的重要一年，党的二十大将在下半年召开。

中华民族伟大复兴，绝不是轻轻松松、敲锣打鼓就能实现的。在以习近平同志为核心的党中央坚强领导下，我们 80 后有信心、有决心、有定力紧跟时代的脚步，与兄弟姐妹们一起在应对挑战中前进，踏上新征程。身为中国中坚力量的 80 后，比历史上任何时期都更接近、更有信心和能力实现中华民族伟大复兴的目标，同时我们做好了准备付出更为艰巨、更为艰苦的努力。

躺平不可取，躺赢不可能，在社会主义现代化新征程中，我们要以饱满的热情、昂扬的斗志、充足的干劲，汇聚各方智慧和力量，扑下身子埋头苦干、撸起袖子加油干！

执笔作者简介

张晶 （1982）

八零养老产业发展（北京）有限公司董事长

2002 年开始对养老问题产生浓厚兴趣，并一直跟踪研究与实践；11 年证券、基金等金融行业工作经验；擅长战略投资、企业管理、人力资源。2013 年正式进入养老行业，担任集团公司首席运营官，并直接主管国际旅行社、文化传媒两家子公司及养老产业投融资。大型纪录片《养老中国》出品单位负责人、总监制。2016 年开始创业，考察了全球 30 多个国家，走遍了全国所有省份。有经营管理养老院、养老商业综合体经验，担任多家企业、院校顾问。

产业篇

第四章　养老产业的分类、现状与前景 *

2020 年我进入了“四十不惑”之年，恰逢全球新冠肺炎疫情爆发，让我对四十不惑有了更深刻的理解。时至今日，新冠肺炎疫情改变了我和太多人原有既定的发展轨道，也改变了世界发展的格局。然而，在错综复杂的变局中，确定不变的是中国老龄化将进一步加剧。

人口老龄化对中国的需求结构、社会服务、经济活动、医疗卫生等方面已经带来重要影响，必将引起社会制度和产业的变革，伴随着人口老龄化，与老年人口相关的产业必将同步发展，并成为 21 世纪最具发展潜力的“朝阳产业”。

养老产业的行业分类是养老产业体系建设的一项基础研究，关系到养老产业及其产品和服务能否纳入国民经济体系和国标。同时，通过厘清行业分类，了解养老产业的内涵和外延，对于从事养老产业乃至老龄事业的实践和教研的从业者也是十分必要的。

本章主要在明确定义养老产业的基础上，将养老产业划分为六大行业，全方位、大层面地予以说明。笔者将结合国内外相关知识与信息，发挥团队优势，简明地介绍六大行业现状、问题以及对于趋势的分析，并预测中国养老产业的发展前景。2019 年，我国养老产业估值约 5 万亿元。2020 年我国养老产业市场规模有约 7.7 万亿元；到 2030 年，养老产业的产值将超过 20 万亿元；到 2050 年，我国老年人口消费潜力将增长到 90 万亿元左右，约占 GDP 的 33%。通过行业产值的迅速增长可以看出，养老产业整体景气度较高。

第一节　养老产业的定义、行业分类与现状

一、养老产业的定义

养老产业是为老年人口及其相关设施或企业提供特定的产品和服务，进

* 本章由深圳市合一康生物科技股份有限公司执行总经理赵云午执笔。

而满足老年人口衣、食、住、行、乐、医等各项需求的企业和部门的统称。在国外，养老产业通常被称为银色产业（Silver Industry)，在国内，养老产业同时被称为“老龄产业”。本章节持广义定义，认为老龄产业是指向老年人提供产品和服务，满足其衣、食、住、行、乐、医等各方面需求的行业，其行业涵盖了第一、第二和第三产业。具体地说，老年人与一般人相同的消费不归属于养老产业。比如饮食类支出方面，大多数居家养老的老年人自行做饭，其购买的肉食、蔬菜、水果就不属于养老产业的范畴，而其接受的老年餐桌等服务，则归属于养老产业。老年人的水、电、煤气、通信等支出也不能纳入养老产业，而老年人的诸如代际转移、人情消费等与养老产业亦无关联。根据国家社科基金项目《养老消费与养老产业发展研究》等调研数据表明：2015年中国老年市场规模约为 1.87 万亿元，而养老产业规模约为 0.49 万亿元。换言之，养老产业目前所提供的特定产品和服务仅满足了老年人消费需求的四分之一左右。但随着老年市场供给侧的改善，以及老年人消费能力上升和消费倾向变化等原因，这个比重将不断增大，至 2050 年或将达到 45%。

二、养老产业的行业分类与现状

1. 产业分类

“产业”是一个十分复杂的概念，但大体上可以从“社会功能的同类性”“产品和企业的同类性”进行划分，两者互为补充。前者较为粗略，一般分为第一、第二和第三产业；后者较为具体，如第二产业又被分为“制造业”“建筑业”“采掘业”“电力、燃气及水的生产和供应业”；更具体如“制造业”又被分为“食品”“纺织”“机械”“通用设备”“电气机械”“医药”等 31 个行业。

2. 养老产业分类与现状

养老产业可分为上游、中游、下游及辅助支撑产业四类。

（1）上游产业主要以养老产业上游的养老用地和养老金融两大类产业。其中包括养老土地，养老设施建设，养老金融投资，商业养老保险这 4 个方面。

（2）中游产业主要以养老产业中游的老年服务业进行，其中最主要的，分别是医养结合，养老医疗，养老照护，养老机构 4 个方面。

（3）下游产业主要以养老产业下游的老年文化教育和老年用品两大类产

业。其中包括老人用品、老年文化教育、养老旅游3个方面。

（4）辅助支撑产业。养老人才培养是养老产业的基础，没有人才就没有产业的未来，因此我国出台养老政策中都会特别强调养老人才的重要性，会重点扶持和培养。

前述对养老产业的划分，就是从社会功能的同类性角度所进行的较高层次的粗略分类，其下还可以根据老年人的居住形式和产品或企业的同类性，将养老产业分为：机构养老、居家养老服务、养老产品用品、养老地产、养老金融、养老文化教育和智慧养老。

（1）机构养老。主要包括养老院、老年社会福利院、护老院、护养院、敬老院等各类长住型养老机构，此间术语部分采用了2001年颁布的《中华人民共和国行业标准：老年人社会福利机构基本规范》。其功能主要为入住的老年人提供24小时全方位的生活、介护和护理一体化的居住条件和服务。同时，养老机构还可发挥其专业化程度较高等优势，提供上门和短期入住等服务。老年人对机构养老的需求作为刚需通常最早显现。不论在任何国家，机构养老的老年人只占全体老年人的一小部分，例如美、德、英、法等国家，65岁以上人口入住养老院的比重多在5%～6%，日本在3.8%左右，意大利、西班牙等南欧国家甚至低至2%。而中国老年人口的大基数为机构养老产业发展提供了巨大的空间。2012—2020年，中央财政累计投入271亿元支持养老服务设施建设。民政部数据显示，截至2020年年底，各类养老机构和设施总数达32.9万个、床位821万张，床位总数比2012年增长了97%。2021年公布的“十四五”规划纲要就已提出，加大养老护理型人才培养力度，扩大养老机构护理型床位供给，养老机构护理型床位占比提高到55%。根据国家发展改革委对“十四五”规划纲要中这一指标的解读文章，2019年，我国养老机构护理型床位占比仅为40%左右，无法匹配4000多万失能、半失能老年人入住需求；同年印发的《国家积极应对人口老龄化中长期规划》提出2022年养老机构护理型床位占比50%、2035年80%的目标。此次国务院印发的规划不仅延续了“十四五”规划纲要这一目标的设定，还提出一系列增加养老机构护理型床位供给的支持措施。例如，支持1000个左右公办养老机构增加护理型床位；中央预算内投资重点支持新建护理型养老服务设施和照护服务能力改造提升项目；引导地方对普通型床位和护理型床位实行差异化补助；完善对护理型床位的认定办法，尽快建立长期照护服务的项目、标准、质量评价等规范。根据时事的需要给予相应的模式转换与综合融会以期能对养老保障事业发挥更大的作用。2020 年全国两证齐全（具备医疗卫生机构资质，并进行养老机构备案）的医养结合机构 5857 家，床位数达到 158 万张。现有的一些养老模式，如：北京乐成养老——“贴近子女、贴近医疗、贴近社区”；恭和家园“全健康关照”体系——共享产权；河北燕达健康城——建筑面积 65 万平方米、12000 张床位的超大绿色生态健康养护中心；泰康之家——险资创新 CCRC 养老模式的大型综合高端医养社区；前海人寿幸福之家——4H 核心服务理念，“保险 + 医院”“保险 + 养老”；上海永泰红磡——鸿泰乐璟会颐养公寓；万科惠心医院——康复医疗、榕悦——医康养复合型养老项目综合体；招商观颐之家蛇口颐养中心、广州番禺国际康复颐养中心——法国高利泽养老集团合作运营法式颐养；共享之家颐养复康中心——“中外结合、港式服务”为长者提供专业护理康复服务的社区嵌入式高端颐养；百悦百泰城市颐养中心——广州第一家医养结合示范基地，引入台湾双连养老服务模式；祥颐养老——全日式专业护理型养老公寓；香港赛马会深圳康复会颐养院——由香港赛马会慈善信托基金出资香港康复会筹建，服务香港深圳两地长者；深圳罗湖集团医养融合特色模式；等等。

（2）居家养老服务。以居家养老的老年人为主要对象，以日间照料中心、托老所和居家养老服务中心等为主要业态，采用上门服务、日托、短期入住等形式，提供起卧辅助、进食辅助、排泄辅助、擦拭身体或入浴辅助、健康指导或管理、个体康复训练（在康复师指导下有针对性的康复训练和物理疗法等）或群体康复训练（机能锻炼、语言或音乐疗法、手操或手指操）等身体介护服务和清扫、房屋整理、洗衣、修理、做饭、陪同聊天或外出等生活照料服务。日照中心、托老所乃至养老服务站虽然与养老院一样也是“机构”，但其功能是提供居家养老支持，主要让社区内轻度或中度的半失能失智或能够自理的老年人白天入托，晚上回家享受家庭生活。中国专业的居家养老服务少之又少。居家养老服务业和其他养老产业相比，对人才的专业化程度要求更高，因为它所提供的服务直接关系到老年人的基本生活需要、身体健康乃至生存质量，所需知识和技能涉及医学、康复、护理、临床、心理、营养、社会工作及家政等领域，并要求具有相应的实践经验。而且居家养老服务企业在提供服务前需派评估师对老年人的状况进行上门评估，评估内容包括老年人的患病情况、用药情况、日常生活的自理能力和智力状态等主观情况，以及老年人的居家环境、安全隐患因素等客观情况。此外，鉴于居家养老服务业相较于其他老年产业的微利性，管理运营需要对居家养老服务行业有充分了解和认识的专业管理人才，一般会涉及老年学、人口学、经济学、社会学、心理学和管理学领域。

（3）养老产品、用品。老年用品行业（或称老年用品业）是由全国老龄工作委员会提出的概念，它是指为老年人提供符合其特殊生理特点的产品，以满足其基本生活需求或提供特殊生活便利的工业生产业态。它涵盖了因老年人特殊需要而产生的多个领域，涉及饮食、服装、鞋帽、化妆品、健身器材、保健用品、旅游、玩具、保健、金融、保险、教育、智能产品（智慧养老也是智能软件系统与养老产品集成的体现）等相关老年用品。目前，老年食品、老年服装、辅助改善老年人自身功能（包括身体功能和精神功能）障碍的各种器具成为老年人急需的用品。那些用于补偿或代偿老年人因老化而减弱或丧失功能的产品，通常称为老年辅助器具（亦简称老年辅具）。应用老年辅具的目的是为老年人创建无障碍环境以提高其生活质量。老年人的功能障碍是多方面的，相应的老年辅具需求也是多方面的。老年人多数生活在家庭和社区，应用老年辅具主要是解决老年人“衣、食、住、行、医、娱”的需求，实现老年人医疗健康的管理、居家生活的自理、家务管理的无障碍、一定范围内的行动自如、与人沟通交流的顺畅等。随着科技进步和大企业参与，养老产品种类和品种日益增多，技术含金量日益提高。

随着人口老龄化加剧，老人跌倒的情况日益增多。据世界卫生组织报道，全球老人跌倒发生率已经由28%～35%增至32%～42%。在我国跌倒更是老年人失能的重要拐点和伤害伤亡的首要原因。我国跌倒负担世界居首，直接医疗费用每年50亿元以上，社会代价每年1000亿元。然而受跌倒成因复杂，评估客观标准缺失、干预康复针对性差、缺少一体化的评估预警干预防护管理体系等关键问题制约跌倒防控不容乐观。针对上述问题，科技部“主动健康和老龄化科技应对”专项2018年设立了老年人跌倒预警干预防护技术以及产品研发项目。《中国康复辅助器具产业发展蓝皮书2021》就在面向老人进食、洗浴和情感陪护的智能辅具技术与系统研发、老年人跌倒预警干预防护技术及产品研发等方面加大了力度。

（4）养老地产。在广义上，养老地产包括各种养老机构、老年住宅和老龄化相关设施的建设，老年住宅建成后的管理和租赁，以及现有住宅和设施的适老化改造等行业。其中，老年住宅和老龄化相关设施的范围都十分广泛，包括自理型老年公寓、介护型老年公寓、老年社区、养生养老小镇、养老产业园区或产学研基地、适老化公共建筑物等设施。而现有住宅或公共建筑物的适老化改造则包括改造台阶、加宽过道、设置扶手、呼救装置、护理浴缸、天轨式或自走式室内移动装置、座椅自动扶梯乃至家庭用小型电梯等。养老地产在狭义上，专指为老年人养老需求而开发的有针对性的房地产产品及其配套服务，它以房地产开发为载体，不仅提供适宜老年人居住的住宅产品，更能在配套服务、配套设施、环境打造、文化塑造、金融投资等方面满足老年人或全体公民老年期居住、养生、社交、医疗、护理、投资等多方面的需求。此外还有更多的大中型房企纷纷涉足或跃跃欲试，尤其是 CCRC（Continuing Care Retirement Community，持续照护退休社区，或一站式养老社区）作为最典型的养老房地产模式，受到了青睐。CCRC 作为养老地产的典型，重心在于提供长期持续但内容有别的养老服务，但近年来许多项目名为养老、实为地产，缺乏服务，使得养老房地产整体口碑不佳。养老地产产业链的上游是投资方，包括银行、保险公司或其他金融机构；中游是开发方，包括房企、政府、咨询、工程、设计等；下游是运营方，包括专业运营机构、酒店运营管理等，还有相关合作方，如医疗、教育、会所运营管理、餐饮、物业管理等；以及相关支持方，如老年用品、护理人员培训、老年专业家具、老年服务等。这些环节和方面涉及的主体完全不同，需要的专业能力和人力资源也完全不同。其中下游产业的运营整合是养老产业链建设过程中最复杂的工作，需要长期的资源支持和实际操作的经验积累。中国养老产业还没有形成完整的产业链条，呈现出产业未发展但房地产先行的状态。然而“现行”的养老房地产业也缺乏基本的标准与体系，没有专业的管理服务组织，也没有专业人才培养和培训体系，而这些恰恰是养老地产业最为重要的部分。因此，要进行养老房地产的开发运营，首先要转变的是传统的房地产开发思想。养老房地产不赚快钱，赚长期的可持续运营的钱，根本上是通过服务赚钱而不是通过开发赚钱。同时，需要专业的养老项目策划商和服务运营商在早期介入对养老市场需求的研究和判断，对养老房地产或养老机构项目的定位和策划，并尽早介入运营体系建立、专业人才培养和专业化运营管理。2020 年开始受新冠肺炎疫情及房地产政策的影响，众多房地产企业暂停或正在减少养老地产资产投入。

（5）养老金融。我国学术界对于养老金融的研究和养老金融的发展一样尚处于起步阶段，即便是养老金融的概念，也没有统一起来，多数文章表述为“老龄金融”，也有部分文章表述为“养老金融”，为方便起见，把两者统一表述为“养老金融”。养老金融是指各类与养老需求有关，利用金融服务方式谋求养老资产保值增值，用于防范养老风险的金融产品，包括企业（职业）年金、商业养老保险、养老储蓄、住房反向抵押贷款、养老信托、养老基金等金融服务方式，也包括公共养老保险基金中的用于市场投资的部分。主要为老年人提供金融服务和保险产品，前者如理财咨询、遗产规划、证券和储蓄理财产品的开发与销售等，后者则为老年人提供有针对性的保险产品和保险计划等服务。根据消费储蓄生命周期理论，理性的人在整个生命周期内按照终身效用最大化来配置各个时期的消费与储蓄，不仅成年期需为晚年生活而积累，因退休而进入负储蓄状态后也还需要合理规划储蓄投资和资产储备，最大限度地平滑生命周期消费，规避因寿命延长而产生的健康风险、长寿风险以及通货膨胀风险，实现一生效用最大化。截至 2020 年年末共有 104 只养老目标基金成立，其中养老目标日期基金 49 只，养老目标风险基金 55 只，认购户数达 1 277 409 户。布局养老产业的新三板企业 15 家，除部分退出或主动收缩养老业务外，均积极持续布局，其中创新型企业寻找转板通道，或被区域国企并购，或做好上市准备以资本助力企业进一步发展。从主板上市企业布局来看，原 41 家涉及养老的上市公司，经过几年的产业布局，两家企业退市一家企业被 ST。2020 年受新冠肺炎疫情和全球政治不稳定因素影响，整体投资环境遇冷的大环境下，养老产业资本热度逆袭而上，一级市场、二级市场和外资资产并购不断。据和君康养的不完全统计数据，2020 年养老产业大型并购投资案件近 10 起，涉及金额达数亿元，成为 2016 年并购潮后一级市场重新开始活跃的年份。在保险业方面，在《关于加快发展现代商业养老保险的若干意见》《关于加快发展商业养老保险的若干意见》《关于开展专属商业养老保险试点的通知》等一系列政策指导下，商业养老保险得到长足发展，为国民市场化的养老财富储备提供了更多的选择。截至 2020 年年底行业中从事养老保障管理业务的市场主体，包括 9 家养老保险公司（国寿养老、平安养老、长江养老、太平养老、泰康养老、大家养老、新华养老、人保养老、恒安标准养老）以及一家养老金管理公司（建信养老）。另外国内资本并购外资资产和项目，逐步提升自身资产经营能力。债权融资方面，以国家开发银行为代表的政策性银行和以中国银行为代表的商业银行，积极探索推动养老产业发展的金融创新，为养老产业提供金融动力。股权和债权融资都进一步推动养老产业走向规模化和聚焦化，为下一阶段产业发展提供源源不断的资本助力。

养老理财产品试点扩至十城，首批试点机构募资规模升至 500 亿元：银保监会发布通知，从 2022 年 3 月 1 日起，将养老理财产品试点范围由此前的武汉、成都、青岛、深圳四个城市基础上增加北京、沈阳、长春、上海、重庆、广州六个城市。试点机构扩大到 10 家，新增的试点机构每家募集资金总规模上限为 100 亿元，首批四家试点机构募集资金总规模上限由 100 亿元提高到 500 亿元。

专属商业养老保险试点扩大：银保监会发布《关于扩大专属商业养老保险试点范围的通知》，自 2022 年 3 月 1 日起，专属商业养老保险试点区域扩大到全国范围。在原有 6 家试点公司基础上，允许养老保险公司参加专属商业养老保险试点。

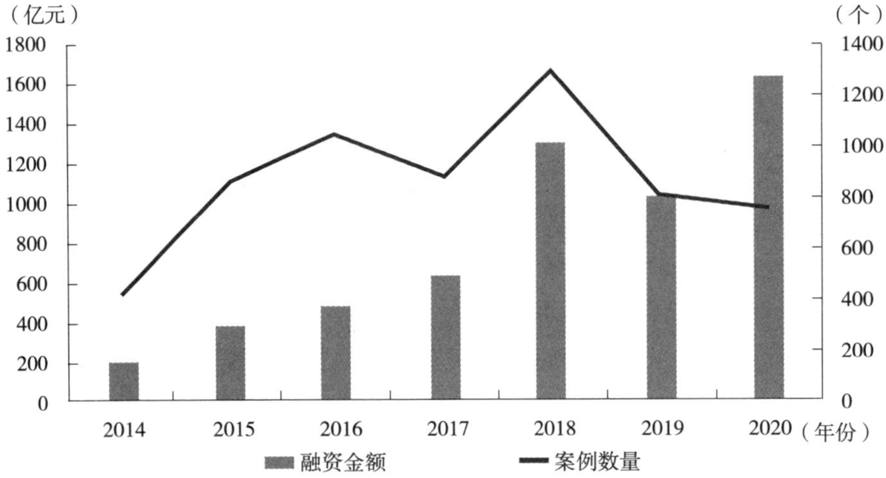

图 4-1　2014—2020 年中国医疗健康产业投融资情况

注：未披露金额的融资事件不包括在内。数据来源：前瞻研究院。

（6）养老文化教育。主要满足老年人的旅游观光、娱乐文体、兴趣活动、生活学习等以休闲享老为主要目的的消费需求，其中产业性质最明显的是老年旅游业。在现代社会中，退休是一种社会规范，也是一种生活方式，休闲是核心内容之一。除了以上传统的休闲和享老方式外，随着 50 后、60 后陆续退休并逐步占据老年人主体，他们与前几代老人相比出现了新的特征。从现代化“享老”观念来看，这些老年人拥有相对年轻的心态，退休对于他们而言不再是无价值的消极人生阶段，而被看作“第二人生”的新起点；从经济水平来看，养老保障体系逐渐完善，城镇老年人退休金收入越来越高，很多老年人还拥有多元化资产组合，使得他们有更多的经济资源来进行旅游观光、文化娱乐、体育健身、生涯学习和兴趣爱好等商业性休闲活动。尤其是现代交通和通信技术大幅度拓展了老年人的活动范围，也有一部分人开始尝试旅居养老、异地养老、甚至跨国养老等新型休闲方式和养老生活。中国老年人口数以亿计、退休时间普遍较早、再就业率很低等独特的现状，提示着中国养老产业拥有巨大的发展空间。

（7）智慧养老。智慧养老是面向居家老人、社区及养老机构的传感网系统与信息平台，并在此基础上提供实时、快捷、高效、低成本的，物联化、互联化、智能化的养老服务。全国老龄办在 2012 年首先提出“智能化养老”的理念，鼓励并支持开展有关智慧养老的实践探索。2013 年国务院发布了《关于加快发展养老服务业的若干意见》，全国老龄办成立“全国智能化养老专家委员会”，为我国智慧养老产业发展制定目标，引路导航。智慧养老可以利用互联网、物联网、云计算、大数据、软件系统、智能硬件等新一代信息技术产品，实现个人、家庭、社区、机构与健康养老资源的有效对接和优化配置，从而推动健康养老服务智慧化升级，提升健康养老服务质量效率水平。

3. 我国养老政策

2011 年，《社会养老服务体系建设十二五规划》建立以居家为基础、社区为依托、机构为支撑的“9073”养老服务体系，2013 年“养老元年”、2014 年权威发布、2015 年医养结合。十二五期间：以居家为基础、社区为依托、机构为补充、医养相结合的养老服务体系初步形成。2016 年政策密集期、2017 年政策集中落地、2019 年医养康养相结合（被称为“康养元年”）。十三五期间：建立多元养老体系，加强医养融合，医养康养相结合，鼓励险资，民资进入养老市场，国家陆续出台多个养老相关文件近，国家养老政策逐步明确和细化，鼓励社会资本参与，鼓励医养结合，鼓励发展智慧养老、完善资金、税费、人才、土地等保障。2020 年“十三五”收官之年，也是全球新冠肺炎疫情的爆发之年，是对养老产业的一次考验（我们称为“考验元年”）。2021 年 12 月 30 日国务院发布《“十四五”国家老龄事业发展和养老服务体系规划》基本原则是系统谋划、整体推进、以人为本、顺应趋势、兜好底线、广泛普惠、改革创新、扩大供给、多方参与、共建共享。发展目标，“十四五”时期，积极应对人口老龄化国家战略的制度框架基本建立，老龄事业和产业有效协同、高质量发展、居家社区机构相协调、医养康养相结合的养老服务体系和健康支撑体系加快健全，全社会积极应对人口老龄化格局初步形成，老年人获得感、幸福感、安全感显著提升。

表 4–1 “十四五”国家老龄事业发展和养老服务体系主要指标

“十四五”国家老龄事业发展和养老服务体系主要指标	
指　标	2025 年目标值
1. 养老服务床位总量	达到 900 万张以上
2. 特殊困难老年人月探访率	达到 100%
3. 新建城区、新建居住区配套建设养老服务设施达标率	达到 100%
4. 养老机构护理型床位占比	达到 55%
5. 设立老年医学科的二级及以上综合性医院占比	达到 60% 以上
6. 本科高校、职业院校养老服务相关专业招生规模	明显增长
7. 每千名老年人配备社会工作者人数	保持 1 人以上
8. 老年大学覆盖面	每个县（市、区、旗）至少 1 所
9. “敬老月”活动覆盖面	每个县（市、区、旗）每年开展 1 次

数据来源：《“十四五”国家老龄事业发展和养老服务体系规划》

第二节　国外典型国家养老产业发展情况

从 1865 年法国第一个进入老龄化社会开始，到 20 世纪后期，几乎所有发达国家都进入了老龄化社会。经过半个多世纪发展各国逐步建立、形成了相对稳定健全的养老服务体系。

一、老龄人口结构分析

目前，世界各国面临一个共同的课题：人口老龄化。根据联合国标准，若社会中 60 岁及以上人口超过总人口的 10%，或 65 岁及以上人口超过总人口的 7%，则标志进入老龄化社会。

在 20 世纪里，人口寿命发生了巨大变化，平均预期寿命比 1950 年延长了 20 年，达到 66 岁，预计到 2050 年将再延长 10 年。2005 年联合国发布的预测显示，世界 60 岁以上老年人口比例将由 2000 年的 10.0% 上升到 2025 年的 15.1% 和 2050 年的 21.7%；65 岁以上老年人口比例相应由 6.9% 上升到 10.5%、16.1%；年龄中位数相应由 26.8 岁上升到 32.8 岁、37.8 岁。

二、发达国家养老服务发展历程、现状、趋势

1. 发展历程

随着人类社会的不断发展，社会变革和科技进步对各国人民的生命健康产生了巨大影响。人民对养老的需求也在不断发生变化。国外养老服务的发展和人口发展变化密切相关。总的来说，最近两三百年发达国家的养老服务从传统的家庭式养老逐步发展成种类繁多的养老产业。归结起来可分为以下三个发展阶段：

第一阶段：18 世纪后期至“二战”前，三代同堂的传统养老方式较为普遍，养老产业尚未兴起。

第二阶段：“二战”后至 20 世纪 60 年代，各国逐步进入老龄化社会，福利性质养老机构开始兴起。

第三阶段：20 世纪 70 年代至今，社区养老服务业逐渐成型，多业态服务业共同发展。

2. 发展现状

（1）政府引导，构建多元参与、多层次养老服务体系。

（2）社区主导，多样化养老服务模式共同发展。

（3）注重培训，推动养老服务专业化发展。一是注重专业人才的教育与培训；二是对从业人员实行资格证书制度；三是提升从业人员的社会地位。

（4）强化管理，促进养老服务业规范化发展。一是制定法律、法规；二是对养老服务机构进行质量监督和规范管理；三是实施完善的养老服务项目标准。

3. 发展趋势

（1）“居家养老”开始增长。近年来，与“机构养老”相比，“居家养老”有增加的趋势。

（2）医养结合的建立和倡导。“医养结合”是近几年逐渐兴起于各地的一种新型养老模式。20 世纪 90 年代中期以来，国际社会开始提倡以“持续照顾”理念为主的养老服务思想，在这一思想的指导下，日本、英国、瑞典等国家根据本国实际情况建立了长期照护系统。

（3）养老服务智能化。随着信息通信技术的快速发展，尤其是手机、计算机和网络在老年人群的广泛使用，养老服务智能化逐渐成为现实。

三、国外养老服务情况及经验借鉴

1. 美国

（1）养老服务行业管理机制。

美国政府在养老服务业发展中，只负责制定政策、规划和监管，不负责具体事务，实现了“政府主动有为”和“社会积极作为”，社会力量成为养老服务业发展的主体。政府部门职责明确，政策制定和执行分离。比如美国康涅狄格州老龄署只负责制定老年政策，养老机构设立许可、服务标准、监督管理等工作，全部由州卫生部门统一负责，有效推动了医、护、养一体化发展。

（2）养老服务项目运营模式。

美国长期照料服务按提供场所（Setting）来说分为三类，居家养老（Home Care）、养老社区（Senior Care Community）、专业护理机构（Skilled Nursing Facilities，SNF），看护的程度从弱到强、人力付出从少到多、费用从少到多，美国养老市场的差异化定价有助于养老机构取得更多的收入，同时老年人也可以根据自己的实际需要来选择适合自己的养老场所。

美国养老服务业发展经历了 3 个主要阶段，分别是由地产开发主导的太阳城模式，如 Del Webb 20 世纪 60 年代建立太阳城带动美国养老地产的兴起。随后，兴起了由运营商主导的 CCRC 模式，如 Brookdale Senior Living 是负责老年人退休后护理、医疗、起居的成功运营商，成功提供了高质量的养老服务体系。最后，由于养老产业消费的升级和消费力提升，产生了由金融机构主导的 REITs（Real Estate Investment Trusts，房地产信托基金）模式，如 HCP Inc. 是老年人社区领域最大的 REITs。

在照护层面，美国主要通过“长期照料体系”（Long Term Care，LTC）来进行养老服务。

（3）养老服务机构的构成和投融资方式。

美国所有养老服务都由社会提供，按市场规律运营，实行产业化发展。美国的养老服务社会化、市场化程度高，养老机构基本由社会力量举办。非营利养老机构完全自主运营，政府向社会购买服务，并采取税收优惠、经费补贴政策予以扶持，被服务老人的居住、助餐、文化、家政等服务全部交给社会服务机构承担。政府为社会力量兴办养老服务业提供了有力政策法律支持，营造了良好发展环境。养老机构普遍实行连锁化经营、集团化发展。有利于规模化发展和品牌化建设，可以降低管理、人才培训和物资采购等成本。

比如美国的哈德福德埃特亚养老院连锁机构分布整个北美地区。

2. 澳大利亚

（1）养老服务行业管理机制。

澳大利亚养老服务行业的管理，通常是联邦政府提供资金和建立相应的政策法规，州及地方政府、非营利性企业及营利性企业提供服务，确保政策的实施。同时，澳大利亚有严格的认证和质量监管体系来保证护理质量和老年人的权益。澳大利亚政府设立唯一的老年护理标准及评估机构：澳大利亚老年护理质量机构 (the Australian Aged Care Quality Agency，AACQA)。每年主要负责对各个养老机构的硬件设置、服务质量等进行审核，从人事管理、老年人健康及生活护理、老年人社交及生活方式管理、居住环境及安全的管理四个方面进行评估，确保老年人的合法权益。

（2）养老服务项目运营模式。

澳大利亚养老护理产业服务模式主要有退休公寓养老、社区扶持的居家养老和院所式养老三种。与退休公寓养老不同，申请居家养老和院所式养老服务都需要经过政府的综合评估，确认护理服务级别。符合条件才能得到帮助或入住养老院，提供服务的机构才能得到相应的国家补贴。

第一类：退休公寓养老：适用于生活能够基本自理、经济宽裕、无亲人陪伴的老年人。

第二类：社区扶持的居家养老：这类服务对象不仅包括生活能基本自理的老年人。还包括一些完全丧失生活自理能力，但有亲人照顾希望在家养老的老年人。

第三类：院所式养老服务：适用于因生活和健康均需高度依赖照料的人群，其中包括患有中晚期失智症的年轻人及老年人或晚期癌症的人群。

（3）养老服务机构的构成和投融资方式。

养老服务项目由州及地方政府、非营利性企业及营利性企业提供。非营利性企业基本是由慈善机构和宗教团体组成，在社区组织开办退休公寓和提供家庭服务及部分院所式养老机构。由于是非营利性，其产生的收益只能用于投资养老院的基础建设来促进持续发展。私人营利企业主要开办一些高成本的老年养老机构，这些机构从政府获得补助少，自付费用高，但能提供多样化、高层次的服务。州及地方政府亦开办一些养老院所，主要服务于低收入群体的老年人。

（4）典型案例模式研究及经验介绍。

澳大利亚作为一个发达国家，从 1940 年开始就进入老龄化国家，经过七十余年的发展，养老地产市场已基本成熟，无论是政策还是形式，都值得我国在发展过程中借鉴。

2000 年后，随着澳大利亚各地公寓项目的开发增多，新型的小而精致的退休村逐渐增多。这些项目大多分散在各个城区，一般规模很小，只有几十套或一百套。退休村以国外流行的特色精品度假酒店的概念出现，选址在较好的地段，建筑体量小，服务设施齐全，以体现老人的尊严和享受入手，做到安全、私密和照料，提供比五星酒店还细致入微的服务。因此虽然一般比同地段同类住宅还贵 20% 左右，但这种养老公寓还是供不应求。

沃特博洛克（Waterbrook）在悉尼北面的格林尼治（GreenWich）的公寓，离悉尼主城区只有 5 千米，占地只有 20 亩都不到，总共只有 79 套二房、三房、四房的公寓，层数都是二至三层的小楼，由风雨连廊连接，所到之处均有无障碍设施。该项目虽小，服务设施特别齐全，分别设有接待、医疗、阅读、健身、影院、手工、游泳池等。在外立面设计上，设计师沿用现代设计的鼻祖弗兰克莱特的理念，简洁的建筑造型，自然的建筑材料，水声潺潺的庭院，让老年人回归大自然的宁静和安逸。

3. 日本

（1）养老服务行业管理机制。

日本建立了健全的养老服务行业法律体制。从 20 世纪 60 年代至今，日本政府出台的相关养老服务的法律及政策近 10 部，这些法律、法规构成了日本养老服务设施运营和管理的政策支持和法律保障系统。根据相关法律，日本政府设立了国民公共养老基础年金制度和老年介护保险金制度。通过实行“老人福利保健计划”、制定“看护保险制度”等社会养老服务政策，日本建立了养老费用共同承担的机制，形成了一种公助、共助、互助结合的、多层次的社会养老服务体系，有效地解决了政府养老负担过重的问题，实现了社会养老的可持续发展。

（2）养老服务项目运营模式。

养老服务项目以消费者为中心，在照护服务内容和服务供给方面，消费者享有自主选择权。服务内容可分为照护服务、器具租借和设施改建两大类。

（3）养老服务机构的构成和投融资方式。

日本的养老服务机构主要有 4 种形式：①政府组织，由政府负责经费来源；②社会福利协会等民间组织，经费一部分由财政补助，一部分靠提供服务收取较低的费用；③志愿者服务，分为免费和只收取很低的费用两种类型；④企业式的养老服务，通过养老保险方式筹措资金，为老年人提供低收费服务。

（4）典型案例模式研究及经验介绍。

1997 年 12 月日本政府制定了《介护保险法》，经过长达两年多的准备，于 2000 年 4 月正式施行。这是与医疗保险、年金保险、雇佣保险及劳动灾害补偿保险并列的一种独立的社会保障制度。通过规定该保险给付的必要事项，以实现提高国民保健医疗水平、增进国民福祉发展的目的。

介护是指对陷入要介护状态的国民，为其提供排泄、饮食、沐浴等日常生活方面的照料和护理，提供身体机能训练和疗养及其他医疗等保健医疗服务和福祉服务，使其有尊严地度过与其具有的能力相适应的自立生活。

介乎保险的当事人。介护保险的当事人包括保险人和被保险人。介护保险法规定，年满 40 周岁的国民必须加入介护保险，在缴纳国民健康医疗保险时一并缴纳介护保险费。

介护服务的费用承担。介护保险法明确规定了接受上述各种介护服务所需的费用的承担问题。介护保险制度是基于共同连带理念而建立的制度，国家、地方政府和国民要依照共同连带理念公平分担介护服务所需的费用。具体讲，介护费用由被保险人、政府和保险按比例共同承担。介护保险法规定，上述主体承担的比例为：接受介护服务的老年人自行负担总费用的 10%，其余 90% 的费用由被保险人缴纳的保险费与政府各负担 50%。政府负担的 50% 再分为国家负担 25%，都道府县、市町村等地方政府承担其余 25%。

介护保险制度的功能。从介护保险制度的功能看，日本的介护保险制度概括起来发挥了以下几个方面的重要作用：首先，老年人的介护费用个人只承担一小部分，主要由政府和保险来支付，减轻了当事人及其家庭的经济负担，有利于巩固和发展和谐友善的家庭关系。其次，介护保险作为一种独立的社会保障制度，与国民健康医疗保险相分离，对需要介护的老年人提供专门的保健医疗服务和福祉服务，成功遏制了医疗费用的无限膨胀。最后，作为独立的社会保险制度，要求不同的介护服务需要具有不同的资格的人员来实施和不同的设施来提供，促进了各种专业、职业教育事业的发展。

四、发达国家先进经验

从几个典型国家的养老服务发展情况可总结出如下几点经验供我们借鉴。

（1）管理体制：政府“主动有为”，社会“积极作为”。

（2）监管机制：强化行业监管，保障机构质量。

（3）养老模式：居家养老为主，老年公寓兴起。

（4）养老保障：长护险居家优先分级照护，保险全面覆盖。

第三节　养老产业国内部分案例

养老产业横跨第一、第二和第三产业，产业链长，涉及面广，形成时期和发展过程大不相同。近年来随着养老产业市场的发展，以养老服务为主业的起步较早的、发展较好的企业、地产、保险公司等都在做多元化发展道路的探索，一些起步较晚或规模较小的企业都在某一细分市场寻求发展。近年来细胞生物科技领域一些技术型企业也切入了养老产业的赛道，未来养老产业发展到一定阶段，市场竞争胜出者应该是更为专注深耕细分领域的企业。笔者从以下六方面简单分享国内部分案例。

一、以提供机构养老服务起步

案例1　任达养老——一线城市庄园式养老典范

深圳市任达爱心护理院成立于2008年，占地面积350亩，交通便利，位于深圳市石岩街道任达山庄内，区域环境得天独厚。建成的有颐养楼、福星楼、医政楼、老年公寓等。设有：长寿廊、健康管理中心、文化广场、门球场、小型高尔夫训练场、阅览室、手工工艺室、老年网吧、康复健身室、多功能会议室、台球、乒乓球室、麻将室等。院内为老人提供的服务涉及衣、食、住、行、养、游、乐等多个方面，让老人享受愉快的晚年生活。是经深圳市民政局、市老龄委、中国老年事业发展基金会批准成立的非盈利性社会福利机构。营运十余年来，被政府相关部门授予“全国爱心工程试点单位”“广东省养生文化建设基地”“中国游动养老产业标杆示范单位”“全国敬老文明号”等光荣称号。

任达养老产业集团于2015年成立，开始集团化运作：助残、养老、医疗、旅游、健康管理、老年教育等多个业务共同发展，采取多种经营模式：民办商业、民办非企业和公办民营。在全国率先提出“养生与养老相结合、养老与医疗相结合、养老与旅游度假相结合”三结合时尚养老新模式，并倡导“老有所依，老有所养，老有所乐，老有所为”的养老理念，引导老人多参与老年文化活动，让老年人对生活充满热爱，鼓励更多的老人找到适合自己的娱乐生活方式。是深圳目前功能最全、服务范围最广的大型综合性养老服务平台。

图 4-2　任达养老总部布局图

图片来源：任达养老提供。

集团旗下有养老机构 10 余家，总床位近 6000 张，下属多家老年人日间照料中心，涵盖福永、福海、沙井、松岗、西乡、石岩 6 个街道，旗下机构有：深圳市任达爱心护理院（2008 年成立、深圳市龙岗区任达爱心护理院、（原名龙岗街道老人服务中心即龙岗颐养院），建筑面积 6513.7 平方米。2011 年 4 月由任达养老全面接管运营，养老床位 300 张，入住率达 90% 以上。是深圳市第一家“公办民营”的养老机构）、揭阳聚龙湾护理院、（揭阳市第一家“公办民营”的养老机构，2015 年 4 月由任达养老全面接管运营。是目前粤东地区规模最大、设备设施最完善的一家公建民营养老机构。)、赣州祥瑞老年公馆（位于赣州市章江新区叶坪路中段，床位800张。是一所综合性、示范性“公办民营”养老服务机构）、吉安祥和老年公馆（位于吉安县敦厚镇梨塘村，整体项目规划占地面积270亩，已建成建筑面积13 337平方米，床位300余张。公办民营养老机构，是吉安市目前规模最大的综合型养老机构）、汝城县健康养老服务中心（是汝城县一家公建民营养老机构，建筑面积22 053.11平方米，共有床位492个，2017年10月31日开业）、任达残疾人托养中心、利民复康中心、任达旅游服务有限公司、任达健康管理中心等知名养老、助残机构。

任达养老服务优势特色：坚持“养老与养生相结合、养老与医疗相结合、养老与旅游度假相结合”的创新经营模式，构建起了“机构、社区、居家”三位一体的养老服务体系。

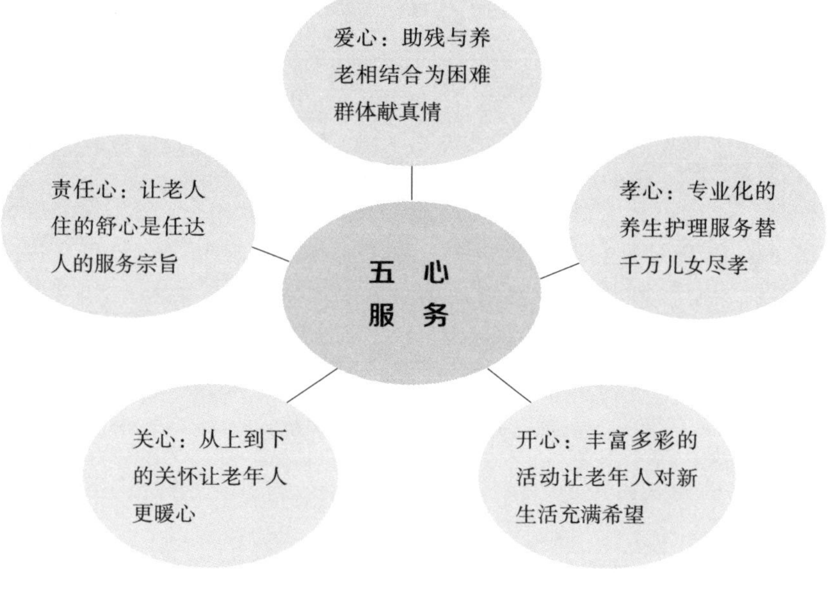

图4-3 任达养老服务特色

图片来源：任达养老提供。

案例2 益海养老——聚焦云南

云南益海养老服务有限公司，成立于2019年6月13日，主要经营范围是养老服务、养老机构建设运营策划、运营管理及信息咨询、心理咨询服务等。截至2021年12月底，云南益海已承接养老服务类项目15个，其中政府购买服务8个、养老机构建设运营项目2个、企业委托调查评估项目5个。

（1）承接了2020年盘龙区民政局“盘龙区民政局购买居家养老评估服务项目”，对盘龙区15家居家养老服务中心、20家“爱心食堂”管理运营相关内容评估。同时对盘龙区200位失能、半失能老年人享受的上门居家照护服务质量、上门服务时间、服务老年人数、老年人满意度进行评估。

（2）承接了2021年昆明市民政局“昆明市养老机构补助评估及服务质量综合评估项目”，对昆明市民政局指定的120家养老机构进行一次性建设补助评估、运营补助评估、护理人员补助、护理型床位建设补助、服务质量综合评估服务。

（3）承接了2021年盘龙区民政局“盘龙区困难老年人家庭适老化改造项目”，对盘龙区选定的至少100户以上困难老年人家庭开展适老化改造工作。

（4）承接了2021年官渡区民政局“官渡区养老服务　拥抱照护者—暖心行心理支持工作项目”，对在官渡区开展养老服务的养老机构从业人员、“官渡照护”上门服务人员、家庭照护者及机构入住老年人进行心理团辅、沟通、疏导等方式，从情感需求、文化娱乐需求、社会交往需求、自我认同和实现需求等方面开展服务。

（5）承接了2021年盘龙区民政局“盘龙区购买养老服务评估服务项目”，对盘龙区11家居家养老服务中心、6家综合性居家养老服务中心、18家“爱心食堂”的管理运营、工作建设情况、运营时间、服务老年人数、服务质量、老年人满意度、老年人参加活动的记录等相关内容进行调查评估。

（6）承接了2021年盘龙区民政局“盘龙区失能老年人综合能力评估和家庭适老化改造”项目，对盘龙区通过选定的500户失能老年人家庭开展适老化改造。

（7）承接了安宁市民政局“安宁市家庭养老床位建设失能老年人家庭评估项目”。

（8）承接了五华区民政局“五华区困难老年人家庭适老化改造项目”。

（9）受云南能投居正产业投资有限公司委托，与其全资子公司云南益众建筑节能技术开发有限公司合作，策划指导运营位于观景路12号，投资1.2亿元的“居正义慈养生公寓”。

图 4-4 居正义慈养生公寓

图片来源：益海养老提供。

（10）承接了江苏中科西北星信息科技有限公司“官渡区老年人养老服务需求调查项目”。

（11）承接了中国检验认证集团云南有限公司“昆明市养老机构等级评定项目”。

二、居家养老服务为核心

案例1 深业健康推进四级服务网络建设工程

（1）战略背景

按照深圳市政府常务会议通过并由深圳市民政局、市国资委印发的《关于推进老有颐养907幸福惠民工程工作方案》的要求，市国资委依托深业集团，组建了国有养老服务平台——深圳市幸福健康产业（集团）有限公司。深业健康产业投资运营（深圳）有限公司（以下简称“深业健康公司”）是深圳幸福健康集团的全资二级企业，专业从事社区居家养老业务。

（2）四级网络简介

根据《深圳市推进老有颐养“907”幸福康养惠民工程工作方案》，深业健康公司具体落实“907”惠民工程实施任务，全力推进智慧养老、居家适老化改造、养老服务平台标准化三大启动工程，四级服务网络建设、医养结合一体化、培养疗养机构转型三大示范工程；养老服务人才培育、医疗康复长者助餐、养老产业融合发展三大创新工程。其中，四级服务网络是以“907”智慧养老信息平台为载体，通过“资源整合、数据贯穿”的方式形成街道长者服务中心、社区长者服务站、小区长者服务点、家庭的“一中心多站点”一体化、全链条式网格联动体系，并遵循“就近辐射”原则，为辖区长者提供全方位立体化的养老服务。深业健康公司通过四级服务网络建设，实现养老服务设施的“网格化”布局；统筹结合社会养老服务力量，实现质优、价低、高效的养老服务有效供给。

图 4-5　深业健康家四级服务网点分布

图片来源：由深业健康提供。

（3）取得成效，在深业健康公司的全面推进下，社区居家养老规模化发展态势初步形成。目前，香蜜湖街道长者中心、桃源街道长者中心两家长者中心已实现运营，龙城街道长者服务中心等 4 家网点筹开中；已累计拓展四级服务网点 33 个，分布在全市 9 个区，相关网点均在加速建设中。深业健康公司的实践在行业中产生了重要影响，《人民日报》《中国日报》等媒体给予了广泛报道与好评，品牌影响力大幅提升。承接的“0580”适老化改造工作自开展以来，反响良好，屡次获得央视等官方媒体专题报道。截至 2021 年 12 月底，“0580”适老化改造团队已完成 1499 户的改造任务，实现覆盖 8 个区、46 个街道、225 个社区，适老化改造工作实现了对老年人居住生活条件的有效改善，提升了老年人的生活幸福指数。

案例 2　福寿康——国内最大的居家医疗照护服务机构

福寿康（上海）医疗养老服务有限公司成立于 2011 年，服务覆盖全国

36个城市，每年为近10万老人提供超过1500万次照护服务。坚持“互联网+医护康养”的整合照护模式，以引领行业的服务标准、先进的信息技术赋能、专业的医护人才培训和独立的服务质控为主要抓手，福寿康已打通居家、社区、医院、养老机构的全链条服务场景，为广大客户提供涵盖长护险服务、机构照护、私人专护、住院陪护、院后康复、中医诊疗、助浴服务、辅具租赁、适老产品在内的一站式综合服务。作为行业领导品牌，福寿康注重对标国际标准，长期开展国际交流与合作，探索和实践先进的养老服务模式，并在互联网医疗、医养结合、智慧养老方向取得突出成绩。

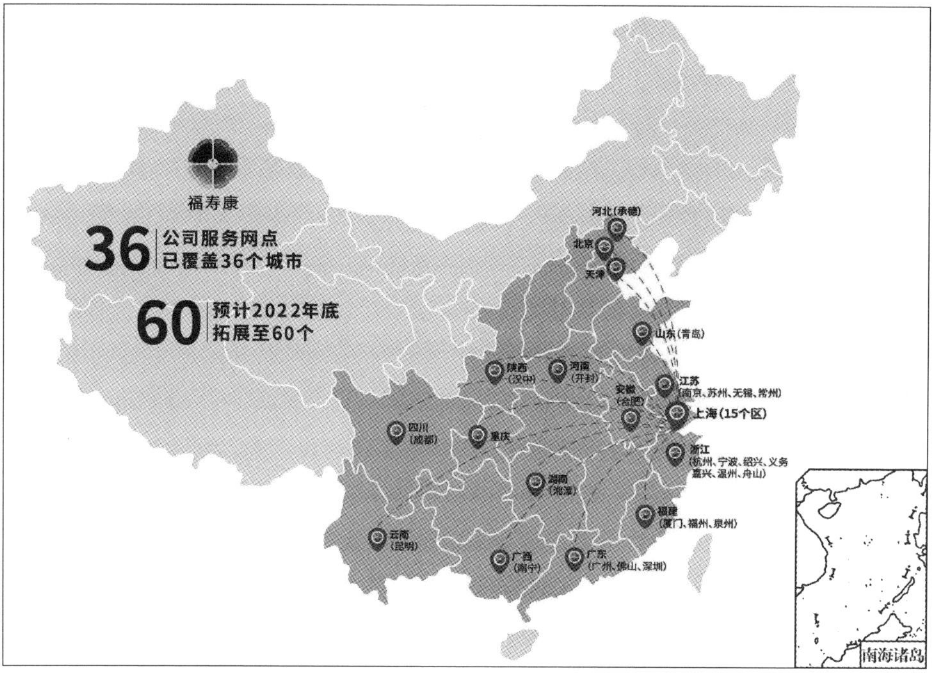

图4-6 福寿康服务网点覆盖城市

图片来源：福寿康公众号。

（1）福寿康建立完善的“医疗护理站+社区照护中心+养老院”的服务网络体系，以护理站为核心辐射周边社区街道，打通居家、社区、医院、养老院的全闭环服务场景，为老人提供全方位医疗护理服务；是能够为健全自理老人、半失能老人、全失能老人、疾病期老人及失智老人提供专业日常照护、医疗护理、专科护理、特需护理、康复指导及专业认知症照护的一站式闭环服务平台。

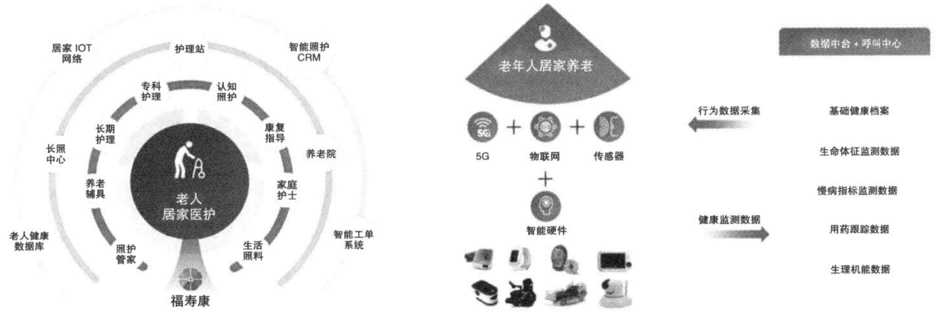

图 4–7　福寿康服务网络体系 / 智慧照护

图片来源：福寿康公众号。

（2）福寿康经过 10 年创业，已形成了一套自有的、完善的、精细化专业服务体系。凭借这套体系，外加训练有素、经验丰富的 6000 名专业的医疗照护人员队伍，以及日渐成熟并释放效能的数字化、智能化平台建设，使福寿康近年来在上海获得领先优势之后，也迅速在全国范围内取得了布局拓展和服务口碑的领先优势。福寿康致力于推动中国居家医疗照护行业的不断发展，为数以亿计的中国老年人口带去便捷、优质的服务。使越来越多的中国二三四线的老年人，也能够享有和上海、北京一样的优质居家照护服务，过上更美好的晚年生活。

（3）2021 年 6 月福寿康宣布完成由红杉资本中国基金领投的数亿元 B+ 轮融资，百榕资本担任本轮财务顾问，这是继 2020 年 12 月启明创投领投数千万美金投资后获得的又一笔新融资。

三、养老产品用品为切入

案例　合一康生物——细胞生物

深圳市合一康生物科技股份有限公司（股票代码：832521）成立于 2010 年 11 月，总部位于深圳市福田保税区，是以免疫细胞治疗技术作为主营业务而独立上市的国家高新技术企业，致力于人体细胞储存、细胞类药品研发及临床研究与应用，已成功地为三十余家三甲医院提供了数万份细胞。合一康生物十分注重自主创新和研发投入，专注于肿瘤生物免疫技术从实验室到临床应用转换和升级，向临床所提供的技术均为自主发明专利。在免疫细胞与干细胞技术研发、细胞储存、基因药物研发、预防保健、医疗康复、抗衰康养产品方面，公司专家团队完成多项技术攻关。技术团队 15 年专注前行。公司持续在免疫细胞研发及转化方面发力，加大免疫细胞方面的研发及转化，在全国起到引领作用。同时在干细胞及肿瘤疫苗治疗癌症及抗衰老等转化应用方面不断加大投入。合一康生物拥有一支由十余位海内外博士专家领衔的科学家团队，团队专业背景涵盖分子生物学、细胞生物学、肿瘤免疫学和临床肿瘤学。其中，外籍科学家五人教授博士生导师 7 人，有细胞治疗产品海外研究开发经历的专家 8 人，美国 NIH 研究基金评审专家 1 人，国家和省级自然科学基金评审专家 4 人，深圳市未来产业专项资金项目评审专家 6 人，合一康生物科学家团队共参与和主持包括美国 NIH 研究基金、国家 973 课题、863 研究计划和国家自然科学基金以及省市级科研和科技开发项目 50 余项。政府资金支持超过 2000 万元，申请专利 70 件，PCT 国际申请 8 件。建立了中国第一家人体细胞科技展览馆，是深圳市科普教育基地，深圳市文博会分会场，细胞科学领域开展学术交流与科技创新的重要平台，也是进行生命科学、健康理念、预防保健等科普教育的重要基地，还是一个集产、学、研与科普教育一体化的科技创新综合体；打造中国第一家以免疫细胞治疗技术独立挂牌资本市场的细胞国家高新技术技术企业的团队；中国唯一创造并保持着全部 10 万余案例“0 污染、0 事故、0 纠纷、0 投诉”的行业安全纪录，临床应用案例经验数量是全美国国家在册案例数的 14 倍，全球领先；研发出中国第一款纯生物制剂去化学成分的医美产品且荣获 2016 深圳国际 BT 领袖峰会暨 2016 深圳国际生物 / 生命健康产业展览会金奖；荣获第一届中国 (深圳) 创新创业大赛生物医疗组第一名。

图 4-8　发展历程 2010—2020 年

图片来源：合一康公司提供。

合一康生物大力发展养老产业，为健康养老保驾护航——延缓衰老，让人类更长寿、更健康、更美丽。（1）发挥细胞生物在抗衰保健、癌症预防、老年慢性病、帕金森、脑卒中、老年痴呆（阿尔兹海默症）、预防跌倒等方面帮助作用。（2）考虑到老年群体实际需求，研发转化生产出纯生物制剂的“妆—消—械”字号外用产品（“妆”字号产品针对老年群体肌肤特性日常保养修复需求，“消”字号产品针对老年群体日常护理需求、“械”字号产品，如液体敷料针对失能半失能及长期卧床老年群体皮肤干裂瘙痒、皮肤破损、压疮、褥疮等需求），解决老年群体相关需求，让老年群体更好地享受幸福晚年。（3）与其他机构合作发展细胞生物制药、以细胞生物为特色的健康产业园区、医院、康复中心、护理院、康养社区、健康管理等。

四、地产—健康产业为扩展

案例1　金地集团——健康产业

金地集团1988年年初创于中国深圳，2001年在上交所上市（600383.SH），历经数十年的探索和实践，现已发展成为一家以房地产开发为主营业务、相关多元业务全面发展的综合型上市公司。业务涵盖房地产开发、商用地产及产业园镇开发运营、房地产金融、物业服务、体育产业运营、家装产业、代建产业、教育产业等。业务面向海内外，覆盖中国260余座大中城市和美国东西海岸的8个不同城市和地区。截至2021年上半年，金地集团总资产约4421亿元人民币，归属于股东净资产约558亿元人民币。

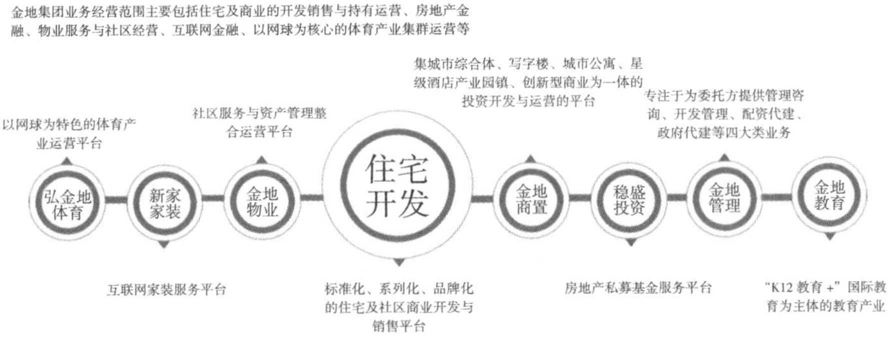

图4-9　金地集团业务范围

图片来源：金地健康提供。

2018年，金地美国首次布局养老，联合美国第二大资产管理机构阿波罗资产管理公司（Apollo Global Management）从HCP（全美第3大养老地产REIT）手中收购22个养老地产资产包并介入运营。该资产包包含Independent Living (IL)、Assisted Living (AL)、Memory Care (MC)和Skilled Nursing Facilities (SNF)全部四个养老地产业态。合计单元数2781个，其中IL和AL业态套数占资产包比重较大（约90%套数）。

2019年，金地集团正式布局康养产业，成立深圳金地健康产业有限公司，是金地（集团）旗下专业从事医养健康产业开发、管理和运营的全资子公司。聚焦养老及医疗业务，努力构筑全龄段、全生命周期的健康管理生态闭环。

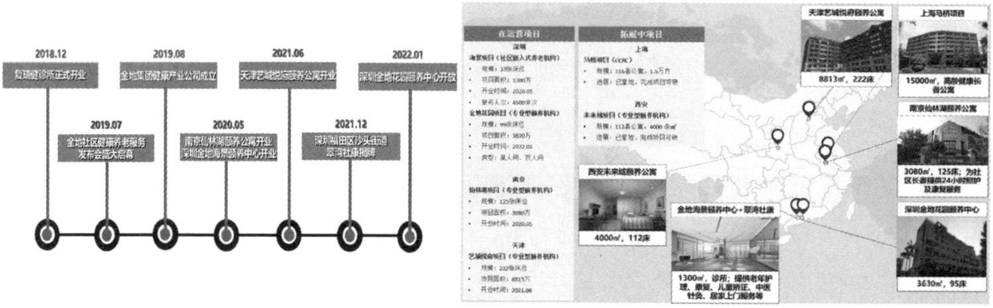

图4-10 金地健康发展时间轴/覆盖城市

图片来源：金地健康提供。

经过大量的机构调研及客户访谈发现，在传统的养老类服务机构中，长者的生活作息规划常常服从机构的统一安排，长者的自主权有限。金地健康努力让养老产品回归其本真使命，在服务项目中让长者有“自己的生活”，感受如家般的自由、舒适和便捷。

目前金地旗下养老业务形成了综合型养老社区、专业型颐养机构、居家型养老服务三大产品线。现在深圳、南京、天津、上海、西安等多地已有连锁运营项目。

案例2 华润悦年华——普惠养老

华润置地自2017年切入养老产业，通过对标、学习，优选在片区排名前3～5的国内外行业标杆企业及项目，收集内地、中国香港、中国台湾地区以及日本、美国、加拿大等近 10 年的成功与失败的案例；通过参访、调研、深度合作等方式，充分研究各企业 / 项目的生长、生存、竞争情况，了解城市政策、老龄化、消费能力等核心指标对于当地养老产业的影响；通过减法思维，确定城市投资量级、等级，梳理业务、产品模型，聚焦刚需产品供应、康复医疗技术、康养人才培育，建立华润置地悦年华项目库、产品标准库及投资标准化，最终形成城市级康养机构、CCRC 终端产品面市。

2018 年 11 月，华润置地—悦年华成为国家发改委社会发展司首批城企联动、普惠养老的试点单位之一。分别在深圳、广州、南宁、北京、长沙、武汉等地落子普惠型品质养老项目，床位数达到 8600 张。其中在广州、南宁两个城市完成第一批“百城百企、普惠养老”专项行动的项目落地，通过国家中央预算内投资与政策支持、引导，城市政府系统规划养老服务体系及提供土地、规划、融资、财税、消防等全方位政策支持包，实现普惠养老项目高效落地，通过提供前期资金补助，保障城市养老服务供给。

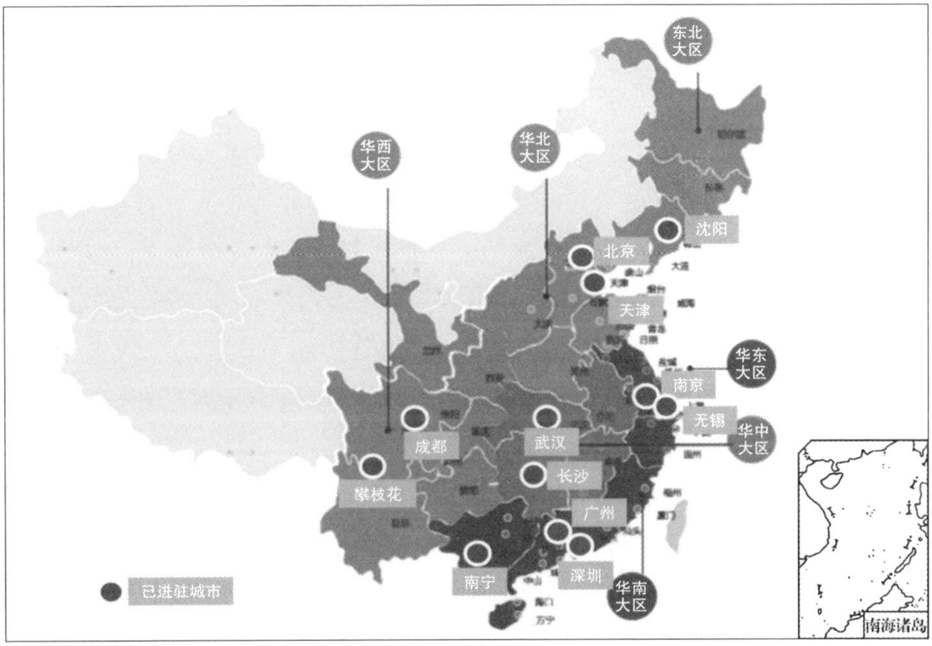

图 4-11　华润置地—悦年华全国布局图（12 个城市）

图片来源：悦年华公众号。

目前华润置地康养业务团队牵头起草规范各项标准。此外，华润置地根据国家《养老机构等级划分与评定》(国家市场监督管理总局、国家标准化管理委员会)、CARF(国际康复质量认证委员会)、HKQAA/ RACAS(香港安养院舍认证计划(香港品质保证局、香港老年学会)作为各项目中护理院、康复医院的标准化手段，在每个项目开展前介入并进行指导，通过一线实践及持续升级，打造华润置地运营标准化及认证体系。目前悦年华主要服务中高净值客户，为其提供从健康活力老人的 CCRC(持续照料退休社区)，到半失能、失能失智阶段的专业照护的全年龄段、全身体状况、全业态的服务；同时兼顾社会公益性的要求，承接部分“失能失智”的托底刚需服务。

五、金融保险为发展

案例：根据关于大型保险公司投资养老的调查资料，自 2007 年起，国内保险公司通过重资产、轻资产等不同方式开始介入养老社区这一领域，其投资建设养老社区的进程，大致经历了三个发展阶段。

借鉴探索阶段(2007 年 3 月至 2012 年 5 月)；建设起步阶段(2012 年 6 月至 2015 年 5 月)；加快布局阶段(2015 年 6 月至今)。

目前包括中国平安、中国人寿、中国太保、新华保险、泰康人寿、中国太平、阳光人寿、合众人寿、前海人寿、恒大人寿、君康人寿、仁和人寿等 10 多家险企已经介入养老社区或宣布投资养老社区，已投入金额与计划投入金额合计超过千亿元。其中，中国平安、中国太平、泰康保险这三家大型险企在养老社区领域的投资额就超过 410 亿元。

但各险企布局养老社区策略各异，具体分析如下。

(1)泰康聚焦产业整合。泰康于 2009 年在保险业率先获批进行养老社区试点。此后，泰康将“重资产投资”与“轻资产服务”相结合，大力推动医养结合的泰康养老社区模式，目前已经发展成为国内知名的高品质连锁养老机构。

泰康旗下专注养老康复实体建设运营的专业品牌是“泰康之家”。泰康之家投资建设的养老社区是一种高品质、综合性医养社区。

保险、医疗、养老高度关联，产业发展具有协同性。据此，泰康将“保险+医养”作为核心战略，以“养老+保险+医疗”的商业模式推进产业扩张。

在推动养老与保险融合方面，2012 年 4 月，泰康人寿针对养老社区的运营特征，推出国内第一款保险与养老社区相结合的“幸福有约”综合养老计划，为客户提供涵盖养老财务规划和养老生活安排的一揽子解决方案。在推动养老和医疗融合方面，在养老社区规划建设过程中，泰康建立了以康复和老年医疗为核心的社区医疗体系。为了使保险和医养有机结合，泰康还将满足客户的保险、医疗、养老需求形成了一个闭环，即投保泰康人寿健康险、养老险的客户在生病时可以到泰康投资运营的医院去看病，达到一定年龄和条件后可以到泰康投资运营的养老社区去养老，一切都围绕客户的健康和财富管理来展开，在真正意义上实现保险机构的人文关怀，有效延伸产业价值链。

（2）合众人寿国内外联动。合众人寿是国内最早介入养老产业的保险公司之一。2011 年，合众人寿提出“两个千亿”计划，全面进军养老及相关产业，启动构建全国连锁养老社区的整体战略。2012 年，合众“优年生活”养老品牌创立，并在武汉、沈阳、南宁、合肥、济南、北京、上海、青岛、苏州等多地布局。2013 年 9 月，合众优年生活武汉社区正式开放，成为国内第一家落地运营、由保险资金投资兴建的养老社区，而且率先实现保险产品与养老服务的灵活对接。2016 年 9 月，成立南宁养老运营管理服务有限公司。2017 年，合众优年生活沈阳社区和南宁社区正式运营。

合众人寿在养老社区方面的投资策略是“轻重资产相结合、海内外相结合”。一方面，以重资产方式投资建设大型养老社区。在武汉、南宁、沈阳三地养老社区投入运营的基础上，今后 10 年将投资建设 26 个养老社区。另一方面，以股权投资的轻资产模式收购国外养老社区或机构。2015—2016 年，集中在美国 10 多个州收购了 39 家养老护理社区。截至 2016 年年初，已在国内收购 7 家养老院，在国外收购 56 家养老社区，是国内以轻资产模式收购养老机构最多的保险公司。

（3）平安选择“租赁 + 出售”模式。2012 年 9 月，中国平安首个“养生养老综合服务社区”落地浙江省桐乡市。“养生养老综合服务社区”项目由平安不动产公司负责，选择的盈利模式是“租赁 + 出售”。项目共包括会员型养老公寓、产权型亲情社区、度假休闲等三大类产品线，是集生活、疗养、田园、休闲为一体的全龄化全配套养生养老社区。其中会员型养老公寓建筑面积 30 万平方米，由平安不动产自持经营，只租不售。

为了将打造养老养生综合服务平台的目标落到实处，平安凭借自身独特优势推出三大创新。一是打造“全龄化”养老，通过会员型养老公寓结合产权型亲子养老产品，依托于全配套的设施、错落有致的功能建设和完善的社区服务，让老年人和子女生活在同一个社区，各取所需，共享天伦之乐。二是提供全配套服务，包括健康服务、护理服务、医疗服务、膳食服务、康娱服务、管家服务等八大服务模块。三是力推“一站式”养老，在整个社区中配置自理型养老公寓、非护理型养老公寓、半护理型养老公寓一站式的养老模式，让老年人在不同的年龄段都能安享天年，不用到处“迁徙”。

在投资养老社区过程中，从前期开发到后续管理，都涉及护理、物业等方面，在这方面中国平安并未采取单兵策略，而是引入瑞金医院、三星生命保险株式会社等第三方服务机构展开合作，共同构筑养老社区产业链。

（4）中国人寿突出度假式养老。近年来，中国人寿明确提出“大资管、大健康、大养老”的发展战略，将养老养生业务提高到战略高度，把健康医疗产业投资、健康养老服务和保险结合起来，推动建立基于满足客户健康养老需求的综合服务体系。所谓的“大养老”战略，就是依托中国人寿保险金融主业的资源优势，以满足老年人的需求为投资导向，布局养老养生相关产业，提供多方位专业服务，打造养老产业集群，形成内生外延、循环发展的养老生态系统。

国寿嘉园是中国人寿打造的养老社区专业品牌。在实际运作中，国寿嘉园项目结合中医理念及现代养生科技，努力构建一套全方位健康生活方式。

中国人寿养老社区的战略布局总体上可以概括为“三点一线，四季常青”，即聚焦北京、天津、苏州、深圳、三亚等城市，为老年人提供夏住苏州、秋住京津、冬住三亚的度假式养老养生生活方式。

中国人寿—国寿嘉园项目：①乐境（天津空港区），②雅境（苏州工业园区阳澄湖半岛），③逸境（海南三亚海棠湾），④福保社区颐康之家（深圳福田保税区），⑤乐城馨苑康养中心（海南琼海市博鳌），⑥锦瑭养老项目体验中心（成都市温江区）。

（5）中国太平轻重并举。太平人寿自2014年起开始积极探索养老产业与保险业务的互动模式，结合客户对高品质养老的需求，推出与之匹配的养老保险产品，同期规划建设太平梧桐人家国际健康颐养社区，建立了“保险业务+养老社区”的新服务模式。

太平人寿在“重资产”太平梧桐人家国际颐养社区项目的基础上，又引入“轻资产”模式，携手第三方养老社区，面向公司客户提供多元化养老服务体验，先后与上海新东苑·快乐家园养老社区、七彩云南·古滇名城养老社区建立了合作关系。

目前，中国太平正在通过“轻重并举”的方式，加速扩展全国养老社区的布局。“重资产”将延续梧桐人家的模式，逐步形成“东南西北中”全国性战略布局；“轻资产”则与新东苑·快乐家园、七彩云南·古滇名城的运作模式相似，从客户需求出发，甄选出优质的第三方养老社区进入太平人寿养老服务体系，逐步搭建起全国的网络式布局。

（6）太平洋人寿—太保家园。中国太平洋保险在全国重点城市打造了“太保家园”系列高品质养老项目，为不断增长的养老需求提供幸福家庭的高品质养老解决方案。“太保家园”定位于高端城效型+度假型+城市型养老社区，打造了三大产品线：高龄康养、中龄颐养、低龄乐养。拥有以下项目。①成都国际颐养社区；②大理颐老院国际乐养社区（2019年12月动工）；③杭州国际颐养社区（2019年11月动工）；④厦门国际颐养社区（2020年2月集美区拿地），南京、武汉、青岛、北京等地推进中。

（7）招商仁和—仁和颐家。门槛：承保总保费≥200万（累计不超过5单），获得养老社区名额1个。招商仁和人寿成立于2017年6月30日。2019年初，与招商蛇口合资成立招商仁和养老投资股份有限公司。招商仁和人寿2019年全年保费收入104.83亿元，同比增长406%，同期净利润为—4.9亿元，自2017年开业以来，累计亏损额超10亿元。

（8）光大汇晨养老。北京光大汇晨养老服务有限公司成立于2007年，分机构养老、社区养老和候鸟式养老三大运营板块。

截至2021年，旗下养老公寓27家，养老驿站3家和护理院2家，总管理经营床位超过13000张。在北京服务机构多达11家。

（9）阳光人寿—广州和丰。阳光保险通过旗下公司广州市和丰实业投资有限公司，打造凤凰山颐乐养生文化村，选址从化市江浦街，该项目自2013年起连续多年被纳入广州市重点建设项目。

六、养老培训教育为辅助

案例　深圳健康养老学院——新型事业单位

成立于2018年，是由深圳职业技术学院举办，与深圳市民政局共建，在深圳市编办注册的独立法人新型事业单位，是全国首家由地方高校与民政部门合作共建的专业养老人才学院。主要承担着深圳养老服务人才培养、养老服务政策与产业研究、养老行业与国际交流的重要职责。入选深圳市决咨委先行示范区专家库、深圳市智库联盟、广东省社科联省级智库平台，先后被授予深圳市养老服务人才培养基地、广东省“南粤家政”养老护理人才培养基地等。

图 4-12　挂牌仪式

图 4-13　养老专业开班

图 4-14　乐龄伙伴

图片来源：深圳健康养老学院公众号。

学院成立以来，致力于服务深圳健康养老事业产业发展，为政府、企业提供决策咨询与人才培训服务，引领行业发展。成为深圳养老服务人才培养基地，累计培训养老服务人才 30973 人，主导深圳市养老护理职业技能认证标准建设，开发养老护理技能培训系列教材，打造了“乐龄伙伴”中国养老创新家、“家庭护老者”能力提升与关爱计划两个培训品牌。成为省级健康养老研究智库，服务深圳 8 个部委办局，为政府提供决策咨询服务，主持深圳养老领域重要政策文件的研究与起草工作，为平安、深业、深高速等大型企业、上市公司提供产业咨询服务。

七、智慧养老为助力

案例　派博生命科技——自主研发

2020 年成立深圳派博总部，形成了完善的智能硬件开发闭环及先进的数据化管理信息生态平台。同时是广东省养老服务业协会常务副会长单位以及深圳市养老服务业协会副会长单位；2021 年荣获“2021 中国智慧养老十大品牌”；2021 年荣获“第三届智慧健康养老创新创业大赛服务组十强”。派博生命科技（深圳）有限公司专注于智慧残养、智慧医养、智慧养老，为机构、社区、居家等养老服务业，提供“医、护、康、养、食、药、精神慰藉”七大养老服务需求模块解决方案。从安全、舒适的需求出发，率先提出“一床一护一价”的服务体系，助力打造标签化养老服务品牌，实现多维度、全方位的标准化养老服务体系。

派博生命科技拥有专业的开发技术团队并在湖南自设工厂，同时拥有多项产品专利。截至目前，派博自研自产四大品类智能硬件（含医疗级监测设备）以及三套智慧健康服务系统（含机构养老、社区居家养老等服务系统），并组成了智慧“4+3”服务项目，实现智慧养老软硬件一体化。已申请了 14 项专利（54 项进行中）。软硬件的一体化有效解决了 7 大核心 +36 大养老服务场景痛点，如老人跌倒监测、定位防走失、健康管理、夜间看护、慢病监测、居家健康监测、居家安全监测、适老化改造等，满足机构养老、社区养老、居家养老等养老服务的真实需求。

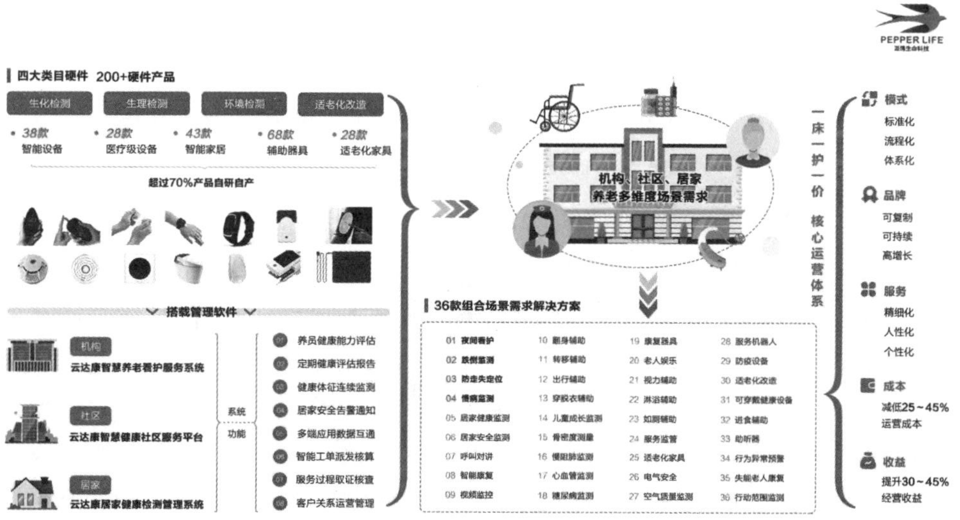

图 4–15　派博生命科技智慧化全场景解决方案

图片来源：派博公司提供。

目前派博生命科技合作客户遍布珠三角地区、长三角地区、湖南省、江西省等地区，其中包括华润集团、万科集团、深业集团、任达养老、蓝天湖福泰源养老、龙岗区民政夕阳红养老中心、澳洋集团、南阳市民政局等。

第四节　养老产业的发展与挑战

健康是保障老年人独立自主和参与社会的基础，推进健康老龄化是积极应对人口老龄化的长久之计。党的十九大作出实施健康中国战略的重大决策部署，党的十九届五中全会明确提出实施积极应对人口老龄化国家战略，促进健康老龄化是协同推进两个国家战略的必然要求。2021 年 10 月 13 日，习近平总书记对老龄工作作出重要指示，要求“把积极老龄观、健康老龄化理念融入经济社会发展全过程”，“加快健全社会保障体系、养老服务体系、健康支撑体系”。2021 年 10 月 14 日，全国老龄工作会议召开，对推动老龄事业和产业高质量发展作出全面部署。2021 年 11 月 18 日，《中共中央 国务院关于加强新时代老龄工作的意见》印发。2021 年 12 月 30 日，国务院印发《“十四五”国家老龄事业发展和养老服务体系规划》。上述重要指导性文件都对推进健康老龄化工作提出了具体要求。“十四五”时期是我国全面建设社会主义现代化国家新征程的第一个五年，也是积极应对人口老龄化的重要窗口期，促进健康老龄化将进入新发展阶段。为贯彻落实中央关于老龄工作的决策部署，协同推进健康中国战略和积极应对人口老龄化国家战略，不断满足老年人健康需求，稳步提升老年人健康水平，根据《中华人民共和国国民经济和社会发展第十四个五年规划和 2035 年远景目标纲要》《中共中央 国务院关于加强新时代老龄工作的意见》《国家积极应对人口老龄化中长期规划》《“健康中国 2030”规划纲要》《健康中国行动（2019—2030 年）》，国家卫健委于 2022 年 2 月 7 日发布了《“十四五”健康老龄化规划》。

“十四五”时期老龄带给我们一系列挑战。我国是世界上老年人口规模最大的国家，也是世界上老龄化速度最快的国家之一。“十四五”时期，我国人口老龄化程度将进一步加深，进入中度老龄化社会。老年人健康状况不容乐观，增龄伴随的认知、运动、感官功能下降以及营养、心理等健康问题日益突出，78%以上的老年人至少患有一种以上慢性病，失能老年人数量将持续增加。相比老年人的健康需求，与健康老龄化相关的机构、队伍、服务和政策支持不足。老年健康促进专业机构缺乏，老年期重点疾病防控力量薄弱。老年医疗卫生机构发展不充分，康复医院、护理院、安宁疗护中心数量严重不足，存在较大的城乡、区域差距；医疗卫生机构的老年友善程度不高，老年人就医体验有待改善；老年医学及相关学科发展滞后，老年综合评估、老年综合征管理和多学科诊疗等老年健康服务基础薄弱；老年健康服务人员尤其是基层人员缺乏，老年人居家医疗以及失能老年人照护服务能力亟待加强；医养结合服务供给不足，居家、社区医养结合发展不充分；老年健康保障机制尚不完善，稳定的长期照护费用支付机制尚未全面建立。

表 4-2　2015—2021 年前 4 月全国医疗卫生机构数量分布

单位：个

医疗机构名称	2015 年	2016 年	2017 年	2018 年	2019 年	2020 年	2021 年
总计	983 528	983 394	986 649	997 434	100 7545	1 022 922	1 027 567
医院	27 587	29 140	31 056	33 009	34 354	35 394	35 542
基层医疗卫生机构	920 770	926 518	933 024	943 639	954 390	970 036	974 579
专业公共卫生机构	31 927	24 866	19 896	18 034	15 924	14 492	14 382
其他机构	3244	2870	2673	2752	2877	3000	3064

注：2021 年最新数据为 1～4 月累计值。　数据来源：国家卫生健康委员会。

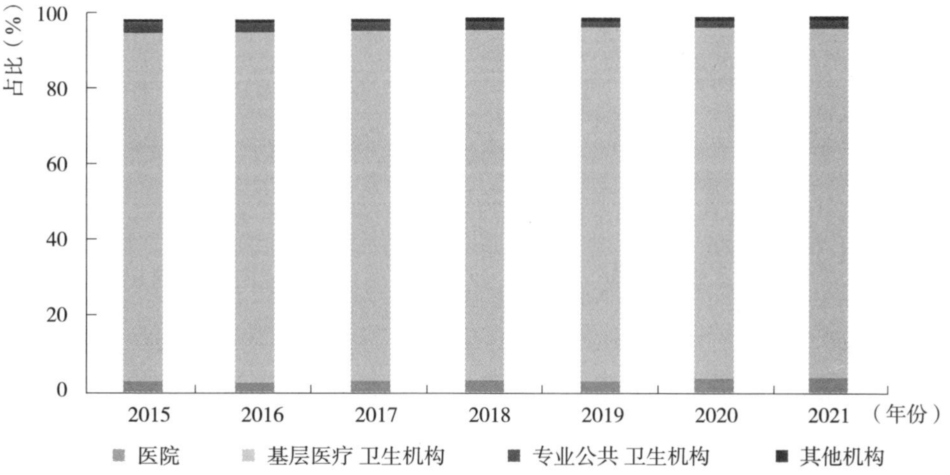

图 4-16　2015—2021 年前 4 月全国医疗卫生机构分类型数量分布

注：2021 年最新数据为 1～4 月累计值。　数据来源：国家卫健委、国家统计局。

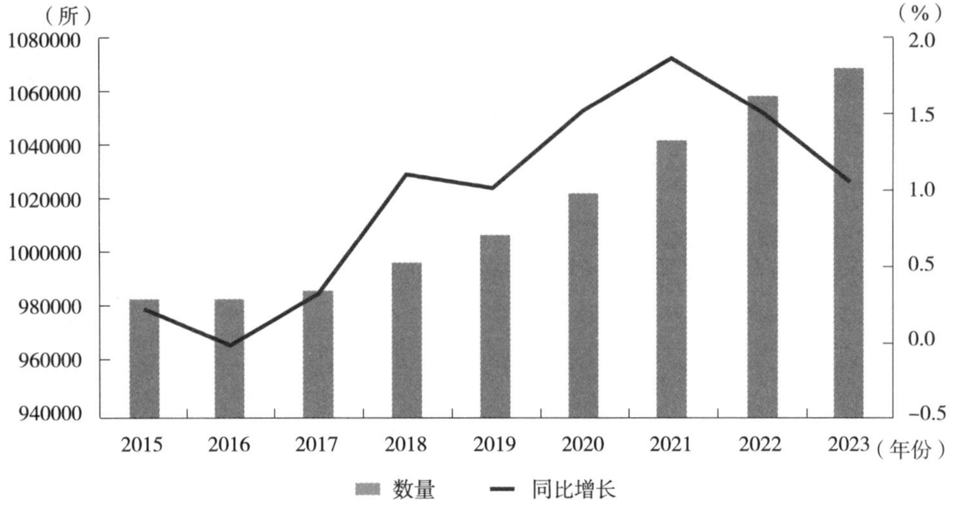

图 4–17　2021—2023 年全国医疗卫生机构数量预测

数据来源：中经网预测。

“十四五”时期的老龄化也有一定的发展机遇。“十四五”时期，低龄老年人比重增加，老年人受教育水平提高，健康需求日益旺盛，健康产品和服务消费能力不断增强。党的十九届五中全会作出实施积极应对人口老龄化国家战略的重大部署，为实现健康老龄化提供了根本遵循和行动指南。我国转向高质量发展阶段，经济实力显著增强，为实现健康老龄化提供了一定的物质基础。国家把保障人民健康放在优先发展的战略位置，深入实施健康中国行动，为实现健康老龄化提供了有利发展环境。我国促进健康老龄化的制度安排不断完善，医药卫生体制改革持续深入推进，疾控体系改革不断深化，医疗卫生领域科技创新能力持续增强，人工智能应用日益深入，互联网等信息技术快速发展，持续推动健康老龄化具备多方面优势和条件。

发展养老产业是应对人口老龄化挑战的重要战略之一，具有改善社会福利和促进经济增长的双重意义。在中国，政府推动养老产业发展至少有两个相互关联但又不完全相同的角度。联合国社会经济发展组织 2007 年发表了《世界人口老龄化白皮书》，书中提出了四大结论，其中之一便是“少子老龄化的趋势至少在 21 世纪内不易逆转”，所以，养老产业在相当长的时期内只会是朝阳产业，不会进入衰退期。

市场规模的决定因素，除了人口的规模，还有收入水平和消费倾向，这与整体经济的趋势有关。根据国务院发展研究中心宏观经济研究部的预测，中国的经济发展局面尽管进入了“新常态”，但未来 10 年平均增速仍将达到 6.2%。2021 年我国经济规模突破 110 万亿元，人均 GDP 突破 8 万元，超世界平均水平。到 2024 年，人均 GDP 将上升至 12 万元人民币左右。另外，根据世界各国经济的发展经验和世界银行等预测，此后中国经济增速将会持续减缓，但在很长的时期内仍将保持 3% 左右。这种长期增长的经济大趋势，与老年人持续增加的人口大趋势结合，为养老产业发展提供了巨大的空间。未来中国老年消费市场的增量除了北上广之外，还将来自广大的二、三线城市，尤其是属于发展型和享受型消费的老年人，由于拥有良好的经济基础，他们的标准消费系数将与美国、日本等发达国家老年人相似，高于而非低于劳动年龄人口。在供给侧改善的基础上，他们的消费欲望易于被激发，是今后老年消费市场的主力军。中国经济水平发展不平衡，农村与城市，东部与西部，沿海与内地经济发展水平差距大。导致各地区的社会化养老需求不同。势必需要建设高中低不同档次的养老机构和提供满足不同层次人群的养老服务。2017 年全国居民恩格尔系数为 29.3%，进入了联合国划分的 20%～30% 的富足区间。服务消费占比不断，教育文化娱乐、医疗保健支出在消费支出比重分别为 11.4% 和 7.9%。比上年分别提高了 0.2 个百分点和 0.3 个百分点。消费升级类产品的销售增长较快，通信器材，体育娱乐用品和化妆品商品分别增长 11.7%、15.6% 和 13.5%。随着中国经济进一步发展和居民生活水平的提高，可以预测：中国居民的恩格尔系数还将不断下降。该理论最大的特点是针对人的需求做出了层次划分，对个体需求进行了分析。不同的消费群体具有不同的需求，因此建设不同类型的养老机构提供不同消费层次的养老服务非常必要，也为养老机构的差异化发展提供了方向。

根据国家社科基金项目“养老消费与养老产业发展研究”的中位预测，到 2050 年将分别达到 48.52 万亿元和 21.95 万亿元。从市场份额来看，届时老年消费需求约占整体消费市场的 29%，养老产业约占整体经济的 13.5%，成为不可或缺的支柱产业。从增长速度来看，与整体经济增长速度减缓的趋势不同，老年市场规模年均增长率可达 9.74%，而养老产业更是高达 11.48%，是名副其实的朝阳产业。

在市场经济条件下，养老产业与其他产业一样，其兴衰主要依靠内在动力和市场机制，老年消费需求是根本条件，利益是主要动力，企业是供给主体。但是，政府行为对产业的形成和发展具有强大的影响力，尤其是在中国，政府具有的强制力可在全社会调剂资源，国家陆续出台了很多支持性利好政策，对养老产业的发展具有深远的积极推动意义。

随着老年人口持续增加，国民养老保险公司的成立以及长期护理险的推动，预计未来养老产业发展会出现以下几点趋势：

（1）机构养老类型和服务会越来越细分、越来越专注；

（2）居家养老服务进入快车道，会得到长足发展；

（3）养老用品辅具市场前景广阔；

（4）养老地产领域服务内容决定成败；

（5）养老金融保险市场是投资风口；

（6）养老文化教育未来可期。

养老产业是一个长周期并可长期持续发展的产业，希望读者朋友们在内卷环境下抓住养老这个难得的机会！

参考文献

[1] 费步克大健康研究中心 . 中国养老产业政策大全 [M]. 北京：中国劳动社会保障出版社，2018.

[2] 张晶，陈茗，赵云午等 .80 后的养老事业 3.0[M]. 北京：中国经济出版社，2017.

[3] 董克用，姚余栋 . 养老金融蓝皮书：中国养老金融发展报告 2021[M]. 北京：社会科学文献出版社，2021.

[4] 中国康复辅助器具协会 . 中国康复辅助器具产业发展蓝皮书 2021[M]. 北京：中国社会出版社，2021.

[5] 杨立雄，赵云午等 . 北京市老龄产业发展研究报告 [R]. 北京市老龄产业协会 2015（9）.

[6] 倪赤丹，王春安，赵云午等 . 深圳市养老服务现状及对策研究报告 [R]. 深圳市发展和改革委员会 2018（5）.

[7] 刘妮娜 . 中国农村互助养老研究报告 [R]. 中国老龄协会 2021（11）.

备注：文中案例由案例所在公司提供或公开信息。

执笔作者简介

赵云午（1980）

深圳市合一康生物科技股份有限公司执行总经理

九三学社社员

加拿大魁北克大学项目管理硕士

中国健康养老职业教育集团副秘书长

中国老龄产业协会标准化与评价委员会智库专家

国家标准化管理委员会（SAC\TC148）技术委员会委员

北京社会管理职业学院（民政部培训中心）专家顾问

广东省老龄产业协会智库专家

八零养老平台深圳合伙人

深圳市养老服务业协会副会长

前海君午投资咨询（深圳）有限公司执行董事

从业经历：18年以上健康产业工作经验，课题研究4项、参编书籍4部、标准起草若干项（国家标准4项、行业标准6项、团体标准7项、地方标准2项）。曾就职于民政部国家康复辅具研究中心、北京社会职业管理学院（民政部培训中心）、艾格美国际康复器具、李唐资本、深圳万虹大健康、广东浩能健康产业。

第五章 “养老+”跨界探索

第一节 养老+地产之养老项目的开发流程、关键点及核心理念*

2013年是中国养老产业化发展的元年。在此之前更多是政府作为养老政策的制定者、执行者和服务的供给者，从土地划拨、物业建造到后期运营都由政府负责。服务的主体人群是三无人员、残障人士及特困人员等社会弱势群体，注重社会效应，突显的是养老的公益属性和福利属性，所以我们称之为养老事业。这个阶段的养老服务设施就是大家耳熟能详的：养老院、敬老院、幸福院、荣军院，福利中心等。从2014年开始，从中央到地方各种养老政策密集发布，政府引导养老向产业化发展的信号越发明显。政府已经开始从养老服务供给的主体逐渐退出，职能向政策的制定者、产业的引导者和市场的管理者转换。以市场为导向的养老服务设施不断创新发展：CCRC、AAC、养护中心、护理中心、老年住区、老年公寓、养老综合体、两代居、全龄社区等为满足市场不同需求的产品在全国各地雨后春笋般的发展起来。毋庸置疑，随着中国人口结构和消费主体的改变，未来的养老产业会成为国民经济支柱性产业。以地产和险资为代表的企业雄心勃勃纷纷涉足养老，从项目投资、开发到后期的运营管理，覆盖产业链多个重要环节。但总体来看，现有市场上已经投入运营的养老项目中，被行业普遍认可并具有代表性的成功案例确实凤毛麟角。归结原因，除顶层设计的错位、政策法规的缺失、市场认知的程度、思想观念的差异等诸多外部宏观因素的影响之外，笔者认为更多是涉老企业甚至行业还没有形成一套较为系统的、科学的、完善的养老项目开发体系。本节我们将围绕养老项目的开发这一主题，简述项目开发中

---

* 本节由享爱（北京）国际养老有限公司创始人张纯宇执笔。

的关键点和探讨各个模块之间关联性。初探以运营管理和服务为核心的开发理念并提出“齿轮生态”合作机制，试图寻找一种新的方向和路径来减少各个模块由于信息不对称、方法不统筹、诉求不一致而引起的损耗和低效，用跨界整合的思维方式统一协调开发流程和关键要素，以期为养老项目的投资方和开发方提供最优化的整体策划解决方案和实现项目开发效益的最大化。

本节所探讨的养老项目的开发是以养老产业化发展为前提条件的，是在政府主导下的市场运作模式，而不是政府包办的发展模式。养老产业特点是以市场需求为导向，具有可营利性和可持续发展性。在2020年，国家为进一步科学定义养老产业的统计范围，准确反映养老产业发展状况，将养老产业定义为：是以保障和改善老年人生活、健康、安全以及参与社会发展，实现老有所养、老有所医、老有所为、老有所学、老有所乐、老有所安等为目的，为社会公众提供各种养老及相关产品（货物和服务）的生产活动集合，包括专门为养老或老年人提供产品的活动，以及适合老年人的养老用品和相关产品制造活动。本分类将养老产业范围确定为：养老照护服务，老年医疗卫生服务，老年健康促进与社会参与，老年社会保障，养老教育培训和人力资源服务，养老金融服务，养老科技和智慧养老服务，养老公共管理，其他养老服务，老年用品及相关产品制造，老年用品及相关产品销售和租赁，养老设施建设等12个大类。笔者所探讨的是从狭义的角度对其定义，是指老年人的养老照料服务和老年医疗卫生服务涉及生活照料、餐饮服务、医疗卫生、康复护理、精神慰藉等的服务行业。本节所探讨养老项目的开发是指：可以满足老年人集中居住、生活照料、康复护理、精神慰藉、文化娱乐、养生休闲等综合性养老服务需求的养老服务设施和住宅。例如，养老社区、养老公寓、护理院、养护院及养老综合体等类型物业。无论是哪种服务设施或住宅类型，最终服务的目标客户是老年人。

根据马斯洛的需求理论，我们梳理和归纳出其在老年人群体中的应用（图5-1），精神与价值才是人类最终的追求目标。所以一个养老项目的成功与否判断的依据不能单单只看硬件水平的高低，更重要的是能否提供高质量、高水准的运营管理和服务，满足老年群体精神、文化和自我价值实现的需求。由于现阶段国内的养老项目大都是以投资商或是开发商为主导，重视硬件轻视软件的现象较为普遍，项目策划阶段也鲜有运营商参与。硬件建设完成后，才会开始考虑后期的运营管理。但事实上当运营方介入时，前期隐性问题会集中爆发。有些“非”致命伤还可以通过后期的调整，比如像服务动线设计不合理，导致的结果就是增加了不必要的人力成本和降低了管理效率。但有些项目的“硬伤”是无法治愈，比如选址问题和定位错误，市场上这种失败案例并不少见。

图 5-1　马斯洛需求层次理论在老年人群体中的应用

下面我们梳理一下养老项目开发的基本流程和主要的关键点。

一、顶层设计

明确自身定位，也就是“我是谁”的问题。到底是投资商、开发商还是运营商？ 投资商很容易理解，像政府、产业基金、地产商、险资、独立投资人等。开发商主要负责土地、建造和施工等。而养老机构运营商算是“舶来品”，行业上较为认同的概念是：拥有成熟的运营管理体系和专业的管理团队，以轻资产和劳动密集型为特点，能为养老机构提供从策划、开业筹备和后期运营管理服务的企业组织。由于现阶段国内尚未出现专业的养老机构运营商，所以国内很多涉老企业即投资、开发，还负责后期的运营管理，多重角色重叠。这种自身定位不清、职责不明将会给企业未来的发展带来不利影响，也不利于养老产业的健康发展。而欧美国家的养老项目开发是有经验可以借鉴的，就是在项目开发之前就有了“三方合作机制”（图 5-2），投资商、开

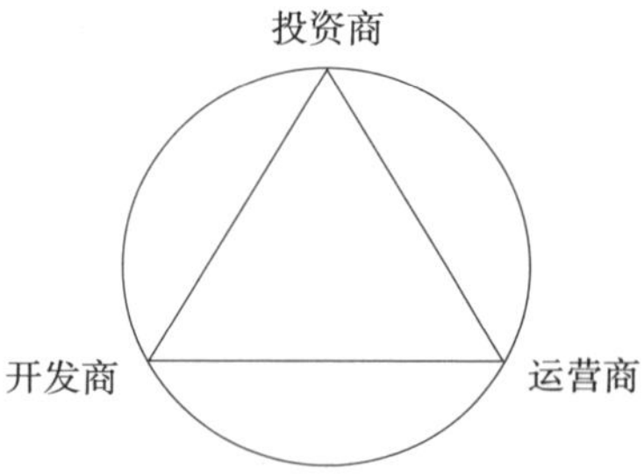

图 5-2　三方会谈合作机制

发商和运营商分工明确，各司其职，优势互补，发挥各自的专业性形成多方共赢的合作机制。随着我国养老产业的不断发展，行业细分和专业分工将更加明确。

二、市场调研分析报告

市场调研为项目定位提供决策依据。这部分主要包含宏观环境研究、养老市场研究、项目本体研究和养老政策研究四个部分。项目所在城市的宏观环境研究主要包含城市的区位、地位、经济、发展规划以及气候等要素研究，交通便利、经济发达、气候适宜等都是项目选址的关键点，综合以上因素可以判断一个城市的宏观环境优劣。养老市场研究主要包含项目地的养老市场需求和养老市场供给研究，市场需求与市场供给的现状，直接关系到项目的准入和定位。如某城市养老市场需求旺盛、养老市场供给也很充足，但却存在市场需求和供给错位的情况，高端、低端项目供给过剩，中端项目缺乏，这种市场现状表明市场进入还有空间，但要求投资者慎重考虑项目的品质和价格定位。项目本体研究涉及项目区位、交通、医疗配套、周边自然环境、项目地块或项目现有建筑的条件等，而这些因素都直接关系到项目本身所具有的优劣势，只有通过科学的论证，才能在项目定位时扬长避短。养老政策研究主要了解国家以及地方的养老相关政策，可结合项目情况审时度势、因势利导、充分借助政策利好，如地块获取、物业租赁、政府补贴、税收减免等，而这些优惠政策如何在项目落地，都需要对政策有详尽的研究。例如，从2016年伊始，已经在全国部分地区开展的长期护理险政策，无疑对于养老项目的投资方、机构运营方都是重大的利好。但地方落地政策差异较大，主要体现在以下几个方面：（1）关于保障对象（长期失能的时间、重度失能的认定标准、待遇保障的对象范围）（2）关于护理内容（基本生活照料、医疗护理）（3）保障标准和支付方式（标准报销范围在70%～90%）。这种区域性的政策差异也给跨区域的养老投资方带来了挑战和极大的不确定性，这也是很多区域性的知名养老品牌一旦跨省市投资或经营就陷入困境的原因之一，所以市场调研的重要性不言而喻，了解政策的不同、市场的变化、竞品优劣势，客户的需求是投资养老项目的必做功课之一。

三、市场细分及项目定位

市场细分做差异，项目定位定生死。现阶段中国的养老投资环境极其复杂，面临着顶层设计不完善、市场培育不成熟、服务供需不平衡等诸多问题。很多投资方在被问及进入养老行业的原因都会不约而同地回答：情怀。没有情怀是做不好养老的，但仅靠情怀做养老也是不可持续的，毕竟做养老不等同于做慈善。所以能否在混沌的养老市场中找到精准的细分市场并提供满足目标客群养老服务需求的产品和服务，将决定项目的生死成败。因此在对项目进行充分的市场调研之后，如何为项目进行精准的定位成为整个策划方案中最重要的环节之一。我们对现行的养老项目定位内容做出归纳整理，把各种影响项目定位的因素有机地融合在一起进行分析，再简述养老项目的生命周期（图 5-3）、定位的工作内容、步骤和方法。

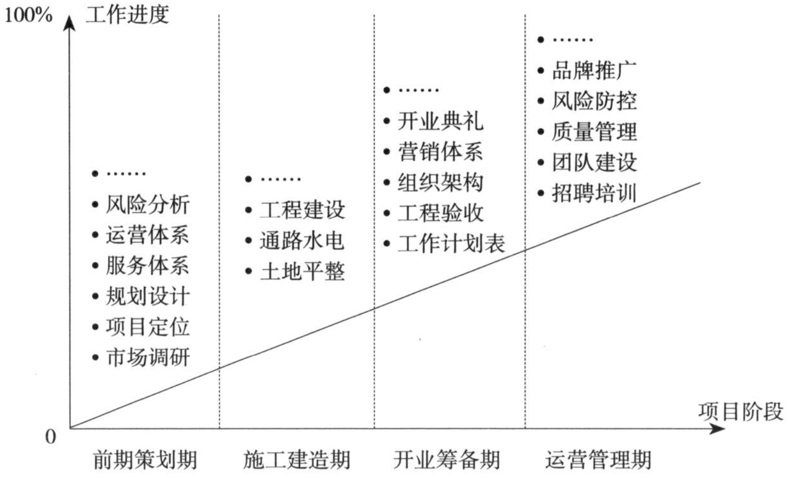

图 5-3　项目生命周期图

首先是要对项目所处区域的宏观环境进行分析，我们推荐采用的方式是 PEST 分析模型。由于行业属性和企业自身需求的不同，分析内容也会有所差异。政治（Political）、经济（Economic）、社会（Social）、技术（Technological）这四个外部宏观因素如何作用于养老项目，并确认其发展符合时代的需要。对于养老项目开发的企业而言，除了了解自身所处的环境外，还要对自身的优劣势有足够的认知，我们通常使用 SWOT 分析模型。通过这种系统的思维方式链接企业自身与外部环境，并深入研究出开发企业的优势（Strength）、劣势（Weakness）、机会（Opportunity）和威胁（Threat）。随着养老产业的迅速发展，市场的竞争不可避免。通过分析竞争对手的规模、配套、服务、产品、价格、业态、运营模式、商业模式和未来发展战略等，来进一步确定自身的市场机会和发展方向。综合思考以上因素后，再分析项目本体特征如区位、医疗配套、商业配套、交通条件、土地性质、拿地成本、建筑结构、规划要求等，为项目的市场定位打下坚实基础。下一环节则是对市场进行细分，就是目标客户的定位，也称之为客群定位。在项目定位中，客群定位是极为重要的环节，可谓失之毫厘，谬以千里。我们了解到的很多客户或者新进入养老行业的从业者的常见误区之一就是：老人的需求都一样，逻辑看似也有很有道理：不都是老人吗，有何不同？举个例子，我们暂时忽略老人的社会阶层、思想观念、支付能力、地域环境、家庭结构这些因素，单纯就从年龄这一个维度来解读，不同年龄阶段的老人的需求也存在差异（图 5-4）。另外一个常见的误区就是有些投资人从个人喜好、主观意愿、父母或亲戚的养老需求出发，盲目细分市场导致定位狭隘，以偏概全。其他的误区还有认为高端客户对于户型的选择应大多数是大户型，而市场的反馈是大户型的选择客户只是非常小的一部分。项目定位是整个策划的核心，从以上的阐述我们可以了解：项目的定位包含市场定位、客群定位、产品定位，各项定位之间相互影响、相互支撑，形成一套较为科学的定位模型。在项目定位之后，规划设计、服务及运营体系搭建也才可进一步深化。

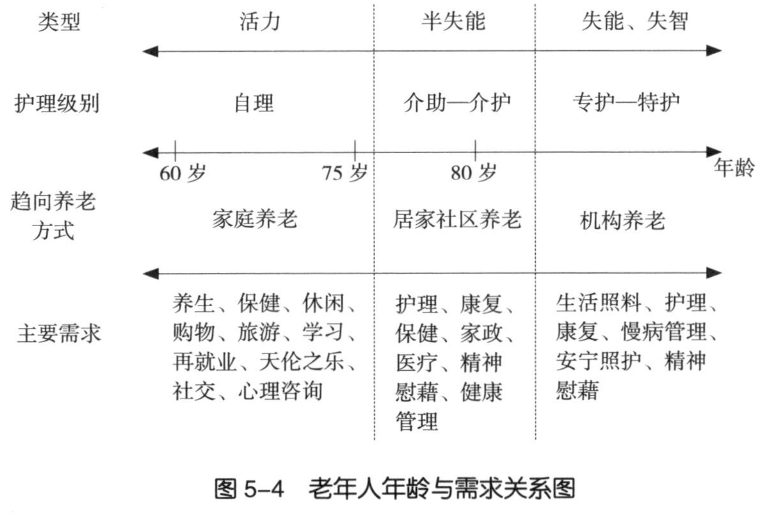

图 5-4　老年人年龄与需求关系图

四、服务体系搭建

服务让钢筋混凝土变得有温度。养老项目是为满足老年人的生活需求而建设的，如果说硬件的建设主要满足老年人的居住需求，而软件服务则可满足老年人的多种其他需求，使养老住宅不只是“住宅”，服务让钢筋混凝土变得有温度。养老服务可涉及为老年人提供家政、餐饮、娱乐、休闲、社交、康复、医疗、护理、照料等综合服务，不论提供何种服务，都是以“老年人的需求”为核心提出的。服务体系的搭建结合定位客群的身体、心理、智力、社交等维度的需求，制定服务产品包，包含服务内容及服务频次等。近几年来，由资本推动的大型养老社区建设和高端定位的机构出现了很多“过度服务”的现象，这其中有两层含义：一是提供尽可能多的服务；二是提供尽可能高品质的服务。运营前期盲目追求的“高大上”的服务理念和体系，导致后期人员和设施配置上产生了大量的非必要成本。相比高品质的服务，长者更敏感的是服务品质的稳定性。另外服务的好坏不仅仅取决于服务人员的专业性，更重要的是态度。如果没有对长者发自内心的关爱，只是完成冰冷的工作，没有心与心的交流，又如何能做好服务？最后，影响服务品质另外的核心因素就是标准化的建立。

五、运营管理体系搭建

高效完备的运营管理体系是高品质服务的坚实保障。如果说服务体系是养老项目运转的各个零部件，而运营管理体系就是这部机械的“动力系统”，运营组织架构和相应的人员配置、运营管理制度及流程是动力系统运作的人力和制度保障。CCRC、AAC、护理院、医养结合型等不同类型的养老项目，在组织架构的设置及人力配置方面也大不相同，较佳的运营管理体系，在管理条线方面简洁清晰，人力配比也可以简洁高效，尽可能地降低运营成本，毕竟养老行业的人力成本是最高的成本，高位可达70%，低位又可控制在40%左右，差别之大对于运营的利润影响也非常显著。养老行业由于老年人身体及疾病状况的高危特性，属于高风险行业，因而风险防控体系及应急预案必不可少，这也属于运营管理体系中重要的一部分。

六、盈利模式 & 商业模式

土地性质是影响盈利模式和商业模式设计的关键因素。在2013年1月之前，国内是没有特定养老用途土地供应的相关政策。北京市是第一个把养老用地纳入到了国有建设用地供应计划的城市。而后，其他各地政府纷纷响应，相继出台了类似的土地政策。这一举动无疑会推动养老产业化发展的进程。由于土地政策的限制，很多早期涉老的开发商都要付出高额的土地成本获取居住用地，在开发养老项目特别是养老住宅类的项目时，在有限的土地资源下尽可能多建居住性住房，而对于养老服务配套设施像医疗、商业、生活、文化、教育、娱乐则投入不够。最终导致的结果就是市场反馈冷淡。当然，这里也存在开发商选址错误、定位不准、规模过大等因素。但政策的导向因素也是客观存在的。更为普遍的情况是，开发商拿到的是政府划拨的土地，其土地性质决定了居住用房不能分割产权出售，所以就有了“会员制”这种出售使用权的盈利模式。其他的模式还有出售产权型、租赁型、租售结合型。养老项目的盈利模式，主要是出售产权所获得的利润或是租赁利润以及服务费用利润。出售产权的养老项目类似于住宅销售，所不同的在于后端提供的养老服务相较传统物业服务更丰富，收费也更高。但大部分养老项目还是属于租赁模式，通过床位租金回收前期投入，通过服务收费覆盖运营成本的同时获得利润。从国外养老行业的成熟经验来看，养老行业的现金回报率普遍在8%～11%的水平，说明养老行业确实是一个微利行业。但这条产业链也相当长，涉及了老年金融、老年保险、老年旅游、老年教育、老年文化等行业，以服务业为核心衍生到其他板块是涉老企业增加利润的可选方向，从而创造更多的可持续性发展的商业模式。

七、规划、建筑设计建议方案

“运营指导规划设计”。现在涉足养老规划设计、建筑设计和装饰设计的公司很多过去都是服务房地产企业，专注研究养老行业的专业型机构并不多见。由于养老的服务设施及其服务群体的特殊性，其物理空间的规划与设计要比普通住宅复杂得多。但传统设计公司的设计师几乎不可能有养老机构的运营管理经验，所以很难了解一些运营人员和老人的真实需求。再加之与开发商固有的合作模式，很难能从其业主获得更为全面、清晰、准确的设计需求，在没有机构运营人员的介入下，最终可能导致在一个真空的状态下闭门造车。规划设计的过程本身也是项目开发体系中重要的一个子系统，其复杂性和专业性也不言而喻，涉及运营、服务、市场、工程、政策多方面的要素和环节。项目建设的投入也要与后期运营的产出做好规划统筹，毕竟前期的成本都是要通过后期运营回收。养老项目的规划设计在综合平衡了政策、投资、建造等因素后，最重要的核心是在满足居住老人在各个层面上对硬件环境的安全性、实用性、功能性的精准需求的基础之上，还能提高后期的运营管理和服务的整体效率。从软装和配置的角度上看，笔者主张无论是养老机构还是养老住宅都应该尽量去“医疗化”“宾馆化”和“机构化”，打造“家”的氛围。

八、智慧养老建议方案

对于智慧养老领域，我国刚刚处于起步阶段，目前行业内的大多数公司在技术和实际应用还有很多地方需要完善。随着养老行业整体发展，未来的30年一直处于增长态势，市场空间巨大。由于养老机构数量的增加和业态的丰富，规模化、连锁化的养老运营公司必须依靠信息技术提高管理效率。并且会推动智慧养老对于信息技术的迭代。把智慧和养老分开来看，绝不是把科技、智能、集成和互联网思维的简单融合。而是要从项目定位、规划设计、运营手段、客户需求等多方面考虑。如何满足客户的各种需求、真正实现技术与应用的无缝对接，达到提高效率降低成本是养老企业要共同努力实现的目标。

利用互联网、物联网、人工智能等科技技术为养老机构运营管理人员打造适合企业发展的整体解决方案，从一线服务人员、中层管理、企业负责人、投资人、长者、家属、政府和社会，与各方建立有效沟通和学习机制，充分理解多方对技术优势、业务内容的需求以及形成深度合作关系，实现共同成长。对于养老行业服务对象的限定，很多医疗行业的设备设施都在向养老行业渗透，健康和安全两个问题对于长者来说关注度相对较高。人工智能技术和机器人技术不断突破，成本的降低和应用的普及对养老行业将起到翻天覆地的变化。人工智能具备自我学习能力，可以通过数据的搜集、分析来判断需求，未来30年后中国将超过4亿老人，到那时人工智能和机器人技术的成熟使得人类不再认为机器人只是冰冷的设备，而是具有感情色彩的、有触摸感知的伴侣。对于一个养老机构而言最常见的问题是：到底有没有必要建设信息系统和智能化系统？毕竟养老服务机构的盈利能力有限，这两项系统的投入成本不低，但产出的价值难以直接评估。以笔者多年的从业经验来看，信息化系统是机构连锁化发展的必备工具，随着机构数量的不断增加，其系统的优势和价值才能体现得更加充分。智能化系统在养老机构的普及是未来的趋势，其在机构品牌建设、营销推广、运营效率、质量管理、风险防控发挥的作用也日趋重要。综合以上因素考虑，养老机构可以根据自身企业战略发展和需求做出决定。

九、财务测算

养老项目的财务测算包含运营收入预测和投资收益估算，其中运营收入预测需基于定价和入住率预测，而定价和入住率又是基于对市场的研究而提出的；投资收益估算又包含总投资估算、各年营业收入及现金流入估算、各年运营成本费用及现金流出估算、投资回收期、内部收益率等，因而养老项目的财务预测，可以说是基于养老项目的经营所搭建的财务模型，而要让财务模型能无限接近于真实情况，养老项目的运营经验数据就至关重要。而经验永远来源于实践，因而养老项目的运营经验越丰富，所搭建的财务模型就能更具有可信度和准确性。没有实践，就没有发言权，养老运营经验的价值也在于此。同时，通过财务模型的预测，也反过来提示投资者项目的定价以及成本把控是否满足投资预期，通过关键因素的敏感性分析，使得投资回报的把控更具有针对性。财务测算可以说是养老项目定量分析的关键指标，只有可持续发展的财务潜力才能使得项目经营充满源源不断的活力。

十、市场营销

由于养老行业的特殊属性，营销似乎成为行业共识的痛点之一。特别是历经了几年资本的疯狂扩张和跑马圈地之后，床位和房子建好了却突然发现动销和去化成了问题。入住率是衡量传统养老机构经营能力的重要指标之一。其实容易被业界忽略的另外一个更重要指标就是入住速度，在养老地产项目中被称之为去化速度。因为入住率是个静态指标，一年入住率达到70%和五年达到同样指标，对投资方和运营方而言，项目的成效有着天壤之别。笔者在研究了很多行业内较为认同的成功项目后发现：养老项目营销的成功往往是项目整个开发链条的成功。这其中包括：项目选址、土地成本、规划设计、物业获取、产品定位、客群定位、服务标准、客户满意度、口碑效应等一系列的综合因素的成功，营销在项目成功总因素中所占据的权重不会超过50%，同时，我们也可以看到行业中出现由于养老项目本身的基因问题或者前期定位导致的硬伤，后期不得不选择营销能力“极强”的团队来重新包装产品和操盘。这种团队往往有销售保健品和会销的行业经验，但合作佣金要求也很高。去化在一定时间内得到了提升，但过度的营销和擦边球的产品设计也给项目的后期运营和合规性带来了隐患。关于营销，行业中还有一个热点话题：养老项目是否要设立专门的营销部门？这个问题很难一概而论。但可以通过卖“床位”或是卖“房子”这一视角做个简单的区分。如果是卖床位则是传统的养老院、护理院、日间照料中心这类传统养老机构的业态。传统意义上讲很少有专门设立营销部门的，笔者认为如果只有几十张或一百多张的床位的单体项目，设立的意义不大。前期可以通过全员营销的方式开展销售工作。养老机构没有必要盲目追求管理部门的完整性，更要注重实效，成本为王的理念要贯穿始终。卖“房子”则是涉及了养老或康养地产，本身是地产属性，营销部门不但必须设立而且是重中之重，以去化为王为导向。但是否要自建独立的销售团队则是另外的课题。现阶段，北京地区去化效果较好的康养地产项目多数采取“自建团队＋渠道合作”的销售模式。自建团队有很好的运营基因并注重产期效应结合外部销售团队的渠道优势和快速成交能力不失为一个良策。

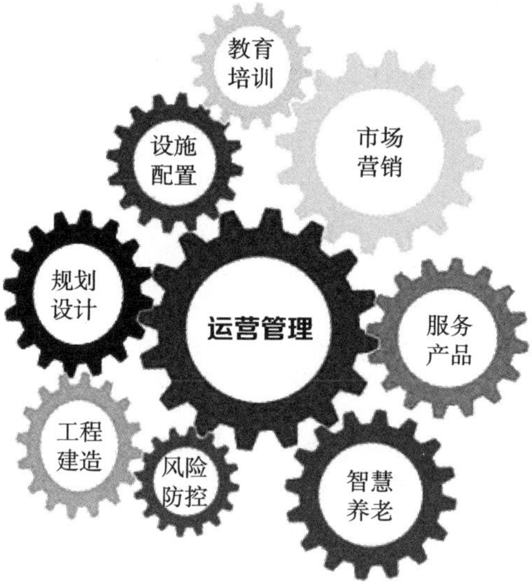

图 5–5 “齿轮生态”的合作机制

以上开发流程从表象上来看是一个线性串联的运作模式，甚至是各个模块的顺序组合，实质则不然。养老项目的策划实际上是跨多专业、多学科、多领域的极其复杂的系统工程。这个系统是多维度的，立体的，交互的。我们更愿意把开发过程中所涉及主要模块的关系比喻成汽车变速箱里各个齿轮耦合的过程。齿轮本身的特性应该是：能动的、自转的、开放的，可以驱动别的齿轮，也可以被别的齿轮驱动。我们提出“齿轮生态”的概念是这样定义的：每个齿轮可以打破跨界，连通信息，促进组织协同，将隐形性合作显性化，最终把每个齿轮提供的功效统一输出，形成效率最大化。

在这个开发体系里，“齿轮”是一个业务模块，同时也指一个专业团队。比如规划设计单位，也可以是软件开发商（信息化系统）、系统集成商（软硬件）、咨询策划公司、运营服务商、医疗机构、适老化家具供应商、医疗设备供应商、施工单位、装修公司等专业服务机构。传统的工作方式是投资商要向每一个专业团队提出项目的需求，这本身已经是很大的挑战。这个过程都是一对一或是点对点的沟通方式，这样就造成几乎每一个业务模块都是一个信息孤岛。这样的一个机制会导致养老项目的开发周期边变长、成本增加、效率降低。

实践中，我们就遇见过这样一个案例。项目位于广东省的一个地级市，业主是地产商在当地持有大量各种类型物业，其中有一个是属于闲置或是低效物业，所以业主一直在寻求盘活这些资源的路径。其中委托我们做养老策划方案的项目是一个闲置多年的度假村，距城区大约 30 分钟车程。原来的主营业务是承接政府及各大企业的政务、商务宴请及会议。在我们承接此项目之前，业主已经招募了一个养老团队并成立了健康养老事业部，主要核心成员来自医疗、酒店和餐饮等行业，但没有专业的养老策划和运营管理人员。公司的决策层在审阅了内部团队做出的项目策划方案后，对项目的定位和方案可实施性均有较大疑虑。通过 80 后养老事业联盟秘书处引荐找到我们，希望给他们的策划方案提些意见和建议。我们提出几点反馈意见：（1）对于原策划方案中 55～70 岁的活力老人这一客群定位持否定观点。原因是既然定位是机构养老的方式，低龄的活力老人几乎没有入住养老机构的需求。（2）对现有物业在改造前没有进行专业的评估和缺少对养老照料设施系统性的认识。所以导致投资预算严重脱离实际。（3）引入智慧养老概念，用科技手段创造新的老年生活方式。对智慧养老的应用和工程实施没有可落地执行方案。针对项目的进展状况和实际需求，我们运用“齿轮生态”的理念，由八零养老平台牵头组成一个以策划咨询、建筑规划、运营管理和智能化专业人员为核心的“80 团队”项目组实地考察，以共同目标为导向，在项目的策划过程中通过高效沟通、专业协作、跨界整合使得建筑设计增效运营服务、系统集成与服务动线合理规划、客群定位与业态划分统筹制定、软性服务与物理空间协调统一，为业主提供了一站式的顾问咨询解决方案，并得到他们的高度认可。第二阶段的开业筹备期，我们引入了其他的专业齿轮加入了这个养老生态系统，从适老化家具的采购、医疗设备的引进、专业团队的招聘与培训、社工招募到市场营销与推广，其中各个齿轮之间有效链接、准确耦合、协同驱动，共同作用于运营管理和服务，并使其功效最大化成为可能。

回归到养老产业的本真，我们认为就是服务。鉴于行业的微利性，我们新时代的养老人必须思考如何才能让进入养老产业的资本发挥其最大的功效。无论是开发哪种业态的养老项目，最终建造的物理空间是因为运营服务才会变得有温度。而我们的长者最需要的就是：有温度的服务。

执笔作者简介

张纯宇（1979）

享爱（北京）国际养老有限公司创始人

英国谢菲尔德大学 MBA

谢菲尔德大学管理学院杰出管理人才

深圳市养老现状与对策专家组成员

新疆建设兵团养老服务协会专家顾问

中国农产品流通经纪人协会药食同源科学养生分会副秘书长

15 年大健康行业海内外从业经验，曾就职英国伯灵顿养老集团和泰康医药集团，有着丰富的养老及医疗连锁机构的运营管理经验。2014 年，联合创办子午线，主持、参与多个大型养老项目的前期策划、中期筹备、后期的运营管理及培训方面的工作。从 2016 年，负责广东省公办民营养老机构社会化改革若干示范项目的连锁经营管理。熟悉英国社会养老服务体系、英国养老企业商业模式，并对英国主流的社区照顾养老模式有深入研究和独特见解。擅长养老项目前期的顶层设计、项目定位、盈利模式 & 商业模式设计、财务测算及连锁养老机构的运营管理。

第二节　养老+地产之养老全环节链设计要点
——从项目选择开发到建造落地设计全过程 *

一、床位的需求——行业发展趋势

2021 年末，全国共有各类提供住宿的民政服务机构 4.3 万个，其中养老机构 4 万个，儿童福利和救助保护机构 801 个。民政服务床位 840.2 万张，其中养老服务床位 813.5 万张，儿童福利和救助保护机构床位 9.6 万张。年末共有社区服务中心 2.9 万个，社区服务站 47.2 万个。根据国务院公布的《“十四五”国家老龄事业发展和养老服务体系规划》，到 2025 年，养老服务床位总量将达到 900 万张以上。因此，包括 2022 年在内，未来 4 年预计将增长约 86.5 万张养老服务床位，年均约 21.6 万张。

专栏 1　“十四五”国家老龄事业发展和养老服务体系指标

指标	2025 年目标值
1. 养老服务床位总量	达到 900 万以上
2. 特殊困难老年人月探访率	达到 100%
3. 新建城区、新建居住区配套建设养老服务设施达标率	达到 100%
4. 养老机构护理型床位占比	达到 55%

从床位指标总量上来看，养老项目建设的重要性和紧迫性依旧凸显，建设任务更加艰巨繁重。在土地规划层面，文件对养老设施配套在用地指标上明确要求各地要严格按照人均用地不少于 0.1 平方米的标准分区分级规划设置社区养老服务设施，老龄化程度较高的地区还需结合实际适当上调标准。而且，新建城区、居住区配套建设的养老服务设施目标均要达到 100%。文件还提出大力促进养老和旅游融合发展，引导各类旅游景区、度假区加强适老化建设和改造，建设康养旅游基地。

从建设的监管来看，文件重点提到要确保新建居住区与配套养老服务设施同步规划、同步建设、同步验收、同步交付，这对未来新建养老项目的建

* 本节由上海悉见设计创始人杨勇执笔。

造周期、建造效率方面都需要大幅提升。

从存量设施改造来看，政策中提出支持利用存量场所改建养老服务设施，简化和优化存量土地用途的变更程序。在利用存量商业服务用地建设的养老项目，还提出允许按照适老化设计要求适当放宽户均面积、租赁期限等政策支持。

此类改建改造是当下养老项目建设当中的最大主体。毕竟规划拿地开发类项目市场占比较少，并且实施周期过长。实际能够较快实现落地项目的依然是以存量物业改造类为主。而在未来为补齐农村养老服务的短板，县级、乡镇等养老设施的建设，更是会以在原有供养服务设施基础上来改扩建实施，由此从政策的支持也看出国家在应对大量床位需求里给予的各种利弊的考量。

经济方面，文件重点强调了普惠养老的发展。规划提出“十四五”期间，综合考虑企业建设运营成本、政策支持情况、消费者承受能力等因素，明确指出推动建设一批方便可及、价格可接受、质量有保障的养老服务机构。在国有经济对普惠养老的支持方面，也提出国有企业养老建设的重点应放在服务质量、成本控制、运营效率三个方面。这不仅是国有企业的建设重点，三个指标也同样应该是当下机构建造落地综合评判的主要标准。

医养结合方面，文件提出到 2025 年，养老机构要普遍具备医养结合能力，未来机构能够提供医疗卫生服务的功能已是必不可少的配置。

在智慧化方面，大数据、人工智能、5G 信息技术和智能硬件在老年用品领域的不断深度应用。在适老产品的智能水平、实用性和安全性，家庭、社区、机构等多场景的试点试用的政策推进中，未来智慧化养老在项目建设中都将对设计和实施提出新的任务。此外文件还指出随着老年友好型社区建设的全面推进，老年人在运用智能技术方面遇到的困难都将要得到有效解决。广大老年人需要更好地适应并融入智慧社会。这也给“适老化”设计这一个课题提出更长远的解决议题。

由此可以看出，养老行业已经进入资源全面优化阶段。老龄政策法规体系在不断完备，涉老相关法律、法规、规章制度和政策措施也再不断完善。大量床位增长的需求依旧需要的是大量的养老项目的落地。

十多年的养老项目开发在众多成败案例中，项目建设周期过长、成本超支、落地效果偏差等诸多难题也始终存在行业当中。从政策以及行业发展趋势看，经历了第一个十年的发展期，养老项目在建设落地过程中已经由传统的粗放型开发，趋于转化向严控成本、提升效率、提高品质的升级方向。

因此新的发展阶段下，养老项目的开发建造需要顺应趋势，多方参与，共建共享。项目的建造落地需要的是系统的谋划，整体推进，更需要的是一整个专业的设计团队。在落地实施过程中如何高效地把控项目从设计到顺利竣工开业，是行业面临的最重要的任务之一。

二、了解全环节设计链

在这样的视角下，笔者基于多年来养老项目设计执业经历，根据实践经验的碰撞、试错、迭代提出最合理的解决过程。我们称之为养老项目全环节链设计法。

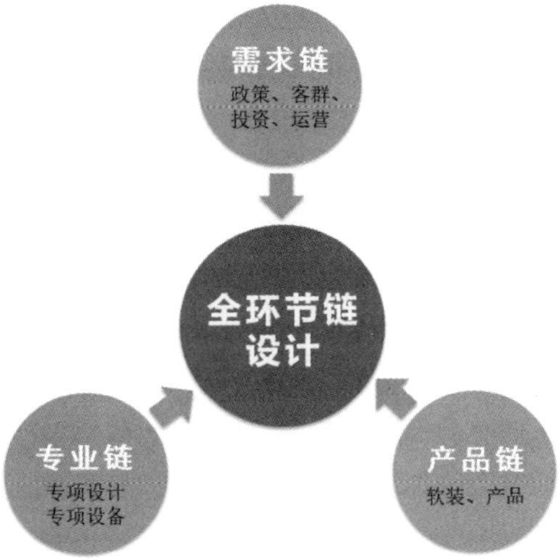

图 5-6　全环节链设计图

全环节链包括需求链（政策、客群、投资运营方）、专业链（专项设计、专项设备）、产品链（软装配置、运营产品），考虑的是多方需求主体的转换融合，环环相扣已达到项目最佳的落地成效。

影响项目落地质量问题，离不开三个要素：时间、经费、品质。

（1）实施周期的把控。

（2）建造成本的把控。

（3）落地品质的把控。

这个要素排列组合次序不同所呈现的最终结果也不同。太注重时间效率容易忽略项目品质，过于追求项目施工品质带来经费的超支，以及经费预算预估不足或过于克扣都会对项目最终的效果产生影响。全环节设计链的目的在于平衡这三要素之间的利弊取舍，以达到项目最优的落地效果。

1. 需求链——弄清需求逻辑

（1）设计需求从何而来。

需求链需要从战略导向到风险控制，从客群研究到产品竞争策略，从商业模式设计到服务策略设计，从项目营销故事线到产品策略等多个维度环节链来思考。首先强调的是政策、客群、投资、运营商四个方面需求的融合，即除了投资人和老年人客群之外，还要考虑政府和运营方等需求。在此过程中，需要策划、设计双线并行，推动决策层进行策划结论和设计需求任务的提出。这里的策划结论更重要的是融合了后端运营的需求。比如，项目的产品策略和运营策略是有联系的，那么就不能把运营简单地理解为服务。运营内容的打造和传播就是“营”的重点，和客户构成互信就是“销”的重点。只有这种多线并进、穿透全局的运营策略，才能使项目产品的价值最大化。

养老项目相较于传统行业具有更多样的需求主体，开发建造时不仅要考虑投资人和老年客群，还要考虑政府和运营方等其他行业不常考虑的因素。其次，养老项目具有更丰富的产品内容，不仅局限于房屋内部的专项设计，也要考虑整个社区的环境、照护链条以及设计客户的退休生活场景。同时，养老项目的开发还包含着更长周期的运营特点，需要预先把空间时间等跨度、经营利润、产品等进行细致入微地考量。这并不是单独一个简单的设计方案就能解决的问题，需要配合前期策划、多专业的团队和具备丰富实操经验的决策者来推动。所以需要在项目定位阶段就梳理出全部决策点，最终转化为具体设计任务目标。

（2）需求的底线——不同项目需求的差异。

这里需要简单地区分现有养老项目的种类，不同人员对我国现有养老项目的种类认知不同，常见的分类名称有老年公寓、养老院、养护院、护理院、养老社区、CCRC、康养小镇、日间照料等，根据功能不同又划分为活力型、自理区、介护区、特护区、认知症中心等，不同的种类需求各不相同。这里我从设计角度解释下养老项目的分类，从建筑属性上可以归纳为三类：老年人照料设施建筑、住宅建筑、混合型（兼具住宅与照料建筑属性）。

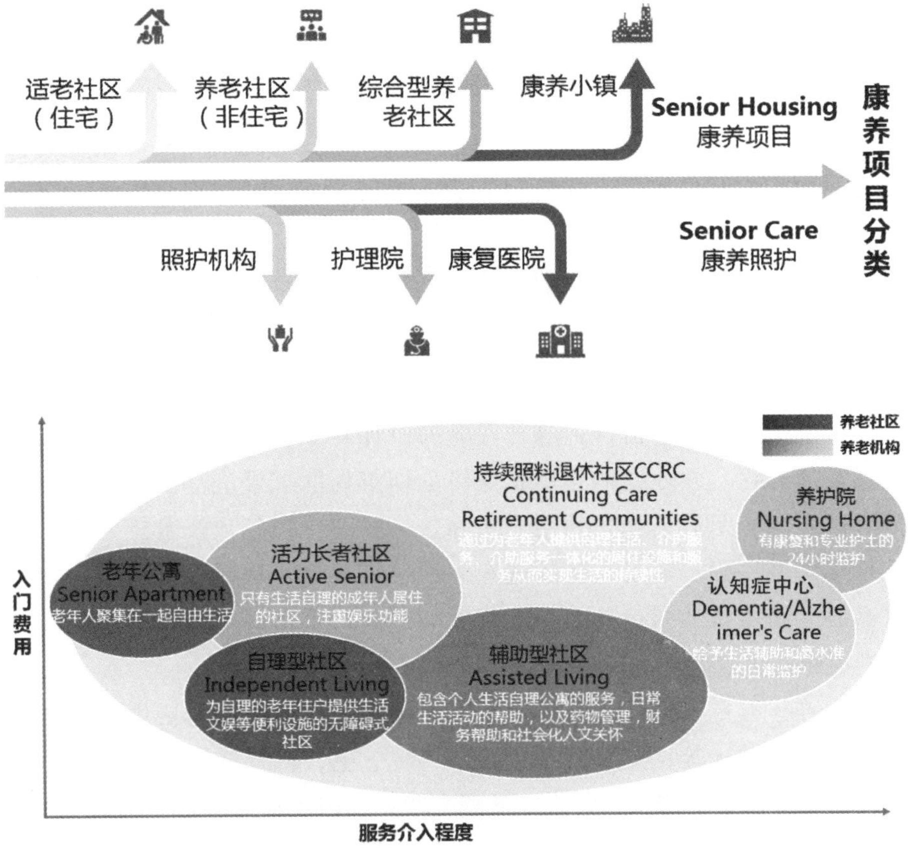

图 5–7　养老项目分类示意

资料来源：seniorliving.org。

依据老年人照料设施建筑设计标准（JGJ450–2018）规范，分为老年人全日制照料设施和老年人日间照料设施。全日制照料设施及常见的养老机构的统称，例如养老院、养护院，日间照料设施则是常见的老年人日间照料中心等，建筑属性上两者均属于公共建筑。

住宅建筑好理解，相当于普通住宅属性（长租式老年公寓严格意义上不算住宅属性）。混合型是指融合前面两类，既有住宅又有机构的综合型养老社区，典型的为 CCRC 养老社区等。

三大类别由于项目属性的不同以及前期开发定位的不同，设计的需求自然大不相同。因此设计的需求来源依据是由准确的项目定位基础上推导出来。例如，在根据给定的建筑选址以及明确的定位下提出例如床位的建设面积指标、床位数量多少、户型类型需求，以及有多少面积要分配给公共服务空间、辅助设施空间等。

在落实到具体设计空间里时，需求底线是合规。只有项目具备合规性，才能有经营牌照，是顺利通过各项验收达到开业目的的前提。比如针对土地合规性，现实中我们会常常碰到很多企业想把文旅用地或混合用地等非养老用地（如医疗）拿来做养老项目，这里就需要具备丰富实操经验的团队来提前预判。在合规性的考量中提前厘清哪些是合规的技术底线、哪些是模糊地带需要创新和沟通。

2. 专业链——多专业的协同

经过了明确的需求梳理，进入专业的设计环节。这部分是整个项目最为详细反复的过程。专业链的作用就是将前期策划的成果进行设计转化，整个环节链需要综合所有前期条件结合实际目标物业，将各项技术任务转换转化到实际空间的过程。项目具体的选址（或已有场地）从设计到实施，如何将项目高效、高质量的落地，各个类型的养老项目落地的过程各不相同。我们需要把握哪些重点？注意哪些要点？

专业链分为专项设计与专项设备两大部分。专项设计包括建筑设计、室内设计、软装设计等；专项设备包括水、暖、电，以及智能化弱电等硬件设施等。设计与设备两部分必须系统地紧密联系，同步推进。

我们以建筑改造类养老机构项目为例：租赁物业改造类养老项目是目前市场上数量体最大的一类。此类项目落地周期相对较短，最能直接体现全环节链的设计的运作流程。一般的项目从签下租赁合同到建造、开业，设计环节又可分为：场地评估、改造设计、软装设计、图纸审图、报规报建、工程施工、竣工验收、筹备开业这 8 大环节链，每个环节环环相扣，不同程度地决定着项目是否能够顺利落地，以及落地时间周期、综合质量。

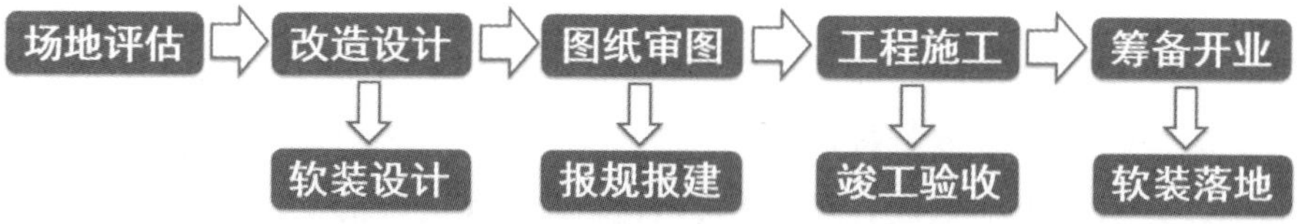

图 5–8　改造类养老项目设计流程图

（1）专项评估，需求的二次验证过程。

在有了目标选址场地过后，设计环节的第一步是对场地进行评估。评估也是对需求的二次验证的过程，评估主要包括三个方面：改造成本、出床率、租金成本。

改造成本是由对原始物业的原始建筑结构、设施不满足产生的改造经费的高低。往往开发企业在拿到物业后为节省租金时间成本就匆忙进入深化设计，结果在设计过程发现现有建筑条件远不满足前期定位的任务需求。原始场地环境、建筑结构、垂直交通、消防设施等工程改造带来的成本增加。

其次，同样面积的两栋物业建筑形态的不同会导致出床率的大不相同。例如建筑的采光决定了房间的设置数量，而日照的不满足则甚至会出现完全不具备选址的条件之一。另外建筑的形态、楼层高度、单层面积、走廊宽度等一系列规范性前提条件同样决定着床位数量是否满足的这些基本条件。

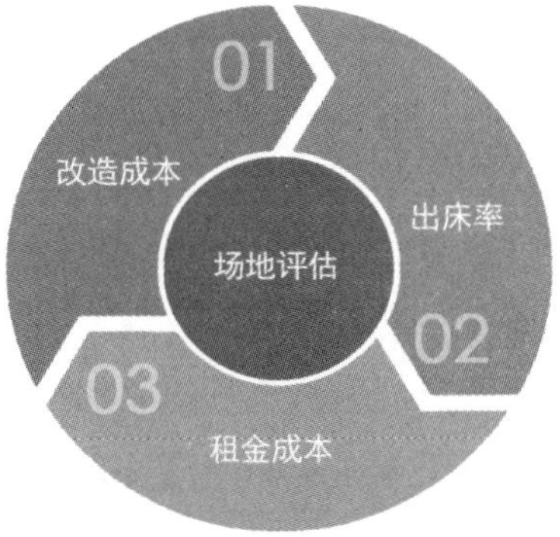

图 5-9　改造项目前期评估要素

此外，租金往往是企业衡量的最重要的一条指标，伴随一二线城市房租水平越来越高，遇到地段好、采光好、房租租金又合适的物业，很多养老项目业主就毫不犹豫地入手了。但是建筑的消防问题，却常常在这个时候被忽视。例如，单、多层老年人照料设施应设置自动灭火系统，并宜采用自动喷水灭火系统，相应会带来消防水池、水泵房、高位水箱的扩建或者增设的问题。规范规定，凡是老年人照料设施都要设喷淋。喷淋是具有一票否决权的，如果原建筑没有而后期也没有增设的条件即使物业其他条件再优越也要对项目的取舍做出判断了。

又如，2019 年 10 月 1 号要实施的新版《民用建筑设计统一标准 GB

50352-2019》中提出老年人照料设施的楼梯踏高不大于 130mm，踏宽不小于 320mm。此条款执行起来对于当下很多改造类的项目限度更大，现有存量的绝大部分建筑均不满足此条款的要求。楼梯是疏散的最重要的建筑部件之一，重做必然会带来成本的增加。这些都是选址评估环节重点不可忽略部分，因此衡量租金成本一定要结合实际场地硬件条件。

项目实施之前设计的前期评估环节是重点环节，评估的目的在于对预备选定的建筑场，评判是否具备满足设计任务需求的过程。不满足条件的部分又需要多少的改造成本的投入，这些都直接影响对项目选址的取舍以及定位需求任务的调整。对整个项目实施进程起到至关重要的环节，往往开发者选择物业时仅考虑了地段、价位，却忽视了更重要的场地的匹配性，造成拿在手上不得已花费大量成本强行改拆，要么被迫重新决策考量，导致原本项目快速推进的计划被迫搁置在第一步。

（2）专项设计——品质蓝图的前提。

高度完善的设计方案是优质的项目落地的前提。进入专项设计环节，需要大量的沟通以及紧密专业的协同配合。

但往往企业在此阶段会有一定误区，总会认为设计阶段是可以节省时间的一个环节，经常开发团队在设计阶段一开始就督促设计团队加快设计进度，强行缩短至一个月内完成 ，这种一开始急迫的心情是业主常有的心态，但是大量的实施经验告诉我们，设计阶段的草率仓促交图对后期整体工程时间进度影响极大，最终损失的是大量迂回修改与工程的反复，时间、人力的成本增加远比前期节约的时间要大得多。因此需要合理规划设计环节的时间计划。

①进入设计阶段，设计环节又分为方案及平面设计、效果图设计、软装图纸设计、施工图设计、设计交底这五个环节。

图 5-10　设计阶段流程图

设计的周期长短重点在于有效沟通，在此阶段项目业主方往往希望设计方单方面压缩时间快速推进项目进入实施，实则本环节时间的快慢取决于双方沟通的密切程度。设计阶段要点环节：运营主导、需求明确、高效沟通。

运营需求的满足始终是设计任务的第一位，项目实操过程中成熟的运营需求中应是包含了项目前期策划以及运营方案内所有的数据需求，因此设计的第一环节是将任务需求转换成平面方案的过程。前期运营需求导向越明确，方案推进的速度自然会越快。

除了运营需求外，伴随着养老产业的发展，新的系列政策的颁布实施也将影响设计需求，例如，2019 年正式实施的《养老机构等级划分与评定》规定了养老机构等级划分与标志、申请等级评定应满足的基本要求与条件、等级评定。

这一规定要求养老机构从现在开始，就需要在环境、设施设备等硬件配备上逐一对标，评估出哪些还需要改造升级的地方。

此标准同样给正在建设和即将要开发养老项目的提出要求，未来的机构也应考虑评分体系对项目的影响，等级评定总分为 1000 分，其中环境 120 分，设施设备 130 分。环境与设施设备均提出了明确的打分要求，因此这也将对现有项目的设立提出了更长远的预期标准。环境中的 120 分交通便捷度占 10 分，周边服务设施占 10 分，公共信息图形标志占 10 分，院内无障碍占 50 分，室内温度占 15 分，室内光照占 15 分，室内噪声占 5 分，绿化占 5 分。

设施设备 130 分中居室占 20 分，卫生间、洗浴空间占 20 分，就餐空间占 15 分，洗涤空间占 10 分，接待空间占 5 分，活动场所占 10 分，储物间占 5 分，医疗卫生用房占 15 分，停车区域占 5 分，评估空间占 5 分，康复空间占 10 分，社工工作室 / 心理咨询空间占 10 分。

打分的标准为三级养老机构评定得分不低于 570，四级养老机构评定得分不低于 780，五级养老机构评定得分不低于 900 分且每一分项得分不低于该项总分 90% 的。这类标准要求均属一次性投入到位硬件设施，机构早期的定位应有意识的对设计任务做出调整。

②需要“适老化”，更要“尊老化”。

关于我们熟知的养老设计中另一个重点——“适老化”，养老项目设计中通用的适老化一般是从老人基本行为延伸出助力起身、行走辅助几个通用的常规使用场景包括过道扶手、地面材质、扶手系统、家具细节等来做装修设计。配合运营配套的一系列适老化辅具产品等设施，一同构成了当下养老环境中的适老化的基本配置。

适老化是养老项目设计环节链中必不可少的一部分，它的载体不仅局限在产品、空间、环境等方面。我们目前的认知中也不能把适老化局限在空间中装了扶手、家具边要圆角、地面要防滑……这些基础的认知理解中。常见的此类做法还只是按照标准和政策去执行而已。

适老化的核心其实就是站在老年人的角度，不仅让长者感受到舒适和方便，更重要的是提升他们对生活的信心。从早期的社会提倡到如今已纳入国家政策实施，适老化的发展过程伴随着养老产业不断的进步，从单个群体的援助转为整个社会的关注，从功能性上说还缺少太多的应用场景去提升。从心理层面上来说是应该让适老化真正融入老年人的生活中，与老年人的生活融为一体，而不仅仅只是局限在当下少数的几处应用场景，局限的应用场景仅仅解决了常规通用性的问题。

从设计层面看真正的适老化不应该只局限在有形的无障碍环境，而在于社会对老年人发自内心的关爱；也不仅只是单一的产品和服务，而应该是整套的解决方案和流程；

目前标准并不能解决所有应用场景，不应把所有项目一视同仁套用进去，国家规范属于硬件设施保基础性，除这部分外不同定位的养老项目应差异化应用。老年人首先是一个人，他们同样喜欢温馨舒适、能够获得尊严感的无差别对待感的环境。这也是为什么现在业内更多地谈及“去适老化”，有的环境下“适老化”并不需要过于强调桌面圆角，有些扶手的设计反而会给健康的老人留下不好的心理感受，甚至会产生抵触心理，标签化严重。我们应该反思这种将单一的适老化标准无差别的应用在所有老年人群的场所之中，本质上其实已经背离以人为本的设计原则。因此传统的“适老化”观念应该向“尊老化”的方向去转变。

现如今各个专项领域对适老化的认知度逐渐打开，从产品研究开发，到系统整合都有新的提升与升级。用设计将老人通过科技、产品转换到物理空间中去，由这些进一步提升的应用场景融入实际生活环境中后达到“物”的层面的全面提升，再由“物”带来心理层面障碍的消除，获得真正的生命的尊重，生命的尊严。

③规范，贯穿工程始终的设计依据。

所有的设计图纸化过程都以规范依据为前提。目前我国涉及养老项目的设计依据规范常用到的有：老年人照料设施建筑设计标准、建筑设计防火规范、建筑内部装修设计防火规范和无障碍设计规范。

图 5–11　养老建筑及消防设计规范依据

随着国家涉老相关法律、法规、规章制度的不断完善以及监管制度逐步健全。企业应加强对规范的重视，在此我们倡导养老项目的设计过程中应严格依据条文规范执行。

比如建筑设计防火规范的新版是 2018 年实施的，增加了很多老年人照料设施的条款，这种基础性的规范就某一种建筑类型的要求进行较大规模的修编历史上不多见，足可看出老年人建筑中消防问题的重要性。

对建筑设计防火规范非专业人员往往不好理解，在此可以做简要的归纳帮助理解。建筑的消防核心围绕着三个要素：疏散、灭火、排烟。

首先，着火时人员需里要向外跑，就要打开房间门，规范里叫疏散门。建筑里的人员要从房间内跑到室外安全区域，这在规范里的术语叫疏散。包括门的开启方式，规范里明确表示用于疏散门不能采用推拉门、旋转门和折叠门等。因此房门的开启方式只能是平开门。

目前国内也有机构借鉴了日本养老机构的做法采用了推拉门的，这在防火规范要求中是相悖的。日本的养老机构是采用推拉门，很大程度上跟他们的生活习惯和民族传统有关，所以要因地制宜，符合规范为首要标准。

其次，疏散门应向疏散方向开启。在首层，楼梯门是向外开启的，目的是人员是向外跑，在二层及以上是向内开启，原因是二层以上的人员是向楼梯间里面跑。此外还有门净宽度、数量要求等。比如，老年公寓的户型面积超过了 50 平方米，按防火规范要求需要 2 个出入口，两者还需相距超过 5 米等。

疏散走道的宽度。防火规范和老年人照料设施规范对走道的宽度都有规定，从消防角度，走道宽 1100 毫米就够了。但是从使用角度，照料设施规范要求至少 1400 mm。而且局部需要放大到 1800 mm 作为轮椅错车空间。改造项目寸土寸金，总尺寸固定的情况下，走道宽了，房间就小了，需要权衡利弊。

旧改的项目中常遇见很多建筑是敞开楼梯间，跟走道直接连通，养老设施里不允许使用，改造时要改为封闭楼梯间并采用防火门。

疏散中为防止人员不能及时跑出场所还要求设置了另一个空间叫“避难间”。规范要求对三层及以上、总面积 3000 m^2 以上需要设置，具体设置要求要对照详细的规范要求。

火灾中烟气的危害最大，防烟和排烟概念不同。对于楼梯间、前室和避难间这样的空间来讲，是不允许烟气驻留或者进入的，这类空间使用的叫做防烟系统。对于走道和一般的房间来讲，适用于排烟系统。防烟排烟还分自然系统与机械系统，其中机械系统还需设置排烟机房，所占用的使用空间不可忽略。

老年人照料设施场所是行动不便人群使用的这一类建筑一直是规范和监管的重点，严格要求有其特殊意义。因此消防设计没有捷径，严格按照规范设计就是最好的捷径，这也是我们各类大、小项目实操经历过后的心得。

（3）图纸审查，不可忽略的流程环节。

设计图纸结束后并不是立即动工施工，图纸绘制完成后需要报给相关部门进行图纸审查，通过后才能拿到开工证，然后业主组织施工。所以图纸审查是项目筹建过程中非常重要的环节。

国务院办公厅 2019 年发布了《国务院办公厅关于全面开展工程建设项目审批制度改革的实施意见》，明确规定消防、人防等部门不再进行图纸审查，此职能统一归于住建局主管的施工图审查机构，这个政策就是三审合一或者多审合一。

其中主要是针对既有建筑改造类的项目，此前此类工程基本上都是以室内装修的名义，提报消防有关的部分图纸给消防大队，审查通过，验收通过，拿到的是民政部门认可的消防审验的合格单，然后就可以开业运营。多审合一之后不同，图纸审查机构要求把所有的图纸电子化上传进行全面审查。施工图审查往往是在政府的图纸审查平台上，建设单位需要在政府的具有施工图审查资质的供应商库里寻找审图单位进行线上审图，并最终出具电子审图合格证。

图 5-12　施工图审查流程

审图阶段时间的关键取决于施工图纸完成度的高低直接影响到审图过程中修改时间快慢；其次图纸中出现强制性规范的错误。建筑不仅有消防问题，不只受消防规范的制约，还有专项规范和其他规范也要遵循，比如养老设施的设计标准和无障碍规范等，审图通过后拿到的是施工图审查合格单。所以对于改造类项目，图审的内容实际上有所扩大。

2019 年 3 月中央全面深化改革委员会第七次会议中审议通过了《关于深化消防执法改革的意见》，其中跟老年人照料设施有关的要求是：单体建筑面积 2500 m^2 以下的老年人照料设施不再实施消防验收和备案。这是顶层设计原则性的要求，但在不同的城市的实施细则中也有不同之处。

因此建议项目审图之前能够提前了解所在地的相关政策，审图怎么审，验收怎么验。不管政策如何变化，程序如何简化，审与不审，消防规范都在那里。尤其在强调建筑师终身负责制的当下，更应该严格遵从规范，模糊之处应从严执行。

（4）报规报建。

改造类项目如果涉及建筑加建、房屋面积、使用功能或外立面改动等，还需要报规，也就是办理建设工程规划许可证。一般是先线下提交申请和加建方案，规划部门线下讨论同意后，进行现场和线上公示，公示完成后进行线上手续的办理。

图 5-13　报规报建流程

这个环节看起来好像时间不长，但从相关案例的实操经验来看从申请和加建方案提交进去，到规划部门讨论同意这个过程的时间往往是不能明确的。单纯的报建流程首先是项目信息报送，如现在基本是在政府网（一网通办）

上进行，将建设单位、设计单位、施工单位的信息进行报送，完成线上审图，获得审图合格证，住建部门审核完成后，直接下发电子的施工许可证。因此也需要计划在工程实施周期内。

（5）工程施工，落地质量的关键。

整个工程的施工是项目前期中时间占比最大、影响最大的阶段。也是对工程造价影响最大的阶段。这个阶段有三个关键点，那就是工期、质量和造价。只有把这三个关键点全部管控好，才能保障项目按时、按价、保质地投入运营。

（6）工程竣验，影响开业前的最后一道关口。

工程验收分为三个环节：消防验收、工程竣工验收、线上领取工程竣工验收合格通知书。消防验收与工程竣工验收基本上是同时进行。项目验收一般都会存在或多或少的整改问题，比如排烟面积不够、防火门的材料不全等。图纸的合规设计、工程的合格施工是能顺利通过验收的前提，养老项目的开发建造耗时、耗资、耗力，每个环节链都决定着项目能否最终竣工验收合格，影响着项目的开业的时间。

3. 产品链——软件的重要性

（1）软装，不只是家具采购。

养老项目定位的不同，区域的不同，服务人群的不同，生活习俗、审美喜好等都需要相应给出差异化的设计方案，当下快速发展的养老行业，养老项目同质化的装修硬件已经形成了“千篇一律”“养老色系”等社会反面的评价声音。个性化的养老场所更需要注重系统的软装设计与落地。

在养老项目设计环节中往往开发者仅注重建筑、装修硬件的设计，对软装概念还停留在家具采买为主的采购性行为。这也是很多项目最终落地实景与原方案还原度不高的原因之一。养老项目的软装不仅仅是简单家具的配置以及局部视觉方面的处理，更需要结合照护理念以及不同地域老人生活的差异来赋予空间情感的色彩。尤其在对老年人记忆、感官、怀旧疗法等一系列场景中给出好的创意方案。

例如认知症照护专区空间的软装设计尤为特殊，由于认知症的特殊人群以及特殊的照护理念使得空间明显要区别于其他空间。首先设计理念的不同，认知症的照护理理念，无论是“认知症友好化”还是“自立支援”的推行方法，其核心都是从认知症障碍老年人的特殊的生理、心理、行为专项性的研究来提供人性化的服务方案。所以设计除了表达视觉美化的装饰性外，更重要的是要时刻保持能与老人“共情”能力，从“观察者”转变为“参与者”，利用家具、布艺、陈设、灯光、绿植等一切元素组合设计出富有创意与成效的解决方案。

养老项目落地成效优劣在于硬件与软件的融合程度，粗放发展前期阶段从行人员更多的精力放在摸索开发方法、建造装修上面，在极力打造装修“硬件”的同时的我们更应该将软装设计的“软件”提升到新的层次。让项目赋有其独特的品质以及更加人性化的居住环境。

（2）筹备运营，整理仪容的环节。

当工程过半，现场初步成型，一般性工程快结束之前就要开始运营准备。此环节必须预留软陈采购的时间、软陈进场布置以及相关开业准备。回顾全设计环节链，贯穿整个项目建设开发始终只有充分的前期评估、专业的系统设计，高效的图审、合格的施工、顺利的验收才能最终达到最终的开业目标。

项目各自开发背景千差万别，所处的环节也不尽相同，想要获得高品质落地效果首要重点在于清晰地认知项目所处的环节，从而更好地找准应对解决方案。养老全环节设计链正是在各种有限条件下给出最优解题方案。养老项目从建造到落地始终在于时间、经费、品质三者中寻求平衡。

养老开发建设资金量大，周期较长，在满怀一腔热血践行事业的同时应科学统筹项目开发，我们希望本节能够让行业同仁们对养老项目的整体设计有更好的理解。

三、个人感言

写作本节文字时正值今年上海疫情封控最严峻时期，疫情以来这座繁华的城市不断暴露出它的“脆弱”。这座老龄化程度最高、进入老龄化社会最早的城市之一。生活在这里的每一个居民、奋斗在此的每一家企业，都不同程度地受到前所未有的挑战。无数的老年人、养老企业陷入困境。尤其居家中的老年人，在限制多、物资缺、人手紧的压力环境中，如何保证生命健康，已然超出了适老化所能解决的范围，挑战与机遇并存，苦难与希望同在。老人的困境并非“无解”，养老行业也并非一蹶不振。疫情不断反复之下，养老行业仍然在逆境中徐行。我们的最终目标依旧是尽最大努力去提升长者的获得感、幸福感和安全感。

执笔作者简介

杨勇 （1986）

上海悉见设计创始人

致力于生活观念的启迪，以及对市场行业的洞察与见解，专注养老产业各康养项目的专业设计咨询服务。主导和参与设计过的养老类项目近百个。

第三节　养老 + 医疗之“医康养融合”成就百岁人生 *

医疗和养老都是很专业的事，有一套成熟和完备的独立运行体系。如果把医疗和养老比作生命周期中两条线的话，由于不同阶段对两者的需求强度存在差异，在老年阶段的某些时点同时高频出现并碰撞相交的机会变多了。在发达国家，医疗和养老这两条线都比较粗壮结实，均可承担各自的作用，在特殊需要的时候两者也可及时出现，所以是没有“医养结合”这个特有名称的。中国的情况则不太一样，因为“医”和“养”这两条线都比较细，可承担的重量有限，如果把两条线缠绕成一股绳就会增加承重能力，这股绳就是“医养结合”。硬生生将两条强度和材质不同的线拧到一块，绳中间很多地方是有空隙的，甚至容易造成某条线在较细的局部产生断裂，使用过程中两条线还会摩擦、相互损耗。怎么解决这个问题呢？如果两条线之间能有一种粘合剂和润滑剂就好了，粘合薄弱节点、润滑密接部分，提升整体强度。健康管理和康复便是粘合剂和润滑剂，“医”和“养”两条主线再配上“康”的媒介协作便成为“医康养结合”。实践中发现，“康”甚至可以起到催化剂的作用，促使“医”和“养”发生化学反应，生成了一种叫做“医康养融合”的新物质。“医康养融合”可以更优、更强服务长寿时代，也是“医养结合”的一种高级实现形式。

一、中国“医养结合”的前世和今生

2013 年 9 月，国务院发布的《关于加快发展养老服务业的若干意见》中首次正式提出推动医养结合发展，鼓励医疗机构与养老机构积极合作，并将医养结合养老机构纳入医保涵盖范围，不断健全医养结合发展机制。

2015 年 11 月，国务院转发了九部门联合发布的《关于推进医疗卫生与养老服务相结合的指导意见》。指出了医养结合的基本原则、发展目标、任务等，进一步推进医养结合发展，从政策层面进一步指导和推动医养结合发展。

---

* 本节由中福康复医疗公司执行董事总经理刘宏斌执笔。

2019年10月，国家卫健委、民政部等12部门联合印发《关于深化推进医养结合发展的若干意见》，分别从强化医疗卫生与养老服务、推动医养结合机构“放管服”改革、加大政府支持力度、优化保障政策和加强队伍建设五个方面，提出十五条具体措施推动全国医养结合工作深入健康发展。

医养结合属于中国原创性概念，是一个新生事物，到目前为止尚没有一个统一的概念和整体全面的体系。宏观层面，2020年3月公布的《国务院机构改革方案》规定国家卫生健康委下设老龄健康司，负责组织拟订医养结合的政策、标准和规范，建立完善老年健康服务体系，逐渐形成多部门的医养结合管理主体。目前“医养结合”仍处于试点探索的阶段，具体工作推进则分为民政、医疗、社保三条主线推动发展。根据《2020年我国卫生健康事业发展统计公报》，截至2020年年底，全国设有国家老年疾病临床医学研究中心6个；设有老年医学科的二级及以上综合性医院2642个，设有临终关怀（安宁疗护）科的医院510个。全国医疗卫生机构与养老服务机构建立签约合作关系的共有7.2万对；两证齐全（指具备医疗机构执业许可或备案，并进行养老机构备案）的医养结合机构共有5857家。联合工业和信息化部、民政部开展第四批智慧健康养老应用试点示范工作，确定50家示范企业、72个示范街道（乡镇）、17个示范基地。医养结合的发展在数量上快速扩大的同时，形成了像上海模式、青岛模式等地方实践模式，为医养结合的进一步发展提供了现实参考。微观层面，机构养老方面形成了养老机构和医疗机构统一规划、统一建设毗邻建设模式、协议合作模式（转诊、对口支援、合作共建、医疗养老联合体、远程医疗等）、内设机构模式和长期护理保险医养联动模式。居家社区养老方面则有家庭医生签约、嵌入型小微机构和居家上门服务等形式。以上模式在实践中为可辐射到的老年人群提供了很大便利，但从本质上来看多是特殊针对老年群体的医疗卫生服务和养老照护服务提供模式的创新，鲜有可惠及多数老年群体可广泛复制推广之策。

二、“医养结合”的国际类比概念和实践

1.ICOPE：老年人整合照护模式

世界卫生组织（WHO）对健康老龄化的定义为“发展和维护老年人健康生活所需的功能发挥的过程”，这种功能的发挥取决于个人的内在能力、个人生活的环境（包括家庭、社区和社会）以及这两方面的相互作用。WHO 提出

支持全民健康老龄化的关键是建立以社区医养服务体系为依托的老年人整合照护模式（Integrated Care for Older People，ICOPE），该模式可以早期发现、干预以及逆转或延迟老年人内在能力的下降，促进老年人内在能力与环境相互适应，使老年人的功能发挥处于最佳状态。WHO 在 2017 年首次发布《老年人整合照护：社区采取干预措施处理老年人内在能力下降问题指南》，并在 2019 年进一步补充提出基于初级保健系统以人为中心的评估和照护路径实施手册。

ICOPE 具体是以数据为基础，指导社区医养服务人员以老年人为中心，通过综合评估监测老年人的内在能力，设定护理目标，制订护理计划，采取干预措施，预防和减缓老年人内在能力的下降，同时为照顾者提供支持的一种服务模式。该种模式的要点在于不同的服务提供方如医疗机构、社会照护机构、家庭照护者等需要共享同一份老年人的综合评估和照护计划，采纳共同的照护和治疗目标，相互合作，以一种协调的方式为老年人提供照护。“整合照护”理念，将服务的投入、分配、管理、组织与诊断、治疗、照护、康复以及健康促进相联系，对形成和探索适合中国国情的“医养结合”特色健康养老发展理念有较大的参考意义。

美日和欧洲等发达国家分别建立了拥有自身特色的多种整合照护服务模式来满足老年人群包括医疗健康和护理服务在内的全方位需求。从发达国家的经验来看，也是主要瞄准类似我国“9073”政策中所涉及的 90% 居家和 7% 的社区。日本以居家护理服务为主。日间照料中心主要针对白天家里无人照料且不能独自吃饭的 65 岁及以上老年人群。照料中心除了提供专业照护和护理服务外，很多规划配置为小规模多功能，具备有日间康复、运动康复和部分健康管理的功能。老人社区福利中心主要服务辖区内的老年人，一般由健康管理师提供主要服务，内容涵盖健康教育、保健服务、健康体检、家庭医疗指导等。日本在精细化和专门化方面的很多做法也值得我们去学习，针对不同需求的人群增设了夜间应对型上门护理、认知症专门日托照护机构、小规模多功能型居家护理等社区服务。当然，日本的高质量医养服务根本上还是与医疗和长照险的广泛覆盖、完备的老年人能力评估体系以及专业人力资源开发系统所分不开的。澳大利亚则是侧重于以家庭医生体系为主展开。家庭医生团队由家庭医生、营养师和康复师等组成，定期对养老机构和居家的老人进行身体评估。营养师会对老人的营养状况和吞咽功能进行评估并制订饮食计划。康复师会对老人的肢体功能、生活能力等各方面进行评估，根据评估结果制订康复计划，将康复计划融入到老人生活的各个环节。

2.PACE：综合性老年健康护理计划

如果整合照护理念以及日本和澳大利亚实践提供的是碎片化的借鉴，美国的 PACE 项目则是理论结合实际的系统化案例。美国综合性老年健康护理计划（Program of All inclusive Care for the Elderly, PACE）发源于旧金山，由非营利性健康服务组织 On Lock Health Services 于 20 世纪 70 年代发起，初衷是参照英国日间医院模式建立社区日间医疗护理中心，服务于有切实需求但不愿或不能够入住护理院的老年人群。随着需求的凸显，后续增加了家庭支援服务、基础医疗服务，进而为患者提供长期的急性病、慢性病医疗服务。初期 On Lock 模式接受医疗保险和医疗救助的共同试验性出资而运行，1986 年美国政府通过立法在全国建立起多个 PACE 示范项目，并正式规定医疗保险和医疗救助为其买单。1997 年，PACE 被确立为美国医疗保险支付范围内的永久性服务项目。

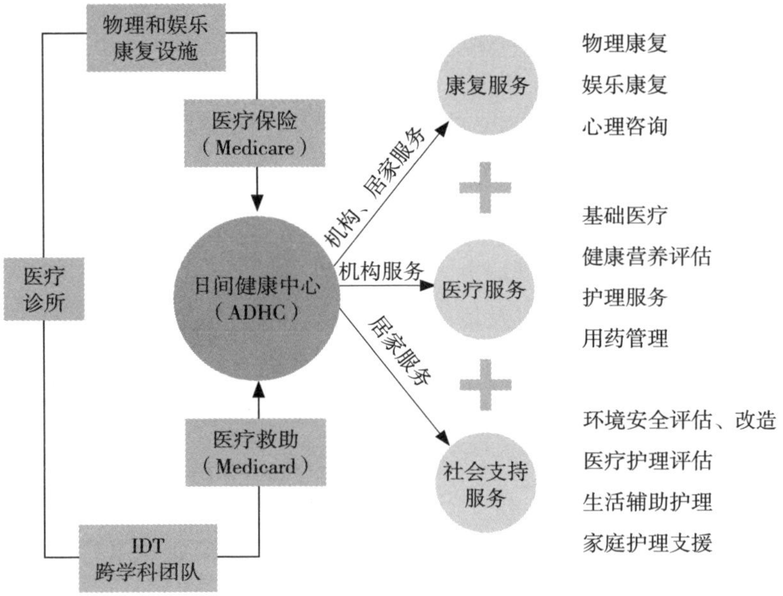

图 5–14 美国 PACE 项目模式示意图

PACE 项目的核心服务中心是建立在社区的日间健康中心（ADHC），主要有医疗诊所、物理和娱乐康复设施和社交活动区等物理空间以及专业的跨学科团队（IDT）组成。依托日间健康中心（ADCH）提供医疗服务、康复服务和社会支持性服务等贴合实际需求的三类高频刚需服务内容。PACE 项目的发起建设者多是像医院、社区健康中心等从事医疗养老相关行业的人士，依照规模大小投资从一两百万到上千万美元不等，投资回报周期在 4～6 年。

（1）加入标准。

年龄在 55 岁及以上；居住地点在 PACE 的服务区内；经由医疗救助机构鉴定为符合所在州入住护理院标准；加入 PACE 后只能接受该中心内工作人员及医疗机构的服务。

统计数据表明，PACE 中心的入住者平均年龄超 80 岁，人均患有 7.9 种疾病且有 3 种日常生活活动能力受限，平均生存期为 2.5 年。对这些达到入住护理院标准却选择 PACE 项目而居家和社区照护的老年人，PACE 中心在他们的最后阶段更关注其生活质量，尽力满足其健康愿望，使其能够在愉悦的状态之下度过。

（2）提供服务的主体。

PACE 服务主要是由医护人员组成的跨学科团队（IDT）提供，主要包括全科医生、护士、药剂师、康复师、营养师、护理人员和社工等。它不仅为患者提供基本的医疗、护理服务，而且会对患者的健康状况进行定期评估并开展讨论，以制定最适合患者的医疗和照护方案。根据服务提供的场所不同，服务提供者也有所区别。居家养老的服务提供者分为正式照护者和非正式照护者，正式照护由护士和护理员承担，非正式照护由家庭成员承担，医疗服务由家庭医生承担。

PACE 中心内的工作人员与客户的比例一般为 1：2，临床工作人员与客户比例为 1：4 左右，临床工作人员占所有工作人员的比例为 49%，其他工作人员为管理人员或维护人员和厨房工作人员。

（3）主要服务项目。

除了提供医疗服务、康复服务和社会支持性服务等，PACE 中心还会提供一些特色服务，如定期为患者进行健康评估、营养评估以及用药管理。提高生活质量、进行临终关怀也是 PACE 中心的一项重要内容。

根据需要患者每个月需要到日间健康中心（ADHC）进行 4～12 次机构内的医疗和康复治疗，其余时间享受居家的护理服务。需要特别指出的是 PACE 中心提供从居家到日间健康中心（ADHC）全程的交通服务，这样解除了家属的负担和患者的不便，虽然是一项辅助性服务但在整个体系里起到重要的支撑作用。

（4）费用支付。

医疗保险和医疗救助每个月可以为符合条件的患者提供几百到几千美元不等的费用报销，达到了每个患者 PACE 项目月花费的 50%～80%，不足的部分由患者家庭自行承担。

三、“健康中国”背景下的“医养康养”结合

2020 年 10 月，党的十九届五中全会通过的《中共中央关于制定国民经济和社会发展第十四个五年规划和二〇三五年远景目标的建议》和 2021 年 12 月国务院发布的《“十四五”国家老龄事业发展和养老服务体系规划》均提出“积极应对人口老龄化国家战略”“构建居家社区机构相协调、医养康养相结合的养老服务体系”。在国家顶层设计构架之下，“积极应对人口老龄化”和“健康中国”双国家战略在“医养结合”和“老年健康服务体系”行动计划之上实现了交叉和融合。进而有了“医养康养相结合的养老服务体系”暨“医康养融合”养老模式。

“医”+“养”的医养结合本质是要解决养老服务场景下，老年人群在相同时空中便捷获取必要的医疗服务的问题。此处的“医”也是医疗叙事中急性病期之前的健康管理（预介入、早发现和慢病管理等），以及急性病期以后的康复护理。在老年人群这个特定群体上，“医康养”的“康”是健康管理和康复两项内容的代表，把模糊不清的医养结合中医的内涵和外延做了更明确的阐释。“医康养融合”发展从社会、经济和市场等角度均具有积极的意义。“医康养融合”把传统观念中医疗应有而未有的短板部分进行了补全和突出，有利于全社会改变观念重视健康和康复。健康管理和康复治疗工作的切实推进又可以与“医”和“养”协同发展、互相补充，增加社会整体效益，也是对“健康中国”和“积极老龄化”国家战略的有利支撑。“医康养融合”从全生命周期的角度来看，可以减轻和降低医和养的负担，为个体和国家降费增效。国际经验表明，随着人均 GDP 超过 10 000 美元，全社会对健康等美好生活需求将快速增长。在老年人这个“医康养”需求最集中的群体中提前谋划解决问题、满足需求，将产生广泛的现实价值和意义，也有益于老龄产业的整体发展。

“医康养融合”只是对现有政策、观念和认知延续继承基础上的一种精准升级，与既有的方案和做法现实中并不矛盾。但“医康养融合”对硬体设施要求和软性运营管理等均提出了更高要求，适宜于在限制较少的条件下进行有益的尝试和探索，在取得一定的经验和积累基础上再总结提升而后推广，

将产生更深远的意义。

四、“医康养融合”案例——天津中福活力健康港

中福活力健康港（以下简称“项目”）位于天津市滨海新区中新生态城，整体建筑面积20余万平方米，于2015年启动开发建设并于2018年陆续呈现和投入使用运营。项目的各项设施和服务为本项目以及可辐射的中新生态城区域老年人群打造了一种“机构—居家—社区”一体化“医康养”乐龄生活方式。项目整体规划借鉴美国CCRC持续照料退休社区模式并结合中国文化和家庭传统，为中老年人群提供从健康活力到需要专业介护阶段的全周期居住设施以及“医康养”融合的产品和服务，形成更适合中国实际的复合型CCRC医康养融合发展模式。

图5-15　项目整体效果图

项目在硬体的规划、设计和建设以及软性服务运营管理等方面均为“医康养融合”奠定了很好的承载基础和服务规划，保障了各类服务的具体实现。

（1）“医康养融合”的规划和空间保障。

“N+1”整体功能布局：其中“N”为多个居住板块，“1”为集中的提供医康养服务的运营核心板块。

“健康时空行为”规划：以最大化居家居住为核心，从长者的健康状态变化出发，在时间和空间以及行为场景多个维度做出规划。一方面在居家固定空间内以基础适老化和潜伏设计（不显现后期装配加装）为基本呈现，随时

间推移、健康变化而对适老化程度和空间场景有新的需求后可以较容易地提升适老化水平和空间变化；另一方面时间和健康变化造成居家空间不能承载需要时，可以在项目内实现居家向社区和机构的空间转移。

①四级服务空间。

从项目整体层级逐级渗透到社区里的每个住户共设置四级服务空间，从而可以使医康养服务体系能够高效、完整、秩序化地触达，使医康养服务的人员、信息、物资等顺畅传递和流通。

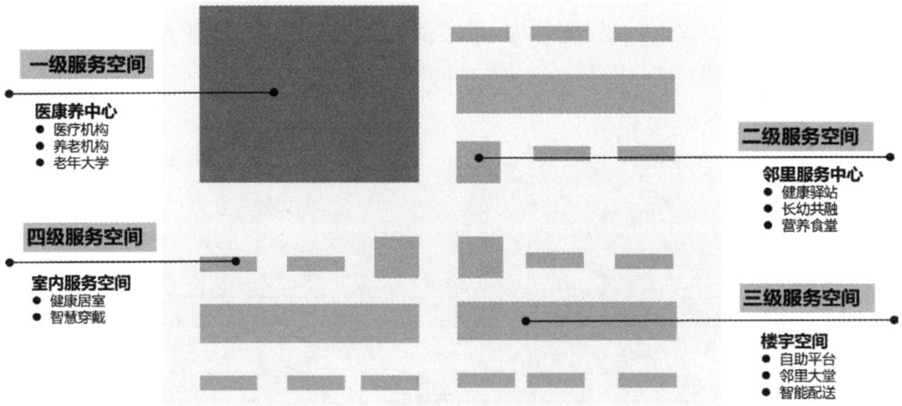

图 5-16 四级服务空间示意图

一级服务空间：医康养中心是为整个项目服务并辐射区域周边，引入了日本美邸、丹麦哥本哈根大学脑损伤中心、日本 Mediva 和中福乐龄等合作方，运营有认知症照护中心、康复医疗中心和老年大学，并规划有护理型老年公寓和认知症村等项目。

二级服务空间：邻里服务中心是组团级的服务空间，内部有健康驿站、日间照料、营养食堂和长幼共融等功能板块。

三级服务空间：楼宇、楼栋服务空间以健康自助服务和日常生活便捷服务为主，兼顾服务辅助空间。

四级服务空间：室内服务空间是各种居家智能健康设备的集中承载地，通过智能家居控制和弱电系统，收集居民的生活数据，接收报警信息等，为社区居民定制个性化的健康生活方式。

②场景化功能景观。

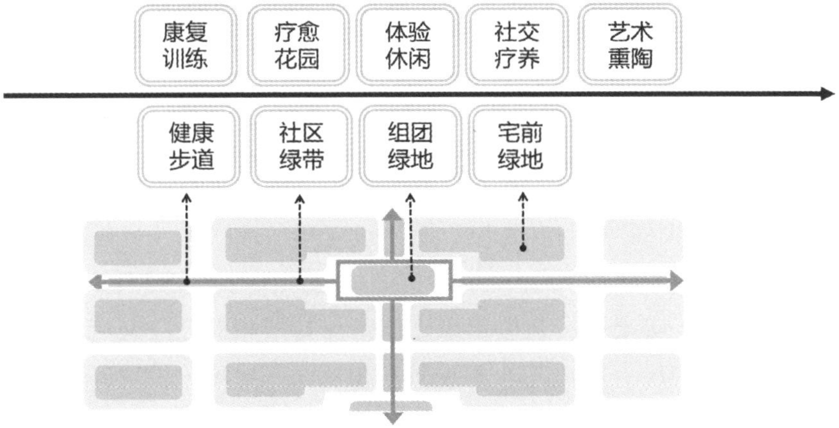

图 5-17　场景化功能景观示意图

根据景观都市主义理论，将景观和社区视为整体，不仅将景观作为审美表象，更将其作为社区多功能的载体，随时间变化而转换、适应和延续，支撑医康养融合社区的规划发展。

图 5-18　康复训练景观实景图

图 5-19　疗愈花园景观实景图

图 5-20　社交疗养景观实景图

图 5-21　体验休闲景观实景图

以场景化事件为场地组织的线索，通过连续打造的健康步道、社区绿带、组团绿地、宅前绿地等生态景观作为组织、连接社区空间的核心手段，让环境参与生活、健康和医疗。

（2）“医康养融合”的模式设计。

为了满足“社区—居家—机构”层面完整的医康养融合服务的实现，又能够兼顾不同服务体系的特殊需要，分别设置了医疗机构（康复医疗中心）、养老机构（养老服务中心）、小规模多机能机构（日间康复照料）和乐龄生活组织（老年大学）等架构。这些组织之间既保持了相对独立又有统一客户服务中心，每个机构统筹协调其业务线服务在社区—居家—机构间的开展和管理。医疗保险、长期照护保险和一定的公共卫生等政府补贴可以部分解决支付的问题减轻老年人群和家庭的负担。

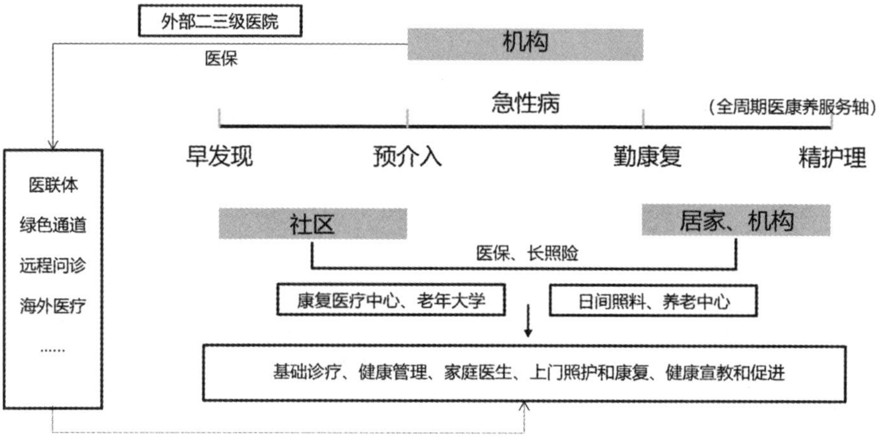

图 5-22　全周期医康养服务模式示意图

在专业性要求较高的医疗方面，社区内可以满足日常的基础医疗和慢病管理等，急性病和重疾等也可以通过康复医疗中心与外部的优质医疗资源实现便捷链接。

在整个模式的实际落地过程中，既要保证“医康养”服务的完整性，同时也不是不计成本的大而全。像医疗板块的康复医疗中心是国家卫健委在医养结合和社区居家康复方面鼓励发展的独立设置医疗机构，相较于传统医院的投资很小、功能切合，可满足高频刚需医康养需求。同时，康复医疗中心作为医疗机构可以起到小平台和链接器的作用，对外与国内外优质医疗资源协作引入更高层级和水平的医疗服务。老年大学定位为乐龄生活服务，与传统老年大学也有很多不同。首先校舍空间上施行分布式教学而不是集中一地，把很多闲置和利用率不高的空间以分时共用的形式利用起来，降低了投入也便捷了分布不同区域老人的就近上课。

（3）“医康养融合”运营管理。

全周期医康养服务模式保证了医康养服务内容的覆盖面和有效达到，除此之外在服务特色和质量保证以及精细化等方面项目做了很多创新性尝试。

①与国际优质资源合作引进服务体系

与国外成熟和先进的合作方在中国进行项目和运营的落地，实现较高起点和弯道超车效果。比如，与丹麦哥本哈根大学脑损伤康复中心合作在康复医疗中心内引入其完整的硬件设施和软性服务体系、与日本美邸合作共建和运营日式 Group Home 认知症照护中心，引入日本 MEDIVA、日本野口医学研究所等在小规模功能机构和海外医疗等方面实现突破。

②联动开放式运营项目和客户

“医康养”的康复医疗中心、老年大学、日间照料中心、养老中心等各类机构是以“客户服务”为枢纽进行充分联动发展，可以实现一个客户多重服务。同时，除了服务项目自身的客户之外，这些机构又是对整个区域开放运营的，实现开放式运营。在整个效果上基本达到了老年大学拥有整个区域的近万人会员和学员，由医疗机构为其建立健康档案和进行健康服务并可享受营养配餐和日间康复等服务。老年大学又充分为项目内的住户提供乐龄生活和互动形成良好互动。当然也实现了大量的区域内客户选择入住项目的效果。

③运营智慧科技提升效率和效果

搭建智慧运营管理平台，实现各类服务和各个机构的统一化运营，同时也对最终的服务效果起到了保证。比如在三四级服务空间中使用了很多智能配餐、健康体检和人脸识别等技术既保证了终端服务的到达也可以实现终端数据的收集。

五、“医康养融合”案例——聚鹿活力健康中心

聚鹿是专业做康复治疗和智慧医疗器械的企业，积累了对医疗康复行业丰富的经验和认知。随着整个社会对“康复”和“养老”日益的重视和发展，聚鹿在“医康养”这片蓝海开拓出了一片小天地，创造了“聚鹿活力健康中

心”这一定位为大康复、小综合，以心肺康复为特色，链接医院、康养机构并辐射社区的专业康复中心。北京、天津和海南等地，在光大汇晨、椿萱茂和寿山福海等品牌企业的养老机构内建设多家养老机构嵌入式的活力健康中心（包含智慧康复室和活力健康促进中心），提供慢病预防性康复、肌骨及疼痛康复、心肺康复、神经康复、老年康复等多项专业康复治疗方案，还专门配套了有氧器械、力量器械、团课等专业健身功能区。聚鹿活力健康中心在立足机构、服务社区的“医康养”服务方面形成了自己独特的竞争力。为了解决老年人突出的多样化功能障碍造成日常生活能力下降影响生活和生命质量的问题，提供了系统的解决方案。

（1）柔性组合式康复模块搭建。

形成了心血管功能筛查模块、心肺适能评估/提升模块、神经—肌肉功能训练模块、中医康复模块、肌骨疼痛康复模块、床旁康复模块和特色治疗模块七大康复模块。各个模块均有完整的标准化体系可独立运作，也可以根据每个机构的实际情况进行组合搭建，形成特色项目。

（2）贯通“健康—康复”的多维康复体系。

开发了适用于活力老人、协助生活老人直至专业护理老人以及认知症等特殊老人，从日常健康管理（康复）到术后康复，集功能评估、失能预防、恢复期的康复方法为一体的帝纬尔康复体系。帝纬尔康复旨在Borg指数的负荷范围内运动，激活陷入休眠状态的神经肌肉，即让因老化而不能活动的肌肉或神经复苏，改善动作能力，从而令使用者对自己的身体及体力恢复信心。最终目的是使他们能够恢复到原有的充满生机的生活，行为习惯得到改善。

借鉴德国模式，融合心肺康复循证医学，研发独家卡赛迈心肺康复体系，从心肺骨骼肌肉适能检测、医学运动疗法、肌肉神经发育促进、呼吸模式重塑、肠道营养管理、行为认知GROW模型六个板块提升客户MET，预防疾病和治疗疾病。可为冠心病、慢性心衰、心脏介入手术、心脏神经官能症，代谢综合征、慢阻肺、肺癌术后、老年性虚弱等常见慢性病患者提供安全有效的全病程康复医疗服务，显著提高客户生活质量。

（3）承接“医”和“养”的枢纽。

中心嵌入在养老机构之内，承载机构内入住老人的日常健康管理和康复是它的基本智能，同时对外也链接外部医院和相关专家起到一个枢纽作用。有条件的中心开设了日间照料服务，可以为周边社区的有需要的老人提供日间照料和日间康复服务，这样也是类似于日本的小规模多功能机构的设置。

六、“医康养融合”助力健康中国和健康老龄化

随着中国社会老龄化持续加剧，“养老”的事就显得越来越重要了。从社会学的角度，老龄化社会可以通过达到一定年龄人口的占比标准来定义，但个体的“老”则不能简单地以年序年龄来标定。经济和社会发展带来的预期寿命的不断增长实际上造成了年龄的通胀，人类即将或已经进入一个长寿时代。我们站在长寿时代的视角来看现在以及未来，打破现有的时间和年龄间的简单关系十分必要，生物学年龄和健康状态都是对“老”评估的重要维度。中国的老龄事业是一个系统工程，老龄产业发展也需要一个过程，其中包括了国家层面自上而下的积极老龄化和成功老龄化制度设计和施政布局，以及企业组织层面自下而上的“医康养融合”因势而为。国家在医疗制度改革、长期护理保险制度和老年健康促进行动等各个方面均在稳步推进，也造就了很多企业和组织在这些红利助澜下的成功。企业组织在市场中竞争，要把握趋势也要不断创新创造价值，才能立于不败之地。总结国内外不同实践，“医康养融合”要想取得成功，除了具备基本的能力之外，在模式和组织等方面也要综合考虑以下情况。

（1）解决“医康养”融合的真问题。

“医”“康”和“养”每一个单独拿出来都是一个行业也都存在自己的问题，当然也有行业内的解决方案。我们要做的是对这三方面需求都比较集中的老年人群提供创新的服务和方案，在时间和空间上连续化、集约化、专业化融合三种服务于一体而解决真实的问题。拿“卒中”这件事来说，老年人群“卒中”发病率比较高，致残风险比较大，医疗救治、术后护理和康复等这些都是单点上的重要服务项目，但并不是“医康养融合”服务。能够评估和预判高风险人群，给出包括生活方式、定期体检、病情和紧急救护知识等预防方案并指导执行，真有不测也有及时响应和救治通道，术后可以方便地进行回归社会的康复治疗和护理，以上整合到一起的系统解决方案才是“医康养融合”方案。只有尝试去做不同的事，才能够得到不同的结果。

（2）找准社区、居家和机构场景的不同切入点。

按照“9073”的政策体系来看，社区和居家是整个养老体系中的绝对主宰力量。可根据国家和各省市发布的规划来看，几年内养老机构医养结合服务要达到全覆盖。三种场景对于“医康养融合”的侧重点以及组织实施的难度等也存在不同，需要根据自己的实际情况提前进行预判找准切入点，实现

可持续的发展。比如居家场景的医康养融合与“互联网 + 养老”“物业 + 养老”等具有较强的契合。

（3）激发主体性，改变被动服务观念。

“医康养融合”是一种贯穿疾病预防和早发现、慢性病管理、维护促进健康，延迟和减缓内在能力下降趋势，优化疾病变化轨迹，改善愈后的全生命周期系统解决方案，很多环节都是有赖于家庭、社区和机构（养老机构和医疗机构）的参与。只有充分激发各个主体的能动性积极参与方能取得整体的成功。最近几年兴起的互动式健康保险以及很多地方都在尝试的时间银行等工具和方法在适用的情况下是一些不错的选择。

社会整体在变老、个体越来越长寿，百岁人生渐渐成为多数人可及的梦想。也许我们须要站在长寿时代和百岁人生的角度透视“医康养融合”价值更高。中国的康养事业步入第二个十年，新的征程需要一批批有情怀、会创新、敢实践的伙伴们一起拼搏努力，但愿“医康养融合”能为我们提供一条可选之路。

执笔作者简介

刘宏斌（1982）

天津市远程医疗协会健康养老分会副会长

中国微循环学会神经病变学会医养结合分会理事

共青团“青年之声　青春创客”创业导师

认知症友好使者（Dementia Friends）

十余年医康养领域从业经验，致力于“医康养”融合的理论和实践，先后参与和完成多家CCRC医养社区、城市医养综合体、医康养结合型机构、认知症专业照护中心、康复医疗中心等项目的全周期工作。热心参与认知症公益事业，积极以公益项目、讲座和活动等形式传播认知症友好化理念、唤起社会对认知症的更大关注。推动医康养融合服务模式在“机构—社区—居家”层面的组织化分布式创新实现。

第四节　养老 + 医疗之养老机构在医养结合运营中的服务供需 *

自 2013 年养老产业发展元年至今，作为一名养老从业者及实践者，亲身感受到了国家及各级政府在推进养老行业发展中的力度以及各项政策变化带来的各类养老项目运营模式和服务的变化。

记得 2014 年年初入养老行业的时候，由于行业太新，国内可参考的具有借鉴性的案例寥寥无几，成功的经验更是少之又少。作为新入行的从业者，在最初的 1～2 年内，我们所听到的或是借鉴的经验分享大多来自国内的大型养老展会或是交流会，当时主推的机构运营案例的发言都围绕着山清水秀建养老，比如老年人需要良好的生态环境、绿色食品、中医养生等，因此推崇的项目多数都坐落在较为偏远的地方。后来陆陆续续，越来越多的养老人开始回归理性，提出养老要回归家庭和社区，老年人离不开医疗，更离不开家庭。在本节的开篇，笔者还是要先介绍一下我国养老的现状及近几年来医养方面的利好政策。

一、我国养老现状

谈及养老，我们首先想到的就是“9073”和“9064”的概念，即 90% 的人居家养老，7% 的人社区养老，3% 的人机构养老。按照国家统计局 2021 年 5 月最新发布的第七次全国人口普查公报中显示，2020 年，大陆地区 60 岁及以上的老年人口总量为 2.64 亿人，已占到总人口的 18.7%。从联合国人口学会编著的《人口学词典》对人口老龄化的定义来看，当一个国家或地区 60 岁以上人口所占比例达到或超过总人口数的 10%，或者 65 岁以上人口达到或超过总人口数的 7% 时，其人口即称为“老年型”人口，这样的社会即称之为“老龄化社会”。我国从 2000 年就已经步入老龄化社会了，老年人口比例在过去二十年已经增长了 8.4 个百分点，近十年尤为显著，增加了 5.4 个百分点，

* 本节由北京瑞安天成健康管理有限公司总经理高珊执笔。

可见老龄化速度之快。

伴随着老龄化的到来，失能人口老龄化的挑战也随之而来。在 1987 年，中国失能人口年龄段分布均衡，但是到了 2006 年，失能人口分布开始向老年人转移。研究估测，2020 年，中国有 1.0867 亿到 1.0879 亿失能人口。到 2030 年，这个数字预计会增长为 1.3624 亿人到 1.3674 亿人。在 2020 年，我国失能老龄人口达到 5271 万人，预计到 2030 年，失能老龄人口在总失能人口中的占比将超过 57%，也就意味着我国失能老龄人口将超过 7765.68 万人。如果不施加预防和控制措施的话，这个比例将在 2050 年进一步增长到 70% 以上。老龄化的加速，失能老人的护理需求增加，催生了银发产业的发展，也促使从业者们不得不思考，如何打造符合本土国情的养老产业链条。

二、部分养老及医疗利好政策的解读

近三四年，可以明显感受到国家政策在居家和社区养老服务上的倾斜以及在民营企业进入养老行业的准入条件上的放宽。比如国家在《“十三五”国家老龄事业发展和养老体系建设规划》中明确提出要建设以“居家为基础、社区为依托、机构为补充、医养相结合”的多层次养老服务体系，医养结合的提出，填补了传统的养老服务业中缺少“医”的空白。再如 2018 年年底修订的《中华人民共和国老年人权益保障法》取消了养老机构设立许可，同时建立了备案制度，极大简化了开办养老机构的流程并缩短了时间，为立志于进入养老行业的投资人打开了新的局面。

2022 年最新出台的《“十四五”国家老龄事业发展和养老服务体系规划》中对于深入推进医养结合服务给与了相应的政策指导，这其中包括鼓励大型或主要接收失能老年人的养老机构内部设置医疗卫生机构，并将养老机构内设医疗卫生机构纳入医联体管理并给与合理核定养办医的医保限额。此外，对于提升医养结合服务质量方面，也强调了标准规范体系的建立、医养结合信息管理系统的完善以及推进“互联网 + 医疗健康”“互联网 + 护理服务”“互联网 + 康复服务”等智慧医养结合服务。在医养结合提升专项行动中明确了主要目标客群及服务细化内容，比如重点人群为失能、慢性病、高龄、残疾等老年人，医养结合的服务在兼顾日常生活照料的同时，还应该包含健康教育、预防保健、疾病诊治、康复护理、安宁疗护等。从本次的规划中，已经明显感受到国家对于老年群体医养结合服务的重视。

本节笔者就已经覆盖 97% 的居家及社区养老服务的发展进行探讨，仅想结合自己过去 8 年的从业经验，对机构养老运营中的医养结合服务供需进行分析，希望切实从长者客户需求出发，为广大养老从业者、爱好者及投资人提供部分素材，供大家参考。

三、机构养老客户的需求

谈及机构养老，养老院三个字就会跳入脑中，很多人也会把是否让父母住进养老院和孝顺联系起来。的确，从目前的数据来看，仅有 3% 左右的老龄人口会选择机构养老，这点不仅仅体现在我国，美国、新加坡、日本、丹麦等国家也遇到类似的情形，大多老人在身体状态尚可的情况下，会因为费用相对较低来选择居家养老，那么到底哪类老年人会选择在机构养老呢？

通常情况下，我们认为，会居住在养老机构的老人大多数都是刚需老人，且整体年龄偏大，像笔者所管理的新松茂樾山（哈尔滨）医养社区项目，老人们的平均年龄已达到了 84 岁，从某种意义上讲，我们称其为“老老人”也不为过。而这里所讲的刚需会包括三个不同维度，第一是家庭构成造成的刚需，比如子女长期不在身边的高龄老人，失独老人；第二是专业性造成的刚需，比如失能及半失能型老人、认知症老人等，尽管子女在身边，却无法提供专业连续的照护服务；第三是费用造成的刚需，有些尚属于自理型但年龄较大的老人，对于每日三餐、定期打扫、参与活动等服务是有强烈需求的，而在家请保姆养老只能保障吃饭、居室清洁等部分需求，当下保姆的市场价格又不低，从性价比上来讲，住在机构更有保障。

图 5–23　新松茂樾山（哈尔滨）医养社区外观图

作为服务型行业，清晰地认识到客户群体的需求是十分重要的，毕竟我国的养老行业已经走到了第九个年头，市场上各类型养老院也都多多少少有了自己的运营模式和心得，不停发现问题，细化服务，提升服务的性价比才是未来在同行业中竞争的优势所在。

当可以基本清晰地定位客户时，我们就来聊一聊那些入住在养老机构内的老人们的切实服务需求。

1. 生活服务需求

这点其实不难理解，笔者将其归纳为三个方面：首先是一日三餐，民以食为天，吃饭是养老机构运营中最为重要的一项服务，三餐的制作看似简单，却也是接到日常投诉最多的服务。老人们因为个体差异对饭菜的种类、口味、样式、分量的要求不同，这给机构运营管理人员们提出了挑战。其次是良好的居室环境和公区环境。最后是生活照护服务的需求，老年人随着年龄的增长，伴随着身体上的各项器官功能的衰退，骨骼的老化，身心健康等变化，陆陆续续的都会出现照护的需求，照护需求也会围绕着日常的吃饭、穿衣、上、下床、如厕、室内走动和洗澡而出现，部分刚入住到公寓的自理型老人，或是我们称之为活力型老人也会随着时间的推移，逐渐开始转向护理型老人。

2. 连续的健康管理服务需求

经过多年的养老项目运营经验，我们也将医养结合中“医”的需求归纳成以下几个方面。

（1）慢病评估与管理。

上面我提到过，能够居住到养老公寓里的老人，通常都是“老老人”，这类人群已经呈现出了机体功能减退、脏器功能下降、免疫及认知功能低下等特点，不但如此，他们还通常呈现出多种慢病（如高血压、Ⅱ型糖尿病、COPD、冠心病、恶性肿瘤等）共存及多种老年综合征表现的特点，而大多数慢病是不可逆且长期伴随的，使得老年人对于慢病管理的需求凸显。

（2）居家康复需求。

老年人随着年龄的增加，肌力会减退，而心脑血管疾病在众多疾病中占比又很高，通常此类疾病的后遗症也会造成老人部分肢体障碍，影响其行动能力。老年人对于可以在机构内进行日常的康复训练是有着强烈需求的，但是碍于需要专业的康复师和康复医生来协助和指导，且周期性较长，所以基本很少能看到养老机构内部开设此项服务。

（3）外出陪诊及出入院陪伴需求。

外出陪诊的需求其实是笔者的项目在运营了相当长一段时间后才总结出来的。举例来说，居住在我们项目里的老人平均年龄都在84岁以上，且他们多为省内的退休干部、大学教授及医院医生等高知群体，儿女们基本都在海外或外省工作或生活，留在本地的儿女基本也过了退休年龄，而老年人就医需求又很旺盛，但是他们基本不具备自行预约、挂号、开单、缴费及拿药的能力，家属也很难抽出精力来陪伴，这也就催生了陪诊服务的出现。

（4）紧急救助服务需求。

从事养老运营的人可能都不陌生，我们的工作人员经常会被问到的问题就是：老人出现突发情况时，养老机构的处理流程是什么？我们注意到行业内不少养老公寓或是养老院并没有设置专职的医护人员在院内，这可能与专业人士的招聘难度及运营成本有一定关系。在运营中，老人突发疾病的救助通常是拨打120转院。但实际上，有事儿就送120的做法并不能得到老人及老人家属的认同，相反会为机构运营的口碑带来一定负面影响。老人和家属更希望当有身体突发事件出现时，可以先在公寓进行初步判定及救助，在与家属充分沟通后再做判断。疫情常态化管控期间这点尤为重要。

3. 活动及社交需求

（1）精神慰藉需求。

入住公寓的高龄老人们，尤其是独居长者，平时在缺少儿女陪伴的情况下，容易产生孤独或抑郁的情绪，加之身体上的衰退和病痛的影响，情绪上如果无法得到及时疏解，很容易造成抑郁症的形成，更为甚者则会开始怀疑身边的邻居、家人或是工作人员，长期以往，精神状态上会出现异常，此时社工的介入就至关重要了。

目前我国各大高校已经在社工专业上培养了一定的专业人才，但是实际情况却是大多数社工专业毕业的学生并不一定愿意从事对应的专业工作，老年人社工介入的专业程度有待大幅提升，而愿意从事养老行业的从业人员却短缺且年轻化不足。

（2）文娱活动需求。

公寓式养老和居家养老最大的区别是，公寓里有很多老伙伴们可以一起参加活动，而适当的文娱活动会促进老年人的身体健康，带动积极向上的情绪，排解独自在家的寂寞。

（3）社交需求。

亚里士多德曾经在其著作《政治学》中提出过，人是一种社会型动物，人的情感、认知和行为会不知不觉受到社会和群体的影响，可见，社交是人的基本需求之一，尤其是退休后逐渐步入老年的人群，由于其生活和工作发生了重大的变化，空闲时间突然变得很多，而如何去填补空白的时间就是作为机构养老管理者需要着重思考的问题了。而社交的充实感会让老年人有被需要感，对于缓解老年群体的忧郁有极大的好处。

四、养老机构的服务供给

本节开篇所讲，我们想谈谈医养结合机构的供需关系，在需求较为清晰的前提下，如何对应需求提供性价比最高的服务。服务满足，费用过高，消费者不会接受；费用低廉，服务不到位，消费者也不会接受，所以供需之间的平衡是机构运营者需要细致思考的实际问题。

上文花了一定的篇幅来讲在项目实践中总结出的老人及家属对于居住在养老公寓的需求，这些需求对于指导一个机构如何完成医养结合服务的搭接至关重要。对于我国的机构运营而言，笔者认为，适当地借鉴发达国家的优秀经验是必要的，比如欧美国家、日本，因为养老产业的成熟度较高且成体系，可以学习的经验还是很多的，比如功能规划、细节设计、服务温度、职业性等，但是借鉴不等于照搬，国情的不同，医疗卫生体系的不同，从业人员的能力和水平不同，对于指导本土养老机构的运营是有巨大差异的。机构运营大量的成本来自人工，如何最大效力地发挥从业人员价值，如何打造性价比高且适合本土需求的服务来平衡机构运营成本和消费者满意度，是从业者需要深度思考的内容。

养老机构的整体规划、构建和运营从大类上来讲需要同时考虑硬件和软件环境。

首先是硬件部分，对于计划投资或是运营实体养老机构的朋友们，笔者建议，如果您之前没有养老相关的经验，在硬件环境打造之前，建议您选择一家从事过养老设计的公司来完成这部分内容。毕竟养老设施的改造不但要充分考虑其功能设施，还需要考虑大量的适老化设计，而一次的改造、装修及软装配置的成本不是小数目，设计上的不恰当和不充分会直接影响后期的运营效率和风险。

接下来，重点来谈谈机构运营的软性服务，即提供哪些服务才能满足客户的需求。

1. 生活服务

（1）营养膳食。

老年人的膳食要考虑的因素比较多，这与个体情况有直接关系，通常情况下，老年人膳食整体要做到适当控油控盐，主副食搭配品种要丰富，对于特殊个体，还需要根据其自身情况提供特殊膳食，比如糖尿病、高血压、尿酸高、便秘或是吞咽咀嚼困难的老人，对于膳食的要求都是有所不同的。这也就要求机构的厨师团队不但得有异于常人的耐心，还要兼具菜品的口味、样式及营养于一体综合考虑每个阶段的菜单。

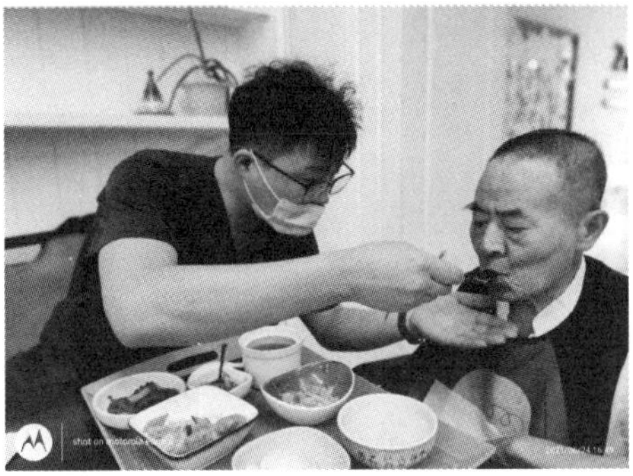

图 5–24　项目护理员协助老人用餐

图 5–25　项目护理员陪老人户外行走

（2）家政服务。

房间的打扫需要根据老年人的能力等级情况而加以区分，比如能力完好的老人，基本上每周两次固定的家政和周期性的室内大清洁是必须的，机构内的管理人员通常会鼓励有一定生活能力的老年人尽可能地参与到家务劳动之中。对于护理型的老人而言，机构的家政服务要做到衣物床品随脏随洗，室内随脏随打扫的要求，保证房间和公区不出现异味。

（3）生活照护。

所有计划入住养老机构的老年人都需要在入住前完成老年人能力评估，这项评估涉及三个不同维度，第一是日常生活活动能力（ADLs）评估。第二是精神状态与社会参与能力评估，第三是感知觉与沟通能力的评估。评估人通常会是第三方评估公司或是本机构参加过老年人能力评估的的护士、医生等专业人员担任，他们会根据老人日常生活活动能力得分情况确定区间，再分别结合精神状态与社会参与能力以及感知觉与沟通能力得分情况确定老年人能力等级，并以最严重的老年人能力等级为最终评定结果，结合老年慢病综合征的评估及慢病的实际情况，再给出对应的护理计划，护理计划会根据老人的个体差异及慢病情况有所不同。

生活照护是一项非常专业、连续且细碎的服务，并不像传统想象的在家中请一位保姆就可以完成的。首先机构中从事生活照护的服务人员，我们称之为护工、照服员、照护员或护理员等，这类人员是需要定期进行护理员培训并取得培训资格证书才可以正式上岗的，拿一个公寓内常见的轮椅转运服务操作步骤举例：

通常完成一项轮椅转运的服务，护理员要记住以下8个步骤并用于实际的操作之中：

①检查轮椅性能（轮椅架、车轮、轮胎、靠背、脚踏板、扶手、刹车），推车至床旁。

②刹车制动，翻起脚踏板。

③协助老人坐起，坐入轮椅。

能自行下床：站在轮椅背后固定轮椅→嘱老人握轮椅扶手→慢慢坐轮椅中部并向后靠。

不能自行下床：面向老人→双脚分开站立→屈髋屈膝→嘱老人双手扶在护理人员肩上→双手环抱老人腰部→协助患者立于床旁→协助老人转身坐入轮椅并向后靠。

④将老人双脚放置脚踏板上，使用安全带，盖毛毯。嘱老人后背向后靠，双手放在扶手上坐稳。

⑤放松制动闸。

⑥推送过程中注意与老人交流沟通，保证安全舒适并注意观察病情变化；进出门或遇到障碍物时翘起前轮，避免过大震动；下坡时，倒转轮椅，慢慢下滑；转弯时，提前告知老人“坐稳，扶好”并减速。

⑦至目的地，制动轮椅，翻起脚踏板，松解安全带，协助老人离开轮椅。

⑧再次检查轮椅，将轮椅推回原处，摆放整齐，以备下次使用。

这些看似简单的动作，却是机构运营中保持服务品质和护理安全的重点所在，如果护理员理论培训和实操不到位，一个动作出现失误，就会造成老人受伤或是其他连带性问题的出现，所以这块服务不容小觑。

2. 连续的健康管理服务

（1）慢病评估与管理服务。

笔者理解，养老机构中医养结合中的“医”并不是指为老年人治病，而是做好慢病及健康管理，虽然慢病不可逆，但是管理好了会一定程度上降低老人疾病恶化的速度，同时可以最大限度地保全其功能。慢病的管理要从评估入手，日常需要由公寓内的健康护理团队对其主要慢病指标及生命体征进行监管，通常这只服务团队会由医生、护士、社工、康复技师及多个专科医生组成，因为考虑到机构运营的成本及医疗人员招聘的难度，通常专科医生会采取兼职的方式，可定期通过线下巡房或是线上远程问诊的方式给与患有慢病的的老人进行个体化问诊，并指导下级医生开具医嘱来接续后续治疗或是建议其转出至上级医院进行周期性治疗。

国家卫健委在 2020 年 12 月颁布《关于加强老年人居家医疗服务工作的通知》，以及居家康复训练在内的居家医疗项目的推出，都为养老机构内医养结合服务的开展打开了一扇门。和早期单一的养老院服务团队相比，医养结合服务团队中是需要康复技师的加入的，对于机构的老年群体而言，康复是项长期且专业的医疗服务，传统做法都是患者去专科医院或是社区医院进行的，通常康复训练的时间少则 3 个月，多则 6 个月到 1 年不等，而恰恰这个群体及其家属是不可能长期往返于医院和养老机构的。笔者在管理的项目中设置了康复技师和兼职康复医生的岗位，医生会对居住在公寓内的所有老人进行康复评估，并根据大家的身体实际情况提供定期的团体康复训练或一对一的康复训练，尽管会增加一部分运营成本，但是对于老年人的肢体功能改善是有很明显效果的。

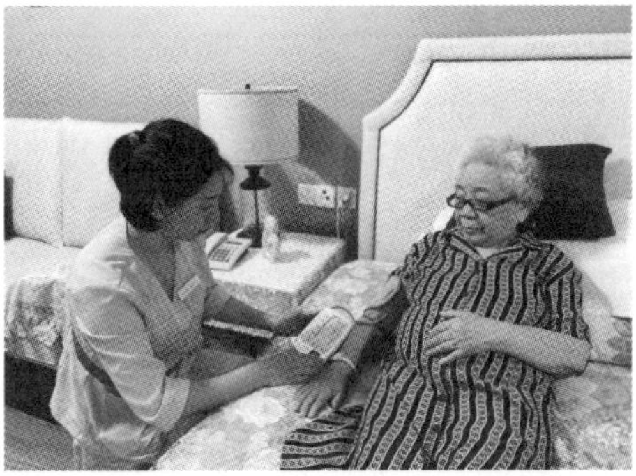

图 5-26　项目健康管家为老人测量生命体征

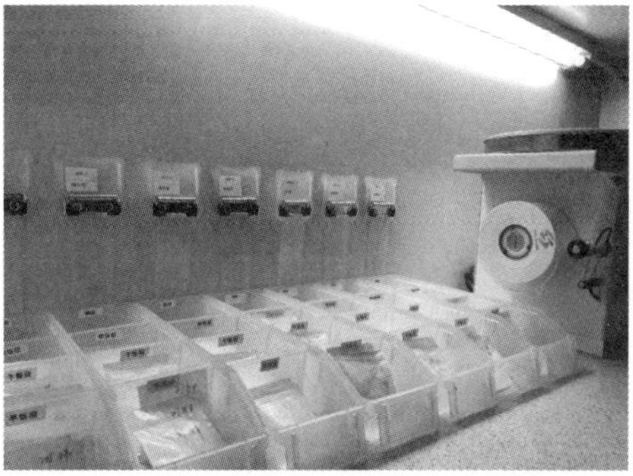

图 5-27　项目药品管理

（2）外出陪诊及出入院陪伴服务。

目前，从现今的养老市场上来看，很少有机构可以提供陪伴老人外出住院或看门诊的服务，对于运营机构这种劳动性密集型的服务行业而言，外出就医少则半天，多则一天，的确十分耗费人工产成本。但是从客户的实际需求出发，此项服务又是服务中的刚需，家属通常会因为工作的原因无法陪伴，而若是由不熟悉老人身体情况的人来完成的话，也无法与外院的医生进行很好的沟通。我们选择了由健康服务团队的护士做这项服务，以便于清楚地和外院医生进行病症及老人身体情况的沟通，减轻老人和家属对看病问题的困扰。

（3）紧急救助服务。

紧急救助服务是我们的养老机构在运营了一段时间后，通过大量的实际案例及与家属的沟通，最终决定必须要增加到机构运营中的重要服务。作为机构的运营管理者，能够让服务团队第一时间有效地处理老人身体突发情况是至关重要的。

在管理上我们要求公寓内的任何一名工作人员在任何地点遇到老人突发身体情况，都必须立即呼叫健康服务团队并准确告知事发具体位置，医护人员需在收到报警后第一时间达到现场并结合老人身体情况给予医嘱并进行救助。通常一大半的老人在健康服务团队的帮助下可以保持状态平稳并留在公寓内继续观察直至恢复，而小部分老人会因为其病症较重，在进行救助的同时，健康服务团队也会联系家属和拨打 120，通过绿色通道直接转运到公寓的上级医院进行急救。这期间健康管家（护士）也会全程陪同老人到外院办理入院手续，并与家属和上级医院医生进行老人身体情况的有效沟通。

在这样运营了一段时间后，我们也收到了如期的效果反馈，老人们对于有人陪护去医院以及在身体突发状况下的紧急救助表示安心和踏实。家属对于老人突发状况可以得到第一时间救助和告知并能够及时处置或是转送至三甲医院也是表示信任和放心的。

3. 活动及社交服务

养老公寓里面通常都会设置活动部或是社活部等专职部门，市场上运行的养老机构也基本能把适合高龄老人们的业余活动融入服务内容中，比如琴棋书画、唱歌、跳舞、节日庆祝等。其实，在一定程度上，丰富的活动的确可以排除部分长者想家或是孤独的情绪，并增加大家的兴趣爱好。但是，我们关注过不少的养老机构，活动参与并非强制，而机构中通常会有 1/3 到一半甚至更多的老人是不主动参加活动的，而恰恰是这一类老人才更需要工作人员密切关注。我们在运营的实际观察中可以发现，居住在机构内的老人有一大部分多多少少有些心理问题，比如抑郁，此时社工的介入就是十分必要的了。

老年活动的组织只是机构运营中的一部分内容，从业者还需要重点关注老人的精神慰藉和社交需求。比如为平时不喜欢参加活动的老人组织一对一的心理慰藉沟通计划，这个过程可能会耗费很久的时间，却十分必要。通过个案的沟通，可以清楚地了解老人的问题所在，也就是找到不愿意参加活动的原因，比如内向、无自信、社恐人士、思虑过重、单纯的不喜欢社交等，对于每一型的老人，社工人员都可以提出解决方案，通过定期的沟通，疏导，很多老人会开始尝试着走出自己的小圈子，学会和大家融合起来，还有一些老人经过疏导重新感受到了被需要，被肯定。

在养老机构的运营中，其实硬件条件相对于比较容易满足的，但是软性环境的创造是需要全体工作人员的投入，这里指的不仅是按照岗位职责做好本职工作，还有更多的是情感上的支撑和团队合作。通常，我们在养老机构中要营造出的整体氛围是“家”一样的感受却不乏机构中的专业性。员工和我们的老人们是每时每刻都在一起的，养老机构对于绝大多数的老人而言已经是他们晚年的“家”了，除非是极特殊事项，一般已入住的老人是不容易搬出的，但是一旦搬出率增多，其实运营方是需要先找自身原因的。笔者认为在机构中工作的员工均需要具备基本的三点品质，即爱心、耐心和责任心。入住养老机构的老人们日常的行动力、听力、视力等水平都已经处于衰退阶

图 5-28　丰富的日常活动（DIY 章鱼小丸子）

图 5-29　丰富的节日活动（端午节投壶游戏）

段了，而工作人员每日面对的除了自身的工作外，还有数不清的日常生活琐事，足够的耐心和良好的沟通能力是必要的。此外，我们对于员工的要求是不论你来自哪个部门，但在公寓内若发现任何一位长者需要帮助，均需要停下脚步协助长者处理问题。

经过实践的摸索，在我们充分了解供需关系后，多数的机构运营者会发现一个很重要的问题，长者的需求复杂多变且达到满意的难度系数较高，对于人员的职种安排及能力要求势必较高，综合下来成本很难维持整体运营，那么对于想投资或是从事医养机构运营的人而言，医养如何“结合”才能够作出性价比最高的产品呢？笔者想通过结尾段分享一下我们在运营中的几个重点思路。

1. 医养结合≠医院+养老院

首先，笔者认为，医养结合并不简单的等于医院+养老院，也就是说，尽管养老机构可以与周边或是指定的医疗机构签订医养结合服务协议，但这并不能涵盖客户想要的医养结合服务功能。其实医养结合更像是区别于医院和养老院业态而存在的第三种业态。医养结合中的“医”更多的重点是放到了老年人的身体评估、慢病及健康管理上，而非常规意义中说的“治疗”，而整个的慢病及健康管理过程又是严格按照PDCA的闭环逻辑设计的。

2. 医内嵌养的必要性

按照国家的政策要求，目前全国的养老机构都在和一级及二级的医院签订医养结合服务协议，并要求已经签约的医院应对长者进行建档、定期巡诊、咨询、康复、心理慰藉等服务。

从实践上来看，这种1+X的医疗机构签约N家养老机构的模式仅可以解决长者部分问诊问题，由于是外部医院的合作，所以无法满足机构内深层次且连续性的健康管理服务。

医养结合中的“医”的确是需要一个内置小型医护团队来提供7×24小时服务的，这支团队的核心全职人员至少要包括一名健康总监（护理出身）、主责医生和多名健康管家（护士）组成。同时各类兼职的专科医生，如心血管内科医生、内分泌科医生、神经内科医生、康复及中医医生、营养师等也是必要的，这些兼职的医护人员可以通过与外院合作的方式来实现。核心全职人员应该在公寓内工作，负责所有老人的建档、老年人能力评估及综合征及慢病评估、生命体征监测、喂药、集体康复活动、紧急救助、外出陪诊、生活照护、对接家属沟通等全方位一条龙服务，同时这支团队也要负责与签约医院对接，来完成老人定期的体检、拿药、化验等简单医疗事项的沟通。

这种将外部医疗机构可以提供的点状巡诊和咨询服务通过内置团队链接起来，基本可以实现连续性的健康管理服务，同时对于运营的养老机构而言，人工成本和服务的性价比是最高的，同时机构内住户的自身健康风险也得到了最有效的控制。

3. 医养结合需要远程支持

在医养结合服务的实践过程中，因为高龄老人基本伴随多种慢病，且同一种老年综合征表现可能是由多种慢病造成的，病情分析的复杂性和困难度很高，通常没有办法给与非常明晰且彻底的治疗方案，所以这对于健康服务团队的挑战会很大。

做过养老运营的管理者应该都清楚，养老行业的投资回报率较低，且投资周期较长，从运营成本及专业人员择业的角度考虑，聘请全职种团队的养老机构基本是不现实的。正因为如此，远程问诊及咨询的必要性凸显。

随着现代医疗的发展及医疗设备的迭代更新，越来越多的咨询和问诊可以通过远程实现，远程问诊可以使全国各地的医生资源效力发挥最大化，远程看片、远程用药指导及远程问诊咨询，可以为广大老年人提供一个足不出户问询名医的机会，同时对于在养老机构中工作的医护人员而言，也是一个在专业技能上被给与指导与支持的机会。

4. 医养结合服务需要管理系统的支持

机构运营中，老人档案的归集整理及后续查找是养老机构面临的一大难题，通常运营方面临的实际情况是记录翻找起来困难，资料一大堆，执行岗位的员工操作评判及主管监督无法做到及时且无漏洞，尤其是遇到新老员工的交替使得新员工在刚入职时基本不可能将已住老人的过往信息迅速熟知，随着运营的时间增长，对于管理者来言，仅仅依靠人工记录留存档案已经是低效的方式了。

但是对于养老机构而言，老人档案的更新及留存又是至关重要的，档案里面不仅仅包括了老人的入住合同，更重要的是包含了从入住第一天起直至其离开时的整个生活情况和健康记录，比如定期的评估、生命体征监测记录、喂药记录、生活护理记录、紧急事项的现场记录、每次出院在返院的记录、家属联络、特殊饮食记录等，每一项都至关重要。

软件的投入对于有一定经济实力且想未来走连锁化道路的企业而言是至

关重要的，国家近些年提出的互联网赋能实体经济，笔者理解，互联网最大的优势是可以解决数据归集及调取的问题，而这恰恰是运营机构用于提高整体效率非常适用的手段之一，同时对于管理者而言，也可以随时掌握团队的工作状态及工作完成度，最大程度管控运营风险。因为市场上做养老机构管理软件的厂家非常多，笔者的建议是根据自身机构的运营特点及实际情况，选择适合自己的产品及功能即可，完全通过软件来取代人工的记录也是不可能的，所以如何选择自己最需要的功能和产品，是运营管理者需要思考的问题了。

本节的最后，希望各位想从事养老行业或是即将进入养老行业的伙伴们，可以坚定初心，勇往前行。

参考文献

[1] Yanan Luo, Chao Guo, Yiran Wang, Xiaoying Zheng. Trendsand Challenges for Population and Health During Population Aging—China, 2015–2050（中国人口老龄化时期人口与健康的趋势和挑战（2015—2020)[J]. CCDC Weekly, 2021,/ 2 / (28): 521–522.

[2] 周洁 . 养老护理技术规范 [M]. 上海：上海科技教育出版社，2018：58.

执笔作者简介

高珊（1986）

北京瑞安天成健康管理有限公司总经理

“樾联健康”总经理

中国共产党党员

法国 NEOMA 高等商学院 IMBA 硕士研究生

新松茂樾山（哈尔滨）医养社区总经理

国际项目管理师（PMP）执照

社会工作师（中级）执照

健康管理师（三级）执照

中国老年学和老年医学学会老年综合评估分会委员

黑龙江医养结合服务与管理专家库成员

9 年医养行业从业经验，拥有完整的项目筹开期、运营管理、前期咨询等实战经验。其管理的新松茂樾山（哈尔滨）医养社区项目获得全国首批老龄健康医养结合远程协同服务试点机构、全国敬老文明号、黑龙江省第一批医养结合试点单位等称号。北京瑞安天成健康管理有限公司现为中国广播电视社会组织联合会“健康中国”宣委会康养委员会主持单位。

第五节 养老+人力资源之老有所养
——康养技能人才构筑触而可及的梦想*

中国的老龄人口已经有两亿六千万，老龄产业也可以说是一个巨大的朝阳产业，将“夕阳事业”打造成“朝阳产业”不仅需要政策的因势利导，更需要专业人才发挥生力军的作用。2000年我国才开始老年服务和管理相关专业的首批高专、高职教育试点，之后有63所院校相继开设了老年服务、管理等专业，但专业开设不仅多集中在中、高等院校，以职业型人才培养为主要方向，而且专业范围相对狭窄，并且这类院校仅占高职院校总数的5%，培养规模远远不能满足快速增长的社会养老服务需求。2018年《全国技工院校专业目录》中增设老年服务与管理、健康服务与管理专业，明确技工院校培养养老护理类技能人才的培养内容和标准，鼓励技工院校开设相关服务类专业。

河南医药健康技师学院作为一所老牌医药类技工院校，在当地有着医药类“黄埔军校”之称，成立于1979年，隶属于河南省人力资源和社会保障厅。学院基于原有医药类专业的雄厚基础，充分发挥优势资源，自2013年以来，着手健康服务类专业人才培养，着力于康养照护专业群的开发及人才培养模式的探讨与研究，现发展成为以服务医药与康养行业的专业化国家级重点技工院校。

目前，学院设健康与社会照护、健康服务与管理、康复保健、健身指导与管理等专业，建立培养掌握现代和中国传统康复技术、健康管理、健康照护、养老护理、育婴、保育等理论及操作的高技能人才的专业群，在服务康养照护行业方面形成合力，在校内资源方面实现共享，构建了康养照护专业群，探索出一条健康服务类专业人才培养的道路，弥补了相关人才缺口。

一、九层之台，起于累土

“收入待遇低、学历水平低、社会地位低，年龄偏高、职业风险高、流动

* 本节由河南医药健康技师学院副院长樊予惠执笔。

性高”的现象，使养老专业职业的魅力锐减，专业报考率、报到率也不高，报到后转专业学生数更是居高不下。养老专业具有较强的行业特征和要求，对人才的专业技能、职业道德、综合素质和价值观念都有很高的要求，养老专业人才培养面临着师资队伍建设不完善、实践教学体系不健全、专业课程设置不系统等诸多问题。

河南医药健康技师学院康养照护专业群在专业建设之初同样面临师资难题。记得当初几经周折，想尽办法仍然聘不到合适的康复课的老师，团队有医学背景的侯老师主动请缨，半天在学校上课工作，半天在医院康复科工作学习。一年的时间，侯老师顺利地考过了康复治疗师，同时发掘了很多具备教学能力的康复治疗师补充了外聘教师队伍。专业建设初期，团队老师们，几乎都曾放弃节假日，到养老机构参与不同岗位工作，为了更深入地了解照护职业、了解老年人，老师们和护理员同吃同住，老师们会连续几天穿着老人体验装，甚至穿着纸尿裤。一直以来，都是药院人干事创业、吃苦奋斗的精神，指引我们勇做难事、善做难事，在做难事中有所悟，有所得，有所成长。老师们用实际行动，诠释着什么是敬业、什么是奉献、什么是无畏、什么是担当、什么是精益求精的工匠精神。

现在，学院通过多种途径，化解师资难题，提升师资实力。一方面积极组建高水平专家团队。一方面引进新加坡、日本、法国等具有国际背景且经验丰富的一线技术人员补充教师队伍，组织团队赴匈牙利、俄罗斯等国观摩行业相关赛事，将国外先进的康养照护理念和技术融入教学和竞赛集训；另一方面，学院与德国多特蒙德大学签订了 10 年专业共建，与英国、日本多所院校、企业建立了密切联系，积极引进欧洲、日本的康养照护标准和理念，同时也为学生搭建了国际留学、海外就业的平台。

此外，在师资队伍培养体系建设方面，构建了完善的师资培养长效机制，促进专业教师的教学能力和实践技能的提升。结合学院师资情况，联合国内外行业企业专家，按“一体化”教师认定标准，构建“专家指导、骨干带头、结构合理”的“一体化”教学团队，并制定了“国际化”“一体化”教学团队建设规划及实施方案。制订了师资中、长期培养规划、年度师资培养计划、实施方案等，通过公开课、师资能力提升培训、实训基地轮训、企业顶岗实践等形式，逐步提高教师的职业能力。鼓励教师参加各级各类教师竞赛、技能竞赛，以赛促教，提升教学水平和实践技能。搭建教学资源平台，以老带新，通过开发康养服务类教材、参与国家及学院教学资源库建设等方式，不断打磨提升教师业务素养，优化师资队伍。师资队伍建设以教师的职业道德、教学水平、实践技能等为标准，从有利于选拔、使用、培养等入手，以专业建设和课程建设为目标，建立以专业群带头人、专业带头人、学科带头人、骨干教师和优秀青年教师等不同层次的梯级师资队伍结构，促进优秀人才脱颖而出，保证教师队伍有计划、有目标、有重点地发展。实施“培优计划”，从现有师资队伍中遴选有经验、有能力的教师作为重点培养对象，使其能够紧跟技术发展实际，强化市场意识，提高专业实践能力。建立专业带头人责任制，推进教师梯队建设，发挥专业带头人作用，老中青相结合，建立有效的团队合作机制。为保证师资队伍建设的有效、长效，制定了专业带头人培养考核制度、青年教师培养考核制度等制度，完善教师考核、评价、激励机制。通过引进来、送出去和内部培养等形式，不断完善引才、留才、用才的良好工作机制，结合专业改革，进一步加强师资队伍建设。

目前学院康养照护专业群拥有一支数量充足、结构合理、技能精湛、师德高尚的专、兼职师资队伍，有3名全国技术能手，10名河南省技术能手，1个省级技能大师。

二、师生共进，国赛夺魁

2020年，第一届全国技能大赛上，学院李翡玉莹老师获健康照护国赛精选项目金牌，胡弘扬同学获健康和社会照护世赛项目铜牌，为省市和学院争得荣誉。同时，也揭开了“健康和社会照护”的神秘面纱。健康和社会照护起源于英国，相对传统护理来说，更加注重人文关怀、人际沟通、心理疏导和健康教育能力，更能体现以人为本和对病人身心的整体评估和护理。然而，对于中国的从业者而言，在语言、文化以及创新和评判性思维能力方面存在较大难度和障碍。我国直至第45届世界技能大赛，才首次参与了该赛项。回首学院的参赛之路，从新手上路到获得一金一铜，成绩的取得得益于专业建设的厚积薄发，“赛教互促”效果凸显。目前学院以“健康和社会照护”为品牌的康养照护专业群，年招生近千人，所培养学生受到社会广泛认可；在技能竞赛、师资队伍建设、基础设施建设、教育培训规模、中外合作等方面成绩斐然。学院承担了人社部关于世赛成果转化健康和社会照护专业建设及教材开发项目工作，全国各地院校、机构慕名前来开展学习交流、师资培训、专业共建。

三、你的坚持，终将美好

所谓“普通教育看高考，职业教育看竞赛”，技能竞赛对职业院校学生、教师、学校、社会发展，特别是对人才培养质量提升，具有非常积极的作用，也充分体现了职业教育的初衷。职业技能大赛最能考验教师的水平，同时也是提高教师专业素质最有效的手段。

河南医药健康技师学院是全国文明校园、全国职业教育先进单位、国家级（康养）高技能人才培训基地、第 45、46 届世界技能大赛健康与社会照护项目中国集训基地、河南省健康养老护理教育培训基地，开封市长期护理保险定点护理培训机构。学院连续六届 12 年参加全国医药行业特有职业技能竞赛，保持团体一等奖的优异成绩。在中华人民共和国第一届职业技能大赛中，学院两位参赛选手分别荣获健康照护国赛精选项目金牌、健康和社会照护世赛项目铜牌；首届全国乡村振兴职业技能大赛中荣获养老护理赛项银牌。近年来，学院与德国、加拿大、英国、日本相关专业院校、企业建立了密切联系，积极引进技术标准、学习先进理念，同时也为学生搭建了国际留学、海外就业的平台。张德江、孟建柱、艾力更・依明巴海、郭庚茂、谢伏瞻、汤涛等国家级、省部级领导先后亲临学院视察，对学院办学成绩给予了充分肯定。

2021 年 12 月人力资源社会保障部办公厅《关于公布国家级（康养）高技能人才培训基地名单的通知》（人社厅函〔2021〕164 号）确定河南医药健康技师学院等 5 家单位为国家级（康养）高技能人才培训基地。在省部《共同推进“技能河南”建设备忘录》中明确提出指导河南医药健康技师学院申办建设康养高技能人才培训基地，打造“河南康养照护”技能品牌。

四、博观约取，厚积薄发

学院在服务区域经济发展、产业转型升级过程中，行业企业对知识型、技能型、创新型的复合型人才更为迫切，单一的某一个专业，在服务产业发展的广度、深度、效度等方面存在着明显的短板和不足，这就在校内选择专业课程基础相近，资源共享能力强，就业岗位相近的相关专业组成专业群，拓宽专业服务面，提高专业的服务能力和服务深度，产生“1+1>2”的效果。资源整合是专业群建设的内部动力，是优于单一专业建设的直接体现。专业群能充分发挥集群效应，有机整合课程资源、教师资源与实训资源，实现资源整合和共享效益最大化，使原本“小”而“散”的单体专业相互支撑，形成人才培养合力。是评价专业群成效的根本标准。

“群”只是专业建设的手段，培养高水平的技能人才，提升学生满意度、服务贡献度和社会美誉度才是根本目的。建设专业群并非易事，建设康养照护类专业群并非一朝一夕、一蹴而就，所谓“九层之台，起于累土”，需要的是对教育事业的执着追求，更需要的是迎难而上的勇气和担当。

学院康养照护专业群在建设之初，结合区域经济，拟定增设健康服务与管理（老年方向），以“做特色、做品牌、做优质”为专业建设目标，锁定以一体化教学改革为突破口，把控“一个清晰”，侧重“两个多元”。建设思路清晰：康养服务专业群各专业建设总体目标清晰，符合行业发展趋势，符合职业院校培养高技能人才的目标。专业建设符合学院“四为主，六结合”的人才培养模式。

第一个多元化是一体化教学模式中的多元化转变，在国内缺乏可借鉴模板的情况下，学院制定一体化教学改革配套政策，严格按照国家人力资源和社会保障部发布的《一体化课程规范开发技术规程》进行课程开发，在教学实施过程中注重多元素的转变：教师及学生角色、教学目标、教学组织形式、教学手段的转变。一体化课程是按照经济社会发展需要和技能人才培养规律，根据国家职业标准，以综合职业能力为培养目标，通过典型工作任务分析，构建课程体系，并以具体工作任务为学习载体，按照工作过程和学习者自主学习要求设计和安排教学活动的课程。一体化课程打破传统的课程体系，体现理论教学和实践教学融通合一，专业学习和工作实践学做合一，能力培养和工作岗位对接合一的特征。“工学结合”一体化教学采用任务驱动等多种教学方法让学生“合作学习、自主学习、探究学习”成为教学活动的主角，充分调动学生的主动性，培养学生学习的兴趣和探究精神，能快乐地学习，在“学中做、做中学”的学习过程，最终能实现和企业的无缝对接，达到提升学生的‘核心职业素养’和‘核心职业技能’的目的。近年来，学院已开发一体化人才培养方案、专业建设方案、一体化工作页等教学资源，并进行三轮修订。2017年学院聘请资深教育教学专家对一体化教学成果进行认证，获得专家一致好评。

第二个多元化是国际合作多元化。学院坚持国际标准建设专业群，加快国际合作步伐，是学院全面提升办学质量和内涵建设特色之一。目前学院与日本朝日国际学院、日本岛根理疗师学院、大阪产业大学、德国多特蒙德工业大学等形成了中外合作办学、渗透学习研修、就业导向顶岗、专业共建、师资能力提升“五元合作模式”。

2017年河南省人力资源和社会保障厅“牵手”德国职业教育，引入世界先进的职业教育资源，河南医药健康技师学院成为首批试点院校，开展国际化合作，共建中德老年护理专业。学院健康与社会照护专业教师团队十位教师每年寒假赴德国学习工作一个月，期间与德国职业教育专家Jens Frie先生、Anke Bordihn女士等共同开发具有中国特色“双元制”模式的照护人才培养方案，同时遵循PDCA循环，建立评估、反馈、整改、连续贯通的质量监控体系。时光荏苒，德国的学习生活经历历历在目，冬季德国时常飘着雨雪，清冷的街景带着时光沉淀的痕迹别有一番风情。德国的护理院里的耄耋老人坐在轮椅上举着冰啤酒、唱着歌；狂欢节他们无所顾忌地装扮成自己喜欢的角色；老人们刻满岁月风霜的脸上，灿烂的笑容，闪着自由和幸福的光，那是令人向往的单纯的快乐，德国养老护理服务体现在护理人员的专业、体现在全过程痕迹管理、体现在时时处处对老人的尊重。在中德养老护理专业共建，不仅仅是教育模式的改变、不仅仅是老年照护知识和技能提升，更多的是视野、理念的更新。经过多年的探索，中德团队已经开发出一套适合中国国情的照护技能型人才的课程体系，中德专业共建的成果得到了充分肯定。

在专业建设质量保证工作方面，学院建立了“五纵四横一标准”为基本框架结构的专业群建设的内部质量保证体系。“五纵”指的是“目标—方案—运行—评价—改进”质量螺旋递进的五个常态化过程，主要围绕专业建设过程确立目标、专业建设方案、专业建设运行、质量评价及循环改进，从而实现专业群的要素协同创新和整体内涵发展。“四横”指的是在专业群、课程体系、教师、学生等四个层面开展质量评价。“一标准”指的是学院层面有一套明确的专业质量评价标准，包括专业建设目标任务考核标准、一体化团队认证标准、一体化课程规范开发技术规程、校内实验实训基地建设标准等。

近年来，学院康养照护专业群毕业生均在与专业相关单位就业，就业率一直保持在100%。他们的聪明才智，专业勤奋，赢得了单位的高度认可。

五、立德树人，技能成才

康养照护专业群的学生职业素养包括职业道德、人文素质（含孝道、文明礼仪、爱岗敬业、身体和心理素质等）、工作纪律和岗位认同感等。岗位认同感的建立对康养照护专业群的学生来说尤为重要。河南医药健康技师学院专业群建设以来，牢牢把握“重实践、强基础、校企化、国际化、复合型”的人才培养目标，探索新途径，积累新经验，多措并举，促进学生形成良好的职业素养。

一是以世界技能大赛为契机，鼓舞青年热爱技能、崇尚技能，为走上技能成长成才之路感到光荣和自豪。2010 年 10 月 25 日，国务院印发《关于加强职业培训促进就业的意见》（国发〔2010〕36 号）文件指出：“充分发挥技能竞赛在技能人才培养中的积极作用，选择技术含量高、通用性广、从业人员多、社会影响大的职业，广泛开展多次层的职业技能竞赛，为发现和选拔高技能人才创造条件。”职业技能竞赛提高了技能人才在社会中的地位，为技能人才提供了通过学习技能改写命运，这样的故事每天都在发生，甚至不断涌现出行业顶尖人才，他们中有人成为岗位能手、创业偶像、大国工匠，让越来越多的人发现，原来“技能真的改变人生”。

二是始终用严谨、执着、敬业、专注、传承、创新等工匠精神品质，渗透教学工作流程中的各个环节上，形成无论是在课堂上，或是在实训室，抑或是在各项活动中，无论是任课教师，或是班主任，抑或是工勤职工，从一句“老师好！”的问候，到一堂劳动教育课，一堂专业一体化课，到一次感恩教育主题活动，人人都育人，处处都育人，事事都育人。通过广泛宣传具备“工匠精神”的榜样形象，激励师生们完全依托好技艺传承和专业钻研，凭借专注迷恋和坚守精神，充分展现创新引领，追求卓越的时代工匠精神。开设岗位认知课程让学生更全面、更充分地认识康养照护机构，了解岗位设置、职业晋升路径、应具备的能力和素质，尽早开展职业规划，提升学生的职业认同感。

三是建立实践积分制度，并将实践积分计入学生考核，形成以能力为核心的学生评价模式，鼓励学生参与实践活动，有利于学生改造自己的主观世界，树立正确的人生观和价值观。社会实践活动有利于学生融入社会，在实践活动中认识自己。通过社会实践增强学生的责任感和使命感，培养学生的劳动观念和奉献精神。通过养老机构志愿服务培养学生“老人至上”的服务理念，提高与老人的沟通能力、灵活的应变能力以及了解老人心理和需求。通过实习活动，在老人生活护理中，通过实际操作训练学生克服怯场心。通过“老年体验日”“爷爷奶奶的青春岁月”“爱心共情”第二课堂等系列活动，使学生懂得感恩，懂得敬老、爱老。通过参与“健康护卫队”等学生社团，开设创客空间，选拔合适的创业项目进行扶持，激发学生自我管理、创新创业意识和能力。

六、心中有爱，眼中有光——招生宣传体系

康养照护专业群，尤其是为老服务类专业招生的瓶颈在于社会的认知度、认可度低，社会对为老服务行业存在很大偏见，认为为老服务岗位操作没有技术含量，是“伺候人”的低等工作，并没有当作一种受人尊重的职业和事业看待，对就业前景和晋升空间存在担心和困扰。

提高专业认同感是根本对策。首先提高学校整体办学质量和社会认可度，尤其是康养照护类专业的办学实力，提高软硬件建设，合理建设实训基地。河南医药健康技师学院在实践教学基地建设方面，打造“高标准、国际化”的校内实践教学条件，实现开放、共享，促进实践教学和社会服务综合能力大幅提升。康养照护专业群建有养老护理实训室、中医康复保健室等47个实训室，“一体化”教学与实训场所面积13 350 m^2，教学仪器设备实训总值7000余万元。实训场所从规划建设到设备购置，借鉴了欧洲各国、日本、新加坡等行业标准，设置科学合理，信息化、智能化设施设备齐全，配套完整，符合工学一体化发展需要，设施设备具有行业领先性。在招生宣传工作中起到极大的促进作用。

其次，康养照护专业群建立了校外实践教学基地资源库，满足专业学生的课程实训和专业实习需求，弥补校内实践教学的不足，提供真实的实践环境。按照“校企联合、互利互惠”的原则，拟定长效校外实践教学基地管理机制及基地资源库动态调整机制。与行业领军企业深度合作，结合校外实践教学开展情况，推出星级实践教学基地，形成案例，示范推广。学院目前与北京燕达、北京泰康燕园、上海泰康申园康复医院、山东临沂天河医院、河南大学第一附属医院、河南省老龄产业委员会等50余家单位开展深度合作，校企合作实现由参与性合作向互动性合作的转变。

加大宣传力度，利用各种有利的宣传方式，如招生宣讲会、宣传简章以及常用的电视和报纸等媒体手段，开通学校官方微博、学校公众号和招生咨询群，对本校最新信息进行及时推送，对资源问题进行及时回复，以和咨询者进行交流互动，利用新媒体扩大宣传范围，增加宣传渠道。招生宣传离不开宣传口号、短片、海报和标识等招生宣传设计的支持，宣传时，需要对学校办学优势和学校文化重点突出，以此来吸引学生关注。同时还要鼓励在校生回到学校母校通过宣讲方式对本校进行宣传，为学校招生提供助力。对于

学生和家长的咨询电话，相关工作人员应认真倾听，详细解答，十分耐心的对待每一通咨询电话，让学生和家长通过电话沟通了解学校，为学校树立正面形象。为了更好地应对激烈的生源竞争，学校可以选择和对口学校合作，将各个学校建设为学校的生源基地，并确保生源基地的优质性，可以定期组织生源基地的学生和家长到学校进行参观、考察，对学校环境和氛围进行真实感，树立学校正面形象，定期到生源基地进行演讲、举办交流会和讲座等，通过多种形式来宣传学校的招生政策和教学优势，让生源基地的学生对学校留下深刻印象，此外对生源校的校友资源进行充分利用，通过校友对学校进行宣传，让更多的学生了解本校。

凭栏观潮起，逐浪扬风帆。健康照护、养老护理、家政服务、婴幼儿照护等康养服务从业人员职业素质和工作质量，直接关系人民群众日常生活和切身利益。为贯彻落实党中央、国务院有关要求，推进职业技能提升行动，促进康养服务技能人才培养和劳动者就业创业，人力资源社会保障部、民政部、财政部、商务部、全国妇联决定组织实施“康养职业技能培训计划”，于2020年发布《关于实施康养职业技能培训计划的通知》（人社部发〔2020〕73号），相信康养照护类技能人才培养将迎来跨越发展时期。

康养产业是朝阳产业，也是值得坚守与付出的毕生事业。2022年4月25日，习近平主席在中国人民大学考察时强调：“希望全国广大青年牢记党的教诲，立志民族复兴，不负韶华，不负时代，不负人民，在青春的赛道上奋力奔跑，争取跑出当代青年的最好成绩！”

十年树木，百年树人。新时期展望未来，我们有自信、有激情、有定力，志倾所学，为加快培养数量充足、素质优良、技能高超、服务优质的康养照护技能人才助力。

执笔作者简介

樊予惠（1982）

河南开封人，2008年郑州大学基础医学院药理学专业硕士毕业，同年，至河南医药健康技师学院参加工作，现任副院长，分管教学、培训、项目建设等工作，是康养生活服务类技工教育和职业培训教学指导委员会委员、第二届全国技工院校教师职业能力大赛专家、中国职业技术教育学会健康与养老服务专委会专家库成员，全国食药教指委中药与大健康类专委会委员，开封市长期护理保险失能评估专家，开封市技能人才评价专家，曾获河南省技术能手、开封市优秀教师等荣誉称号。

参与人社部世界技能大赛成果转化健康与社会照护专业课程改革工作。受邀参加全国技工院校健康与社会照护专业研究推广工作。参与长期护理保险试点研究工作。担任第45、46届世界技能大赛健康与社会照护项目中国集训基地（河南）负责人，河南省中德专业共建项目老年护理专业方向负责人。

第六节　养老 + 人力资源之养老猎头
——破除职业发展迷茫之路 *

在经济大环境充满不确定的背景下，作为垂直养老行业领域的人才服务机构，有必要客观地聊聊这个行业人才，聊聊这个行业人才工作的快乐与烦恼，聊聊这个行业面临的职场问题与选择。我们是默默站在“巨人”肩膀上的奉献者，享受着帮助优秀的人找到合适的平台所带来的喜悦，倾听着卓越的人描绘未来蓝图所带来的好奇，诉说着平凡的人遭遇各种工作窘境之后的乐观。

工作关系，让我们这个职业接触到了形形色色不同背景、不同地域、不同成长环境的众多精英个体和组织。也让我们更多地了解到每位职业经理人在做选择时，都是深思熟虑、权衡利弊后的抉择，是需要智慧的。

自入行以来，所碰到的老龄产业相关的朋友，无不充斥着“情怀”二字，也跟幸福感、成就感并行。随着时间的推移，我们发现情况也在逐步发生变化，理性的权重更高了。因为我们还是要面临着生存和可持续发展去改变自我。也是在接触了这么多候选人之后，我会发现，我们每个人所处的不同阶段都会有各自的迷茫。也正是这些迷茫，充斥着对未来更多的不可预估、变幻莫测的职业变化，让生活这杯美酒味愈发浓郁。

一、养老人视角

1. 时常碰到的三种跳槽选择

我时常也会想，人生四十不惑，真的是这样的吗？从几个朋友跳槽经历中，看看他们的真实经历。

（1）你跳槽的动机是什么？

2021 年 8 月中旬的一天，依稀记得那是一个阴雨绵绵的日子。我正在办公室忙碌着，突然接到周姐的电话，她告诉我她要再找工作了，目前的公司

---

* 本节由升恒猎头养老事业部负责人林森铨执笔。

不再投入，部门要解散，原因是公司战略方向调整，主营业务要回笼资金。在 5 个月前，她还兴致勃勃地告诉我她要去福建发展了，薪资涨了 35 万元，业务领导非常认可她，希望她能担任运营负责人。

跟周姐认识有小 3 年了，印象中的她是一个特别注重个人形象、注重感情，而且非常有气场和智慧的人，她与很多人都能打成一片，脾气特别的好。今年的她 41 岁，养老行业从业 11 年。大概在 1 年半前，她告诉我要准备跳槽，因晋升无望加之母公司受到疫情影响波动极大，但那时候孩子次年要高考，所以也只能考虑江苏的机会，希望能找个想做养老、有一定规模，薪酬有较大涨幅的公司。

后来确实遇到不少机会，但接踵而至的都不是特别好的消息，要么自己喜欢的人家瞧不上，要不就是瞧不上人家，或者嫌项目难做、薪资又低、公司平台背景一般。在几番波折之后，我再次接到周姐的电话，告诉我的是已经接了福建的 Offer，那时我感到十分诧异、愕然，这并不是一个十分优质的机会，我本认为她会为了孩子在江苏度过这一段特殊时期再说。如果有好的平台的话最好，现在找个适合的平台是难上加难，加之环境因素，也会面临不得不放弃一些东西。

一件事情有多顺利，反转的时候就有多猝不及防。谁承想，半年不到的时间，公司一纸通知，事业部集体裁撤，于是乎，试用期没过的她又回到了江苏。“我现在在一家房企背景的养老公司工作，虽然也有不少问题，薪酬比之前也降了一些，但长三角还是很有安全感，有朋友，有家庭，周末还可以陪陪家人，安好！”周姐跟我说。

周姐的例子，是我碰到很多身边朋友实际发生的场景，最初跳槽的需要和动机与最后的选择渐行渐远，虽然不同时期也会面临着一些变量因素的影响，也会有不少的诱惑，还是少有人的选择能保持最初。我还记得去年的某天，深夜 12 点，突然接到一位陌生朋友的来电，告诉我有两三天没睡好觉了，因为有家猎头给他推荐了一个上市公司高管的机会，已经在谈薪酬了，思考要不要接受！我反问他一句：你的求职动机是什么？他思考了好一会，想了想突然笑着回答我：“好像真没有。”我也是笑了下，安慰道“那晚安了！”

其实我们每个人所处的不同阶段，都会有不同阶段自己的迷茫；也有很多时候，总是会被眼前的利益和现阶段的困境给绑架，走着走着就忘了初衷。

（2）你的自身价值是什么？

“Jeffrey，最近我特别苦恼，我在纠结走还是不走？这个项目筹建期太长了，我已经待了2年了，现在项目是一拖再拖，又要再延后一年半开业，薪酬也一直没什么涨幅；项目本身是很不错的，我有信心，公司老板对我也很信任，现在就是很纠结。”张哥跟我电话说道。

我和张哥第一次见面是在他的这个项目上，这个项目位于上海蛮不错的区位，环境、医疗、交通、配套都很好。对他的印象很深刻，那一天他正在和几个同事沟通工作上的事情，黝黑的皮肤加上笔挺的西装，让他的个人气质一下成了瞩目点。不过他说话间总是有一种优越感，这个可能和他在险资、地产做康养的知名项目经历有关。今年的他刚好40岁，在做养老之前有10年酒店的经历、8年养老行业经验。

2020年5月的那一天我们电话聊了很久，他的经历中没有完整从0—1的项目案例，基本上都是参与，难得现在负责的项目是他自己主要运营的，但周期太长了，还得再继续等待，目前尚且不知具体开业时间。

我再次接到他的来电是2021年年初了，他来询问我的意见，跟我说了一个北京的企业，邀请他去担任板块负责人——总经理。产品类型是做养老机构，非CCRC，是一家综合性集团公司，薪酬略低一些，布局主要是北方市场，有几个落地的项目，已开业1个。那个时候我并不是很了解这家单位，次日我找到了那个单位离职的2位朋友打听了一下才清楚了状况，公司是试探性往养老行业延伸发展，手上有些物业资产想盘活，想着往养老方向探索。他们给我回复就两个字“慎入”，我也如实转告了。同时我也对张哥现在的公司业务情况和组织架构做了一个详细的了解，公司在基本面上没有大问题，地产业务在总业务比例上有4成，最近两年业务很稳，且其他业务上的收入透露是很可观的，老板对养老业务的发展想法很笃定，他个人上升路径也很清晰，如此我觉得需要再等，其次这个项目开业运营了，对他个人在业绩价值体现上面会更加清晰。

然而出乎我的意料的是，张哥在一周后还是选择了去北京发展。期间我们时常有电话交流，他过得很不好，老板不懂养老业务，反复沟通的成本很高，并且项目前期选址带来了很多遗留性大问题，加上自己的工作付出和收入不平衡！很快，他又回到了老东家，及时止损。

张哥的例子代表了市场上一部分养老人，因为本身的项目困难或周期因素的影响，很难在这样的环境下继续坚持，离开后又反复进入一个循环，都没有一个很好体现自我成就的案例，因为自始至终原来的困难并没有因此消退，从而让很多企业觉得这人太浮躁，沉不下心做事情。

同样的，我遇见的很多朋友在寻找工作的时候，也都很容易把自己的实际能力抬高。但当真正入职后，甲方也会发现预期和现实的差距，并会产生失望。

我喜欢跑步，当我第一次跑完全程马拉松的时候，才清楚地知道到达那个地方之后我所面临的风险和困难以及我所需要做的准备工作还远远不够。工作中也是如此，你到过那个地方，才清楚知道到达目的地后所面临的困难点和机会，这个价值是我们可以看得到的。这也是为什么很多公司需要用猎头寻找优秀的高管，并且会把成功的案例放在靠前的选项中。

（3）你的职业发展方向是什么？

我们每个人都有自己的优势，在养老行业长足发展的很多朋友都有自己擅长的领域，诸如投资拓展、建筑设计、市场营销、财务管理、人力资源、项目运营等，但当某一个领域碰到瓶颈的时候，我们怎么去思考未来的发展呢？

去年 8 月就碰到了一位在机构和居家养老做投资拓展方面 8 年的朋友，我称呼他周哥，江苏人士，医学背景，今年 42 岁，年薪 45 万元。之前的公司也是一家老牌的集团公司了，发展滞缓，上升无望，也得开始未雨绸缪了。我们见了不下 3 次面，他给我最大感受就是憨厚、朴实、诚恳，也特别喜欢研究一些养老的商业模式，总是乐于一些新鲜事物的分享。

他给自己的规划是想做大运营，进入一家有实力的养老公司，从带项目运营开始，到多项目管控，凭借自己多年的拓展经验，是足够的。我提了三个方向的看法：

一是：中小型养老公司，陪同公司成长，发挥自己的优势，不过在前期要与公司老板沟通自己的职业想法，待发展时机成熟转向运营方向，前面还是做自己所擅长的拓展开发，慢慢转，边走边学习。但这种情况很难遇到相互欣赏的企业老板；

二是：成熟型连锁养老集团，抛开原有的市场拓展优势，重新学习，可以尝试从一个运营副手或者助理做起，能够学习大公司的运作体系和理念，但是薪酬一定不会高；

三是：找个背后有一定实力的平台，继续做自己所擅长的，并且给自己安排参与些运营的工作，等待时机。

而后的时间，他找了好些家公司详谈，在 2021 年 11 月，周哥入职了一家连锁养老集团做运营，用他自己的话来说找到了自己的归属感，开心不开心都在这。听到他所在的养老公司，我大概就清楚了他的话。

见过一些养老行业的朋友，有投资拓展方向担任总经理，也有些从CFO上来担任总经理，还有从营销负责人上来担任总经理，能力上各有千秋，有一般的，也有非常睿智和远见的。毕竟事在人为，在某一个方面做深做专的人是为数不多的，同时又在此基础上给自己加了些不同的专业知识，让自己慢慢变得更加综合。这种复合型人才是市场上的稀缺！

当自身在某一条职业路线上发展有局限性之时，我们应该怎么做呢？从周哥的选择上来说，并不觉得这会是一个优质的机会，但如果我们不往前尝试一下，又怎么会知道前方状况如何？这一点上，周哥还是勇敢的。

杰克·韦尔奇在《赢》这本书里关于未来有这样的描述：你所从事的每种职业都是一场赌博，它有可能开拓你未来的发展空间，也有可能缩小你的选择范围。

人生四十，当身上背负了太多的压力，关于家庭、教育、工作、生活，能否很好地权衡它们做到游刃有余、泰然自若？我经历的这些养老人，还是有不少茫然的。

我想在40岁这样一个成熟年龄段，我们职业经理人的选择肯定不会是为了离开而离开，也不会是没有准备而离开，更不会是一时冲动而离开。选择一定是理性且多方面因素考虑后的需要！

2. 经常遇到的五大面试被否原因

在明确了跳槽的需要，不管是出于家庭、地域、薪酬、职业发展、个人还是各种突发事情，随之而来的在面对心仪的企业，如何为自己去争取一个优质的Offer也是困扰很多朋友的一大难题。也常遇见有些院长朋友，自己本身的能力的确很强，但到了面试的时候，却没有展示出来，或者也不知道该怎么准确地表达自己的过往能力。

我梳理了如下几个高频被否定原因：

（1）没有什么想法，思考不深入。

这个被否的原因背后，问到的问题有两个方向的考虑，一是业务；二是职业发展。

在业务层面上，一般都是有关一定决策力的职位，比如总经理、副总、部门负责人。举个例子：你觉得杭州市的养老市场环境怎么样？乍一看这个问题，里面带有很多的bug，问的是非常宽泛的。回答的好与不好，就可以看出一个人的高度、资历、经验、态度。这个问题想考察的就是人选对于当地市场的了解程度，以及个人对未来市场的预期判断和思想高度。如果当地的政策支持力度你都不知道，市场上有哪些玩家你不清楚，哪些商业模式是可行的，公司怎么相信聘用你可以快速找到切入口并实现公司运作……

职业发展上来说，对自己未来想做什么依然存在很大不确定性的时候，企业方必然是非常慎重的。

（2）表达欠佳，模棱两可。

很多面试官上来第一个问题就是：请自我介绍一下！这个问题放到高管面试中，依然是屡见不鲜，的确是个很好的开场白，也可以很好考察面试者的表达能力、应变能力、逻辑思维能力。之前参加过不少养老院院长的面试，年龄从 28～50 岁不等，发现少有在这方面表现特别突出者，他们并不是不会，只是缺乏一个好的表述结构。还有一个问题，也是常常考察面试者这方面的能力：请你描述一下你在养老院日常工作开展中遇到过的印象最深刻/棘手/难忘/成功/失败的一件事，并解释为什么会举这个例子。我们的面试者在这一个方面丢分是极为可惜的！

同样的，也碰到过一小部分的前辈们，尤其在业内里面有一些年头的从业者，在被问到一些具体数据的时候，回答不详细，让面试官会觉得该人选不自信、刻意逃避或者有虚假信息的误解（有时候履历会有虚假信息）。我们知道很多公司开会，都是先从数据端口看问题，有一次陪同 HR 面试一位院长，问到请介绍一下最近在负责的一个养老项目，并阐述自己在其中贡献的时候，他连机构多少床位、入住老人都是“大概”“区间”，并不能很具体地说明，这个时候肯定是要受质疑的。

其实公开的信息是可以透露的，作为负责人肯定需要非常清楚，每个月入住的老人人数、团队情况、销售额。如果的确涉及一些竞业协议和商业机密，可以前置说明，这样面试官才知道你很清楚，但是不能告诉。毕竟面试官的时间有限，只能通过这一两次沟通了解你的情况。

（3）动机不纯，意向不高。

有些面试者在接受猎头面试的时候，就会有刻意的信息隐藏，他们也清楚背调一般是在谈薪资的前后开展，碰到不是很资深的猎头或稍微粗心些就会在一切看似合情合理的情况下，继续推进，在当下疫情肆虐时碰到的情况尤其明显。

第一种：打探公司消息，没有把握好度。面试者一直问企业的具体情况，考核、商业模式、战略发展、组织架构。甲方问的少，人选问得多。不管最后结果如何，都不是一种对既定目标的沟通。反而会让反感之意上升，被企业怀疑来套取公司信息。

第二种：借助面试的名义，来谈合作（收购、业务合作）。这种就是对面试者的整个履历和前期的动机没有做深入了解。如果是需要猎头搭线，我们可以跟甲方沟通情况，让他们自己确定是否需要接触。

同样的，也会有一些刚开始意向还是不错，或者是抱着试一试的态度来看看。就会有面试下来觉得不喜欢面试官，不喜欢公司文化（面试体验、公司体制），跟最初了解到的公司信息不符，公司长期发展与自己当下诉求不一致等。职业经理人和甲方一样，都是非常挑剔的，毕竟是重要决策，在面试过程中，双方也会有一个基本的判断和认识，在个性上、沟通方式上、职业素质、对某一个事情的看法上，初步会形成自己的认知。

（4）稳定性差，能力和需求不匹配。

我们阅读无数的简历，在稳定性差这一点是企业和猎头都非常慎重去推荐面试安排的，所以这也间接导致有些面试者在简历上有些许参杂的水分。稳定性差的背后纵然也有企业和个人的各种主客观因素，但从用人方的角度来看，能反映部分面试者的判断力、企业忠诚度、抗压性、胜任力等。

那么我们是怎样衡量稳定性的呢？两个方向：一是职业规划，在行业内相同类型的职位工作，有比较明显的职业发展方向；二是时间衡量，从工作的连续性、合同期时间段、间隔时间段来看。一般简历中连续 3 段或以上在职时间保持在 1 年左右，都觉得稳定性是非常糟糕的，基本上较难由猎头推动到面试环节，这一点特指养老行业！比如我看到有些面试者的简历上出现 3 个月、5 个月、10 个月连续的几段经历，我会猜想，4 个月是不是和企业适应性差（环境的适应能力），5 个月是不是被企业劝退或者能力无法胜任导致离开的；10 个月是不是碰到了一些关键任务的困难而想退缩？当然这只是猜测，离职的动机是会随着时间和环境发生变化的。

同样的每个人的履历背景都是有其自身的独特性，所以遇到一些比如历经的知名项目或公司、学历和专业背景、地方性渠道资源、有一些社会成就等的情况，那么也会有较高的概率被邀请。

当进入面试环节后，我们也经常会收到来自企业业务部门的反馈觉得面试者的能力和需求不匹配，匹配性是企业找猎头很重要的一个原因，只有高管需求才会找到猎头。在满足岗位需求匹配上，面试者与企业领导人在认知层面、视野格局需要一致，比如公司的商业模式，发展方向。

从用人方的角度看面试者，有两个维度：

一是面试者综合能力过高或过低。面试者的个人能力高于该职位的需求，自降身价到企业发展，对于企业方而言也不确定公司能否留住这样的人才（也看老板）；过低，公司瞧不上，觉得培养成本过高，能力不能覆盖其管理范围，未来可能会带来一定的业务及团队风险。

二是公司现阶段无法满足面试者的发展需要。前提是企业是认可了面试者的，问题是公司能提供的现阶段的职位和薪酬对面试者来说不具备诱惑力，即使双方互相认同，但是均有所顾及和考量。

（5）不踏实，太骄傲。

这些年发现我们行业里面的高手并不多见，既有业绩结果说话，也有品德口碑优良。像复星、亲和源、银城、万科、远洋、泰康等知名品牌出来的优秀职业经理人还是不多！有些朋友也是容易错把平台的能力当自己的能力，在面对一些公司的时候，一副高姿态，觉得自己很厉害，要高薪，企业方又急于想要其背后的经验，当入职后发现自己并不能完全掌控全局，与最初的入职阶段企业方的期望相差甚大。最后就是容易落下“工作能力较弱，不踏实”的评价！

企业在面试当中，选人也会更加理性和科学，在之前接触的面试中，有碰到过几种情况是让人很不舒服：

①面试中过于强调自我，忽视公司资源和团队力量。一个人如果总是在说自己多优秀，这个人往往不一定是有多优秀，假如是真的优秀，我们也喜欢通过他人或者第三方了解他的优秀。这个时候，通过一些数据、贡献、社会职称、品牌影响力等多方面介绍自己的业绩可能更佳。

②抱怨老东家。这一点极易发生在阐述离职原因中，当你把老东家和老板贬得一文不值的时候，那你为什么当初还选择去了呢？如果你的实力足够强大，公司因为有你的存在发生了多大改变？

③虚假信息。把以前自己是参与公司做出的一部分成绩，都说成是自己主导，与事实不符，也包括简历造假。

④不注重个人价值，过于关注公司薪酬福利。我相信大部分的公司包括面试者自己在面试他人的时候，肯定也是先认可了他的价值，再谈薪酬的。很有印象的一个例子就是，去年陕西的某位候选人，机构背景，从院长到运营总监，而后离职休产假 1 年，企业方给到运营总监职位（知名连锁品牌），薪酬比原来提高了 18%，候选人硬是觉得薪酬要提高到 35%，觉得自己值得更好。后面直至今年 3 月才找到工作，比原来薪酬还低些！

面试是非常有意思的一个场景，如果能够快速理解面试官想通过这个问题获得哪些信息，对于回答就会非常清晰了。

我所经历的养老人，大部分都是很可爱的，他们怀着一颗热心，为这个行业付出时间和汗水。同样我们很多养老人也存在迷茫，对未来不确定性的彷徨。我们大部分的养老人都是很想认真把事情做好，给自己一个交代，但也总是会有事与愿违，政策变动、企业资金链断链、老板不再投入、亏钱等等，但请相信一定另有安排！

二、职业选择视角

对于很多已经在我们行业内摸爬滚打多年的养老人来说，养老这份事业是一定可以长久发展的，而选择离开的听到更多是抱怨行业不赚钱。养老产业总体来看，依然存在很大空间和市场机遇，问题也是很多，比如可持续盈利模式、人才供给不足、床位空置率高、老人支付能力不足等。毕竟有问题我们才有机会，依据我们过往的经验，已经在我们行业中的养老人，在面对职业选择的时候，不免也会有心存犹豫、不知所措的时候，有没有一些可以提供参考的方向呢？

1. 公司的选择

（1）看企业所在的生命周期。

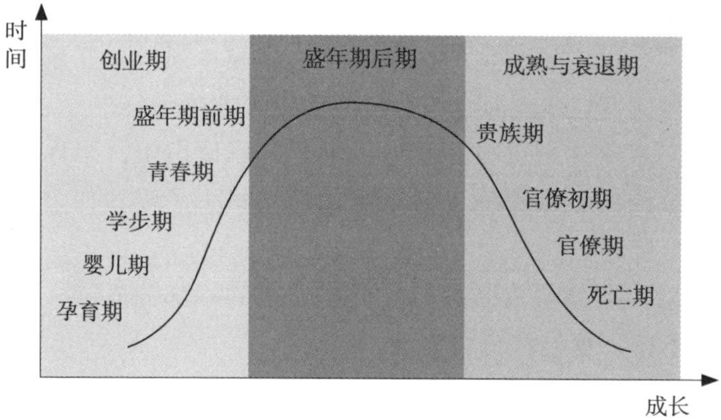

图 5-30　企业生命周期图

这张图应该是很多管理者都熟悉的企业生命周期图，美国教授伊查克·爱迪思用了 20 多年研究企业发展、老化和衰亡，把企业生命周期分为十个阶段。每个不同阶段的人才需要也是不同的，明确公司所在的阶段，对于我们的选择是尤为关键的。目前养老公司多数是处于学步期、青春期和盛年期。

对于我们养老人来说，哪一个阶段的公司是最好的？我的观点是在青春期为佳。原因有二：一是青春期阶段正处于公司快速发展阶段，体系和公司制度都正在完善中，问题也较为突出，这时候进入对于发挥自己个人才能，陪伴公司成长是一个很好的阶段；二是业务快速发展可为其带来的红利，无论在晋升、薪酬福利上都是有非常巨大的空间价值。

（2）看老板和企业的背景。

了解一个公司老板做养老的初衷是很重要的，有情怀和信念的人才能走得更远。同时也得看这位老板的个性是否能和自己处得来，包括价值观的认同、未来发展的设想、商业模式、企业文化等。但光有情怀和信念是不够的，还得有资本。所以，老板的背景和该企业的股东背景就尤为重要，因为背后的推手在未来带来的资源和优势是你很难预估的。当然也会有人说，服务体系不重要吗？当然重要，但是有钱就有打法了，方式方法都可以多元，比如花钱找咨询公司或者优秀的高管未尝不是一个好途径。

（3）看团队。

核心团队的强大才是公司的强大，老板的左右手，是否既有攻城略地开疆拓土的将才，也有运筹帷幄决胜千里的帅才。他们的背景如何，管理方式如何？接触下来，是否值得自己钦佩和仰望？

2. 职位的选择

上海的一位朋友，2021 年入职了一家养老公司，原来就是某连锁公司的副总经理，薪酬比之前低了 5 万，入职的时候 HR 和业务部门领导都兴高采烈地欢迎，面试中也是给予承诺把整个运营交给他，但职级是运营副总监，入职几天后，发现管理极为混乱，权责不清，自己部门基层员工的任免权都没有。4 个月后，公司来了一位运营总监，在他之上，这一下子把他憋屈得难受，公司回应是业务增加的需要。

这个情况的背后问题有二：一是入职前的了解缺失，没有了解公司组织架构、1～3 年内的发展；二是职级上的不合理，既然说的是运营统管，为何给一个副总监的职级？是对自己能力的不认可还是持有怀疑态度？况且自己都已经是副总经理级别了，自降 2 级再过去做事情，薪酬平薪都没有，不难受吗？

我们在职位上的选择，了解是需要多方面的，这样更全面可以为自己提供决策信息，以下三个信息是需要我们了解到的：

（1）了解该职位在公司的定位，是否是公司核心层，还是一颗小螺丝，是否清楚部门和公司的架构？

（2）了解该职位面临的困难、机会、风险、成长可能有哪些？

（3）与自己的职业发展路径是否一致？

3. 多 Offer 之间的取舍

我们每位高管在选择机会的时候，都会同步多家观望，拿到手上的 Offer 也不在少数。我时常也会接到来自朋友的电话咨询，你觉得这个公司怎么样？这个薪酬怎么样？面对这两个 Offer 我想听听你的想法？

在我猎头生涯第 2 年上半年的时候才真正开始做到释然，经历了好几个主动让人放弃 Offer 的选择，在不利于面试者因素面前，我会从更多的视角看待问题给出自己客观的看法，心中也更加坦荡。大家都很聪明，不会因为你的三言两语就轻易改变想法。在面对选择上，可以从 5 个视角出发：

（1）上一份工作为什么离开？当时选择进去的时候是怎么考虑的？求职动机是不可忽视的，前面有提到，有些朋友走着走着就忘了最初是为什么了。在下一段工作选择的时候，我们又更看中该机会的什么？是薪酬、公司背景、发展阶段、还是企业创始人？

（2）家庭是否支持？我碰到过一些面试是因为家庭层面的原因，面试者觉得自己能做主，最后推进到谈薪资不了了之，这也挺浪费大家宝贵的时间。所以做重大决策也需要和家里人沟通一下，以获得支持，比如需要高频出差，或者常驻外地，家里有老人和孩子无法兼顾的时候，再好的机会也没有办法！

（3）你觉得该机会能为你的职业提供哪些机遇？是否能实现自己开拓新领域（比如居家市场）的想法？是否未来可以到集团发展晋升的机会？公司品牌是否可以做背书？项目是否能做成一个标杆？

（4）你的胜任力如何？人贵有自知之明，但人本身又是复杂的，通过面试的这几个小时想完全了解一个人的工作能力和综合素质是不够的，毕竟场景有限。选择的时候，需要从自身出发根据企业的问题和该职位的调整评估自己的可行性有多高。优质的机会是这个职位对于自己来说够得上，但又差一点。够得上是凭借自己的经验和能力稍微努力可以把这个事情做好，差一点是要做到，需要花一些时间去学习和成长，而不是刚刚够用。

（5）这份工作的内容能不能让你感到兴奋？如果做这份工作时自己的状态是开心的，伴随着成就感的，脸上也总是带着笑容，那应该是很庆幸的一件事儿。如果你特别容易感到疲倦、乏味、沮丧，那的确不需要沉浸于此。人的状态很重要，可能一件事情刚开始做的时候是不喜欢的，慢慢就喜欢上了，会变得更加乐于去探索、求知、乐此不疲，这状态就对了。我在很多养老院长的身上是看到了这种兴奋的状态，他们的状态会感染着你。

取舍是基于我们从已知的信息做出判断，当然我们谁也没有绝对的话语权告诉你一定就是对的。

三、人才视角

1. 行业急需的几类人才

养老产业统计分类（2020），把养老产业分为 12 个大类，79 个小类，在我们猎头业务的交集中，接触最多的是在养老照护服务和老年医疗卫生服务两类占大比重。据 2021 年我们的观察来看，在养老照护服务方面，这三类人才是目前比较需要的。

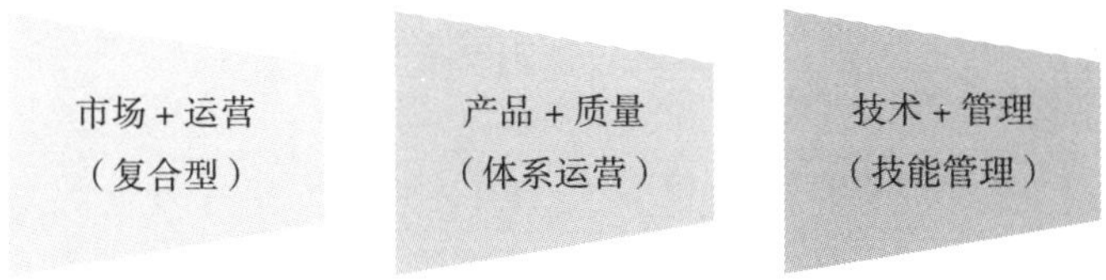

图 5–31　养老产业人才需求种类

（1）市场 + 运营（复合型）：这一类在实体的照护项目中，如机构、CCRC、居家产品是比较突出。很多公司都喜欢是双面手，一手抓市场，一手抓运营，既能做到开源节流也能降本增效，也可以减少人力编制，兼着负责，花一份钱办两件事儿。这种复合型的人才，一定是某一项能力非常突出了，再加上另外一项能力也不弱，不然就会定位不清，四不像。举个例子，像 CCRC 项目，懂项目前策、定位、营销，也懂规划、设计、运营、护理服务，这类人才往往薪酬都能在 60 万～80 万元。

（2）产品 + 质量（体系运营）：当单一城市项目向着全国市场拓张的时候，原来管理二三百人的模式就不适应于目前；当想开拓新的产品线，并能快速推向市场的时候，现有的制度就有些束缚和局限；当发现区域公司运营中出现护理风险、纠纷处理公关风险就需要有一套标准化的行为规范和行之有效的评估优化管理体系。

（3）技术 + 管理（技能管理）：技术和管理的结合，某项技术的专长加上管理的才能，不仅自己优秀，还能培养其他人跟自己一样优秀甚至超越自己。比如在智慧养老 IT 信息化、认知症技术服务、养老项目建筑设计、养老金融领域、养老教育培训等。

2. 猎头想要的人才画像

（1）冰山素质模型。

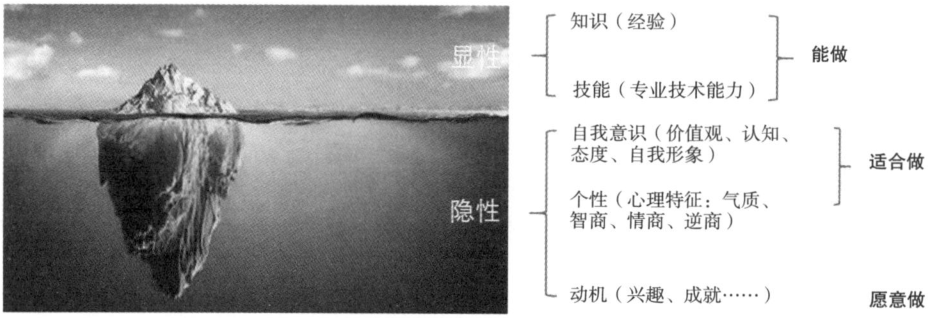

图 5-32　冰山素质模型

这是麦克利兰著名的冰山模型，将个体素质的不同表现划分为表面的“冰山以上部分”和深藏的“冰山以下部分”。观察一位人选是否与企业方的职位需求匹配，既要从显性的知识技能评估，也要从隐性的自我意识、个性、动机方面评估其适合度。一个人对该职位上的匹配性也体现在他能做、适合做和愿意做方面。

（2）优质人才的 5 个方面素质模型。

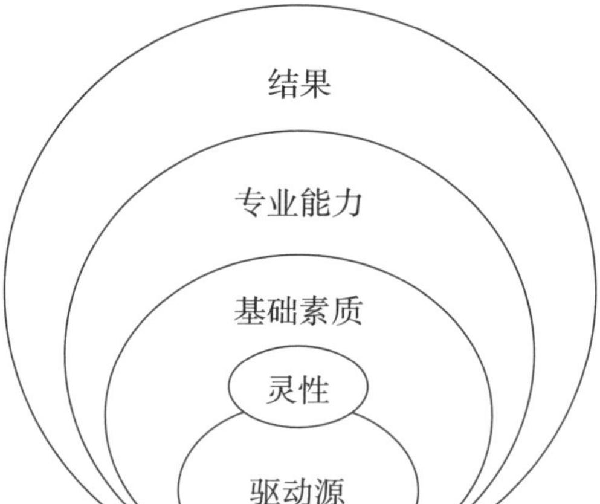

图 5-33　优质人才素质模型

我们在其冰山模型基础上，根据我们这些年的实践经验，总结出看优质人才的 5 个因素，较为通俗易懂。

一看结果：

代表作（典型性事件、客观证明、看过摸过思考过失败过）

二看专业能力：

拿到结果的策略，背后的核心逻辑；

专业能力的深度和知识体系；

能力与岗位需求的匹配。

三看基础素质：【四商】

智商（学习力和好奇心）；

情商（对人的敏锐程度及相应的动作）；

逆商（心态和韧劲）；

愿商（对未来和自己的预期是什么）。

四看驱动源：为什么？

五看灵性：天赋，悟性，异于常人，不可言说。

（3）实践概括。

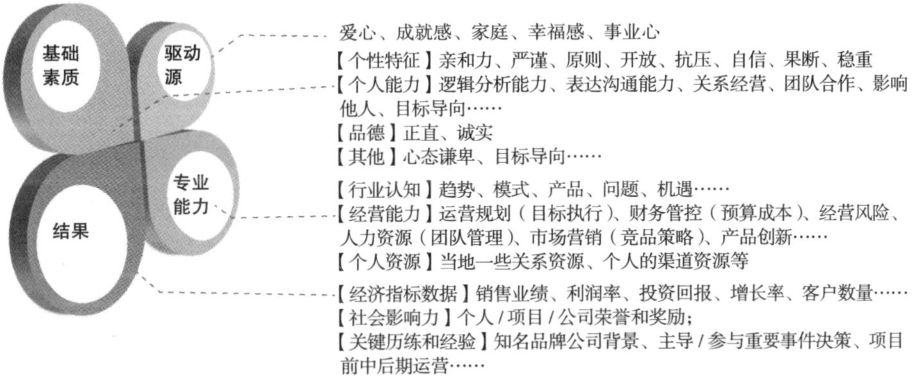

图 5–34　优质人才因素内容

①结果：

【经济指标数据】销售业绩、利润率、投资回报、增长率、客户数量……

【社会影响力】个人 / 项目 / 公司荣誉和奖励；

【关键历练和经验】知名品牌公司背景、主导 / 参与重要事件决策、项目前中后期运营……

②专业能力：

【行业认知】趋势、模式、产品、问题、机遇……

【经营能力】运营规划（目标执行）、财务管控（预算成本）、经营风险、人力资源（团队管理）、市场营销（竞品策略）、产品创新……

【个人资源】当地一些关系资源、个人的渠道资源等。

③基础素质：

【个性特征】亲和力、严谨、原则、开放、抗压、自信、果断、稳重。

【个人能力】逻辑分析能力、表达沟通能力、关系经营、团队合作、影响他人、目标导向……

【品德】正直、诚实。

【其他】心态谦卑、目标导向……

④驱动源：爱心、成就感、家庭、幸福感、事业心。

3. 人才建议

养老人也是一群处在不断变化中的职业群体，但唯一肯定的是，这个市场仍然在充满动力地不断成长。做养老赚的是慢钱，投资周期长是个常态，对于我们很多人才来说，如何笃定坚持事业的长期发展？我根据自己的经验，提 5 个想法：

（1）注重稳定性。我相信大多数甲方和猎头都喜欢稳定性高的人，并不是因为稳定性差的人专业能力就一定差，而是稳定性的风险给公司带来的成本是巨大的，比如招聘成本、业务推进成本、领导沟通成本、还有很多潜在的其他成本。可能造成我们想离职的原因有很多，但一个有担当的成年人的选择应该是需要更加理智的，毕竟你要告诉对面的面试官，你花了 6 个月、8 个月、1 年时间就能做出多么好的业绩，他们能真正放心相信你？一份工作的时间轴在 3～5 年是较为理想的状态！

（2）注意职业曲线。这里涵盖了行业、职能及业务模式，比如一直在养老行业，突然去做了制造业；一直在做市场营销，突然去做了行政管理；一直在做机构照护，突然去做了智慧养老。再如一开始在大公司是经理，到了小公司还是经理，以及像连续长时间的职业空档期，社会在发展，我们总是要不断追求向上的，总不能越跳职级和薪酬越低吧？

（3）明确个人优势。已经是公司高层了，肯定是需要扬长避短的，如果再去学习自己非常短板的部分所付出的代价是比较大的，而且需要长时间的过度。那么哪些事情是你能搞定的？你最擅长做什么？你还能做什么？你还可以尝试做什么？很多人一看到你的过往履历，一下子就很清楚你的定位，再细看的时候还发现，你还做过集团标准化，那么无论我们猎头推荐，还是甲方看起来，都将会非常顺眼！对于职业发展也是非常有利的。

（4）保持谦卑心态。越优秀的人，给到他人的感觉是越舒服的，我们养老圈子里总是能遇到一些觉得自己天下无敌，带着傲慢心态的人。诚然有些人是跟性格有关系，而且也有些确实有本事，但多数是不清楚行业高手有哪些就自诩自己多出色！当你把自己的位置放得很高的时候，就会脱离原来的视角高度，最后造成自己很大的落差感。谦卑的心态总是能让在更多场合赢得更多人的尊重。

（5）留下一个好口碑。基本上所有的高管通过猎头推进的机会都需要背调，不需要有侥幸心理。尤其是在前任的老东家身上，其实只要在职期间没有不良纪录、违法行为和领导班子关系闹僵外都还好。我们养老的圈子不大，每个城市也有养老圈子，每个人又有自己的关系网络，非常容易就知道这个人实际情况如何。

职业选择，也是一种投资，我们无法预估收益一定如何，但却能对比哪个可能带来的风险较大做出一个判断。面对这不确定的人生，知道自己想做什么，不想做什么；能做什么，不能做什么；什么是自己缺的，什么是自己拥有的；什么是自己值得的，在人生旅途中会更加有方向。

记得刚入行的时候，我的老师闻俊就告诉我，这个行业你一定可以收获到财富。五年的时光，的确实现了不少自己精神上的宝贵财富，也实现了自己很多小目标，即使碰到了挫折和困难，也能从一次次经历中获得成长，同时也让我内心的成就感不断叠加，愈发坚定对行业的认可，对坚持垂直化猎头的笃定，为行业人才尽绵薄之力。

最后，特别感谢八零养老这个平台，在这里汇聚了全国优质的资源，而且人才济济、卧虎藏龙。本书主编张晶先生是养老行业的伯乐，非常善于发现和培养千里马。由衷感恩与晶哥相识，珍惜缘分并将一如既往的支持晶哥，支持八零养老！

执笔作者简介

林森铨 （1996）

杭州升恒猎头养老事业部负责人

深耕养老行业，合作国内外养老品牌公司 100+，四年时间为 80 余位候选人提供更好的平台选择。熟悉养老行业人才特点、职业晋升路径、能力素质模型。

案例篇

第六章　80后养老人案例分享

文化赋能养老　开家养老主题书店*

中华文化源远流长、灿烂辉煌。在5000多年文明发展中孕育的中华优秀传统文化，积淀着中华民族最深沉的精神追求，代表着中华民族独特的精神标识，是中华民族生生不息、发展壮大的丰厚滋养，是中国特色社会主义植根的文化沃土，是当代中国发展的突出优势。

党的十九大报告指出："文化自信是一个国家、一个民族发展中更基本、更深沉、更持久的力量。"2022年北京冬奥会从大写意"冬梦"会徽，到雪游龙、雪如意、雪飞燕、冰丝带等场馆设计与命名，从开幕式二十四节气倒计时短片，立春、雪花、不点火之点燃火炬环节设计，到闭幕式折柳送别等场景表演，都高妙地化用了中国传统诗歌、节令文化、迎来送往的待人接物伦理、天下一家、四海之内皆兄弟的"和合"友善之邦传统，体现了"以少胜多、大音希声、大象无形、和合"的中国传统美学精神，冬奥会将国风、国潮推向世界。

"文化是一个国家、一个民族的灵魂。文化兴国运兴，文化强民族强。"习近平总书记在党的十九大报告中深刻阐明，"没有高度的文化自信，没有文化的繁荣兴盛，就没有中华民族伟大复兴。"

"一个国家综合实力中最核心的还是文化软实力"，这是党中央基于对当前国际局势的科学判断得出来的重要结论，表明在和平与发展仍是世界发展主题时，国家综合实力的表现形式不再局限于军事、经济、科技等"硬实力"，已逐渐延展为文化等"软实力"，且更为重要，文化自信为实现国家富

---

* 本节由金孝文化传媒（北京）有限公司执行总经理扈明涛执笔。

强提供精神动力。

习近平总书记提出的“创造性转化、创新性发展”，是指导传承发展中华优秀传统文化的重要方针。坚持创造性转化和创新性发展，使中华民族最基本的文化基因与当代文化相适应、与现代社会相协调。坚持“两创”方针，把握处理好继承和创新的关系，处理好传统文化与当今时代的关系，看能不能解决今天中国的问题，能不能回应时代的需求和挑战，能不能转化为民族复兴、国家富强、人民幸福的有益精神财富。

我在跟青年画家子砚聊本书的漫画创作时，她的回答让我欣喜，她说：“我不哈韩不哈日，画出我们的中国风！”

可见，新一代的中国人已经逐步建立了文化自信心。

一、读书的好处

现在退休老人越来越多，呈加速之势。我们看到好多老年人在退休后不知道该干什么，闲暇之余找不到方向。他们年轻的时候，从故乡到异乡，从上学到上班，从工作到生活，现在头发白了、少了，曾经带着少年的天真、青年的浪漫、中年的勤勉和老年的坦荡，一路走过来，现在进入到老年的最后一程，生活环境、政治待遇、经济情况都发生了变化，人人都将面对。我们无法阻止老年的来临，就像无法阻止春夏秋冬四季变化。虽然变老的过程无法抗拒，但是变老的方式却有多种选择。如何变老、怎么变老？我认为主动权应该在自己手里。

老同志、老年朋友不仅要关注身体健康，更应该关注社交和心理健康。中国社会养老方式大体上分两种：第一种是老有所养，生活殷实，这是物质上的幸福，我们称其为物质养老；第二种是老有所学、老有所乐，这是精神方面的幸福，我们称之为文化养老，这个境界比第一个要高一点。要想达到这个境界，想要精神的需求得到满足，达到文化养老。

通过我多年学习与实操养老工作的经验，建议老年人空闲时间应该多读书，读好书。读书能让他们明净如水，心胸开阔，健康长寿。

1. 读书的本质是学习，学习是最好的养老

“少而好学，如日出之阳；壮而好学，如日中之光；老而好学，如炳烛之明。”社会生活日新月异，知识更新迭代越来越快，互联网蔓延到每一个角落，老年人如果不通过学习与社会接轨，就会慢慢掉队。时代阔步向前，不可避免会让老年人陷入一些难以适应的生活场景。对此，全社会都应承担起

“文化反哺”的责任，帮助老年人在价值观念、生活态度、行为模式以及器物使用等方面跟上时代步伐，让他们也能在时代发展中体会到更多获得感。

读书是人生的乐事，可以怡情养心，调节性情，使人的心情经常处于平衡美好的状态。学习本身就是一种享受。林语堂在《论读书》中把读书看成找到了文学上的爱人。想一想，找到爱人的滋味是多么快乐幸福。生活的幸福快乐绝不仅仅取决于物质收入，应该说，基本物质需求得到满足之后，精神文化需求就成了人生幸福快乐的重要条件。读书乐学，不仅给我们带来了知识，更给我们带来了快乐。

2. 读书有助于长寿

读书可以使人进入全神贯注的状态，一切有害的心理因素均被排除在外，感到心情愉快，豁达开朗。老人在选书、看书、读书、品味与分享的过程中，充分地调动了大脑神经。美国耶鲁大学一项研究证实，每天读书半小时寿命延长 2 年。该大学研究人员对 3635 名年龄至少 50 岁的参试者进行了为期 12 年的跟踪调查。结果显示，与从来不读书的人相比，每周读书 3.5 小时（即每天读书半小时），平均寿命延长近两年（23 个月）；每周读书时间超过 3.5 小时的人早亡风险降低 23%。我们在阅读中投入的时间，最终都会在延长的生命中得到回报。所以，应在社区内设置各种学习、活动场所，给人们提供阅读的空间和读物，使得每个人都可以有学习新东西的机会和条件。

3. 读书能“治病”

“书犹药也，善读者可以医愚。”现代科学发现，求知既能医治“精神贫乏症”，还可以治疗不少慢性病，事实证明，喜欢读书和从事脑力劳动的人都具有发达的脑神经，即使到了耄耋之年仍然旺盛不衰。比如读书如果一个人思想呆滞，无所事事，大脑就会发生退化，导致未老先衰。读书有助于增强记忆力，莎士比亚说：书籍是全世界的营养品。没有谁的生活没有烦恼，唯有读书是最好的解药。读书的过程是动手、动脑，有分享，有社交。学习阅读能对抗压力和烦恼，学习拥有抗衰效果。可以借此逃避无聊和孤独。经验告诉我们，年龄越大，身体越依赖于头脑和精神，精神也表现在人生智慧的自我评价能力上。

4. 读书思考有益于脑细胞新陈代谢，知识的积累更是一笔财富

“流水不腐，户枢不蠹。”读书动脑能延缓大脑衰老，预防老年认知症。一个人是老还是不老，主要在自己的感觉。如果自觉精神旺盛，心态年轻，

肯读书，爱用脑，勤保健，就不老。清代沈复说："人心至灵至动，不可过劳，亦不可过逸，唯读书可以养之。"读书就是大脑思考的过程，当自己从每篇文章、每个论点中分析个中道理，再引申出个人见解时，就积累了知识这个财富。

5. 独乐乐不如众乐乐

阅读与分享是分不开的，老年人最喜欢分享，总会把一些美好的事物分享出来，所以通过读书组建志同道合的社交群体，把读书会打造成老年人最好的社交平台，以书会友，学习技能，丰富生活，不仅可以满足陪伴的需求，也能再次挖掘自己的价值。美国哈佛大学与欧洲几家研究机构联合对生活在世界各地的长寿老人进行了跟踪调查，结果发现他们的共同点是具有较强的社会意识。几乎所有百岁以上的老人都认为：个人利益取决于周围人群的整体利益，并在其一生的思想和实践中表现出强烈的社会责任感和集体主义精神。

除此之外，读书是一种无形的智力资源，对教育子女也有益处。正可谓是"忠厚传家久，诗书继世长"。

这里的读书是一个广义的概念，实际上可以包括各类图书、报刊以及与书报等有关的活动，通过阅读学习，使自己与时俱进。学以致用，老有所为。

人变老，不是从第一道皱纹、第一根白发开始，而是从心态变老那一刻开始。青春是一种心境，热爱生活，享受人生，便永远不会有老去的一天。通过读书，我们每天都比昨天活得更精彩一点，人自然就快乐得多，有趣得多，有活力得多。德国科学家奥特弗里德·赫费在《优雅变老的艺术——美好生活的小哲学》中提出：变老是要学习的。她说"以一种体面的方式变老，拥有与我们年龄相宜的态度和智慧，是一种艰难的艺术"。

有这样一个现实案例，在八零养老山东社群里有一位成员，他叫刘德异，生于1958年，现在是山东临沂一家家政公司的党委书记，在当地推动居家养老服务。这位临沂老人从1975年开始收集报纸，47年共收集了6吨多"宝贝"，2000多种60 000多份，刘老80年代参加工作的时候没有计算机，没有网络，连收音机都买不起，感觉到知识不足，信息有限，获得信息的渠道只有报纸杂志，当时刘老在镇上工作，老百姓采摘金银花价格不高，在当地卖不出去，刘老通过阅读报纸看到外地信息传递给种植户，为他们提供销售的新思路。对于刘老而言，报纸就是他与外界交流的唯一渠道。到后来逐渐有所收获，并对报纸有了更深程度的了解，就开始收藏。刘老珍藏了一些非常罕见的党报党刊，人民日报创刊号，发行于中华民国三十七年六月十五日，相当于是 1948 年 6 月 15 日创办的报纸。阅读和收藏报纸是刘老最大的爱好，报纸见证了社会、政治、经济、文化等方面的变迁，每一份报纸就是刘老珍藏的一份回忆。山东电视台对刘老的收藏做了新闻报道，在当地政务部门的帮助下，刘老办了一个百年报展，百份报纸记录党的百年光辉历程，记录了国家取得的各项重大成就，看完报展让每个人都感觉到作为中国人的自豪，现在我们的生活越来越美好。

我始终相信，"人生变好，从多读书开始。"当你从书中了解了不一样的人生、收获了不一样的思想，人也就蓄满了重新出发的力量。坚持读书，不仅能积累很多知识，变得博学多才；还能提升气质，变得温润如玉。而这些内在和外在的变化，会帮助我们走向更辽阔的人生。

美好一天从"读书"开始！

二、现实老年人的困境与读书的情况

1. 退休生活的空虚

老年人退休后在家里待着总觉得十分空虚，虽然不愁吃穿，日子过得也富裕，却总也打不起精神来，总觉得忙碌了大半辈子突然闲下来觉得缺了些什么。其实，有这种感觉的老年人不在少数，他们的精神生活空虚，渴望得到更多人的关注。

农村的老人也是如此。辛苦的农事忙完后，大多数老人便"赋闲在家"，三五一堆坐在一起聊着东家长西家短。有时候实在没得说了，便干坐在那里抽烟、晒太阳，打发着无聊的时间。现在日子好过了，但心里总觉得缺了些什么，有时闲下来还不如干干活踏实。

在农村的"留守"老人大多是孩子出去打工了，自己在家带孙子。一年四季除了忙地里的活儿，还要照顾隔代人。对他们来说，孩子们能回来团圆团圆过个年就算幸福了。尽管他们也理解孩子们外出挣钱的辛苦，但总觉得老年生活过得还是应该更好些。

事实上，现在的老人早已不仅仅满足于一日三餐饱的基本物质生活了。随着社会的发展，他们的精神需求也越来越强烈。老年人有大量的空闲时间，有丰富的社会经验，全社会应该高度重视老年人的精神需求，积极组织他们参加喜闻乐见的文化活动，让他们的老年生活过得更加有滋有味、丰富多彩。

如果此时，没有正能量、正确的养老方式去引导和组织，那么就会陷入那些保健品、传销等坑人的陷阱，甚至走上违法的道路。2013 年 4 月《钱江晚报》就报道过这样一个案例——《6 位老人精神因空虚吸毒　称感觉“实现未竟梦想”》

宁波市海曙公安分局鼓楼派出所接到孝闻街老居民区市民投诉，说她们的邻居经常在晚上打麻将，声音很大，影响休息，希望来管一下。民警来到这户人家，敲开门一看，四个老人正在客厅里抽烟打麻将。警察要求老人的声音小点，老人们都说好的。

民警拉门离开的时候，忽然发现门后面的垃圾桶里有一个矿泉水空瓶，盖子上面穿了孔，插着软管，这是一种吸毒用的自制设备。民警离开后，联系海曙公安分局禁毒大队的民警，让注意这户人家的情况。

经过一段时间观察，警方发觉，进出这间房子的人员年龄都在 60 岁左右，一般下午来，深夜离开，大概有五六人。根据侦查，缉毒人员确定这些老人经常聚众吸毒，于是开始部署抓捕行动。

民警控制了开门的老徐，直接进入里间，发现桌子上摆满了吸毒的工具，旁边还有几包毒品，老人们坐在沙发上很惊愕地看着警察。

老徐对民警说，“我们知道迟早有这么一天，可这天来得太迟了，我花了 50 多万了。”

据初步了解，在 5 年多时间里，这六个老人吸毒一共花掉了近 300 万元。

“我们年轻时有很多愿望没实现，在吸毒时，觉得梦想实现了。”

根据警方掌握的信息，目前，吸食新型毒品有向中老年群体蔓延的迹象。

“从 2010 年至今，我们已经抓获了 50 岁以上的吸毒者 30 多人，这个数据比 2009 年抓获的 5 个要高出很多。”宁波市海曙区公安分局禁毒大队副大队长金剑说，老年人吸毒，更容易产生紧张、焦虑、幻听、幻视，影响身体其他系统的紊乱与失调，引发各种各样的疾病，吃不好，睡不着，心慌、气短，严重的有轻生自杀的倾向，另外，老年人患有心脏病、高血压的比例很高，这类人吸毒，很容易猝死，“政府部门在加强青少年远离毒品的宣传，也不要遗漏了老年群体。”

负责案件的鼓楼派出所民警陈波说，他们将加大对辖区内人口的管理，还要加强对吸毒人员的管控，以及对隐性吸毒人员的排摸力度。

“家人应该多关心长辈的生活，不要认为保证了老人足够的物质生活，忽视了他们内心的空虚，常回家看看，不要让他们产生寂寞感，走上了吸毒的道路。”陈警官说。

2. 广场舞健身等活动的扰民投诉

尽管老年人的精神文化环境正在改善，但不可否认的是，大多数社区的老年人活动还不尽如人意，特别是缺乏活动场地。我在一机关单位家属院看到，每天清晨 6 时左右，都有一些老年人随着悠扬的音乐晨练。可由于场地有限，他们的晨练场所只能设在家属院内一个用来停车的小广场上。而这个小广场紧挨着该单位的公寓，引起了许多上夜班同事的不满。

这样的情况在许多家属院和居民区都存在。许多晨练的老人心里也很矛盾：到公园里晨练，距离太远，大清早的公交车还很少；在家属院吧，又影响别人休息；不晨练吧，连锻炼身体、交流的乐子也没有了。他们问，我们的活动场所到底应该在哪里？

3. 疫情受限无法外出旅游等

携程 2019 年发布的《老年群体旅游行为报告》显示，老年人是高频次旅行用户，65% 的受访老年出游用户每年出行 3 次以上，且越来越多老年人能够独立完成在线预订，与年轻消费者形成鲜明对比，是最有资格“说走就走”的一群人。2021 年跨省游恢复以来，携程平台上 50 后、60 后度假人群占比高达 35%，相当于每 10 名旅客中就有超过 3.5 名银发族，特别是冬季旅游，“银发族”已逐渐成为错峰游的新主力。

另外，如果大众对于老年人出游还是不舍得花钱的印象那就大错特错了。其实，退休的大爷大妈比还在加班“打工”的 80 后、90 后旅游花费要高。

根据全国老龄委调查显示，目前我国每年老年人旅游人数已经占到全国旅游总人数 20% 以上，老年人旅游市场成为仅次于中年旅游市场的第二大旅游市场，在客单价上，50 后～70 后中老年人的消费也普遍比 80 后～00 后高。

老年人出行以跟团游为主，细分来看，环境舒适、集“吃住行游购娱”于一体的邮轮游成为大爷大妈们的心头好。途牛旅游网监测数据显示，2017 年爸妈游客户是邮轮旅游的主要消费群体之一，60 岁以上客户人次占比达到 27%。

自 2020 年年初以来的新冠肺炎疫情已经严重打击了旅游行业，2021 年 10 月 17 日陕西省西安市报告 2 例上海游客夫妇核酸阳性，随后“老年旅行团”相关的疫情已波及甘肃、贵州、陕西、宁夏、内蒙古、湖南及北京地区，病例行程轨迹涉及多地约20个景点。国内出现多点散发本土疫情，呈快速发展态势。国家卫生健康委员会官方网站消息显示，感染者大多有跨地区旅游活动。一时间，跨省游、旅游团成为社会各界关注的焦点。10月23日，文化和旅游部发布紧急通知，要求严格做好外防输入工作，严格执行跨省旅游经营活动管理“熔断”机制，严格控制旅游团队规模，暂停经营旅游专列业务。

严格执行团队跨省旅游“熔断”机制，旅行社及在线旅游企业不得经营出入境团队旅游业务，暂停跨省团队旅游、“机票＋酒店”及旅游专列业务。对省内出现中、高风险地区的地市，各旅行社及在线旅游企业立即暂停经营跨市团队旅游业务，待无中、高风险地区后，可恢复跨地市旅游团队业务。按照“一团一报”制度，在全国旅游监管服务平台填报旅游团队信息，上传电子合同，切实按规定做好疫情防控工作。

这样的政策使得老人旅游的梦想破灭。

八零养老曾在2019年组织全国老人包邮轮去日本旅游，无论是参与的老人，还是各地的代理机构、邮轮方都特别满意，达到了我们的预期。所有人回味着2019年中秋节在大海上赏月的美景，都期待着我们的邮轮旅居继续出发。可是，受疫情影响，众人期待的邮轮行程已经暂停三年了，我们盼着疫情早点过去。

老年人压抑的旅游需求怎么办？退休后身体好的时间就那么几年，这疫情一下就占了三年！

4. 字太小、老花眼

老花眼又被称为老视，是一种和年龄增强有关的发生在眼部的生理现象。年龄的不断增加将会使得任何人都有可能受到老花眼的危害，而老花眼的发生将会严重影响到人们的视力，导致其出现难以看清近处的物体、无法长时间近视某一个物体、阅读的时候需要更强的照明、流泪、炎症、头痛等多种症状表现，用眼过度将会导致这些症状加重，造成在生活以及工作中都受到一定的困扰和损害。一般情况下，视力正常的人在40岁左右就会逐渐出现老花眼的症状。

我曾经不理解什么是老花眼，在银行工作时经常会看到老年人拿着花镜填写单据，描了又描，动作又慢，近看完再远看，反复看，然后还要再问工作人员是不是填对了。

但当自己忽然有一天发现看近物模糊时，才意识到自己也老花眼了。有一次我在填写单据说明，工作人员给我一张 A4 纸，正常的话是完全可以写下的，可是我的字写得太大，用了两张纸。人家略有抱怨的口气说干嘛写的这么大！

我很无奈，因为字写小了，我看不清楚。

5. 老年题材读物不多

我们在书店或图书馆，很少看到专门为老年群体创作的读物，老年读物的供给远远不足。2021 年，全国老龄办出版了一本《玩转智能手机——开启老年幸福生活》，帮助老年人跨过数字鸿沟，融入智能时代。这本书既简明易懂，又十分实用，让他们手机支付没难度、出行变得很轻松、网购只要动动手、银行业务线上办等，深受市场欢迎。

作为引领银发阅读的重点活动，由全国老龄工作委员会办公室、中国老龄协会、中国出版协会主办的“向全国老年人推荐优秀出版物活动”，每年都会推出适于老年人阅读的书单，尽管 2021 年“体质扩容”，从 50 余种增加至 100 种，但这些图书仍太少了，满足不了老年人的需求，并且没有报纸、期刊等推荐。

6. 数字鸿沟，老年人使用智能产品的障碍

如果你在微信或者抖音上搜“数字鸿沟”，会出现很多关于老年人网上挂号、人脸识别、手机叫车、扫码支付等的困难。对不少老年人来说，智能技术、数字化服务像一道无形的屏障，把他们挡在便利快捷之门的外面。2020 年，国务院办公厅印发《关于切实解决老年人运用智能技术困难的实施方案》，及时出手破除老年人智能鸿沟。

（1）老年群体的生理、心理特征及社会经济因素导致老年群体在科技上处于弱势地位。

年龄和受教育程度对老年人使用电脑、互联网、智能手机有显著影响，其中，受教育程度具有决定性作用。老年人视觉、听觉等身体机能的衰退直接影响其对现代科技的使用与操作。学习和记忆困难让老年人产生了无力感和心理抗拒，进而产生了科技恐惧感。而对技术有用性和易用性的感知缺失、对社交媒体之社会文化意义的理解不足以及对新媒体的刻板印象，进一步影响了老年人对社交媒体技术的接纳。面对市场导向的信息科技，收入也是老年群体使用硬件设备、网络和拓展网络使用环境的重要基础。可支配收入越高的老年群体，其接触网络媒体的概率越大。城乡老年人之间的数字鸿沟在很大程度上受收入影响。

（2）信息科技方面的家庭反哺、亲友互助和社会支持不足。

研究表明，代际文化反哺、亲友互助以及信息资源和文教投入对老年人的数字素养水平具有关键作用。在网络时代，面对新鲜事物，老年人向子代求助，而子女往往缺少足够的时间和耐心来指导老年人操作，使得老年人学习和使用互联网面临困难，进而弱化了老年人的数字融入。

另外，对于老年群体而言，互联网技术的普及相对滞后，这也是造成老年群体数字鸿沟的重要因素。在现代网络科技普及过程中，老年人现代科技技能培训相关课程缺失；或者尽管社区老年学校会开设电脑、网络和智能手机使用等方面的课程，但覆盖面很小。尤其在农村，鲜有智能化养老或信息科技服务的使用和推广，造成城乡老人内部也形成数字鸿沟。

（3）现代科技产品设计在一定程度上也影响了老年人对现代科技产品的接受和使用。

现代科技的服务对象主要为青年群体，其产品设计对于老年人而言并不适用，如围绕老年人群体进行人性化设计的手机款式乏善可陈。老年信息科技产品和服务的安全性能、适老特征和质量水平不足。

数字鸿沟其实是经济鸿沟的产物。在现代科技飞速发展的情境下，老年人利用信息通信技术来获取健康信息以及增加与远距离家人沟通交流的诉求愈发强烈，但受市场力量主导和注重高精尖技术的现代信息科技并未将老年人设置为电信设备和信息内容的主要目标群体。这种因社会转型引致的结构张力使得老年人在与现代科技的互动过程中处于明显的弱势地位。

不管是老年人接近或使用信息基础设施的机会，还是其数字素养水平，都并非由其自身因素单独决定，而是由个人、家庭、社会和科技等诸多因素共同作用。在积极老龄化背景下，个人、政府、社会、市场要共同推动乐龄科技，构筑年龄友好信息基础设施和治理结构，提升老年人数字素养，逐步缩小老年群体和年轻群体之间的数字鸿沟，实现以人为本的数字包容。

7. 没有养老主题书店，没有供老年人购买、借阅、交流的场景

公共图书馆少，往返交通不方便，借与还都不方便；

电影票太贵，不像以前时候的露天电影那么亲民；

老年大学一位难求，全家上阵排队抢名额；

公园环境受限，赶上刮风下雨、冷天热天都受影响；

老年活动中心少且服务意识淡薄，限制多。

8. 退休老人的生活需要组织和积极引导

我们注意到，其实政府为改善老人退休生活质量，已经投入了很多资金和物力，但欠缺的地方在于持续的运营，比如为老年人学习已经开发了不少应用软件，如音频听书、学习视频等，只是没有足够的老师培训使用，导致老人还是不会使用。一方面是培养老人自学的能力，另一方面是社会形成帮助老人学习的环境和条件。

有这样一个案例：

2020年在北京电视台播出的当代农村电视剧——《遍地书香》，该剧讲述了第一书记刘世成在椿树沟村文化扶贫、扶志、扶智，引领临沂父老乡亲建设美丽乡村的故事。

市文化馆干部刘世成到椿树沟村任第一书记，带了满满一车书，作为给村民的见面礼。村民们有点抱怨，但仍然对他非常热情，村民李木林还送给他一只小狗，帮他消除对狗的恐惧。村委会妇女主任李文秀积极协助刘世成工作，却受到婆婆质疑，李文秀被迫公开与丈夫已离婚的事实，让婆婆感动不已。刘世成自己买来洗衣粉作为礼品，送给读书的村民；在村广播设立读书时间，让读书在村里蔚然成风。马千里来村发展旅游，没想到资金链断裂，村子陷入困境。在村子编筐技艺基础上，通过读书学习，刘世成与村民们一起改进了技艺。编筐走出了国门，村民们走上了致富之路。两年后，刘世成第一书记期满离开了村子，但椿树沟已成为远近闻名的富裕村文明村文化村。

刘书记在村里持续组织农村读书会，尽管遇到了各种质疑和困难，但是最终还是坚持下来并取得满意的效果。现实中，农村里以老人和留守儿童为主，让他们养成读书学习的习惯，通过读书开拓视野，增长技能，加强联系，改变贫穷，走向富裕的美好生活。

这个电视剧来源于生活，就在我们八零养老河北社群，也有这样的真实案例：廊坊市固安县住各庄村，有一个大槐树公益书屋，创始人程国宏说：2016年在自家院子建立起书屋，开始几年阳春白雪，2020年开始成立读书会，领着村里的孩子读四书五经，很有人气，吸引了县城、廊坊，甚至北京的朋友来这里读书，外来的男孩子住在本村的男孩家里，外来的女孩子就住在本村的女孩家里，以公益夏令营的形式开展活动，村里的孩子们考上县城博物馆的小讲解员。每个月在村广场都有演出活动，也会到县城参加演出。现在我想把老人们也组织起来一起读书学习，看戏、看电影，改善他们的文化生活。

现在的老年人退休后是这样的生活状态，难道等我们 80 后老了以后还是这样吗？

今天我们在努力构建和谐社会，和谐社会应该让每个人享受改革开放、社会进步的成果。作为占有社会相当比重、为社会发展作出了贡献的老年人，应该享受和谐温馨的生活。除了使他们老有所养外，我们应该多关注他们的精神生活。这不仅是家庭的问题，更是社会的问题。

三、北京——全国文化中心、全龄文化中心

1. 北京城市文化定位：全国文化中心，文化产业全国第一

首都文化是立足于首都定位，植根于首都特色文化资源，在国家文化建设中起着示范性和引领性的代表性文化。新时代，弘扬和发展首都文化是北京建设全国文化中心的核心要义，对北京发展具有全局性的战略意义。

2017 年 8 月，蔡奇书记在北京市推进全国文化中心建设领导小组第一次会议上指出："首都文化是我们这座城市的魂，主要包括源远流长的古都文化、丰富厚重的红色文化、特色鲜明的京味文化和蓬勃兴起的创新文化这四个方面。说到底，首都文化是大国文化，社会主义先进文化，要在建设国际一流的和谐宜居之都进程中，在中华民族伟大复兴进程中发挥应有的软实力作用，要把首都文化优势转化为首都发展优势。"这一论述明确界定了首都文化的功能定位和基本内涵。

在中国城市文化发展方面，2019 年，北京在中国城市文化品牌、省市文化产业、文旅形象、文化旅游和城市创意指数排名中均位居第一。北京的文化产业增加值所占 GDP 的比重为 9.64%，位居全国第一。这些指数排名表明北京作为全国文化中心强劲的优势地位。

2. 北京老年人口基数大、增长快

"十三五"时期，北京市 60 岁及以上常住人口总量从 2016 年年底的 378.8 万人上升到 2020 年年底的 429.9 万人，增长 51.1 万人，占常住总人口比例从 17.25% 上升到 19.64%。65 岁及以上常住人口总量从 252.6 万人上升到 291.2 万人，增长 38.6 万人，占常住总人口比例从 11.51% 上升到 13.30%。户籍老年人口总量从 329.2 万人上升到 378.6 万人，增长 49.4 万人，占户籍总人口比例从 24.1% 上升到 27.0%。

据预测，北京老龄化程度将进一步加深。

3. 北京年新开书店数量：639 家

《2020—2021 中国实体书店产业报告》显示，2020 年，中国大约有 4061 家实体书店新开面世，1573 家书店关门；新开书店数量远远超过关门书店数量，全国纯新增书店约 2488 家。中国新开书店数量城市排名中，北京以 639 家新开书店数量位居榜首。

调查显示，在未来开店意愿和计划上，表现积极的依然是新华书店和品牌连锁书店，独立书店未来新开书店的积极性不高。参加调研的新华与品牌连锁书店，未来一年，有 70 家计划开店 1～5 家，占 54.69%；9 家计划开店 11～100 家，还有 1 家计划开店 100 家以上。独立书店相对保守，60% 以上的独立书店一年内没有开店计划。未来三年内，48.77% 的独立书店没有开店计划，37.65% 计划开店 1～5 家，13.58% 选择开店 5 家以上。

截至 2021 年年底，北京市实体书店数量达到 2076 家，位列全国第一。

4. 书店也跨界

书店除了已经常见的咖啡、茶饮以外，为了增加收入，纷纷在跨界探索新的经营模式。

我们调研发现，现在已经有很多主题书店，比如：亲子、教育、体育、地理、艺术、科技、摄影、幽默、文创、画廊、英文……

各种各样的主题，冠以“网红”“最美”书店，可是，为什么拥有占比达 27% 常住老龄人口的北京，却没有一家专为老人与养老从业者提供服务的书店？

5. 北京既是全国文化中心，也应做到全龄文化中心

北京是世界著名古都，有着 3000 多年建城史、860 多年建都史，丰富的历史文化是一张金名片，是中华文明源远流长的伟大见证。新中国成立以来，文化中心一直是北京重要的首都功能。

《北京市推进全国文化中心建设中长期规划（2019 年—2035 年）》指出，完善群众文化需求征集和反馈机制，推动公共文化服务供给与群众文化需求有效对接，打通公共文化服务“最后一公里”。健全总分馆体系，坚持“自下而上、以需定供”，完善公共图书、公益电影、公益演出、文化活动等线下线上一体化配送体系，推动超高清交互电视、交互式网络电视等新业务和数字智慧终端、移动终端等新型载体在公共文化服务领域中的应用，完善互动式、菜单式公共文化服务。坚持普惠与特惠相结合，面向老年人、未成年人、残

疾人、生活困难群众，开展精准化、个性化预约服务和上门服务，充分保障特殊群体基本文化权益。

开展首都重大历史文化遗迹、博物馆珍贵藏品、古籍善本、城市记忆载体、非物质文化遗产等数字化工作，构建标准统一、互联互通、便捷实用的首都特色公共文化数字资源库。加快博物馆、图书馆、文化馆、科技馆、美术馆、综合文化中心（室）等公共文化设施数字化转型升级，加快超高清制播体系建设，扩大地面无线广播电视覆盖，丰富无线、有线、卫星和网络信息服务，加强新型移动通信技术应用，完善智能终端服务网络，促进公共文化资源共建共享。到 2035 年，实现数字图书馆、数字文化馆、数字博物馆各区全覆盖，充分发挥数字文化服务在公共文化服务体系建设中的重要作用。

书店，是体现一个城市文化水平的重要标志，是一个城市的文化内核。作为文化载体的书店与城市的交融承载了老一代的城市回忆，也是我国文化领域的重要探索。

养老主题书店，呼之欲出。

6. 全民阅读——让所有人享受到文化的润泽，一个老年人也不能少！

在 2022 年的《政府工作报告》中，“全民阅读”再次被写入，且表述为“深入推进全民阅读”。这是自 2014 年起，“全民阅读”连续第 9 年被写入《政府工作报告》。从 9 年来的完整表述的变化上，或能窥见出版业社会功能与时代意义的演变和革新。

2014 年是“促进基本公共文化服务标准化均等化，发展文化艺术、新闻出版、广播电影电视、档案等事业，繁荣发展哲学社会科学，倡导全民阅读。”

2015 年是“提供更多优秀文艺作品，倡导全民阅读，建设学习型社会，提高国民素质。”

2016 年是“深化群众性精神文明创建活动，倡导全民阅读，普及科学知识，弘扬科学精神，提高国民素质和社会文明程度。”

2017 年是“大力推动全民阅读，加强科学普及。”

2018 年是“倡导全民阅读，建设学习型社会。”

2019 年是“倡导全民阅读，推进学习型社会建设。”

2020 年是“倡导全民健身和全民阅读，使全社会充满活力、向上向善。”

2021 年是“繁荣新闻出版、广播影视、文学艺术、哲学社会科学和档案等事业。深入推进全民阅读。”

2022 年 4 月 23 日是世界读书日，首届全民阅读大会在京开幕。中共中央总书记、国家主席、中央军委主席习近平发来贺信，表示热烈的祝贺。习近平在贺信中指出，阅读是人类获取知识、启智增慧、培养道德的重要途径，可以让人得到思想启发，树立崇高理想，涵养浩然之气。中华民族自古提倡阅读，讲究格物致知、诚意正心，传承中华民族生生不息的精神，塑造中国人民自信自强的品格。

习近平希望广大党员、干部带头读书学习，修身养志，增长才干；希望孩子们养成阅读习惯，快乐阅读，健康成长；希望全社会都参与到阅读中来，形成爱读书、读好书、善读书的浓厚氛围。

开幕式上，中共中央政治局委员、中宣部部长黄坤明宣读了习近平的贺信并讲话。他说，习近平总书记的贺信，充分体现了党中央对推动全民阅读、建设书香中国的高度重视。要认真学习贯彻习近平总书记重要指示精神，加强阅读引领，涵育阅读风尚，构建覆盖城乡的阅读推广服务体系，推动全民阅读扩大覆盖、提升品质、增强实效，以书香中国建设促进文化强国建设，为奋进新征程、建功新时代注入强大精神力量。

“深入推进全民阅读”到底应该做些什么？

全国政协常委、副秘书长、民进中央副主席朱永新从 2003 年开始每年在全国两会上呼吁建立国家阅读节，始终是全民阅读的大力推动者。在今年的《关于建立国家阅读节，以全民阅读夯实共同富裕的精神基础的提案》中，他呼吁“进一步推进阅读公平，加强公共图书馆建设。”

另外，在《关于建设书香企业，促进经济社会高质量发展的提案》中，他也提出了一些具有可操作性的建议，如推动企业建立读书会、建立企业图书馆、建设企业读书云平台、研制适合企业家和企业员工的阅读书目等。

在老年人口不断增加、我国已快速进入老龄化社会的背景下，加强老年人阅读服务，是推动全民阅读深入开展的重要一环。没有老年人参与的阅读就不能称之为全民阅读。

因此，我们要积极开展老年人阅读服务。首先，要提供更丰富优质的老年读物。一方面丰富老年读物的载体、品种和数量，鼓励图书、期刊出版单位推出更多服务老年人阅读需求的图书和文章，鼓励数字出版单位开发更多方便老年人操作使用的数字阅读产品和多媒体读物。建议每年向全国老年人推荐优秀出版物由图书扩大到期刊和数字出版物。另一方面，深入了解当代老年人生活心理需求、再教育再就业需求和精神文化需求，了解老年人的阅读习惯和阅读倾向，加强老年读物出版的针对性和实用性，提高老年读物的出版质量，提供更多优质的阅读内容。

其次，完善老年人阅读服务。在公共文化服务体系建设中，要将老年人阅读纳入整体规划，提供更多老龄阅读空间，鼓励和支持社会力量参与老年人阅读服务。社区书屋、农家书屋和职工书屋，以及养老院、养老驿站，要配备专门的老龄书架。社会各图书馆等公共阅读空间，要专设老年人借阅通道，专门提供老年人阅读服务。在出版方面，增加大字号读物以方便老年人阅读。在图书市场分类和销售方面，增加老年读物子目，以方便老年人购买。

四、老年人的特征及需求

1. 老年人的生理特性

从少年，青年，中年，一路走到老年，人的心理和生理发生了巨大的变化。出现老化现象，主要表现在身体功能的变化、感觉功能的变化、心理功能特征的变化、生活结构的变化等，各方面需求也随之变化，主要包括以下几个方面。

（1）健康需求：尤其是70岁以后感觉生理功能衰退显著，具有恐老、怕病心理，更加关注自身的健康状况。

（2）工作需求：对尚有工作能力的老年人，渴望再次得到工作，除体现自身价值外，希望在工作中消磨富裕时间。

（3）依存需求：对不能完全自理的老年人，他们希望有人照顾，尤其得到子女的亲自照顾，使他们感到有所依靠。

（4）和睦需求：希望有个和睦的生活环境，不管经济条件如何，只要家庭和睦，邻居关系融合，互敬互爱，互相帮助，就会感到温暖和幸福。

（5）安静需求：老年人一般喜欢安静，怕吵怕乱，甚至惧怕过星期天，儿孙满堂的一天，变成了“苦恼的星期天”。

（6）支配需求：原为一家之主，掌握家中支配权，由于经济地位变化，造成家庭地位、支配权的变化，也将造成生活苦恼。

（7）尊重需求：离开工作岗位后情绪低落，如果得不到尊重，将产生悲观情绪，长期下去，则会引起仰郁和消沉，埋下疾病的祸根。

（8）求偶需求：对丧偶后的生活感到寂寞，心理表现无助，有很强烈的寻找个老伴的愿望，希望有人照顾，说话聊天，解脱寂寞。

2. 老年人的心理特性

（1）因生活方式、生活习惯、生存环境、所受教育及思想观念不同容易与子女产生“代沟”，不希望与子女共同居住生活，但希望节假日全家小聚。

（2）年轻人生活节奏加快，竞争加剧，压力加大，生活无规律；与老年人住在一起相互干扰影响，令人老年人头痛，希望分开居住。

（3）敬老院虽然条件好，但传统思想较强的老年人心理上会有“被遗弃”的感觉，子女也有不孝敬老人的负罪感。

（4）老人再婚后，新建立的老年家庭不易与子女完全和睦共处，老人认为分户购房是分开居住是最佳选择。

（5）老年人喜欢安静、淡泊、朴素、平静的生活，对物质要求不高，不愿地处闹市和商业区、工厂区，与子女的居住环境要求差异较大。

（6）老年人怕孤独，在相对集中的老年社区、老年公寓居住，子女上班、上学后，老人们仍有同龄伙伴、共同话题、共同乐趣。

（7）随着老年人积蓄的增多和观念的变化，相当一部分老年人不愿意给儿女增加过多的负担，独立生活意识逐渐增强，愿意自己生活。

3. 老年人的功能特性

（1）身体功能的变化。身体尺寸总体上变小，出现弯腰、弓背的现象；身体的运动能力下降，关节活动的范围变小；骨骼脆弱，关节组织出现弹性减弱。

（2）感觉功能的变化。由于感觉功能衰老，对室内、外冷热变化的感觉不敏感；视觉、听觉衰退明显；嗅觉、触觉和平衡感方面均有下降，表现迟钝。

（3）心理功能的变化。普遍留念过去，希望继续居住在曾经生活过的地方，念旧情结严重；适应新事物需要时间，有时也懒得思考，思维的适应性和逻辑性减少，有时也难以控制感情。

（4）生活结构的变化。闲暇的时间比较多，滞留在家的时间比以前有大量的增加，更需要有人陪伴和丰富的文化生活。

4. 对居住环境的需求

（1）对精神安慰上的需求。希望家庭的依恋和亲情关爱，有社会和邻里的交往，有精神文化方面的活动，具有安定感、安全感以及来自治安、交通、环境和管理等诸多方面关心和关怀。

（2）生活环境的安全无障碍需求。如老人对台阶、楼梯、低矮无扶手坐凳、蹲式便器会感到不适；在光滑的地面上行走，强烈的灯光和嘈杂的声音也会对老年人的生活带来不便；而诸如门窗、扶手等处理不当也会对老人身体带来麻烦。

（3）良好的物理性能需求。主要体现在日照、自然通风和采光等方面，还有良好的搁窗观景视线等。

（4）康复和医疗的保障体系。老人对住区医疗条件要求较高，除依靠临近区域的大型医疗机构外，住宅内也应针对老年人的健康需要设有急救设施、老年病等配合治疗的基础医疗站，形成完善的医疗网络。

5. 对新老人（60后）群体的特征总结与分析

（1）新老人掌握着社会的大部分财富。

美联储2016年家庭消费金融调查显示，美国35岁以下年轻家庭的财富中位值仅为1.1万美元。相比之下，65～74岁年龄层家庭的财富中位值为22.41万美元；而75岁以上老年家庭的财富最高，中位值为26.48万美元，为35岁以下家庭的25倍以上。

从中国情况来看，家庭财富峰值的年龄段更为提前。2020年4月，中国人民银行《城镇居民家庭资产负债调查课题》发现，户主年龄为56～64岁的家庭户均总资产最高，达355.4万元；而18～25岁的户均总资产最低，为175.5万元，仅为前者的一半左右。户主年龄为65岁及以上的户均资产288万元，处于前两个分类之间。

（2）文化需求高于物质需求。

中国老年群体的结构正在发生改变，如已经或即将度过60岁生日的60后具有一定的文化素养、经济基础和社会资源，他们必然会有区别于传统养老模式的“新老年生活”“精神养老”和“艺术康养”无疑将在这批老年人中的有着更大需求。

据红杉中国发布的《2019年中国城市养老消费洞察报告》，玩智能手机和旅游成为老年群体的新宠，占比分别为15%和18%～20%，这一特点在50～70岁的老年群体中尤为明显，超过平均水平2倍以上。越来越多的老年群体在自己的晚年消费规划中加上旅游。

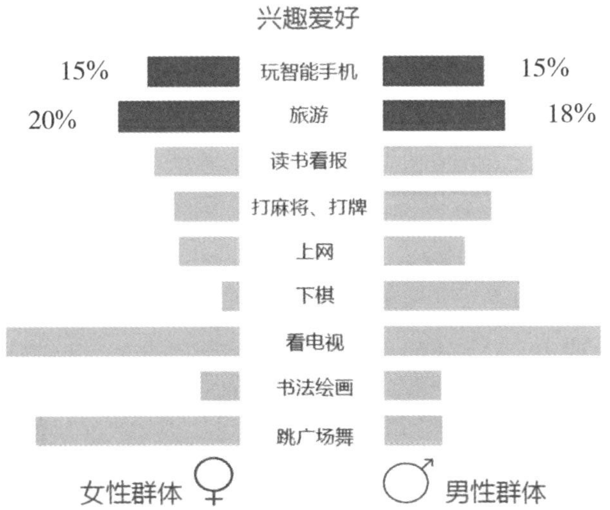

图 6-1　中国老年人兴趣爱好

来源：红杉中国，《2019 年中国城市养老消费洞察报告》。

五、开家养老主题书店

基于以上调研和分析，我们做好自身定位，明确了要投资养老主题书店的想法，具体怎么做呢？

为了让书店可持续运营、切实服务读者，我们必须思考清楚书店的经营模式。

1. 选址

老龄化社会，更多的老人在社区、在家庭。政府鼓励居家、社区养老，15 分钟生活圈，社区居家养老是主流，会更有活力。选址在老龄化程度高的社区周边，老龄化在 30% 以上为宜。

依托社区，社区书店 + 社区学院为载体，结合“文化 + 养老”“物业 + 养老”，在为老人提供丰富多彩的文化娱乐活动外，增加助餐、助洁等基础服务，养老主题书店赋能社区驿站。

交通便利。因为书店会策划组织非常多的主题活动，所以交通的便利性是我们必须要考虑到的。

店面分四档：小型 100～200 平方米；中型 400～500 平方米；大型 800～1000 平方米；超大型 2000 平方米及以上。

文化赋能养老，商业形成消费，贴近社区居民，实现养老目标。让所有人享受到文化的润泽，是时代的选择。

2. 书店受众

养老院入住老人以 80 岁以上为主，属于高龄老人、半自理、不能自理，失智型老人不是我们的目标客群。

书店客群分析：强调全龄

（1）50 后～60 后老人，保健养生、文化娱乐、兴趣爱好、曾经 50～60 后年代记忆的经典书刊（怀旧）、优雅养老的生活方式；年龄虽然老，心态仍年轻；德高望重，人生赢家。为北京市 400 多万老人提供文化娱乐解决方案。

（2）70 后～80 后中年，产业投资、行业交流、项目运作、资源对接。养老规划、未雨绸缪。

（3）90 后～00 后青年，职业规划、培训教材、专业技能。成长路径、贵人指路。为北京及全国的养老从业者提供培训、学习交流的社交平台。

（4）00 后～10 后青少年，家风家训、孝道传承、国学文化。“五老”关心下一代。十年树木，百年树人。孝道文化教育基地。

3. 书店能做什么

书店产品分析：结合社区商业

板块一：文化，精神黏性，不孤单不寂寞

A. 图书。专业选品，适合全年龄段阅读

B. 国学孝道文创产品

C. 视频、音频产品

D. 回忆录、家谱等产品，自主策划出版图书

E. 老年游戏、玩具、KTV 等文体娱乐产品

板块二：物质，强需求、引流、社区团购

A. 适老化、智慧化样板间场景

B. 衣帽间，老年服装、鞋帽、配饰、化妆品、护肤品等

C. 老年用品，康复辅具、文房四宝等

D. 便利店，老年食品、营养品等快消品

板块三：服务与活动

A. 饮料简餐

B. 社交空间

C. 读者会、发布会、教育课堂等活动、多功能厅

D. 会员制社群、会员卡、储值、积分、裂变

板块四：线上

A. IP 活动策划运营

B. 全媒体运营

C. 直播，兴趣直播、带货

D. 招商加盟、连锁化发展

E. 线上电子商务平台

F. 国际交流交往、国际化

4. 书店为中老年人提供再就业机会

俗话说：家有一老如有一宝。每一位老人就是一本书，阅历丰富，是我们社会的宝贵资源。如何发挥好老年人的价值？让老人退休后老有所为、老有所乐，成为人生赢家。

养老是我们书店的主题，老年人也是我们书店主要服务的客群之一，所以我们会聘用一定比例的老年人，给他们提供再就业，发挥预热的机会。让老年人服务老年人，不仅仅是文化图书，还有其他适老用品、活动，老年人与老年人之间会有更多共同语言，老年人也更懂老年人。

我们传承并弘扬中华优秀传统文化，不是仅仅从书本上看到学到，其实很多年高德勋的老人就是我们的榜样、身边的榜样。

老年人可以承担很多角色，比如专业老师、人生导师、直播达人等。部分员工聘用中老年人，退休后再就业，做自己喜欢的事情。

5. 四社联动，发挥合力

社会组织——建立基层社会组织、搭建平台

社区学院——设计专业课程与活动

社群运营——做好线上线下运营服务

社工（志愿者）服务——实际参与，保障各类活动顺畅完成

六、书店合作应用场景

1. 社区养老 / 为老服务中心

这是文化赋能养老的主战场，可以提供一系列标准化、数字化、品牌化的支持，书店与社区共生。

2. 养老机构

金孝趣院图书室。以图书室为依托，为养老机构提供特色文化服务，如图书展览、借阅、读者会、回忆录撰写等服务。

3.CCRC（可持续照料退休社区）

这类养老地产通常体量大，需要更多的协同。金孝趣院养老主题书店可进入做文化娱乐服务，丰富社区生活。

4. 老年大学

以老年大学为依托，在图书室服务基础上提供行业培训、特色文化主题活动，如党史、国家纪念日、社区特色文化、功能性图书的教培服务等。

5. 康养旅居基地

由于空间进一步拓展，可在老年大学的服务基础上增加特色图书馆、文化馆、博物馆服务，依托特色文化传播，向旅居客户提供地方文化展览、学习、展销、历史介绍等地方特色文化传播。

6. 乡村康养等

结合乡村地方特点，在旅居基地与老年大学服务基础上提供地方农业特色文化、红色文化、人文文化及环保等绿色文化主题活动，通过设立博物馆、民俗馆、图书馆等符合地方人文基础、国家乡村振兴政策结合绿色双碳、环保等方向从文化角度策划全方位的突出乡村康养的优势的活动主题，点明乡村康养亮点，活跃乡村经济，服务乡村产业。

7. 养老企业

帮助企业建立学习型组织，打造传承孝道的企业文化。

我们应该尊敬老年人，他们为社会、为家庭辛勤工作、操劳了大半辈子。当儿女们羽翼渐丰时，岁月已经染白了他们的双鬓，风霜摧弯了他们的脊梁。能否让他们安度幸福的晚年，是我们每个儿女的责任，也是社会和谐的重要体现。

不少子女认为，让老人衣食无忧就算尽到了孝道。殊不知，与衣食无忧相比，不少老人更渴望心理的关怀。正如《论语·为政》所说“今之孝者，是谓能养。至于犬马，皆能有养；不敬，何以别乎。”意思是孔子说的，“现在的人啊，以为仅仅给父母吃好穿好，把父母养活，让他们衣食无忧就可以叫做孝顺了。但是像狗和马这样的畜生，也能养活他们的父母，替他们服劳役。如果内心没有一份真挚的对父母的尊敬之情，那么赡养父母与饲养犬马又还有什么区别呢？”

应对老龄社会与复兴中华文化有直接关系！中国传统文化强调家庭养老、孝道传承，而现代社会，家庭结构小型化导致亲情越来越冷淡，中华优秀传统文化的传承与发扬也受到极大挑战。

金孝趣院养老主题书店既是文化传播的前沿阵地，也是养老服务的根据地。每个时代都有每个时代的精神，实现中国梦必须走中国道路、弘扬中国精神、凝聚中国力量。“为什么中华民族能够在几千年的历史长河中生生不息、薪火相传、顽强发展呢？很重要的一个原因就是中华民族有一脉相承的精神追求、精神特质、精神脉络。”

在党的十九大报告中，习近平总书记再次坚定中华文化自信，吹响文艺繁荣号角：“坚持中国特色社会主义文化发展道路，激发全民族文化创新创造活力，建设社会主义文化强国。”当代中国共产党人和中国人民应该而且一定能够担负起新的文化使命，在实践创造中进行文化创造，在历史进步中实现文化进步！

在即将迎来党的二十大之际，我们尝试通过文化与养老的结合，进一步弘扬优秀中华传统文化，赋能养老产业，服务广大中老年。金孝趣院养老主题书店就是要根植于社区，贴近老年群体，提供文化娱乐产品和其他养老服务。限于篇幅限制，还有一些文化养老的思考和经营方面的探索这里不能完全阐释，希望有机会能与读者们更多交流互动。

养老事业靠大家，我们的每一步创新都是来源于需求、来源于让社会更美好的追求。金孝趣院养老主题书店项目刚刚起步，欢迎朋友们提出宝贵意见或建议，也欢迎各类合作。

执笔作者简介

扈明涛（1981）

金孝文化传媒（北京）有限公司执行总经理

北京七友企业管理发展有限公司高级合伙人

中国铁道建筑集团有限公司外聘专家

长期从事康养、文旅等投融资领域，与多家央企机构合作，业务涉及大健康、养老、文化、旅游、体育、特色农业等项目。通过政策挖掘产业机会，设计产业投资经营方案、产业投资规划。近 10 年来，深入挖掘文旅大健康、乡村振兴、双碳等国家主要发展项目，专业服务产业项目投资立项。自 2015 年至今，向政府申报投资项目均立项成功，主持项目 20 余个，其中国家级 2 个，省级数个。

让晚年生活成为人生闪光时刻 *

虽然看似有悖于传统观念，但我还是希望与老年人建立一种稳定轻松，且持续上升的“朋友”关系——以平等、真诚、信任为根基。

多年来，身边的伙伴来了又走，走了又来。无论周边如何变换，我始终以一种“牛耕”的心态，坚定不移朝着既定的目标持续推进。

一、人世间的值得

历史总是在兜兜转转，貌似没有规律可言，但当你拉大尺度放长远看，这规律就隐藏其中。

在内蒙古高原和辽河平原的中间过渡带，有一座小城，名为阜新，是辽宁省下辖的一座地级市，位于中国东北地区南部、辽宁西部，与省会沈阳市直线距离 147.5 千米。往南经锦州可直下京、津；北上经通辽可到霍林河矿区；东达沈阳及辽东沿海城市；西至朝阳、内蒙古赤峰，是辽宁西部的交通要道。

阜新市因煤而兴、因煤而立。曾拥有全亚洲第一大露天煤矿，被誉为“北方煤都”。早在 1739 年，现阜新市清河门区一带就发现了煤田。国家第一个五年计划时期，国家 156 个重点项目，有 4 个落户阜新。阜新也由此成为全国重要的能源基地之一。巅峰时期，仅海州矿的年产量就占据全国总量的 10% 以上。然而，经过多年的开采之后，阜新的煤矿资源已经枯竭，煤炭主导的单一产业开始衰退，城市陷入了“矿竭城衰”的困境。2001 年，阜新市被国务院确定为“全国首个资源枯竭城市转型试点”城市。

1985 年，我出生于这座带有神奇色彩的小城，在这里度过了小学到中学的美好时光。《人世间》中，有这样一段话颇耐人寻味：“从你出生的那一刻，端什么碗，吃什么饭，经历什么事，什么时候和谁结婚，都是定数，别太难为自己，顺其自然就好。人生的剧本你早在天堂看了，你之所以选择这个剧

---

* 本节由沈阳市惠万民居家养老服务中心理事长姜呐执笔。

本，是因为这一生中有你认为值得的地方。”

虽说这其间包含了些许宿命论的味道，但在这段话里，我读到了一丝共鸣——这一生中有我认为值得的地方。

为了找寻到自己认为值得的地方，我从考学到工作一路探寻。

二、支点、拐点与起点

1. 支点

任何事物站立都需要支点，人生也是如此。我的支点，是从应聘到四星级酒店贵宾经理开始。在服务过程中是选择服务人还是选择服务事儿让我有了感悟，我选择了前者，服务人。也就是“重视客户，做一些超出客户预期的服务，哪怕一点点”是我给自己确定的个人职业价值，久而久之，我积累了一大批忠诚的客户，有的客户早已经成为了无话不谈的朋友，即便后来我到五星级酒店做销售总监，仍然有很多客户跟随而来，我想这就是“真诚经营”的结果。我十分庆幸自己当初的选择，始终坚定地在当初选取的服务人的这条路上走下去，虽有过困难，也有过不理解，但这都是人生成长的必经之路。

2. 拐点

人生的拐点多半是外力所致，很少是有内在所为。

2016 年之前，我从事了 10 余年的酒店管理工作——我始终清晰自己的疑问——自己究竟想做什么样的人，要过怎样的生活？就像《流浪者之歌》讲到的：“大多数的人就像是落叶一样，在空中随风飘游、翻飞、荡漾，最后落在地上。一小部分的人像是天上的星星，在一定的途径上走，任何风都吹不到他们，在他们的内心中有自己的引导者和方向。”生活这个东西如空中楼阁，水中镜月，没有一个定量的标准，我想要追求诗和远方。这一生中我值得的地方到底在哪里？我的人生到底最后给自己有什么交代？我又如何觉得在力所能及的情况下，还要做一份自己觉得挺自豪的事业，对社会有价值和贡献的事业？我还是要跑在前面，永远努力跑在前面，于是，想要探究答案的我决定跳出舒适区。

3. 起点

凡事总有一个开头，这个开头就是起点。表面上看是个偶然，实质上是无数个因果积累成为必然。在几个月内寻找、考察、选项的时候，养老服务——既陌生又熟悉的一个行业纳入我的选择项中。之所以说“熟悉”是因为养老后边是服务，服务谁？我的答案：仍然是“服务人”。

未来十年，哪个产业会成为下一个风口？通过无数次同合伙人探讨，查阅相关法规文件和各类资料，答案是养老产业。一方面是我国老年人口数量不断攀升，养老产业需求非常大。原来我国老年人口比例已经超过 16%，沈阳市的老年人口比例已经接近 20%，人口将近 200 万人。据世界卫生组织预测，到 2050 年，中国将有 35% 的人口超过 60 岁，大概有 4 亿人。另一方面是老年人口的消费潜力非常大，用业内话讲，是夕阳事业，朝阳产业，而且国家重点扶持，特别是居家养老刚刚兴起前景广阔，于是我就决定和大家在一起试一试，这一试就开启了一段看得到未来、也看不到未来的创业旅程。创业最初目标也很朴素，就希望在养老行业干点事，干成一个自己愿意、自己决策、自己能做成的事。其实一开始我就是这么一个朴素的想法，但是跑着跑着，就开始越来越体会到“侠之大者，为国为民；侠之小者，为友为邻”这句话的深刻含义，我感谢命运把我安排在养老这样一个事关民生的赛道，让我有机会为老人的晚年生活福祉做出自己微薄的贡献。

三、我的选择

我自认为是“宇宙中一粒沙”，现将自己定位为养老服务业中的一名创业者。今日回想起来，初涉养老的自己是多么“不知深浅”。

曾有统计显示，截至 2015 年年底，当时全国 60 岁及以上老年人口 22 200 万人，占总人口的 16.1%，其中 65 岁及以上老年人口 14 386 万人，占总人口的 10.5%。

彼时，我国的老龄化水平与 1985 年的日本、1996 年的中国台湾及 1975 年的美国相当。当时曾有预测认为，到 2020 年我国 65 岁以上的人口比例将达到 14.73%。届时，我国的老年化程度将达到与 1995 年的日本、2014 年的中国台湾、2013 年的美国同样的水平。随着我国人口寿命的延长，到 2022 年，我国 65 岁以上的人口数将超过 0～14 岁少儿人口数。我国也将从儿童产业时代迈入养老产业时代。

这个产业过于宏大，过于多元，养老产业涵盖了第一、第二、第三产业。以至于，在创业之前，我甚至一度“误认为”养老产业同酒店服务业的本质是相近的，都是要保证床位的“入住率”。而我最常遇到的问题也是——你那里多少钱一个床位，有多少张床？但恰恰，这不是我想做的。初步接触后，一个想法在我脑中迅速扭转。我们调整思路重新定位——我想有别于传统养老模式，由原来的等着老人来的机构养老模式，变为社区居家养老模式——“我到老人身边去”，也就是“被动”到“主动”的转变。做这种“居家养老”。虽然也是目前国家大力提倡的，但我仍然认为，自己是在开拓、创新、突破，前面并没有可以借鉴的模板。

四、做居家养老，我有自己的理由

居家养老，是指以家庭为核心、以社区为依托、以专业化服务为依靠，为居住在家的老年人提供以解决日常生活困难为主要内容的社会化服务，主要形式为由经过专业培训的服务人员上门为老年人开展照护服务。在我看来，随着中国老龄化进程的推进，居家养老的市场愈加庞大。而在越来越庞大的老年人群体中，有一部分需要通过床位来解决养老需求，更有一部分则需要在家里满足自己的养老需求。在未来，由于老年抚养比的逐年递增、老年人口中患病比例的上升以及老年人对于生活质量的要求，社区养老，尤其是和医疗相结合的养老将会成为主要的发展方向。而彼时，我国养老方式主要为居家养老、机构养老及社区养老，在我国，居家养老占据 96%，机构养老占据 3%，社区养老为 1% 的行业占比。这些是对我创业观点的佐证。

此后，越是随着对养老行业深入探究，越是坚定了我走下去的信心。

我认为养老产业是为生命存在的服务产业，是为生命长期健康、幸福实现的各种产业和研究提供的服务。养老产业是社会发展的必然产业，也是从各种具体需求延伸到第一、第二、第三产业托底服务。未来，养老产业一定是通过各种生命研发、科学研究、生产应用提供保持和延续生命活力的全方位针对性联通服务，而不仅仅是为满足部分生命的服务，并且不只针对老年人群，应该是包含和覆盖所有家庭人群。

这仅仅是对市场层面的分析。在顶层设计层面，养老问题早已引起国家重视，并先后出台了一系列指引方针和发展规划。

党的十七大报告中明确指出：“社会建设与人民幸福安康息息相关。必须在经济发展的基础上，更加注重社会建设，着力保障和改善民生，推进社会体制改革，扩大公共服务，完善社会管理，促进社会公平，努力使全体人民学有所教、劳有所得、病有所医、老有所养、住有所居，推动建设和谐社会。”同时强调，要以“基本养老”为重点，“促进企业、机关、事业单位养老保险制度改革，探索建立农村养老保险制度”，并特别强调要“加强老龄工作”。老有所养是改善民生的重要内容。政府、社会都在积极支持探索、创新多元化的城市养老模式，解决在创新养老模式中所遇到的各种问题，为更好满足老龄人口的需求做出切实可行的行动。

此前，2006 年 6 月，国务院办公厅曾转发《全国老龄委办公室和发展改革委等部门关于加快发展养老服务业意见的通知》，提出指导性意见：一、充分认识加快发展养老服务业的重要意义。二、突出工作重点，明确政策措施。发展养老服务业要按照政策引导、政府扶持、社会兴办、市场推动的原则，逐步建立和完善以居家养老为基础、社区服务为依托、机构养老为补充的服务体系。要建立公开、平等、规范的养老服务业准入制度，积极支持以公建民营、民办公助、政府补贴、购买服务等多种方式兴办养老服务业，鼓励社会资金以独资、合资、合作、联营、参股等方式兴办养老服务业。

2008 年 2 月，针对我国人口老龄化进程加快、家庭养老功能日益弱化、老年人养老服务已经成为重大社会问题，但我国居家养老服务供给不足、比重偏低、质量不高，不能满足老年人日益增长的服务需求的相关情况。为全面推进居家养老服务工作，提高老年人生活生命质量，全国老龄委联合民政部等国家十部委印发《关于全面推进居家养老服务工作的意见》，提出推进居家养老服务工作的基本原则：第一坚持以人为本；第二坚持依托社区；第三坚持因地制宜；第四坚持社会化方向。居家养老是一项涉及全社会的工作，政府、社会、家庭都要参与，必须采取多种形式，努力调动各方面积极因素，共同做好这项工作。

这在当时的我看来，养老产业面临前所未有的发展机遇。于是，2017 年年初，辽宁省惠万民企业管理有限责任公司注册成立，2017 年 5 月，沈阳市惠万民居家养老服务中心成立。这些标志着我正式踏进养老产业。

五、是产业更是服务

沈阳市惠万民居家养老服务中心创建之初，曾创造性地提出“十助”服务，由政府“五助”服务，升级到惠万民“十助”服务，即助餐、助洁、助医、助浴、助行、助急、助游、助购、助学、助娱服务。其中，助餐服务曾被我们视为核心板块。我们有自己的中央厨房，组建了后厨团队和配送团队，既可堂食，也可以送到老人家里。

此后，在“十助”服务的基础上，我们又增加了社群管理的服务方式，通过老年人不同的兴趣爱好，不同的生活需求，建立不同的线上社群。无心插柳柳成荫，现在看来，中心线下服务经历三年疫情影响断断续续开门，而线上社群运营却保持连贯性，发挥独有的服务功能。

我一直觉得，只要在创业路上就都差不多，肯定是有时高兴一点，有时挫折感强一点。但总的来说都是高度危机感，一堆挑战，不是这个问题就是那个问题，没有说什么时候可以高枕无忧和放松，这是创业者和养老人的常态。

看似风平浪静，而只有我自己知道其中的暗流涌动。

2016 年 10 月，在沈阳市的中心地段太原街，我们每年花 90 万元租金，租下了 2000 平方米的商业用房，建设包含大型中央厨房在内的居家养老服务中心。经历 10 个月施工装修和团队组建，2017 年 6 月 8 日我们第一家居家养老服务中心正式开业运营，为周边 15 个社区老年人配餐，截至 2019 年 4 月，累计为老年人助餐达到 30 万份。

这是一份不错的服务成绩单，但背后却是房屋租金投入 200 多万元，人员工资、水电气暖等投入 200 多万元，装修改造、设备设施等投入 500 多万元。这期间，每天我带领惠万民团队拼在一线，早上采购，上午制作，中午送餐，晚上清扫。开始月月亏损，最好的时候，略有盈余，但无论怎么努力，仍然解决不了高额租金问题，最后，只能解散中央厨房团队。

此时我和我的团队，犹如从长期坚守阵地撤下来的战士，心中五味杂陈，从信心满满到锲而不舍，再到无法坚守。很多事情，路线没有选择正确，付出再多努力也无济于事。最初的几年，对于我而言，付出了太多艰辛和努力，承受了很多委屈，很多波折。这些丰富的经历也让我有了更多的思考。

有一天，我发现有一位老人找到中心的工作人员，说手机有个功能不会用，能不能教教自己。我心理有些纳闷。这位老人家里有子女啊，于是就问老人家，怎么不问家里的子女？

老人的回答既出乎我的意料之外，也在意料之中——“孩子没有耐性教啊。”

后来，老人问中心的工作人员：“你这么有耐心。家里父母的手机都是你教的吧。”

没想到，工作人员回答道：“不是，我教不了。”

老人又问：“在这里怎么能教好？”

工作人员回答道：“这是我的工作，必须做好。”

老人与工作人员的这段对话，让一旁的我感触良多。事实上，随着在行业中沉浸得越来越久，我慢慢意识到，老年人要的不是怎么样活着，而是怎么样舒服地活着。于是，面对这样的新课题，我开始着手打造属于老年人自己生活的第三空间。

2019 年 2 月 22 日，沈阳市助老志愿者协会成立，3 个“2”寓意“全是爱”。

这个组织的成立是我在创业服务的过程中，遇见了很多有爱心的、想为老年人做事的一些团体，同时在社区当中也遇到了仍愿意发光发热的热心老年人，我就想应该成立一个组织，吸收他们加入进来，成为志愿者，然后给一些真正有困难、有需求的老年人提供帮助和服务。与此同时，在服务项目上，我们与多家医院进行合作，其中有中医院、眼科医院、糖尿病专科医院、骨科医院等，让医院定期到社区进行义诊，让老人能够就近享受到专业的诊治。

同年，沈阳市要完成 120 家公建民营的居家养老服务中心和 500 家社区养老服务站任务指标。惠万民居家养老服务中心承接了沈阳市三区一县 10 家居家养老服务中心和 80 家社区养老服务站的建设任务。从 2019 年 6 月到 12 月，必须完成中心和服务站的装修和改造。压力累积的同时，我们也在追求着挑战。新建的居家养老服务中心情况不尽相同，没有任何可对标参考的行业领袖或者前辈，摸着石头过河。我毅然“享受”这种挑战。针对老年人不同的需求、不同的收入情况，定制不同的服务项目。例如，针对康平县的居家养老项目，因为县域老年人的养老理念、子女收入、老人本身收入等因素的影响，首先要做的是普及如何养老，普及先进的养老方式和理念，因地制宜地采取差异化的服务模式。第二，现在的团队基本都是年轻人，在服务老人的过程中，他们一改往日的状态，变得有活力、有耐心、有爱心。我经常说，做养老的人头顶上是有光环的，不仅解决了老人养老的问题，还解决了子女教育的问题。新的征程就此展开。

目前，惠万民居家养老服务已覆盖沈阳市内 3 个行政区和康平县，拥有 10 家独立运营的居家养老服务中心、100 个社区养老服务站，服务覆盖沈阳 25 万老年人。直接服务 10 万户老年家庭，间接服务社区老年群体数十万，孵化葫芦丝、扬琴、书法等老年自组织团体近百个。惠万民员工主要由社工和复转军人两大群体组成，解决了很多大学生就业和复转军人安置就业的问题。2020 年中心被沈阳市评为 4A 级社会组织，被共青团辽宁省委员会评为共青团志愿服务基地。截至 2021 年 12 月，惠万民运营的 9 家居家养老服务中心全部被评为 AAAA 级养老服务机构。

2019 年，我们从居家养老服务探索出社会工作服务的新理念、新机制、新模式、新场景，并以此为发展新方向，明确以聚焦居民和政府需求为切入点，以专业社会工作人才为支撑点，以弥补民政基层服务能力为落脚点，助推居家养老、社区治理、社会救助、社会组织孵化培育、慈善事业、政府购买服务等民生服务的发展，切实增强政府基层服务能力，增进社区居民福祉。我们又注册成立了沈阳市惠万民社会工作服务中心，中心以完善和发展社区生活特色的服务产业、改革创新社会工作体制机制，建立社区服务产业体系，提升社会工作服务能力现代化、专业化发展；使用专业社会工作方法，整合资源，培育专业人才，为老年人提供更为专业化的社工服务。2019 年惠万民社会工作服务中心承接沈阳市和平区社会化禁毒服务项目，2020 年承接皇姑区社区公共服务与专项服务项目，承接和平区品质社区“品质养老”建设项目。2020 年，社会工作服务中心被沈阳市评选为 5A 级社会组织。2021 年承接和平区政府购买上门居家养老服务项目。2022 年承接康平县家庭养老床位建设项目。

对于“惠万民”每一次抉择，我付出了相当多的经历和情感。对于自己追求的养老事业和社会工作事业，我始终坦然：“无论遇见何种境遇，都不能放弃成长，成长本身就是一种收获。何其有幸选择养老事业，服务这么多的老年人？感恩自己的福报。”这是我对自己选择的事业的一个定义、理解和信念。

我们一路走来，实际上遇到的都是坎坷，人们常说因为看到希望，所以坚持，可是创业路上哪有那么多阳光和光明，都是黑暗更多，大部分时候是看不到希望的。之所以能够坚持坚守，是因为自己内心的信念支撑，要看到更深层的东西，要看到更远的远方是什么。我说让老年人的晚年生活有光亮，其实是老年人的享受服务的“光亮”照亮了我创业路上经历的各种黑暗时刻。

六、内心的充盈

“如果时光倒流，再给我一次选择的机会，我依然会选择创业这条路。”我认为，创业让一个人存在了无限的可能并能成长得快一些。

养老创业几年来自己一直在变化，看待问题的视角、遇事的解决方法和事过之后的感悟与过往不再相同。

为了真正了解老年人的需要，几年来，我一直坚持做着的一件事就是，走到老年人当中去，去听、去问、去记、去做。

早期，我们多次组织社工和公司职员，深入社区，走到老人身边，敲开一户户门，打开一扇扇窗，用真心换来信任，得来了第一手资料。在沈阳，一个社区大约 1.5 万人，其中，有 2000～3000 人为老年群体。目前，依托我们的服务中心和社区的线下实体和线上社群，我们可以直接了解到这些群体的实际需求。

2019 年 10 月我生日过后，收到一个快递，是一位陈姓阿姨赠送的保温杯。陈阿姨 70 多岁，无儿无女。在工作过程中，我们倾注了更多的关照。陈阿姨在保温杯上印上了我朋友圈中发的一张照片，还写了一封长信，信中有心疼我的不容易及一定注意身体的温暖，有政府和老年人需要我们这样团队服务的迫切需求，有鼓励我坚定地走下去的激励语言，收到这份馈赠，我瞬间“破防”。

我十分喜欢弗朗西斯・培根说过的一句话：“练达之士虽能分别处理细事或判别枝节，然纵观统筹，全局策划，则舍好学深思者莫属。”

人生始于父母的影响，成于学习，终于思考。必定要经过从小学、中学、大学，无论你是省去哪个环节，学习是必不可少的，是贯穿一生的事，只不过是学习的方式和日进量的多寡而不同。读书是学习，工作是学习，生活也是学习，而你的知识质量和知识的宽度，决定了你的思维高度和眼界的长度。

创业里面最麻烦的就没有看到终局，只是看到了中间的阶段和过程，这会让你很难坚定信心走下去，会经常摇摆，你不知道最终产生的价值，不知道最终公司是怎么盈利的。不过，我们认为，定位居家养老服务综合运营，深耕居家养老和社会工作两个领域，我们算是都走对了，因为我们看到这两个赛道的未来终局前景。

总得来说我们还是看到了不一样的未来，走了一条与众不同的路。创业团队不仅追求经济效益，同时也希望追求社会效益最大化。我们不是单纯锁定居家养老，而是通过居家养老建立服务场景、黏性和模式创新来推进养老服务的供给侧改革，让现有养老服务机构发挥更大的服务效能，同时实现服务资源、医养资源、机构床位资源浪费的最小化。同时，我们还坚持跟国家顶层设计与规划保持一致，并且帮助地方政府在顶层设计之下做实践者。像居家养老，家庭养老床位和 15 分钟经济圈国家都有顶层设计，但是这些如何更好落地呢，我们就用惠万民居家养老服务中心探索，真正帮助到养老行业的发展困境，助力转型升级。

这个思路就是，你只有先行动起来，才可能获得各方支持，越多人支持就越轻松一点，越好做一点。

2022 年惠万民组织体系以“两邻”理念引领居家养老服务中心、社会工作服务中心、沈阳市助老志愿者协会三大社会组织在为老服务和社会工作服务不断推陈出新。惠万民探索出“四元互动”互助自助养老模式，有效缓解了居家养老服务中产生的难题。惠万民通过明晰政府政策、互助团体、社工机构、社会力量四个不同主体的角色、定位、职责和作用，构建了“政府部门指导 + 互助组织负责 + 社工机构实施 + 社会力量协同”的“四元互动”互助养老模式，形成多方力量共同参与的强大合力，提倡老有所为，充分发挥社区老年人的能动性，充分将社区内资源和社会资源调动起来，带动全民共治共享的文化精神，让更多老年人参与到居家养老的服务建设当中来。老年人既是服务的需求者，又是老年服务产业的提供者，历经春夏秋冬的四季轮回，穿越风霜雨雪的磨炼，才看得懂夕阳无限美好的厚重，才希望久久托起这温暖的余晖，惠万民提供互助服务平台，打造属于老年人自己的生活第三空间。

一个人偶尔做一两件有益于民众、有益于社会的事，有可能被埋没，但如果坚持几年都在做，肯定不会被埋没。出于对养老服务事业的热爱，我义无反顾地投身其中，这是我的初衷，也会坚持地走下去。我喜欢与老年人聊聊家常，聊聊过往，聊聊年轻时的梦想，聊聊过世的老伴儿 。这其中享受担当责任的过程，包括具体的执行工作。认同养老这个行业，了解到每个老人的养老需求。在服务的过程中老人脸上的笑容，因为我们在他（她）们那种心里有底的感觉，实际上是对我最大的鼓励和鞭策，这是支撑我一直走下去的理由。这也是我对投身养老行业的年轻人的期许。2021 年我当选了沈阳市和平区第十九届人民代表大会人民代表，当选人大常委、社会建设委委员，当选和平区工商联（总商会）副会长，成为了辽宁大学社工硕士的实训导师等。我自己深知今天取得的一点点小成绩与党的领导、政府的扶持、群众的支持以及同事的助力分不开的，于自己而言，无论选择哪一条路，都是荆棘和鲜花并存，前途也许远，也许黑暗，但不要怕，不要停止前行，不怕的人前面才有路，前行的人才能欣赏路上的风景。

七、对自己以及同龄人说点什么

创业其实是一个不归路，你的心境已经很不一样了，不甘于再去大公司打工，而是希望更多地去自主决策和创造，同时承担更多的责任，因为创业不是你一个人的事情，还有很多员工、客户和投资人，想到这些，你觉得你会更有力量。

另外你还会去思考，你到底了解自己吗？你的人生到底最后给自己有什么交代？那么在力所能及的情况下，还是要做一份你自己觉得喜欢又挺自豪的事业，对社会有价值和贡献的事业。

每当有老人说，“在惠万民，我可以每天都开开心心地唱、开开心心地跳、开开心心地吃饭，心情好，儿女放心。”这就是莫大的鼓励。相对于养老机构，居家养老的群体更加庞大，服务需求也越发重要。我所理解的养老服务更准确的说是“老年服务”。因为“老年人的定义可能是60周岁，而60周岁只是生命周期当中的一部分，这一部分应该是最有人文光彩的闪光时刻，可以做自己喜欢的事，可以过自己想过的生活。而不应该定义为“被照料，被服务”延缓老年人衰老的进程，让失能半失能晚些到来或者不到来。通过我们的引导让老年人的心情心态调节成为生命周期的闪光时刻。这让我觉得做这个事情有价值，有意义。一种理念、一种氛围，一种寄托持续地传递下去。所以，我有什么理由不坚持做这样一件有意义的事情呢？

同时我也呼吁，希望更多的优秀的伙伴儿特别是酒店行业的也处于迷茫期的你们加入到养老事业服务中来，这里需要你！

执笔作者简介

姜呐（1985）

沈阳市惠万民居家养老服务中心理事长

沈阳市和平区人大常委

沈阳市和平区工商联（总商会）副会长

沈阳市皇姑区社区发展促进会副会长

沈阳市惠万民居家养老服务中心理事长

沈阳市惠万民社会工作服务中心理事长

沈阳市助老志愿者协会会长

辽宁省老年服务协会副会长

将自身从酒店业转行做养老的心路历程，以及在社区、居家养老领域做的创新服务真实地写出来，希望给更多酒店行业从业者以启迪。

如何打造星级养老机构
——养老机构等级划分与评定解析 *

作为北京德善养老的创始人，始终秉承着“德行天下 与人为善”的价值观，一直在探索和研究如何帮助更多的养老人更加专业化、职业化；帮助养老机构更加高效、“长寿”。通过几年的坚持与奋斗，在大家的共同努力下，北京德善形成“三大模块”——医养、康养机构实体运营模块，医养康养咨询辅导、教育培训、机构运营辅导模块，养老机构一站式物料供应商服务模块。

很荣幸在 2018 年参与河北省养老星级标准编审工作，同时协助陕西省民政厅相关领导、河南省养老服务协会在星级评审标准的编审工作。在 2018 年被河北省民政厅特聘为星级评审特聘专家、优秀评审员，完成四五星级的评审工作（54 家）、部分地市的二三星级评审工作。自 2018 年至今，全国辅导并通过星级评审的院舍达到 700 多家。

很荣幸可以将距今 4 年的第三方评审工作和院舍星级辅导工作经验通过这样的机会分享给大家，希望帮助大家在国家管控越来越严格的情况下，把自己的院舍打造成规范化、标准化、有温度、有笑容的星级养老机构。

作为评审老师、星级辅导老师、院舍院长三个角色，从裁判员、教练员、运动员不同视角，将针对如何理解国家政策、指标体系解读落地、评审验收的关键点这几个方面跟大家做分享。

一、国家政策背景

2016 年 12 月，习近平总书记在中央财经领导小组第 14 次会议上发表重要讲话，要求加快建立全国统一的服务质量标准和评价体系。

2017 年 3 月，民政部、原质检总局、国家标准委等部门联合启动养老院服务质量建设专项行动。同年 9 月，中共中央、国务院发布《关于开展质量

* 本节由北京德善养老创始人孟小丹执笔。

提升行动的指导意见》，将质量提升进一步上升到战略高度。

2019年2月18日，国家市场监督管理总局、国家标准化管理委员会召开新闻发布会，发布了《养老机构等级划分与评定》等国家标准。7月1日正式实施。全国各地市民政系统开始参考养老机构等级评定内容与分值和本地市实际工作开始推进评审标准，一时间各地市民政主管部门各自开始进行积极探索。

2020年4月26日，为了贯彻落实《民政部关于加强建立全国统一养老机构等级评定系统的指导意见》（民发〔2019〕137号）要求，民政部社会福利中心在民政部指导下，下发了《〈养老机构等级划分与评定〉国家标准实施指南》（试行）以下简称《实施指南》作为开展养老机构等级评定工作的实操性评价工具。

二、《养老机构等级划分与评定》规范重点解析

2017年年底，我参与了河北省等级评定标准编审小组讨论会过程。当时以《养老服务质量基本规范》和115质量大检查中的指标，结合北京、天津的星级评审标准，河北省也率先开始了等级评定的评审工作。承接的是四星级、五星级院舍的评审工作，参加院舍共计54家，评审组共计12人，分为两个小组，接到省里评审组的邀请后，石家庄集合开始统一贯标，保持标准一致，同时确定小组长、秘书长、评审老师；我被任命为评审老师兼秘书长，负责从组织、主持、评审会议到具体服务指标的评审。

首先从衡水开始进行评审，评审过程从文件体系、现场操作、现场服务提供几个方面入手，通过15天阶段性的评审工作，发现了共性问题：（1）文件体系缺失严重（2）标志标识缺失严重（3）对指标相关概念理解（4）适老化改造不到位等。

2019年2月18日下发的《养老机构等级划分与评定》，从国家层面对评审的规范性做了明确规定。

《养老机构等级划分与评定》规范标准共118条，除范围、规范性引用文件、术语和定义外，共对养老机构等级划分与评定提出102条要求，主要内容包括规范化引文、等级划分与标志、申请等级评定应满足的基本要求与条件、等级评定、规范性附录（养老机构等级评定内容与分值表），现针对主要内容逐一进行解析。

1. 规范化引文

在《养老机构等级划分与评定》规范中，规范化的引文里面包含了《GB/T10001.1 公共信息图形符号，第 1 部分：通用符号》《GB/T10001.9 标志用公共信息图形符号 第 9 部分：无障碍设施符号》《GB/T35796-2017 养老机构服务质量基本规范》《MZ/T032-2021 养老机构安全管理》《MZ/T 039 老年人能力评估》，这五个引文值得我们大家注意——通过这五个引文不难发现国家想兜住的最低线的内容。在近 7 年的全国调研辅导过程中，会发现很多养老机构院舍内墙上基本都是大白墙，公共区域没有什么图形符号，对于家属、老人都存在着安全隐患。这次参考了公共信息图形符号通用符号和无障碍设施符号，并在 2019 年 12 月 12 日发布了《养老服务常用图形符号及标志》，再次明确规定了图形符号的重要性，而且在《〈养老机构等级划分与评定〉国家标准实施指南》中第一部分环境里面作为一票否决项目出现。

2017 年 3 月，为了贯彻落实习近平总书记关于提高养老机构服务质量的重要讲话精神，民政部等六部委联合启动了为期 4 年的全国养老院服务质量建设专项行动。在全国养老机构开展了 115 项服务质量大检查、大整治工作，进一步摸清了全国养老机构服务质量的底数。在此基础上，2017 年 12 月 29 日，国家标准化委员会发布了《GB/T35796-2017 养老机构服务质量基本规范》这一国内首个关于养老机构服务质量的国家标准。这个文件的颁布明确了全国养老服务质量的基准线和起跑线。《MZ/T032-2021 养老机构安全管理》《MZ/T 039 老年人能力评估》这两个文件分别从不同的角度强调到安全的重要性，尤其是对从事养老的从业人员提出入院、出院以及及时评估的要求，《养老机构等级划分与评定》规范以这五个引文为依据，再次从入院就强调我们的安全风险问题。

2. 等级划分与标志

将养老机构分为五个等级，从一级到五级，级别越高，表示养老机构在环境、设备设施、运营管理、服务方面的综合能力越强，同时用五角星的图案来表示所对应的星级，有效期三年，到期申请复审。但是国家提出动态监管，也就意味着每年会有一定数量的星级养老院被进行抽检。目前，从 2018 年就开始进行星级评审的河北省，2020 年评审期间，省民政厅规定出抽检率不低于 20%，实际在操作的过程中，唐山市均已达到了 25% 以上。

3. 申请等级评定应满足的基本要求与条件

在这里明确规定了养老机构申请星级的基本条件要求。

（1）养老机构的资质应该是合法合规的，从基础六证上体现。养老机构需要具有（营业执照）或（事业单位法人证书）或（民办非企业单位登记证书）或备案资质；具有消防安全合格证明；具有房产证明或租赁使用证明；养老机构内设的餐饮服务机构具有食品经营许可证；养老机构内设的医疗机构具有医疗机构执业许可证或医疗机构执业备案证明；养老机构使用的特种设备，具有特种设备设备使用登记证；养老机构提供其他须经许可的服务，具有相应资质。

在具体实施的过程中，河北省等级评定的基本资质条件和要求除了以上资质条件之外，增加了正常合法经营1年以上、三年内无重大责任事故、至少内设医务室或护理站。这些都遵循了国家等级评定要求，各地市在落地等级评审要求时，要不低于国家标准要求的规定。

（2）养老机构工作人员应具备相应要求或资质。在这里面要求养老机构院长、副院长具有初中及以上文化程度。在2017年承接的河北全省养老机构调研和培训过程中，发现有30%的院长无学历，小学文化，尤其是当时调研的承德市，以家庭作坊式管理为主。目前国家提出院长至少初中以上文化才能从事养老院长工作，对于院舍的管理来讲也是必要的。由于院舍管理过程中安全风险与隐患是并存的，养老机构想要生存与发展，院长起着决定性作用，必须要有学习能力。在人员资质要求上养老护理员经岗前培训合格后上岗，而且这一点在实施细则中作为一票否决项出现，具体在操作的时候，从几个方面把控：第一，护理人员上岗前要求要培训，有培训记录；第二，实际评审过程中，护理人员实际操作要规范；第三，在实际照顾老年人的过程中不能因为操作不当造成责任事故发生，所以要求从理论体系到实际操作都应该是经得住考核才算过关。而且，要求医生持有医师资格证书和医师职业证书、护士持有护士职业证书、特种设备管理人员具备相应上岗资质、其他专业技术人员持有与岗位相适应的专业资格证书或执业证书；所有提供生活照料、膳食、医疗护理服务的工作人员均持有健康证明。

（3）养老机构的空间配置应满足以下要求：

① 老年人居室内床位平均可使用面积不应低于6平方米，单人居室使用面积不低于10平方米。解析：如果老年人居室里有卫生间，那么卫生间面积除外。

② 老年人居室、卫生间、洗浴空间配备紧急呼叫装置。

③ 养老机构主要出入口、门厅、走廊、居室无障碍，能够满足轮椅、担架通行的需求，卫生间、洗浴空间无障碍，能够满足轮椅通行的需求。

④ 养老机构出入口、就餐空间、活动场所安装视频监控系统。解析：所谓的公共场所不仅仅指公共活动空间，也包括开放的接待空间、评估空间、康复空间、各楼层的单元起居厅等。

⑤ 公共区域和老年人居室应整洁，地面干燥，物品摆放安全合理，空气无异味。

⑥ 洗浴空间有包括但不限于防滑地面、安全扶手等安全防护措施，并留有助浴空间。解析：洗浴空间不仅仅包含老年人居室的洗浴空间还包括了公共洗浴空间，地面防滑体现在装修时的防滑地砖的铺设或者后期增设防滑工具的购置铺设，例如防滑垫等。

⑦ 室内活动场所明亮，配置活动用品。

⑧ 就餐空间桌椅牢固稳定。

⑨ 设接待空间。

⑩ 公共区域设有明显的公共信息图形标志，并符合 GB/T10001.9 的规定。

（4）养老机构的运营管理与服务应满足以下要求：1 年内无责任事故发生；按照 GB/T35796-2017 中 6.1.1 的要求建立基本管理制度，包括但不限于行政办公制度、人力资源管理制度、服务管理制度；按照 MZ/T032-2012 中第 4 章的规定建立安全管理体系；对机构内各项管理制度、安全记录建档并留存；服务提供与质量符合 GB/T35796-2017 中第 5 章的规定；按照老年人的能力进行入院评估，制订照护计划；与所有入住的老年人签订服务协议（特困老年人送养协议或社会老年人服务协议）；建立老年人入住档案和健康档案；组织老年人开展健康体检，每年不少于 1 次；入住老年人 2 度及以上压疮新发生率低于 5%；每日至少组织 2 次适宜老年人的活动。

在 2018 年河北省等级评定审核过程中，作为地标也检查了老人档案。当时对档案的完整性和规范性进行了初步的审核，在老人入住档案这个项目中抽样了 1378 份档案，发现 50% 的院舍都是仅仅有一纸合同和老人身份证，健康档案 70% 都没有建立；91% 的院舍的老年人能力评估都处于 0 评估状况，只有部分有医疗资质的院舍有 ADL 生活能力的评估；对于要求的老年人能力评估的包含日常生活能力、精神状况、感知觉与沟通和社会参与能力四个指标的评估能全部进行的寥寥无几，并且对于组织老年人开展健康体检的要求，

95% 院舍无老年人的健康体检档案，原因在于体检需要投入的费用大部分家属不愿意承担。

总之这个部分规定了养老机构申请等级评定所应满足的基本要求以及对应等级的基本条件。通过对养老机构的执业证明、工作人员的要求或资质、空间配置以及运营管理与服务提出基本要求，为养老机构申请等级评定设立了基准线。同时，通过规定各等级养老机构应满足的入住率、服务提供、人员配比与资质以及硬件设施的要求，为养老机构等级评定申请划定了差异性门槛。

4. 规范性附录“养老机构等级评定内容与分值”

该部分作为评定方法的补充条款，总分 1000 分，包括环境 120 分、设施设备 130 分、运营管理 150 分和服务 600 分，并明确每个评定项目的评定内容与分值。例如，环境的评价从交通便捷度、无障碍设计等 7 个方面提出要求；设施设备的评价内容包括居室、卫生间及洗浴空间、心理咨询空间等 13 个方面；运营管理评价包括行政办公管理等 7 个方面；服务评价内容从出入院服务、医疗护理服务、安宁服务、居家上门服务等 13 个方面提出要求。

三、《〈养老机构等级划分与评定〉国家标准实施指南》重点解析

1. 评定细则分布综述

等级评定细则共包括 4 个一级指标，40 个二级指标，565 条评定条款。

（1）等级评定指标体系。

表 6–1　等级评定指标体系一览表

序号	一级指标	二级指标（个）	评定条款（条）	分值（分）
1	环境	8	100	120
2	设施设备	12	109	130
3	运营管理	7	119	150
4	服务	13	237	600
合计	4	40	565	1000

等级评定中应注意：39 条“基本要求和条件”，15 条“可自动得分项”，16 条“不参与评分项”，标“★”的指标为《养老机构等级划分与评定》国家标准“第 5 部分——申请等级评定应满足的基本要求与条件”中的条款，共计 39 条。如该养老机构不符合基本要求或其申请等级的条件，则自动终止评定程序。

例如：★ 1.3.1.1 设有应急导向标识，包括但不限于安全出口标志、疏散路线标志、消防和应急设备位置标志、楼层平面疏散指示图等，且信息准确无误，具有一致性、连续性和显著性（2 分）

解析：相关指标不仅仅体现在内容上而且还体现在位置的摆放上。

例如：应急导向标识、消防标志标识、区域标志标识、适老化标志标识以及服务空间等标志标识（图 6–2）。

图 6–2　各种标识

（2）养老机构等级划分的标准。

表 6–2　不同等级评定一览表

评分等级	总分	每一项得分不低于该项总分百分比	每项最低分值				最低得分要求（分）
			环境（120）	设施设备（130）	运营管理（150）	服务（600）	
五级养老机构	1000	90%	108	117	135	540	900
四级养老机构	1000	80%	96	104	120	480	780
三级养老机构	1000	60%	72	78	90	360	570
二级养老机构	1000	50%	60	65	75	300	450
一级养老机构	1000	40%	48	52	60	240	360

养老机构等级划分需同时满足两个得分条件：第一，得分需达到相应等级的

最低得分要求；第二，每一项得分不低于该项总分相对应等级要求的百分比。

（3）养老机构等级评定人员应做到：

① 熟悉有关法律和政策，熟悉养老服务工作，并经等级评定培训合格。

② 具有维护评定工作客观、公平、公正的职业道德和操守。

③ 参与等级评定工作之前应向有关方面申明利益相关性。

至少由 5 名专业人员组成评定小组，分别对养老机的环境、设施设备、运营管理和服务 4 个一级指标进行现场查看和材料评审，养老机构至少应配备：5 名工作人员对接评定组检查模块。

2. 评定细则四大模块指标分述

（1）环境指标体系。

表 6–3　环境指标体系一览表

一级指标	序号	二级指标（8 个）	评定条款（100 条）	单项分值（分）	单项总分值（分）
环境	1	交通便捷度	7	10	120
	2	周边服务设施（含机构面积）	6	10	
	3	公共信息图形标志	7	10	
	4	院内无障碍	47	50	
	5	室内温度	12	15	
	6	室内光照	13	15	
	7	室内噪声	5	5	
	8	绿化	3	5	

环境指标重点二级指标解析

指标 3：公共信息图形标志方面需重视的条款：

①设有应急导向标识；

②设有通行导向标识。

指标 4：室内无障碍方面需重视的条款：

①建筑主要出入口为平坡出入口或设置台阶和轮椅坡道（或升降平台）的出入口，且台阶及坡道两侧设有扶手。

指标案例解析：在某养老院咨询辅导的过程中，楼梯与坡道在一起，仅仅在中间做了扶手，这样在实际评审过程中就是不能合格，应该在两侧增置两个扶手。

②扶手安装坚固，材质防滑，触感温润，形状易于老年人抓握。

案例解析：大部分院舍如果安装的是不锈钢的扶手，就需要做包装处理，以保证冬天老人手扶不冷，即触感温润。

③老年人居室的人工照明符合以下条件：照度充足、均匀，室内无明显阴影区，设有2个及以上的照明光源，局部需要提高照度的区域（如盥洗池、床头、书桌等）设有局部照明。满足条件得2分。在现场辅导某养老院（五星级）时，房间一个顶灯有阴影并且卫生间只有一个顶灯，后期建议整体检查顶灯，并且卫生间加充电式镜前灯。整改完毕后得2分。

（2）设备设施指标内容解读。

表6-4 设备设施指标体系一览表

一级指标	序号	二级指标（12个）	评定条款（109条）	单项分值（分）	单项总分值（分）
设施设备	1	居室（含照料单元）	16	20	130
	2	卫生间、洗浴空间	19	20	
	3	就餐空间（含厨房）	15	15	
	4	洗涤空间	10	10	
	5	接待空间（含门厅）	5	5	
	6	活动场所	6	10	
	7	储物间（含库房）	5	5	
	8	医疗卫生用房	11	15	
	9	停车区域	4	5	
	10	评估空间	3	5	
	11	康复空间	6	10	
	12	社会工作室/心理咨询空间（含管理服务用房及设施）	9	10	

设备设施指标重点二级指标解析

指标1：居室方面需重视的条款：

①设有紧急呼叫装置或为老年人配备可穿戴紧急呼叫设备；

②外窗和开敞阳台设有安全防护措施。

指标案例解析：在辅导秦皇岛某医养中心开业筹备项目时，由于楼房都有外阳台（阳台高度1.4米），按照国家标准应设置安全防护措施，后期整改中全部装上隐形防护网。

③每个照料单元内设有护理站，护理站位置明显易找且距离适中。

指标案例解析：这里护理站的概念与医院护理站的内容不一样，泛指在养老机构中，照料单元内设置的为老人提供服务的中枢单元，是供护理员进行交班，存放冰箱、微波炉，为老人打流食等服务的空间。

④双人间居室和多人间居室为每个老年人设有均等的家具设备，保证使用时互不干扰，满足条件得 1 分。

指标案例解析：随机抽查现场查看老人房间，发现床头柜不全，得 0 分。

指标 2：卫生间、洗浴空间方面需重视的指标条款：

洗浴空间（包含居室卫生间内的洗浴区和公共洗浴空间）设有温度调节设备，如浴霸、暖风机，满足条件得 1 分。

指标案例解析：在唐山某养老机构进行星级评审过程中，现场查看老年人洗浴空间，发现无暖风、无浴霸，故得 0 分。

在评审过程中，卫生间、洗浴空间出现如下情形：餐厅附件无供老年人使用的卫生间、卫生间无扶手，公共卫生间有台阶、轮椅过不去。卫生间无多种便器供老年人使用，洗浴空间无扶手、淋浴空间无遮挡等，均为扣分项目。

指标 8：医疗卫生用房方面需重视的条款：

①设有紧急送医通道，在紧急情况下能够将老年人安全快速地转移至急救车辆或急救出入口；

②紧急送医通道不穿越老年人的主要活动空间；

③遗体的运出路径不穿越老年人公共活动区域。

指标 12：社会工作室 / 心理咨询空间 (含管理服务用房及设施) 方面需重视的条款：设有微型消防站。

（3）运营管理指标内容解析。

表 6–5　运营管理指标体系一览表

一级指标	序号	二级指标（7 个）	评定条款（119 条）	单项分值（分）	单项总分值（分）
运营管理	1	行政办公管理	10	10	150
	2	人力资源管理	23	20	
	3	服务管理	20	30	
	4	财务管理	12	15	
	5	安全管理	26	30	
	6	后勤管理	9	15	
	7	评价与改进	19	30	

运营管理指标重点解析

指标 1：行政办公管理方面需重视的条款：

①有组织结构图及部门划分；

②在接待空间的显著位置公布服务管理信息，包括服务管理部门、人员资质、相关证照、服务项目、收费标准等。

指标 2：人力资源管理方面需重视的条款：

①与所有员工签订劳动、劳务合同；

②有全部工作人员名册，各项目登记、证件齐全（姓名、性别、身份证号码、入职日期、入职部门、岗位 / 职务等）；

③组织员工每年参加体检 1 次；

④开展入职培训、岗前培训和岗位培训。

指标 3：服务管理方面需重视的条款：

①养老机构建立保障老年人权益和防范欺老、虐老的措施；

②有老年人能力评估制度，含入院评估、定期评估、即时评估；

③有工作交接班制度，明确交接班制度的岗位及交接要求；

④养老机构院长或至少有一名负责人负责养老服务管理工作；

⑤老年人能力评估执行率 100%；

⑥服务合同签订率 100%。

指标 4：财务管理方面需重视的条款：

①有捐赠资金管理制度，并按捐赠方意愿和相关规定使用受赠资金；

②有年度财务审计与审计报告；

③政府补贴经费单独建账，账目清晰。

指标 5：安全管理方面需重视的条款：

①安全管理组织及机制健全，有年度安全工作计划；

②各部门、各层级签订安全责任书；

③每班至少有 2 名持证消防安全员在消防控制室在岗；

④消防设施每年至少进行一次专业检测，并做好维护保养，且有完整记录；

⑤每半年至少开展一次消防演练。

指标 6：后勤管理方面需重视的条款：

有捐赠物品登记明细表、分配登记表，按捐赠方意愿和相关规定使用受赠品。

指标 7：评价与改进方面需重视的条款：

①意见箱设置于醒目处，每周开启一次，对所提意见有反馈、有记录；

②有老年人参与机构管理的管理委员会，每年至少召开一次会议，有记录。

（4）服务管理指标内容解析。

表6-6　服务管理指标体系一览表

一级指标	序号	二级指标（13个）	评定条款（237条）	单项分值（分）	单项总分值（分）
服务	1	出入院服务	17	50	600
	2	生活照料服务	32	120	
	3	膳食服务	30	70	
	4	清洁卫生服务	13	40	
	5	洗涤服务	12	25	
	6	医疗护理服务	31	60	
	7	文化娱乐服务	22	50	
	8	心理/精神支持服务	13	35	
	9	安宁服务	14	30	
	10	委托服务	10	20	
	11	康复服务（三级及以上须提供）	19	50	
	12	教育服务（四级及以上须提供）	11	20	
	13	居家上门服务（五级须提供）	13	30	

服务管理指标重点解析

指标1：出入院服务方面需重视的条款：

入院评估由至少两名评估人员同时开展评估工作，且有一人具有医学或护理学背景，其他评估员应获得社会工作者资格证书，或为养老护理员（取得二级养老护理员及以上职业资格证书）。

指标2：生活照料服务方面需重视的条款：

①服务人员参加岗前培训合格；

②养老护理员持有健康证明或可证明无传染性疾病的体检结果；

③每日房间巡查，观察老年人的身心状况，特殊情况及时报告并协助处理，有记录；

④每周至少检查一次老年人房间有无过期、腐烂食品，并及时处理。

指标3：膳食服务方面需重视的条款：

①厨师持有厨师证；

②在醒目位置公示食品经营许可证；

③建立食品留样备查制度；

④食谱每周更新一次，且一周内不重复。

指标 4：清洁卫生服务方面需重视的条款：

有专人每周检查清洁卫生服务，有记录。

指标 5：医疗护理服务方面需重视的条款：

①每月至少开展 1 次健康教育活动；

②每年至少组织 1 次老年人健康体检；

③如须使用约束用具，应严格遵医嘱，并与相关第三方签署知情同意书，按操作规范执行；

④建立机构内感染预防和处理办法，有相关记录。

指标 6：文化娱乐服务方面需重视的条款：

①每日至少组织 2 次适宜老年人活动，有记录；

②在体育活动区显著位置设置体育活动器材的安全注意事项和警示标志。

指标 7：心理 / 精神支持服务方面需重视的条款：

①了解掌握老年人心理和精神状况，发现异常及时与老年人沟通了解，并告知相关第三方；

②对重点老年人有防范措施及记录。

指标 8：安宁服务方面需重视的条款：

①落实家属沟通机制，根据病情至少一周沟通一次；

②提供对亲属的哀伤辅导服务，有个案记录；

③提供如对接殡葬服务、遗体捐赠服务等，选择有资质的组织机构；并签订服务协议。

指标 9：委托服务方面需重视的条款：

在提供委托服务过程中获得有关老年人及老年人家庭等信息，应严格保密，不得外泄。

指标 10：康复服务方面需重视的条款：

①在提供康复服务前，对老年人进行康复功能评定，有评定结果；

②根据评定结果制订相适应的康复方案 / 计划；

③康复档案一人一档。

指标 11：教育服务方面需重视的条款：

①在开展教育活动前，评估老年人服务需求，并有记录；

②有教学计划、教案教材、教师名单、学员花名册；

③有视频、照片、文字等服务记录。

指标 12：居家上门服务方面需重视的条款：

①有居家上门服务的须知介绍，包括服务范围、内容、时间、地点、人员、收费标准等；

②建立居家服务老年人档案，档案应包括但不限于服务对象基础信息、健康信息、需求信息和服务信息；

③设有居家养老服务平台（APP、微信小程序或网站）供老年人网络下单或提供电话下单服务。

四、实战案例分享

1. 唐山古冶安馨养老庄园（2021 年评审通过四星级）

基本简介：唐山市安馨医疗养老中心位于唐山市古冶区西北部，周边配套设施齐全，地处京津冀一小时经济圈和环渤海经济圈腹地，距唐山火车站 50 分钟车程，距京哈高速出入口 10 分钟车程，距唐山三女河机场 60 分钟车程。

图 6–3　安馨康养中心

总建筑面积约 22 000 平方米，设有套房、双人房等房型，为入住老人提供不同层次的需求。开放床位 500 余张，每个床位配装集中供氧和应急呼叫器，并设有卫生间和独立浴室，24 小时供应热水，做到干湿分离，尽享康泰人生在这里成为现实。依托古冶区中医医院这所二级甲等现代化医院的医疗资源，拥有先进的医疗设备和专业的医师队伍，全面掌握老人的生理健康情况，把老年人的健康医疗服务放在首要位置，将生活照料和康复关怀同为一体，为入住的老人提供全方位的医疗康复服务，真正实现了医养结合新型养老服务模式，“安全、安静、安稳、安心”就是唐山市安馨医疗养老中心的生活温度。

在辅导的过程中，通过实地调研、召开项目启动会、一对一的辅导、执行落地、模拟演练，在一对一辅导过程中，举例运营管理中的评价与改进（30分）这一指标的辅导整改进行实例说明：

3.7 评价与改进（30分——初评得分10分）

经初步审核完资料，具体得分以及整改建议如下：

3.7.1.1 没有投诉处理制度和流程——0分（2分）制度和流程打印出来

3.7.1.2 意见箱以及投诉记录正常填写——0分（1分）建议公共区域和公寓楼门口按照意见箱一周打开一次填写记录（准备纸、笔、记录单）

3.7.1.3～3.7.1.5 查看投诉记录和现场询问老人——0分（4分）建议常培训告知老人情况

3.7.2.1 目前只有个别微信访谈，有截图无记录——得0.5分（1分）——需要按照满意调查表填写记录

3.7.2.2～3.7.2.4《满意度测评》参考国标，满意度分值200分以下，需对所有在院老人进行测评，有测评记录。——得7.5分（8分）——下个季度使用国标的满意度测评表测评并记录

3.7.2.5 暂时无机构管理委员会——0分（1分）——建立管理委员会，每月至少1次会议，有记录和照片

3.7.3.2 各岗位考核细则——0.5分（1分）——把缺失的岗位考核结合提供的资料整改完毕

3.7.3.3 目前每个月只有护理员日常检查——得0.5分（1分）——每月各个岗位考核一次，并且与薪酬挂钩。有记录表示。

3.7.3.4 行政查房制度——0分（1分）——整理行政查房制度，询问工作人员

3.7.4 改进制度（得0分——合计10分）

经初步审核资料，目前改进措施没有资料和文本，具体要求如下：

3.7.4.1 满意度调查报告——汇总满意度报告

3.7.4.2 补充纠正措施预防措施——各岗位考核汇总分析表

3.7.4.3 各岗位考核有问题的，写奖罚单以及改进措施

3.7.4.4 开展半年一次的服务质量考评会议——做记录，内容为服务质量会议总结整改内容

3.7.4.5 服务质量自评或者第三方评估（比如：按照国标细则中的服务要求进行服务质量自评或者第三方的整改报告）

2. 安徽九润养老——西湖景区院舍（2020年阜阳五星级院舍）

安徽九润养老服务有限公司总部位于阜阳市颍州区西湖AAAA景区，自

2007 年成立，经过 13 年发展，目前九润养老服务有限公司已建成自营、连锁分支机构十余家，日间照料中心六家。

2021 年将总部从原址古商城南门搬迁至西湖景区，建有 500 平方米多功能活动大厅、两座电梯，楼宇之间有两座风雨连廊。多功能活动大厅配备 6 平方米全彩 LED 电子显示大屏，设立影视活动区、书画区、阅读区、手工区、棋牌区等多个活动区域，并定期举办活动以丰富老人精神文化娱乐。成立医务室，并且和六院西湖分院签署了合作协议，完成了从养老到医养结合的转变，且与 2021 年完成安徽省老年友善医疗机构创建和审核；后经团队研发和努力，成功开发和使用智慧系统管理平台，并与 2020 年申请创建并获得“安徽省示范智慧养老机构”的荣誉。

九润养老除了机构养老还成立社区日间照料中心和承接居家上门服务，负责周边居家高龄老人的日常照护和心理关怀，2020 年至今九润养老已成立 6 个日间照料中心、2 个区级居家上门服务中心。

其他取得成绩

2020 年搬迁成立颍州区西湖景区街道养老服务中心

2020 年优秀养老机构评定一等奖

2020 年安徽省示范智慧化养老机构

2020 星级评定中通过五星养老机构评选

2021 年成为阜阳市职业技术学院医学护理实习基地

2021 年安徽省老年友善医疗机构创建

2021 年安徽省医养结合社区师范中心

2021 年年度优秀养老机构评选二等奖

2021 年第一届职业技能竞赛优秀组织奖

2021 年九润养老确定成为“安徽省长三角康养基地”

图 6-4　九润养老

在运营管理辅导过程中，针对护理主任分配的三个服务内容——4.2生活照料服务、4.6医疗护理服务、4.9安宁服务，通过第一阶段现场调研及一对一辅导之后得出初次评审之后分值如下：

4.2 生活照料服务 满分120分 初评89分

4.6 医疗护理服务 满分60分 初评47分

4.9 安宁照护 满分30分 初评3分

4.2）针对生活照料服务必达项整改措施（评审不合格自动终止项，必须严格整改，否则后果自负）

4.2.2.3 护理员持有健康证明或可以证明无传染疾病的体检结果。2分

4.2）针对生活照料服务重点需整改可得分项目如下：

4.2.3 服务要求，现场查看老人情况（以下1例不符合要求扣1分）

4.2.3.1 口唇、口角清洁，不干燥，无实物残渣。4分 初评2分

4.2.3.2 面部整洁，无污垢，男性老人胡须短 4分 初评2分

4.2.3.3 头发清洁，皮肤清洁，每周至少洗1次澡。4分 初评2分

4.2.3.4 手足清洁，指甲短，甲下无污垢 。4分 初评2分

4.2.3.8 饮食照料服务。包括协助用餐、协助饮水、喂水、喂饭、鼻饲等。（1例不合格扣2分）8分 初评4分

4.2.3.9 排泄物服务规范、及时。包括如厕、协助排便、人工取便，更换一次性尿裤、清洗内裤和会阴部。（1例不合格扣2分）8分 初评4分

4.2.3.11 床上体位转换及轮椅转移及平车搬运，转换过程动作规范、轻稳，体位转换后保持功能位。4分 初评2分

4.2.3.12 协助老年人行走、上下楼等位置移动，动作规范、轻稳。（1例不合格扣2分）4分 初评2分

以上内容现场查看，整改措施对护理员进行培训，考核。

4.2.3.15 建立单独翻身记录表。3分

4.2.3.21 建立保修记录单。2分

4.2.3.7 服务卡放置于床头或便于查看的位置。（制作床头卡）4分

生活照料服务小结：满分120分，评审分数89分，必达项目2分、重点项目29分，整改后得分115分（现场操作不排除扣分）。

4.6）针对医疗护理服务必达项整改措施（评审不合格自动终止项，必须严格整改，否则后果自负）

4.6.3.3 每年至少组织1次老年健康体检。2分

4.6）针对医疗护理服务重点需整改可得分项目如下：

4.6.2.2 服务人员熟悉其负责服务的流程。3分

制定岗位工作流程，相关人员熟悉背诵。

4.6.3.8 如需使用约束用具，应签署第三方知情同意书。2分

4.6.3.9 自带药品管理制度。2分

4.6.3.11 胰岛素注射管理记录。1分

4.6.3.18 陪同老年人院外就诊要写记录。2分

4.6.3.19 对血糖机保养，血压计每年定期校正。1分　找第三方校正，出具效验结果。

4.6）医疗护理服务小结：满分60分，评审分数47分，必达项目2分、重点项目11分，整改后得分60分。

4.9）安宁照护整改可得分项目如下：

之前未开展安宁照护区，安宁照护需重新整理，共计30分，其中人员资质可得3分，其余27分需整理。

后记

在评审过程中会大浪淘沙，如何持续保持星级院舍，不论抽检与否，星级标准规范落地、日常管理工作常态化践行是每个院长及投资人的责任，必须建立管理机制的目标、路径和过程。我提出创建星级院舍的三段论框架供大家参考：

目标模式设立——建立制度体系框架

变迁路径选择——非正式制度因地制宜

过程控制技术——制度政策实施机制

简单而言：必须建立一套最基本的管理机制，一是在咨询辅导的时候提供给大家基于实际院舍的体系管理文件；二是在培训辅导过程中因地制宜，形成自己院舍的文件体系，三是建立制度实施机制，即保证制度的执行和发挥的手段、工具、政策和措施，包括相应的机构、人员、惩罚措施等。没有惩罚措施的制度是无效的，制度实施机制包括两点：一是查处概率，二是违规成本。总之要对制度体系过程中的动态纠偏机制予以重视，要建立贯穿整个制度落地全过程的信息反馈、动态调控机制和监管机制。

夜深人静时，常常问自己，到底为什么做养老，自踏入养老这个行业，

这十几年经历了实体院舍，调研上千家机构、培训超万人，初心始终是想帮助更多的养老人更加专业化、职业化；让养老机构更加高效“长寿”；进一步推动养老质量提升，造福更多的老年人。

星级评定咨询辅导已经成为公司的核心业务，我们有信心帮到更多的院舍，每一次辅导，都是一份信任。希望可以终身成为朋友，帮助大家把院舍早日打造成规范化、标准化、有温度、有笑容的养老机构。

如今公司发起康养人才的“种子工程”——德善弟子班培训，有一批专业老师，还有实战经验的一线院长、管理人员、护理主任等参与进来组成师资团队进行执教来为养老事业培养出更多的人才，80 后的我作为北京德善创始人深感责任重大，突然想到一首歌中几句词“我还是从前那个少年、没有一丝丝改变、时间只不过是考验、种在心中的信念丝毫未减”。

不忘初心，愿在养老路上尽我所能帮到大家，我们携手共进，一起见证中国养老事业的改变与发展。

执笔作者简介

孟小丹（1981）

北京德善养老创始人；山东仁人养老总经理；民政部培训中心校企导师；中国老龄事业发展基金会特聘讲师；中华志愿者协会养老服务委员会副主任；中国老年医学学会脑血管病分会委员；河北省养老机构星级评定特邀专家、优秀评审员；八零养老平台培训总负责人。

2018 年参与河北省养老星级标准编审工作，完成四五星级的评审工作（54 家），部分地市的二三星级评审工作。2019 年参与河南省星级评审标准编审工作。2020 年承接老年人能力评估人数近 2000 名。自 2018—2021 年全国辅导通过星级的院舍达到 300 多家。

擅长养老机构市场策划、人力资源体系建设、绩效薪酬核算、中层干部管理、团队建设；机构、居家养老、评估中心运营、星级评定辅导、服务业标准化试点项目辅导、老年能力评估项目和医养康老人才的素质教育培训工作，曾参与编写《养老机构运营与管理》、民政部《国家养老护理员》(初级、中级、高级)、《老年人能力评估与护理需求评估》《养老机构服务管理使用手册》《养老机构等级评定实施指南》等养老教材。

城市养老的升级方向——康养共生公寓 *

20 世纪 90 年代以来，中国的老龄化进程加快，据国家统计局 2021 年公布的第七次全国人口普查主要数据显示，我国 60 岁及以上人口 2.64 亿，占总人口数的 18.7%；65 岁以上人口数占总人口数的比例达到了 13.5%。实际上，2021 年年底，我国 65 岁及以上老年人口已达到 2 亿，占比达到 14.2%，按国际标准（65 岁以上人口占比达到 14% 即进入中度老龄化社会），我国已进入中度老龄化社会。

根据人口出生增长来推演，二代“婴儿潮”马上进入老龄化阶段。这代人是第一批集体拥有受教育的福利，也是第一批集体赶上计划生育的人群，也是当前国内政商界高层管理者的年龄分布。在养老观念方面，逐渐形成“独立养老”观念，日渐注重精神养老，更加期盼制度支持。

中国人的平均预期寿命从新中国成立初期的 35 岁左右提高到 2020 年的 77 岁，这个数值以每年增加 0.22 岁左右的速度一路攀升，并且有保持增长的趋势。中国已经开始迈入一个长寿的时代，如何从老龄化社会平稳过渡到长寿时代，中国将面临巨大的机遇和挑战。

一、我国养老服务体系规划发展及存在的问题

1994 年，《中国老龄工作七年发展纲要》颁布出台，标志着中国养老服务体系进入国家统筹发展计划中。回顾 25 年来整个养老服务体系的建设，经历了孕育发展阶段（1949—1977），探索发展阶段（1978—1999），体系化发展阶段（2000—2011），快速发展新时代（2012 年至今）四个阶段，建立了“以居家为基础、社区为依托、机构为补充、医养相结合”四位一体的服务体系。

《“十四五”国家老龄事业发展和养老服务体系规划》中也确立最新的发展目标：积极应对人口老龄化国家战略的制度框架基本建立，老龄事业和产

---

* 本节由汎生设计创始人周明伟执笔。

业有效协同、高质量发展，居家社区机构相协调、医养康养相结合的养老服务体系和健康支撑体系加快健全，全社会积极应对人口老龄化格局初步形成，老年人获得感、幸福感、安全感显著提升。

但就目前形成的养老服务体系，从客户需求满足和服务供给运作上，仍然存在一定无法协调的问题。

（1）居家养老服务体系：安全性、专业性、及时性无法保障。首先，现阶段长者所居住的房屋，无法满足适老环境要求，存在安全隐患，需要通过一定的适老化改造才能部分满足使用需求。改造也受制于物理环境、改造成本、客户需求等因素，很难通过改造获得一个良好生活环境。其次，由家庭照顾老人，对家庭是巨大的挑战，家庭成员的时间、经验和专业性不足，仅能满足基础的生活照料。居家养老需求分散，多样化、多元化、社会化居家养老服务很难匹配，无法及时提供服务。

（2）社区养老服务体系：目前多是利用社区用房提供养老服务，面积有限，空间局促，功能简单，医护设施设备不完善，适用性较差。受制于场地和服务人员的限制，社区养老提供的服务较为简单，且偏向基础的生活文娱类服务，缺少专业化的医疗保健和精神文化服务，不能满足长者的刚性需求，很难形成市场化行为，商业模式不成熟。

（3）机构养老服务体系（又分为大型退休社区和中小型养老机构）。

大型退休社区：一般远离城市，普遍没有产权，通常投资较大，采取大额收费回收投资。相对较远的地理位置，不能很好利用社会资源。为获取服务，需要为使用空间支付高额费用，属于纯消费行为，且伴有经营风险。

中小型养老机构：以床位收费作为主要收入来源，导致居住和服务空间被压缩，缺乏家的感受。相对封闭的管理方式，不能很好地为社区提供服务。以月费方式支付服务费用，无法按需选择服务，无法满足多层次养老服务需求。

二、供给市场的康养产品设计的核心要素

综合中国老龄化发展趋势，长寿时代引发的对养老方式的思考，以及目前市场供给养老方式的问题，市场上出现了更多元的养老解决方案，例如以健康产业为主导的产业新城、远郊区康养小镇、近郊退休社区、城市康养综合体、老城的康养机构等，其核心都是基于三种养老模式的产品演变，围绕在“选址—客户—需求—产品”四个核心点产生的变化。

首先是“选址”，这其中有两层意思，一层是城市选址，另外一层意思

是区位选址。随着中国城市化进程的发展，城市格局普遍形成了“主城—近郊—远郊”结构，人口规模过千万的城市，又在这种结构的基础上升级成“中心城区（老城区，新城区，近郊区）+外围组团（产业新城，远郊区）”的格局。

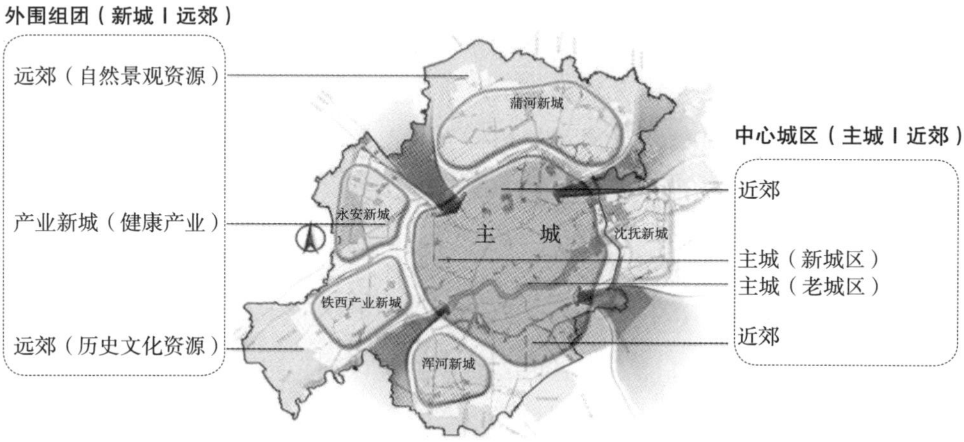

图 6-5　城市格局

城市级别不同，区域不同，聚集人群的规模、养老意识与需求、消费能力都有差异（表 6-7）。一般来说，主城区土地资源稀缺，很少能提供较大规模的建设用地，这其中尤其是老城区，多数时候没有专供养老设施的用地，通常和社会福利事业结合在一起。新城区会结合城市规划，设置养老设施用地，但普遍地理位置偏远，远离居住区。近郊虽然不宜设置专属的养老服务用地，但由于其自然环境的优势，部分市区居民考虑以养老为目的的改善型居住需求，也出现了一些康养属性的产品。产业新城一般在顶层设计时就会考虑到未来的养老问题，所以通常在城市规划初期会预留养老设施用地，且通常地理位置和环境都比较优越，也会紧邻到城市规划的医疗资源，满足新城未来的不断发展的需求。

远郊，当有一些特殊的适合康养疗养的自然资源，例如温泉、森林等，又或者具备一定的文化资源，例如宗教文化、历史文化等，适合结合康养服务提供一些短期居住的康养产品。

表 6-7　城市区域特征

城市	区位	片区特征
中心城区	主城区（老城区）	规划多为依据城市的生长自然形成，具有城市中最好的医疗资源 客群基数大，老年人口比例高，支付能力好 土地稀缺，缺少康养项目的专用土地，养老设施规划为补足型
	主城区（新城区）	老城区不断生长外溢的结果，已具备城市规划的意识，医疗资源较好 客群基数大，老年人口比例一般，支付能力好 规划上留有康养项目占用土地，但区位和环境一般
	近郊区	城市密度低，自然环境舒适 城市公共配套弱，周边缺乏优质医疗，土地成本较低 老年群体需要依靠主城区人口外溢
外围组团	产业新城	城市未来核心区，规划强势主导 客群基数大，老年人口比例较低，支付能力好 对医疗及养老关注度高，往往养老用地和医疗用地结合在一起
	远郊区	有优质的自然康养资源，湖泊、森林、温泉等 有文化底蕴，可以通过康养文旅带动城市的发展

其次是"客户"，变"老"是一个过程，在每一段过程中客户的特征和需求是有所差异的（图 6-6）。随着年龄的不断增长，身体上会经历从健康自理状态，不断变化到失能、失智的状态，最终走向临终直至去世，不同生命状态下客户的生理和心理的变化是有所差异的，需要的服务也有比较大的区别，根据市场供给端产品的不断细化，按照不同阶段人群的特征，将养老的客户细分为以下 6 种，这其中以需求专业照料服务的长者为刚需客户，在老龄化的初期，刚需客户被作为养老客户的主要客群。但随老龄化率不断提升，家庭居住结构不断变化，养老的问题被越来越多的中年群体甚至青年群体所关

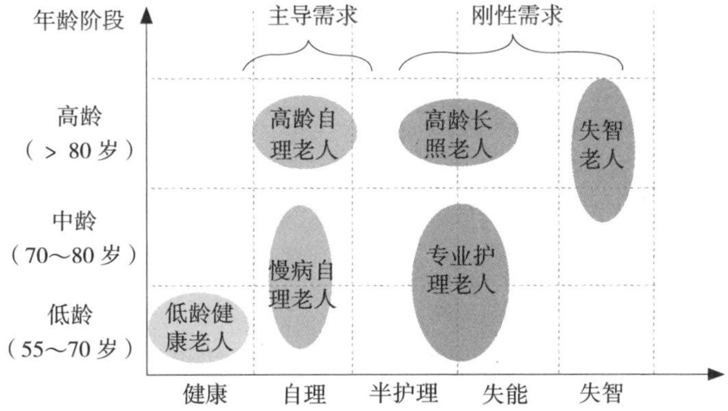

图 6-6　客户特征及服务需求差异

注，比如现在的80后普遍开始关注养老问题了，这一类人群目前仍处于活力健康的状态，并且这个状态会延续数十年之久，刚需照料对于他们来说是基础的保障，而非是生活的目标，越来越多的长者把养老作为生活内容的一部分，也有越来越多的服务商开始关注以养老作为主要生活内容的新生活方式，并且这种生活方式被越来越多的客户接纳并喜欢。

依据“客户”的不同，所需要的“主要服务”差异化也比较大（表6–8）。主要涉及三大类型的服务，第一类是便利的生活类服务，例如符合长者需求的餐饮、生活照料等服务；第二类是支撑身心提升类服务，例如长者学堂、活动组织、价值实现等服务；第三类是专业的医养照护服务，依据长者不同生命状态的客户，形成差异化的照护服务。客户年龄越年轻，身体状态越健康，在服务的需求上越偏向生活类服务，客户年龄越年长，身体状态越需要照护，在服务的需求上越偏向医护类服务。

表6–8　城市区域特征

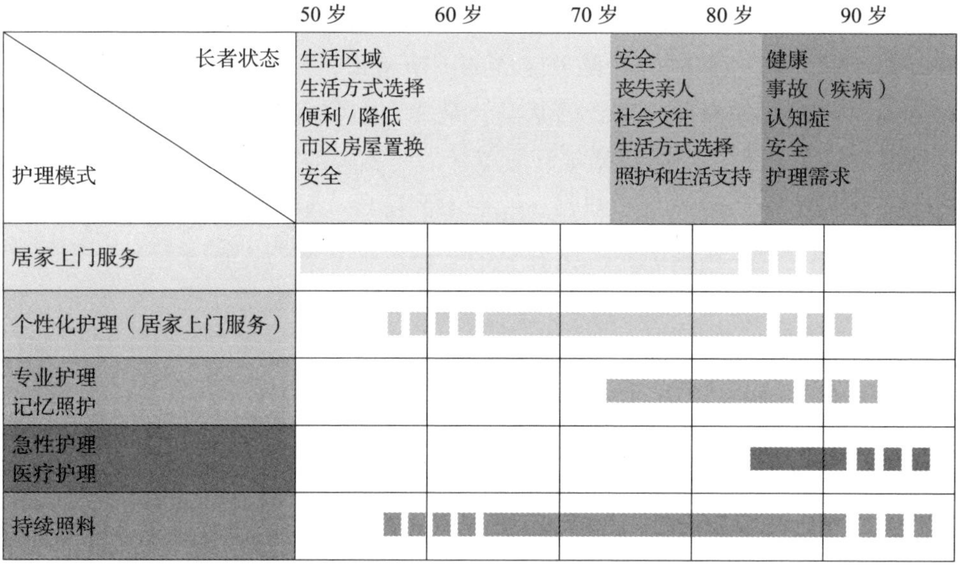

最后就是“产品”。产品需要综合上述三个要素来考虑，产品需要满足客户的需求，同时投资商也需要客观依据自身条件作出选择。首先需要依据项目选址判断适合怎样的客户，客户为什么会来，能够满足客户怎样的需求，为了满足这些需求，又需要具备哪些外部条件及内部条件，具备这些条件的

话，又需要投入多少成本，客户又会以怎样的价格和形式获取产品，最后从投资的维度再看产品能否创造价值。

三、城市各类多元康养产品概述

根据上述情况，市场出现了几种较为成熟的产品模型。

第一种：以“健康产业为主题”的新型城市规划，也称之健康城。

图 6-7　中铁建·青岛 WELL 健康城

随着社会经济的稳定发展和人们生活水平的普遍提高，身心健康越来越成为人们关心的话题。由于城市环境污染、气候变化、高强度生活节奏等多种因素的影响，都市人口的亚健康问题已经成为我国乃至世界许多发达国家的共同问题。而随着老龄化社会的来临、高收入人群和中产阶级的壮大，人们对身心健康的强烈追求将进一步在消费中体现出来。这无疑将加速健康产业的发展，以及健康产业内部向以疗养服务、养生康复、休闲健身、医疗旅游等为主体的健康服务业的转型。与此同时，我国当前以医院、疗养院为核心的医疗设施机构，越来越难以满足健康服务业市场发展的需求。而以健康服务业为核心的综合性健康产业园区——健康城，近年来逐渐成为国内一些城市投资建设的热点。健康城的规划建设呈现以下特征：独特的区位选择、优越的生态环境、专业的技术支撑、综合的功能空间布局。

2020 年，我们主导规划了中铁建康养产业发展（青岛）投资有限公司在青岛投资的“中铁建·青岛 WELL 健康城——一站式赋能康养社区（图 6-7）”，该项目着力打造康养产业总部集群，建设康养研究院、康养产业园、一站式赋能康养社区以及智慧康养医学城，打造全国智慧康养示范基地。

健康城是将“产业”和“生活”融入在一起的一种新型城市建设，适合在城市规划新型城市组团，通过“健康产业”的规划和导入，导入大量的就业机会和人流，倡导“健康”为主题的生活方式，又会吸引区域以外，甚至是全国各地对健康关注的人群定居或旅居，反过来也给产业服务提供了充足的客群基础，相辅相成，共生发展。

第二种：以“以康养生活为主、产业生产为辅”康养小镇。

图 6-8　华建康养·原乡牧歌康养小镇

康养小镇具有城市所能提供的一切便利，同时摈除了例如交通拥堵、环境恶化、情绪压抑等一系列城市所带来的困扰。总而言之，它带来的是更加宜居的环境，使人亲近自然的同时，享受与城市相同的便利生活。康养小镇不同于一般的小镇，它的功能性更强。以健康产业为主的，如养老产业、休闲农业、度假休闲、健康食品、体育产业等。通过各种健康产业的服务，为小镇居民提供更健康养生的生活方式。

康养小镇的建设和发展在国内已经兴起了一段时间，也迭代衍生出了不同康养主题的产品。我们主导参与了陕建地产和荣华控股企业集团联合开发的“华建康养 · 原乡牧歌”康养小镇（图 6–8），并完成了概念规划设计及小镇中心（图 6–9）核心配套的一体化设计。小镇中心是以满足全龄康养为目标而设置的公共服务配套设置，涵盖了生活便利服务、身心提升服务和医康养护服务，是康养小镇核心价值的体现。以“全龄化的颐乐生活”需求为基础，通过各种类型的空间体系，营造出未来的生活场景。

图 6–9　华建康养 · 原乡牧歌康养小镇中心设计图

第三种产品：退休社区。

退休社区全称为持续性照料养老社区 CCRC，产品概念源自美国，指的是为退休后老年人提供持续性照料服务项目的养老服务中心，它根据个性化的整体规划和建筑规划设计、全方位的照料和健康服务及其科学规范的经营，为 60 岁及之上追求完美生活质量的老年人提供了一种新的养老模式——在自己熟悉的环境中生活，慢慢老去。

退休社区的选址一般在距市区近郊、地理位置优越的大城市周边城市，社区相对比较独立。这也是因为大城市市区的土地资源有限，并且获取成本高，但是大城市聚集了更多能接受这种养老理念的群体，并能够支付得起相对较高的费用。现阶段我国的CCRC新项目收费标准方式主要是：会员卡（会费）+月租费，一般会员费和月租费较高，只有相当经济能力的家庭能够负担得起。

从2013年开始，我们陆续主导规划设计并落地了若干个退休社区。目前已经投入运营使用的九如城集团徐州泉山康养综合体（图6-10），是我们实践的第一产品，配置了500个床位的康复医院，200个床位的养老机构，以及近800户的居家养老公寓。

图6-10 九如城徐州泉山康养综合体

社区配备专业的医疗团队，有着经验丰富的专业医生，为社区内的老年人提供预防、诊疗、医护和康复治疗等多种多样的专业医疗相关服务。入住养老社区的老人在健康状况发生变化时，能够得到关爱照顾服务项目。另外，养老社区为入住的老年人提供了丰富多彩的主题活动空间及各种各样的娱乐和休闲设备。因为小区经营规模大，搬入的老年人数量多，老年人能够结识与自己爱好相同的老年朋友，依据每个人不同的喜好形成各种各样的社团、主题活动社群等，丰富了业余文化生活。

第四种产品：城市型“养老综合体”。

前几种产品项目落地基本在城市的新区或近远郊区，而城市的主要公共服务设施又集中在主城区之内，尤其是大型医疗设施，所以导致了部分长者在对医疗机构有频繁需求的时候，不得不再次回到主城区生活和居住，另外年长一些的客户，他们习惯了现有的城市生活圈，去到一个新的环境，需要重新建立生活社交圈，对他们来说是有一定困难的，所以慢慢的，在城市的核心区，也建立起适合长者持续生活的养老综合体。它们有别于传统的养老机构，从理念上更接近“CCRC”产品，侧重是长者在健康活力时段的生活照护，以延续长者健康和快乐的生活，作为“养老综合体”核心目标。

我们也在多个城市落地实践了康养综合体产品，根据项目所在城市的级别不同，地块大小的不同，呈现的形态也有所差异。例如我们在安徽落地的项目（图 6-11），由于地块面积小，我们尽可能利用最大的南向展开面，取得最好的日照朝向，同时将建筑平面转折后退，形成之字型，争取最大的南向室外活动空间，在允许的最大建筑高度的范围内，形成多级的退让，获取了更多方便长者到达的空中花园，建筑的一层设置了完全面向城市开放的公共功能，如社区食堂、接待客厅、多功能活动室等，二层设置医疗、文娱、活动等功能板块，3～4 层离公共配套更近，以护理型长者生活单元为主，方便长者到达，4 层以上以高龄和活力长者生活单元为主。

图 6-11　安徽城市型“养老综合体”

综合来看，这些产品都能满足长者某一阶段的需求，或者全部阶段的需求，但地理区位、土地成本、运营组织等方面的差异，从长者对产品的选择端，也出现了明显的差异。比如选择在“健康城”养老的，是基于对健康城强大医疗产业配套的需求，偏向疗养性需求会更多一些；选择“康养小镇”的客户多为改善型居住需求，同时以为未来养老做好考虑的中年预养老的客户为主；选择“CCRC”的客户以活力养老的长者为主，他们更多地追求一种新的养老生活方式；选择“城市康养综合体”的客户和“CCRC”的客户趋同，甚至有一部分“预养老的客户”，他们更多的是不希望离开现有的生活社区环境，希望离朋友和亲人更近一些。每一类产品，都有它存在的根基以及广泛的客群基础。

当然，各种产品也有一定的短板，“健康城”的投资周期长，投资规模大，却需要大量专业医疗资源作为支撑，同时需要一些政策的支撑，所以从市场化的角度来看，不会太多，更多的是吸引全国的客户到健康城，适合短期的疗养为主；“康养小镇”一般远离主城市区，相应就远离了城市的医疗资源，对医疗服务依赖高的客户就不太适应；“CCRC”离市区相对较近，自身也配有了一定的医疗配套，但由于多数项目是使用权或会员制，从目前阶段的长者客户的接受度上是有一定的抗性的；“城市康养综合体”也存在使用权和会员制的问题，同时由于综合体规模较小，自身经营的方式也比较重要。

四、“三位一体”的城市多元康养综合体

还有没有更好的适合城市养老的解决方案？例如既能够让长者还是在家中老去，不离开熟悉的社区，也可以根据自身的需求选择个性化的服务内容，而不是单纯接受统一的服务。还有除了能照护好长者的生活以外，还能不能引导长者实现第二次的人生价值？能不能在消费服务的同时，还可以为长者的财务规划作出贡献？如果有这样好的方案，它又要具备怎样的条件？

基于上述目标，我们重新审视了目前的养老供给产品，综合了各种服务供给体系，认为好的产品需要从“建筑硬件”和“服务软件”两方面，从三个层次作出回答。

首先，它应该解决长者具体问题，满足用户需求，比如硬件上长者需要一个安全、舒适、宜老、人性的生活环境，服务上在长者不同生命阶段，需要满足生活、活动、照护、医疗等各类服务。其次，它应该尊重长者使用习惯，注重用户体验，比如长者更愿意住在自己家中老去，不离开熟悉的社区，服务上长者可以按需要选择自己所需的服务。最后，也是最重要并且容易忽

略的，它能够为使用者创造预期服务，提供用户价值，比如作为使用者能否不只有消费，也能有所收益；作为服务者能否获取更多的社会流量，这一点也是城市养老综合体的核心（图 6–12）。

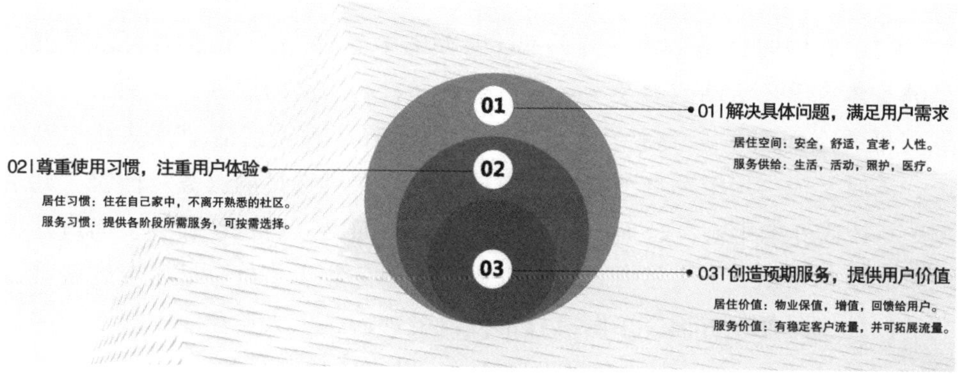

图 6–12　养老服务三个层次

在重新审视了客户需求后，我们认为如果把三种养老服务体系叠加在一起，或许可以博众家之所长，同时也避免了各自体系下无法弥补的短板，“三位一体”的城市多元康养综合体或许是一种新的养老方式。

所谓“多元”，是它整合了居家养老、社区养老及机构养老三种模式在一起，发挥出三种养老模式最大的优势（图 6 –13）。

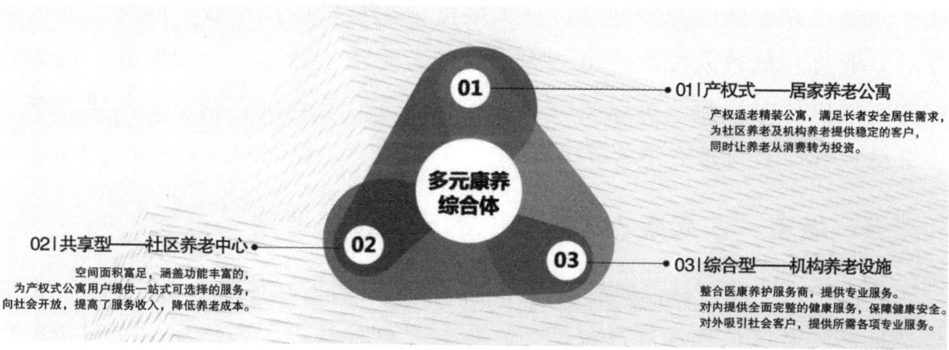

图 6–13　多元康养综合体模型

（1）它应该是长者“自有型——居家养老公寓”。通过全屋适老化精装，满足长者安全居住需求，同时也能够为内设的“共享社区养老中心”及“综合医康养护机构”提供稳定的客户。如果它能够结合产权开发是最好的，这样可以把长者因为要获取服务而不得不付出的空间使用成本，转化为自由的资产，一方面从长者角度让养老从消费转为投资，并确保了资金的安全性，另外一方面也协助投资商尽快回收了投资，大大缩短了投资的回收周期，一举两得。

（2）它同时也是“共享型——社区养老中心”。为了让长者可以根据自己的身体情况、活动能力及实际需求来选择自己所需的服务，在项目中配置了充足的空间面积，设置了丰富的功能，涵盖从餐饮到活动，从社交到学习，同时又为“居家养老公寓”用户提供一站式可选择的服务。同时“共享型——社区养老中心”也面向社区开放，一方面可以通过服务吸引周边社区的长者及其家属，扩大了客户流量，提高了服务收入，解决社区养老很难盈利的问题；另外一方面，不断有外部人流的加入，大大避免了常规养老项目给人的封闭沉闷感受，极大程度上保留了人社会属性的一面。

（3）它还应该是一个“综合型——医康养护机构”。除了生活服务以外，提供长者日常最需要的健康服务保障，也是项目最核心的内容，涵盖了从养生保健、健康管理、疾病治疗和转诊、康复治疗、专业护理等各个方面。对内提供全面完整的健康服务，保障健康安全。对外吸引社会客户，提供所需各项专业服务。

站在长者角度，通过公寓的产权，将养老服务需求变为家庭资产的一部分，通过开放的社区养老配套，给长者搭建一个社交平台，让长者有正常的社交，还可以不断结交新朋友，最大限度解决长者的孤单寂寞问题，通过服务的专业化和极致人性化，也是为了让长者感觉生活在一个大家庭，周边有很多人可以随时交流、可以随时提供各种服务。这就是“城市多元康养综合体”给长者带来的完整养老解决方案。

五、城市“多元康养综合体”的三大核心要素

为了达到上述目标，产品的设计有三个重要的指标（图 6–14）：第一是项目选址，涉及区位选择和产权性质；第二是硬件建设，包括居住空间和配套空间两方面，第三是服务组织，涵盖了生活服务和专业服务多方面的内容。

首先项目选址是非常重要的，会对项目日后的经营产生非常重要的影响作用。我们通常从以下四个方面来判断（图 6–15）：

图 6-14　产品设计的三个主要指标

（1）通常会选择城市居住板块。选址位于城市主城区范围内，3 千米范围内居住人口一般要超过 10 万人。为后期开放经营提供足够的人口流量。

（2）便利的交通出行也很重要，方便长者出行以及其子女过来探望长者。项目周边有公共交通站点，方便出行或到达，一般要比邻城市主干道，城市级别高，最好是有多维交通可供选择。

（3）周边配套能满足日常生活需求，其中菜市场和医院是两个最重要的生活配套，考虑到突发情况以及大病急病的转诊，5 千米范围内有三甲医院或综合医院，同时在 1 千米范围内有超市或菜场，满足基础的生活采买，当然项目也会配置小型生鲜超市。

（4）周边的生活环境安全，项目周边没有有害资源，项目周边或自身有一定景观资源，最好在 2 千米范围内有公园等自然景观资源，方便长者饭后散步、休闲。

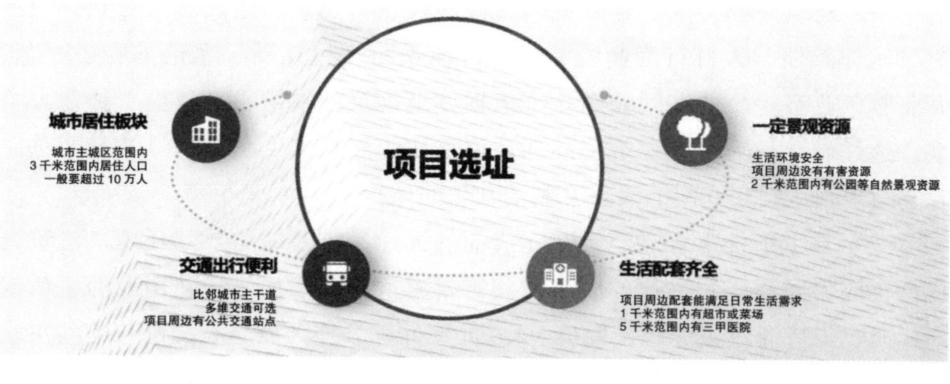

图 6-15　项目的所在“城市及具体区域”选址要素

在硬件建设方面，需要将项目放在城市中去考量，项目不仅仅是解决了公寓部分客户的养老问题，从经营角度，需要与社区甚至是整个城市产生一种多元共享、互利共生的关系，才能让项目得以永续健康地经营。概括来讲有以下四点设计的基本原则（图 6–16）。

图 6–16　设计原则示意图

（1）建筑互利共生。建筑绝非独离的存在，建筑的生成总是受到其他建筑、地理条件、人群行为影响与外部环境不断产生互动，无论是居住业态、商业服务业态、公共空间业态。可依据城市建筑基本逻辑来建设三种业态类型，透过设计行为达到建筑与外部环境良性的互利共生状态。目的是通过业态空间规划达到相互间的紧密互利的共生的架构。

（2）共生系统整合。建筑在完成前的设计，需要考量外部环境，建筑完成后也应将同样影响周遭的人事物。需要考量建筑如何支持使用者的生活走向优质、支持商业服务趋于便捷。“多元康养综合体”就是在高龄住宅的主题下，寻找达成建筑与外部环境互利共生的最佳方案。

（3）开放性的设计。建筑的开放性不只是空间的公共性及多元使用，进一步的是要与外界外部环境产生良性互动，透过这些开放性的设计原则，应该让建筑产生不同面的共享状态，让城市拥有效率和健康循环发展。

（4）多元共享状态。建筑透过设计在满足使用者需求的过程中，创造一个城市多元互动的机会，以此来互动分享资讯、文化、资源，达成建筑的永续循环状态。

在服务组织方面：以往提到养老，思维往往停留在照护的细节。但是项目的“多元康养综合体”的设计思维，却是在如何建造一个整体的服务体系，不但照顾长者的生活，更促进其健康，使其有机会在人生后半场实现人生价值，更能让长者能够得到长期、可持续的服务。

长辈的健康正是整个“多元康养综合体”的核心目标。而要长期、可持续地提供长辈们优质服务，需要提供入住后一整套的生活方案，从餐饮到活动，从居住到照护。“多元康养综合体”从三个方面入手：首先是符合需求的生活与餐饮服务，其次经过科学实证的健康照护模式，最后支持人生展现的环境体系。具体来看有如下内容（图 6-17）：

图 6-17　城市“多元康养综合体”的三大服务内容

（1）高龄生活指导。健康流失是高龄长者面对的真正问题，若要维持健康，不走向失能、依赖长期照护度过余生，需要建立在专业知识上的生活模式的规划与执行。在“多元康养综合体”的生活环境中，将能获得照顾医疗、心灵疗愈、财务法律、生态环保、饮食运动等领域的专业人士，合作为各类型的需求者建立的服务模块，专业分工推出一系列的高龄长者健康活跃讲座及团体活动，来引导高龄长者面对与准备如何活跃地在地老化。

（2）健康增益。人体在走向老年的过程中，器官机能逐渐退化，慢性疾病风险增加，并依赖外界照顾。此过程看来是不可逆的，其实可以透过精准而科学化的健康照护系统，串联个人、社区、服务提供者，达成健康增益体系，提供一整套服务，包括：预防保健、健康管理、健康检查、健康饮食、居家自我健康及疾病监测等六大健康照顾服务。这将是“多元康养综合体”的运作的核心机能之一。

（3）生活支援。“多元康养综合体”将与生活管家协力，提供生活支援服务事项，包括：访客接待旅行行程安排、社区采买、医疗预防咨询服务、投资理财咨询服务、代收与送包裹等服务。让入住的长者整体的生活更加便捷，增进整体生活技能。

（4）生活自立。身体机能的衰弱退化即使能减缓，也不可能阻止。“多元康养综合体”规划了三套模式，协助长辈维持尊严的自立生活：一是生活能力自立；二是经济能力自立；三是社会参与自立。

（5）多元活动。退休后是另外一波学习动能的高峰期，比起制式的学校，高龄长者更倾向于社团形式的聚会学习方式。所以在“多元康养综合体”内将设置乐龄生活规划室，安排丰富多元的活动，供居住者参与。

六、案例分享——新加坡海军部混合体

海军部混合体（Kampung Admiralty）是新加坡首个集公共设施和服务设施于一体的综合公共开发项目。这个一体化式的综合建筑，最大限度地使用了土地，成为了满足新加坡老龄化人口需求的典型（图 6-18）。

海军部社区是一个集多功能于一体的旗舰式“垂直村庄”项目，它将一个占地 13.35 亩的紧凑场地变成一个充满活力的社区中心，综合性的社区环境和生态空间使老龄化的人口能够更为积极地生活。项目所在的新加坡国土面积狭小，建设密集。基地三面分别被两条城市道路及铁路围合。地块只有 9000 平方米，同时还有 45 米的限高。除了严格苛刻的空间建设条件，新加坡还对建设项目的绿化面积存在强制性的保障要求。设计师采用了分层式的“三明治”方式为基础。设计出了一个“垂直村庄”，其中下层为社区广场，中层为医疗中心，上层是为老年人提供的带有社区公园的住宅公寓。这三个不同的楼层将不同的建筑组合在一起，通过相互交融带来了功能设施的多样性。并与医疗、社会、商业和其他设施保持紧密的联系，同时也支持两代人之间的联系，积极促进有关老龄化各项工作的开展。

图 6–18　新加坡海军部混合体外观

底层的社区广场（图 6–19），是一个完全的公共场所，就好似一个社区客厅。市民可以参与这里有组织的活动，参加节日庆祝活动，在二楼的购物中心购物或吃饭。凉爽的热带广场被上方的医疗中心遮蔽着，这也保证了各种活动均不会受风雨的影响而进行。

图 6–19　社区广场

中层的医疗中心（图 6–20），是作为养老社区的标配内容，方便居民就近就医而设置的。在海军部混合体里面有一家医疗中心，这意味着今后居民不需要大老远跑到医院去挂个专家，或做个简单的日间手术。为了促进健康和康复，该中心的咨询和等候区充满了自然光线的照射。下面的社区广场和上面的社区公园也可以帮助老年人感受到与自然和其他人之间的联系。

图 6-20 医疗中心

上层的社区公园（图 6-21），是一个规模很大、地势很高的乡村绿地，居民们可以在这里相聚并共同锻炼、聊天或照料社区农场。他们与儿童保育和一个高级老龄化中心（包括老年护理）并排设置，并将年轻人和老年人聚集在一起生活、吃饭和娱乐。

图 6-21 社区公园

社区公园在两个 11 层高的公寓楼中，共有 104 套公寓供单身或夫妻长者居住。公园入口处的“伙伴长椅”鼓励老年人走出家门，多与邻居交流互动。所有这些装置都采用了通用设计原则，重点是自然交叉通风和最佳采光的设计。

七、服务模式的创新思考

过去的 10 余年间，养老产业的进步非常快。原本传统养老机构不再能符合时代的需求，于是地产开发商进场运营。在整合资金与健康照护的思维下，后来演变成由保险集团主导。最后，由于资金需求量大，且需要多方专业整合，因此资本公司逐渐成为核心的经营者。

从欧美、日本，乃至中国，都已走向以资本产业架构来经营养老产业的模式。养老产业已经不再是单一公司、甚至单一集团能做的事，而是要整合资本市场，连接地产开发商、运营商、服务供应商，成为一个合作无间的产业链。

养老所需要的服务内容众多，并且每类型服务都具有一定的专业性，如营养膳食服务、健康管理服务、专业照护服务等，很难由一家公司提供完整且专业的服务，所以从未来的发展趋势来看，需要通过运营商来整合家政服务、商业服务、教育培训、医疗卫生及金融服务业，利用不同的商业合作模式，切入以及扩大养老产业的领域（图 6-22）。

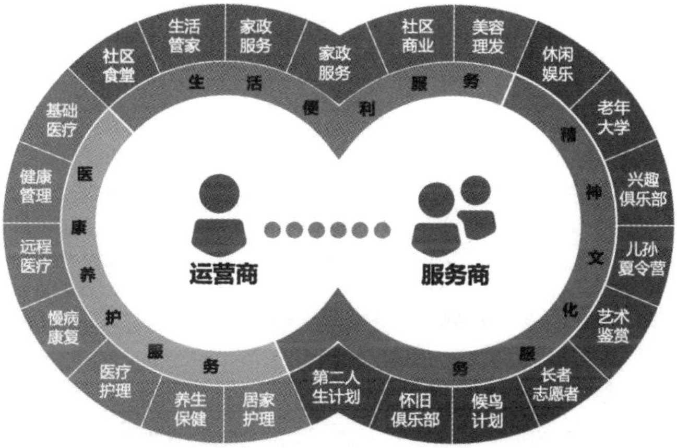

图 6-22　以运营思维，系统整合服务业态，构建生态系统，为长者提供品质服务

这些服务是由许多经营团队入住提供的，日后将服务长者、周边居民、以及从原地而来的客户。共生的合作模式在其中起到了尤为重要的作用，“多元康养综合体”本身就具备了内外共生的特征，在内部通过公寓长者形成一定规模的既有市场，对外又同样地服务周边的社区居民，甚至可以通过便捷的交通区位服务整个城市。

对内的共生体系，主要由入住的长者、经营者和服务者形成共生关系，围绕住宿、餐饮、活动形成共生体系。对内的共生体系，由外部消费者、社区店家、外部服务商以及内部共生体系共同组成，围绕生活便利服务、身心提升服务、医养照护服务展开。

在共生关系建立中，运营团队起到了关键性的作用，运营团队首先会依据公寓长者的需求确定整体的目标，制订好服务的标准，在满足了长者的生活照护的前提下，协助各个服务商推广并宣传，获取更多的客户流量及财务收入。服务商则需要制定好专业的业务标准，提供给客户高品质的服务（图 6–23）。

图 6–23　主张“共建共生共赢”理念，构建三大共生体系，保证永续健康发展

八、城市“多元康养综合体”的总结

“多元康养综合体”的整体规划，有非常清晰的目标定位：“延长健康丰盛的人生”——这个理念贯穿了一切构想与经营，而且越来越清晰，一切安排设计也都是从这个目标出发。

“多元康养综合体”将依然健康的长辈作为主要客群并运用环境、餐饮、活动等多元方式，拓展住户内在的生命品质，让长辈不但可以延长寿命，更活得健康、丰盛，活得有价值感与意义感。

“多元康养综合体”为长辈提供的，是一个能追求健康、分享生活的环境，不仅全面具备无障碍设施、贴心周到的安全硬件设计，更包括无形的情境——多元的人群、情感连接的机会、贡献与付出的机制。

“多元康养综合体”也不仅是单一的经营者。无论是照护、餐厅、课程、咖啡厅，其经营者都各有该领域的专业性，他们在服务“多元康养综合体”内部长辈的同时，也对外营业。这样的做法，确保了他们提供的商品服务有市场竞争力水准，并且因为有对外的营收，以租金方式确保项目本身的财务稳定。

“多元康养综合体”以营造“共生”的关系系统为目标，以最有效率的方式为长辈创造丰盛的生命品质和体验。创造了三种共生的方式：连结、共享、多元性。并运用居住形态、餐饮烹饪、课程活动、营养账户等方式促成其发生。在这里所经营的共生，对内：连接每个住在这里的长辈、每个服务供应者；对外，连接长辈们的亲友家人、周遭社区居民、甚至更大范围的旅客与合作对象。在此过程中，让每个长辈不仅身体更健康，内心更丰盛。

九、城市“多元康养综合体”的发展机遇

近年来，随着中国城市化进程的发展，有大量的商业用地和商业设施被规划，也随着互联网的蓬勃发展，互联网经济对实体经济有着巨大的冲击。两方面原因导致了目前我国二三线城市、商业的用地或资产严重空置，如何激活这些商业设施是目前多数城市面临的一个巨大问题。这些商业用地或设施，有很大一部分占据了城市的核心地段，周边的居住区密度也很高，同时，部分早前的一些商业用地或部分设施，还具备分割销售的特性。

另外一方面，随着老龄化进程的发展，符合老年人实际需求的养老设施供给一直存在较大的缺口，国家也通过各项政策鼓励利用各种各样的闲置资产改造成为养老设置，各地也进行了一段时间的尝试，早前的时间多数集中在单纯的养老机构，虽然在运营端取得了非常好的市场表现，但是大量的改造投入，无疑拉长了项目的回报周期，同时对企业投资能力也有非常高的要求。

“蓝氿共建”（图 6-24）也是在看到了潜在的客户需求与城市资源之间的关系，希望通过“共生价值”打造“多元康养综合体”产品，这也是“蓝氿共建”创立初心，我们希望未来“多元康养综合体”未来会成为城市养老解放方案的重要力量。

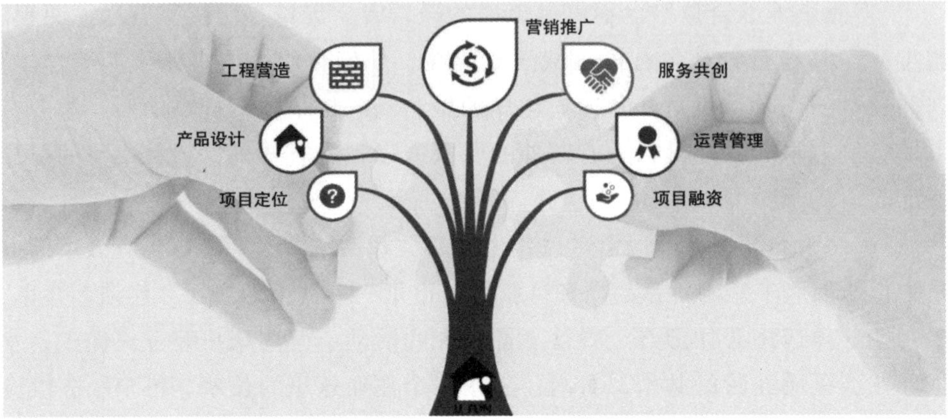

图 6–24 蓝氿共建服务架构

“蓝氿共建”本身也是共生价值的产物，由多家在康养产业单项领域发展数年的公司创立而成，有着非常专业的团队资源，结合不同城市，形成了符合市场需求的标准体系，通过精细化的项目管理全过程，按需匹配各项资源，各个资源方也遵守“价值共生”的理念，共同为项目创造价值，共同受益（图 6–25）。

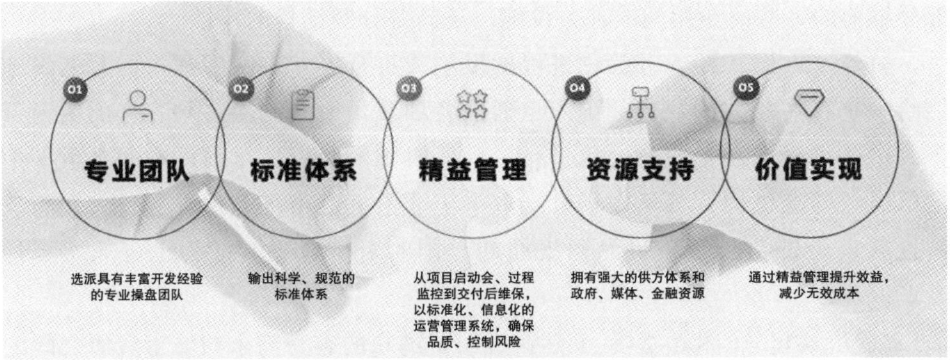

图 6–25 “蓝氿共建”基于“多元康养综合体”全过程共建管理服务，以及投资和运营端资源对接

执笔作者简介

周明伟（1982）

沆生设计创始人

中国老年学和老年医学学会标准化委员会理事

江苏省经贸职业技术学院特聘讲师

河南省老龄产业协会专家顾问

长三角养老联盟专家委员会专家顾问

2005 年毕业于重庆大学建筑学院，2005—2007 年就职于悉地（深圳）国际设计顾问有限公司担任设计总监，先后与万科、绿地、恒大等著名地产开发商合作。2013 年进入养老行业，担任九如城康养集团开发建设中心总经理，在养老项目的前期策划、项目定位、开发建设等各阶段有丰富的实战经验。主导建设并完成了九如城康养小镇、康复医院、养老院、颐养公寓等系列产品，并主持建立了集团产品标准。2018 年年底创立沆生，专注长者空间营造及康养产品设计。助立康养企业的“精准投资”和“精准运营”。先后服务于金科、蓝城、中铁健康、旭辉、朗诗等专业康养开发商和康养运营商。

公益链接养老　提升企业社会影响力 *

作为一名 80 后，已到不惑之年。从二十几岁的毛头小子，初出茅庐时就接触了公益与养老行业。在从事公益与养老 10 余年中与银发长者打交道已成为我的生活常态。“帮助长者，既是帮助父母也是在帮助未来的自己”。我热爱公益与养老，经过多年专业知识的学习和辛苦耕耘，创建了自己的公益品牌“践行者阿甘”，将公益链接、养老有机结合，更好地为社会福祉事业贡献自己的力量。

当人们一谈到公益，大家会直接联想到公益组织，认为公益就是慈善和志愿服务。说起公益和慈善，很多人难免会说，公益不就是慈善吗？慈善不也就是公益吗？

其实不然，我们通过细细的了解才会发现，公益与慈善是有明显区别的。

公益是公共利益事业的简称。指有关社会公众的福祉和利益。它的含义是个人或组织行善举而提供给社会公众的公众产品。“公益”为后起词，“五四”运动后方才出现，其意是“公共利益”，“公益”是它的缩写。现如今所称公益事业，是指不以盈利为目的，募集资源为社会提供救灾济贫、助老助残等社会群体和个人的活动，凡是有利于社会发展和进步的其他社会公共和福利事业。

慈善是指对人类的热爱，为增加人类的福利所做的努力，通过救济、援助或捐赠等手段来增加人类之间的爱并扩大人类的福利。“慈”是指长辈对晚辈的爱。“善”是指人与人之间的友爱和互助。慈善也是一种活动。慈善活动是人们自愿奉献爱心、援助行为和从事扶弱济贫的一种社会活动。慈善活动的对象范围、标准和项目由施善者确定。

近年来，除了基金会、社会服务机构等公益、慈善组织形态之外又出现了一批新兴的社会企业，社会企业是旨在解决社会问题、增进公众福利，而非追求自身利润最大化的企业。投资者拥有企业所有权，企业采用商业模式

* 本节由黑龙江华正众益养老管理服务有限公司总经理甘田霖执笔。

进行运作并获取资源，投资者在收回投资之后也不再参与分红，盈余再投资于企业或社区发展。

自 2016 年 9 月 1 日实施《慈善法》以来，国内的社会组织如雨后春笋般地涌现。无论是个人还是企业纷纷注册社会组织，在基金会、社会团体、社会服务机构形态中，以社会服务机构居多。（社会服务机构即通常所说的志愿服务组织、公益组织、社工组织等）

我们看世界各国公益与慈善的发展历史，不难发现很多大的企业都热心公益慈善事业，在今天无论是国际 500 强还是国内 500 强的企业均设立了基金会和社会责任部门，通过打造 1～2 个品牌公益项目完成企业社会责任的使命，更加提升企业的美誉度以及促进企业产品和服务的销售。做公益慈善是一举多得的行为，希望更多的企业可以投身公益慈善，尤其是当下严峻的老龄化问题需要有创新思维的企业家关心和参与扶老、助老事业。

对于社会组织（公益组织）来说，目的都是要为社会福祉创造价值。被誉为全球现代战略之父的迈克尔·波特曾于 1999 年在《哈佛商业评论》上公开发表了题为《慈善的新议题：创造价值》一文，波特教授的这篇文章中，首先以基金会为例，从产生直接社会效益的周期与数量等经济学指标来分析公益组织有创造价值的义务。这是一个非常新的研究视角。以社会企业与基金会做比较，指出由于接受捐赠的机构不同，因而产生直接的社会效益的周期和数量也有显著差异。如果将资金捐给社会企业，全部金额将很快产生现实的社会效益；而如果捐赠给基金会，则只有小部分当年捐出去，大部分捐款是未来才产生利益。美国基金会的捐赠资金年均捐赠比例略高于法定最低值（美国法律规定基金会每年的公益支出不得低于上一年基金余额的 5%，而我国《基金会管理条例》规定非公募基金会为 8%），为 5.5%，其余 94.5% 的资产组合均投资于有金融回报的领域，而且仅有 0.01% 的投资组合支持公益目的投资。不仅如此，基金会做公益，还有两种现实的额外成本：一是基金会本身的行政开支，二是受捐赠者沉重的行政申请程序负担。即使不计算通货膨胀、股市涨跌，基金会做公益也是一种十分昂贵的方式。这不禁让人产生了疑问：这么昂贵的公益组织运行方式还有存在的必要吗？国家公益免税实际上是一种公益投资，如果基金会能切实全面履行义务，创造比减免税收、运营成本等更多的价值，则基金会做公益就是值得的方式。那么基金会是否具备创造价值的能力和基础呢？基金会创造价值的基础来源于两个因素——资产的永恒性和非营利组织的独立性。资产的永恒性意味着基金会有较长的时间来解决公益性社会问题；非营利组织的独立性意味着基金会没有行政干预，能根据现实的需求问题采取较灵活的更自由的决策。因此，就等额金钱花费来看，与个人、政府相比，基金会这类公益性社会组织能产生更大的社会影响，基金会能够而且应该引领社会进步。

除了少数运作型基金会自己产生价值外，其他基金会主要通过他人来创造价值。因而，只有基金会活动产生超出捐助款本身的购买力时，基金会才创造出了价值。就基金会等公益性社会组织创造价值的具体方式来说，总结了以下四种：

第一种是精挑细选最好的受资助者；

第二种是向其他基金捐助人发出信号；

第三种是改善受资助者的绩效；

第四种是推动知识研究和应用。

这四种方式在扩大社会影响力和价值方面是层层递进的，第二种方式是第一种方式的 3～5 倍，第三种方式是第一种方式的 50～100 倍，第四种方式是第一种方式的 1000 倍以上，影响效果差距呈几何级扩大。由此联想到社会组织中的重要一类组织：质量服务技术机构这类社会中介组织，其在国外也有一种组织形式即公益性的非营利社会组织形式，具体也有以基金会为实际运作的，如德国商品检验基金会。从波特教授的文章中可知，公益性的质量服务技术机构要创造价值，除了具备公益性社会组织的特性“资产的永恒性”外，还需具有组织的独立性，政府不能行政干预。而这与我国现今正进行的检验检测质量服务技术机构的全面深化改革——政事分开、管办分离是不谋而合的。通过改革，我国的公益性的质量服务技术机构要与政府管理部门脱钩，成为独立的公益法人主体，有独立的自由决策权，能独立承担法律责任。这也是我国公益性质量服务技术机构今后创造价值的基础。

同时，作为公益性质量服务技术机构创造社会价值的方式，根据波特教授的研究，推动知识研究及其应用是最大的创造价值方式。因此，我国公益性的质量服务技术机构需侧重质量标准、质量技术等质量知识的研究和应用。在消费者的公民质量素质三要素中，公民的质量知识能力的得分为 62.72，要低于公民的质量意识 69.49 的得分和公民的质量行为能力 64.05 的得分。可见，我国公益性的质量服务技术机构积极开展质量知识的相关研究和应用，这不仅仅是我国公益性质量服务技术机构不断扩大社会影响、创造自身价值的最佳方式，也是迫切解决我国消费者公民质量知识素质低的现实问题的有利途径。

作为公益组织和公益项目的践行者，10 余年来积累了一些经验和思考。以此文向读者们分享两个比较成熟的公益项目，也希望广大读者给予批评指正和建议。

项目一：让失独者走出家庭，走近社会（2016 年）

社会组织作为成长中的新生事物，在社会管理中的积极参与，能够发挥其重要的作用和功能。本文就目前社会组织在关爱失独特殊家庭可行性和必要性进行分析，提出以下两点具体有效的对策：（1）发挥社会组织职能，满足失独者需求，做好日常关爱工作；（2）积极培育社会服务型组织，发展社会组织力量，深入探索社会组织关爱失独家庭新途径。

项目背景

全国老龄办发布的《中国老龄事业发展报告（2013）》显示，2012 年，中国计划生育特殊家庭（失独家庭）至少已超百万，且每年新增 7.6 万个失独家庭。中国科学院人口学者王广州在 2013 年 3 月 1 日北京大学举行的中国人口政策改革研讨会上指出，我国失独家庭在 2010 年已达百万，在现行计划生育政策不变的情况下，预计到 2050 年累计死亡 10 岁及以上独生子女总人数将过千万。目前在黑龙江省社会养老服务体系中，尚无针对“失独老人”特殊服务的机构，失独老人多次集体上访的现象屡屡出现。黑龙江省有近 2 万名失独老人，谁来帮助他们走出丧子之痛，缓解对现实的无助感、对未来的绝望感，帮助他们安享晚年，成为紧迫而现实的问题。作为社会组织，需从关注特殊家庭入手，为失独老人提供心理支持和社会支持，解决失独老人的现实问题，提升各级政府对“失独老人”养老服务需求的认知，建立“失独者之家”，发挥社会组织的作用，促进社会和谐稳定。

1. 社会组织关注失独者群体

（1）社会组织践行社会主义价值观，发挥社会组织职能。

社会组织是社会的细胞，每个社会组织承担着不同的社会职能和角色，尤其在关注特殊、弱势群体的方面。通过发现问题、组织社会资源解决问题，不断提升社会组织的能力，社会组织的存在对构建和谐社会具有举足轻重的作用。多年来，党和政府高度重视社会组织的发展，社会组织立足社区这一阵地，积极推进社会工作者、志愿者的道德建设，深入开展社区文化活动，持续推动社区工作，大力促进社区服务业的发展，让每个社区充满温馨，为社会和谐添彩。

（2）失独者群体有要求。

计划生育政策实行以来，许多家庭都只有一个孩子，可由于某种原因，孩子未能成年，或者成年后遭遇不幸而先父母离开人世，以至白发人送黑发人，而这些不幸失去独生子女的家庭被称为计划生育特殊家庭（失独家庭），在意外同时或后期又失去伴侣的失独者，我们称之为“双失者”。这些失独者及家庭遭遇失子已是极大的不幸，在一个社会保障还不是十分完善的国家，养儿防老已不可能，他们的未来生活如何保障？我们经过深入、长期的调研，特殊群体无论是从经济上，还是从情感上，如何让他们过上正常生活，不只是他们自己的事情，而是整个社会的事。尤其是将来谁来服务他们、对服务他们的人有哪些要求、为他们提供什么样的服务、特殊群体有什么样的特殊需求、失独者能为社会做些什么等问题上值得深思。

2. 如何介入失独者群体

（1）了解失独者需求，做好过节（劫）工作。

每逢佳节倍思亲。失去孩子和至亲的这群特殊群体，在面对节日的时候都在受着煎熬，如同一场无法逃脱的劫难。

家庭人口结构畸形，缺少情感交流，大多数的失独母亲精神状况不佳，有轻微的精神疾病。这些失独父母因为巨大的痛苦而变得情绪消沉，不愿与人交流，甚至故意远离正常生活。在即将到来的节日里，这类特殊群体暂时地离开熟悉的环境，逃避节日，刻意的让自己放下那不能忘却的记忆。

在这种情况下，每年的特殊节日前夕，如春节、清明节、三八节、母亲节、端午节、中秋节等就需要社会组织走近他们，以心理疏导、物资援助、精神抚慰、组织文娱活动等方式，由政府、爱心企业、基金会、社会组织、志愿者和媒体等多方力量组成服务团队，为这个特殊群体量身定制节日活动，引导和帮助他们度过节（劫）日。从而让失独者先迈出第一步，即走出家庭。

（2）满足失独者需求，做好日常工作。

失独父母一般年龄偏大，有部分家庭收入较低，或因子女病故前花费大量金钱来挽救其生命，导致经济负担较重，基本生活有一定困难。失独父母中，大部分年龄在50岁以上，生活和精神状况普遍不好，将来都面临着养老方面的困难。

目前，“失独”已经不仅仅是哪一项政策的问题，而是个社会问题。让失独者不孤独，考量着社会文明和国家责任。顶层设计和底层自觉互动，失独者的孤独才能得以抚慰。整个社会要去关注、了解这个特殊的群体，给他们营造一个充满关爱的社会环境，才能让这个悲伤的群体走出阴霾，重获阳光。

关爱失独家庭不仅仅是政府的事，而需要整个社会的帮助。目前社会上已经有一些社会组织伸出关爱之手，在帮扶失独家庭中做了不少努力。

①在经济困难扶助层面上发挥作用。如公益基金会、社会组织、爱心企业等，广泛利用社会慈善力量，通过设立一些专项公益基金并发动慈善募捐等，在经济上直接给予失独家庭一定的救助，有劳动能力的提供更多更适合的就业岗位。每逢节假日的时候对失独家庭进行走访、组织节日活动，送上一些慰问金和日常所需品。因为对于失独家庭，经济上的负担是显而易见的。父母年纪大了，逐渐失去了劳动能力，又没有子女可以依靠，基本的生活也就成了问题。社会组织在经济方面的支持是广泛而直接的，帮助解决失独家庭的经济困难，也减轻了政府的负担。对出门不便的老年人开展“六助活动”。可以申请政府购买服务、志愿服务、公益募捐等的形式，与社区联合对有需求的失独老人开展“助餐、助急、助浴、助行、助医、助洁”服务，解决失独老人面临的生活困境问题。

②通过社会组织，组织社工介入、志愿者亲情陪护，满足精神需求。目前一些社会公益组织开展各种关爱失独家庭活动，发动有爱心企业人士、专业心理咨询师、青年志愿者与失独者组成“失独者之家”，在情感上予以更多的关爱和温暖。定期或不定期开展各种活动和文化课程，对有认知与情绪问题的失独家庭成员，包括刚经历失独事件的家庭开展应急创伤辅导；并组织参加各种社会活动和节日，丰富生活内容，提高生活质量，让“失独者不孤独”。积极引导失独家庭开展自救和互救，重获生活信心和目标。对常年不便出门的失独老人，开展“爱陪伴”活动。通过在社会上招募爱心志愿者与有精神陪伴需求的失独老人结对子，可以一对一帮扶，也可以多对一帮扶，常年到失独老人家中聊家常、讲故事、沟通信息，讲述社会上的新人新事。为爱心志愿者提供社会服务实践机会，为孤寂的失独老人送去温暖。

（3）根据失独者需求，做好衔接工作，深入探索社会组织，关爱失独家庭新途径。

①积极培育服务型社会组织，发展社会组织力量，加大政府购买，吸引

更多爱心企业支持，获得更多社会关注和捐赠。社会组织是政府与社会之间的中介，在提供服务、化解矛盾方面具有天然的优势，要积极培育和扶持公益类、社会服务类和社会福利类等社会组织的发展，通过引导政府公共财政购买社会组织服务，对失独家庭提供经济、精神等方面的帮助，提供失独老人的养老服务。增加购买投入力度，积极开发相关社会组织公益项目，让失独家庭和失独老人享受到来自社会的关怀和温暖。政府要着力出台政府购买社会组织服务的相关政策，扶持社会组织发展，通过政府购买服务或面向社会感召建立专项慈善基金支持的形式，为失独父母开展帮扶工作和提供一个相互倾诉、相互关怀、相互抚慰的平台。使失独父母在精神上得到慰藉，在经济上获得帮助，在医疗卫生保健上得到专业服务。帮助失独父母建立与社会的正常联系，尽快回归正常的社会生活。

②侧重精神抚慰，建立人性关怀体系。失独家庭往往陷入的是经济和精神的双重困境，对于经历丧子之痛的他们，经济救助还只是困境的一个侧面，精神扶持往往更重要。不难理解的是，制度在解决经济实际问题时比较有力，但在给予精神抚慰方面则可能失灵。这就要求全社会建立一种可以为社会所分享的人性关怀体系。而“失独家庭”的精神关怀，可以由社会组织来承担，充分发挥社会组织的灵活性和专业性，避免政府在这方面的随机性与不稳定性。

③制定监督机制，规范社会组织的运作，更好地为社会弱势群体服务。政府应加紧制定扶持社会组织发展的有力措施，提升社会组织的专业能力、公信力与影响力。其次，民政部门应对社会组织进行严格考核，及时向社会公布社会组织等级、资质。通过加强监管和引导等工作，让社会组织更好地担负政府购买服务的任务和提升社会公信力。此外，要尽快制定政府购买社会服务的项目目录，由政府统一向社会公开招标。同时，要加强对所购买的社会服务项目进行监督与审计，防止社会服务项目实施中可能出现的腐败问题，进一步促进政府购买公共服务工作规范化运作。

3. 社会组织介入失独者群体不仅可行，而且必要

（1）失独群体的需求得到了满足。

深入了解特殊群体的实际需求，是整个社会、政府不容忽视的。如何有利解决这个特殊群体的需求问题，需要专业的、长期的、有耐心的社会组织来服务。从不愿意走出家门到重新融入社会，从社会不稳定因素到重拾生活自信，失独者对自身有了正确的认识，他们对政府、社会的关注和关爱满意

度在不断提高时，甚至有意愿主动参加社会公益活动要求回报社会，走近社会。失独者感言愿意参加有专业性的社会组织活动，作为社会组织我们的使命是光荣而伟大的。

（2）社会组织的作用得到了发挥。

社会组织服务既是对全社会服务产生的作用，也是需要全社会共同参与的服务。事实表明，社会组织解决社会问题是科学有效的社会问题治理机制。政府、营利性组织、社会组织被称为现代社会的“三大支柱”，是社会服务体系不可或缺的一部分。由于社会组织具备政府和营利性组织所没有的独特属性，即非营利性、非政府性、志愿性、互益性或公益性，容易被服务对象所接受，因而在社会问题中扮演着特殊角色，社会组织在活动中发挥着重要作用。随着社会组织的“井喷式”增长，其角色和作用将更加凸显。

（3）爱心企业的爱心有了用武之地。

随着社会的进步和经济收入的提高，涌现出一批从“首富”变为“首善”的企业家。他们用实际行动对社会上的特殊及弱势群体伸出了援手。在付出大爱的同时，利用媒体的传播与推广，企业及个人也得到了社会认可和人们的赞许。

爱是需要回报的。曾几何时，谁不渴望触手可及的温暖，你可体会举手之劳后的心安？无论我们多富有也有需要别人帮助的时候，就算再贫穷的人也有帮助别人的能力。

（4）政府部门关注、支持社会组织活动。

失独者之家在多次活动中都受到了政府相关部门、社会、媒体的关注和支持。省市有关领导表示关注并主动约谈，考虑加大帮扶力度。用心、专心、细心、耐心、真心地为失独者提供专业化的志愿服务，把每次活动都当做第一次去做，严格按照项目化方式运作，不断提高服务水平、丰富服务内容，让政府更加认可和放心，成为龙江大地上一支优秀的“社会组织”。

（5）建立多个伙伴关系。

从项目的发起方、资助者、执行者、受助者、志愿者、政府部门、企业、公共媒体和学者都参与到公益项目的运作中，各自发挥着不同的作用，也收获着自己的喜悦。项目经设计、组织和传播，满足了多方需求。

一个活动和项目，我们多次传播，目的是什么？要回归于公益这个主题，因为公益和爱一样是需要回报的。公益是需要传播的，我们推行有效公益：效果、效率、效益；公益合作伙伴尝到了公益项目的甜头，知道了参与公益的价值。在这个做公益需要人人参与的时代，希望我们每个人的需求都得以满足！

总结：自 2016—2021 年年底服务过失独者近千人，“失独者之家”项目被 70 余家媒体报道超过 300 余次，其中 2016 年 3 月 8 日新华社在中华人民共和国中央人民政府官网进行了报道。节假日活动组织近百次；接受国家卫健委家庭司邀请做项目汇报分享；接受多个省市政府部门和社会组织考察调研 20 余次；接受民政、卫健委、工会、妇联、基金会购买服务金额超百万元；社会和企业捐赠同样超过百万元。

项目二：华夏遗嘱库公益项目（2015 年）

华夏遗嘱库公益项目是顺应社会发展而催生的新生项目，可以解决财产的定向传承问题，有效避免因遗产问题而引起的家庭纠纷，可以减少法院、民政部门、社会的纷争；可以有效填补政府在遗嘱方面的市场空白；可以实现公益项目的价值：为政府分忧、为百姓解难、为社会减压；可以达到公益项目的宗旨：敬老、爱老、服务于民、奉献社会；最终实现公益项目的使命：公益订立遗嘱，免除老年人的后顾之忧！

项目背景

习近平总书记在多次讲话中强调，新中国成立与 40 年改革开放的成果要加强“依法治国”，来巩固现在的社会稳定性。根据《中华人民共和国民法典》等文件、法规的精神和要求，维护公民合法权益，促进家庭和谐。

2016 年年底，北京、上海、广州法院做过一次调研，结果数据显示超过 60% 的自书遗嘱被法院认定为无效遗嘱。其中以房产、存款、股票为主，主要原因是当事人对法律知识淡薄，没有专业人员指导，达不到法律相关规范要求。在法院受理的家庭纠纷案件中，47% 以上是由于遗产分配导致的家庭矛盾。

遗嘱从被忽视到被社会重视。在过去，遗嘱是极其小众化的。从古代的封建帝王制开始，遗嘱已有出处，最被大众熟知的就是帝王的传承——遗诏。一份“遗诏”昭告天下，就代表着上一个帝制年代的结束、新一代的帝制王朝的开始。

告别五千年的封建帝制制度，新中国的成立向全世界公告，中国人民已经成为自己的主人，可以自由地按照自己的意愿去发展。新中国成立初期，遗嘱依然是小众化，只有极其个别的高知、高资产人群有遗嘱意识。究其原因，新中国成立初期国家整体贫困，并不富裕，老百姓个人财富匮乏，教育程度和法律意识较低。自改革开放以来，我国国民生活水平显著提升，个人财产也逐渐增多，但伴随而来的家庭内部财产继承纠纷的难题却日益突出。当代社会下生活的人们，为一己私利，不顾亲情，利益至上，亲情意识淡薄，为了父母的财产，亲兄弟大打出手、对簿公堂的情况经常发生，法院受理的继承案件逐年攀升，给法院、民政部门、社区等服务机构带来了极大的困扰。

我国老龄化趋势日益加重。如何能稳定老年群体，使老年人享受美好的晚年幸福生活，支持国家的高速发展，已经成为我国发展的重要课题。国家的课题，就是新生一代年轻人的课题。顺应国家时代发展，“华夏遗嘱库”为老年人公益服务的项目应运而生。秉着以公益订立遗嘱、免除老人后顾之忧的使命，敬老、爱老、服务于民、奉献社会的宗旨，为政府分忧、为百姓解难、为社会减压的价值，以遗嘱为出发点，从亲情和法律的双重角度，保障老年人享有美好的晚年幸福生活，使得我国老年群体得以稳定地生活。

遗嘱：是指人生前在法律允许的范围内，按照法律规定的方式对其遗产或其他事务所作的个人处理，并于创立遗嘱人死亡时发生效力的法律行为。经过多年数据分析，遗嘱工具的主要使用者为中老年人，其中60岁以上占到了70%之多。

1. 遗嘱解决社会问题

第一：避免父母财产被七大姑八大姨继承纠纷；

第二：避免多子女家庭财产继承纠纷；

第三：避免再婚家庭的财产继承纠纷；

第四：避免子女继承父母财产的烦琐手续；

第五：避免模糊财产无法继承的风险；

第六：隔代爷孙的财产继承危机；

第七：避免年轻人的财产流失；

第八：避免房屋更名高额的税费问题；

第九：避免独生子女继承的财产流失问题。

一份遗嘱可以解决与财产相关的绝大多数问题，除了避免家庭纠纷，还可以使子女避免继承的烦琐手续，让房屋更名免除高额的税费，又可以保障子女的合法权益，避免因婚姻问题而导致财产流失的巨大风险，这就是遗嘱解决的问题，也是遗嘱的重要性。

2. 项目实施内容

（1）走近社区为老年人开展普法讲座。

（2）与媒体合作推广遗嘱工具、以案说法。

（3）免费为 60 岁以上人群开展免费咨询服务。

（4）与保险、银行等金融机构开展合作，推广遗嘱工具和开展法律讲座。

（5）与公证处、律师事务所合作，共同开展普法活动。

总结："华夏遗嘱库"是一项公益事业，它的持续发展，离不开政府、企业和社会的支持，项目成立至今已多次被地方政府和官方基金会纳入采购服务项目，累计为近 2000 余位 60 岁以上老年人（包括失独老人）免费提供遗嘱办理服务，为 3 万余位中老年人提供遗嘱免费咨询服务。与多家基金会、社会组织、企业建立了长期的合作关系。目前全国已开办 10 余家"华夏遗嘱库登记系统服务中心"。

华夏遗嘱库公益项目根据《国家基本公共服务体系"十二五"规划》《中华人民共和国老年人权益保障法》《民法典》等文件、法规的精神和要求，发挥社会组织公益项目在参与社会治理中的积极作用，维护公民合法权益，促进家庭和谐。

华夏遗嘱库公益项目是由北京仰信律师事务所、吉林敦宜律师事务、长春市阳光传承居家养老服务中心发起并由多家爱心企业和社会组织共同参与。项目团队自主研发了一套专业性极强的信息化系统，设计了一整套标准化业务流程，在确保符合法律规范的基础上，使遗嘱从咨询到办理变得简单和高效。

在未来，华夏遗嘱库公益项目将继续深入到千家万户，随着国家的发展，人民的法律意识、文化程度的逐渐提高，对家庭财富传承越来越重视，为避免家庭成员因财产纠纷和遗产争夺导致家庭的不和谐，我们将继续努力推广华夏遗嘱库公益项目，完成社会赋予我们的使命。

2022 年，是华夏遗嘱库公益项目运行的第 8 个年头，华夏遗嘱库公益项目现已形成"一个平台 N 个中心"的服务模式。平台为服务组织提供信息化系统、专业培训、技术支持以及各类合作伙伴资源，秉承共创社会福祉的宗旨，期待有能力、有意愿、有资源的社会组织、企业，与我们一起携手共创辉煌！

以上两个公益项目，均有本人全程参与。通过多年参与公益，对公益组织参与养老服务的意义有了更为清晰的认识：一方面公益可以助力实现为养老服务，解决钱和人的问题；另一方面公益可解决夹层问题，政府不好解决、企业不懂操作。

据民政部门统计，截至 2022 年年底全国基金会总数已过万家，从 1981 年第一家基金会出现至今，短短的 30 余年里，中国基金会经历了从无到有、快速发展的历程，并在 2016 年 7 月终于突破了“5000 家”大关，其中官方公募基金会规模较大，企业非公募基金会占比数量较多，但无论官方还是民间，支持和资助老年项目的基金会仍占比较少。希望今后个人、企业、社会组织和政府对老龄事业加大关注和扶持。人都将会有老的一天，帮助老年人就是帮助我们的明天。

随着养老企业日益增多，很多养老企业日常就在关注、支持和参与一些身边的公益慈善活动和项目，在这里我想给大家一些建议，仅供参考。

（1）根据自身实际情况，如投入的时间、精力、资金、资源、人力等因素和需求，可以从小的公益活动开始做起，和当地经验丰富的组织一起完成，边学边成长。

（2）如果企业自身想设计一个长久的公益项目，我们也可以说是公益产品，那就需要由专业的人才和团队来设计、组织和传播。一种方式是自建团队，另一种是和公益组织合作（委托、购买服务、定向捐赠）。

（3）企业可以参考一些其他城市比较成熟的公益项目，在复制的基础上稍作创新，再结合本地情况，因地制宜地设计一个符合本地需求、好操作、易上手的公益项目，这样做会事半功倍。

（4）企业设计公益项目一定是长期的行为，一般最少要 3 年以上，企业要明晰自己的需求和成果表现。反复打磨和思考，必要情况下可以聘请业内专家作为顾问，帮助项目顺利完成。

公益与养老路上越走越远的我发现，“养老离不开公益，公益也会给养老带来改变。更明确了自己为养老事业奋斗的梦想——“用公益的心，商业的手法，实现养老社会化”。

面对中国养老这一重大社会问题，有一群像我一样的 80 后正在为我们这一代父母提供养老解决方案，为想进入养老行业的 80 后、90 后提供帮助——我们以开放的态度诚邀更多伙伴加入。

执笔作者简介

甘田霖（1982）

黑龙江华正众益养老管理服务有限公司总经理

华夏遗嘱库项目联合发起人

黑龙江省图书馆2016—2018年连续获得“优秀志愿者”

黑龙江省首届志愿者服务项目大赛“银奖”

壹基金联合救灾“荣誉志愿者”

哈尔滨市嘉仁社会组织服务中心理事

深圳健康养老学院兼职研究员

深圳市发改委养老服务业现状与对策专家组成员

深圳市智慧健康养老信息系统技术要求意见稿起草人之一

八零养老平台黑龙江合伙人

毕业于对外经济贸易大学，从一名志愿者到现在的公益与养老实践者，经历风雨才能见彩虹。

十余载养老公益路，曾组建过“临终关怀志愿服务队”、联合创办“阿甘老年公益讲堂”“哈尔滨失独者之家”“华夏遗嘱库”等公益项目。专注助老公益项目的设计、组织、传播。

2011年开始致力于养老项目商业模式研究、公益养老模式探索、行业资源整合、专业人才交流、智慧健康养老解决方案设计及养老企业社会责任（CSR）定位。

社区养老服务模式创新实践案例分享 *

2016 年我加入养老行业，要感谢厦门大学总裁班同学欧总，他是我养老事业的引路人。

当时我还在创业，通过互联网把大型机电设备出口到全世界，有一定的互联网思维和电商经验。在一次同学聚会的时候，得知欧总投资了一家养老企业，企业的定位是智慧养老。

对于当时的我来说，这是个陌生行业。当时我在做的大型机电设备出口生意还是不错的，但是技术问题一直是软肋。出口到各个国家以后，机电设备会出现小故障，客户操作也存在着问题。国外客户大部分以自主使用为主，在没有售后团队的情况下操作上存在着困难，为此我两次出国，因为技术问题让自己交了不少学费。

而欧总投资的养老企业是以技术为支撑的智慧养老，这让我对养老事业信心倍增。我去过日本这样的发达国家，看到服务行业中有不少 60～70 岁退休的老人仍在工作，这不禁引发了我的深思，当中国面临众多民众老去时该多么可怕。自己的父母家人、自己及朋友都会变老，那么我们应该如何生活呢？我怀着这样的一种心态加入了养老行业。

当初进入养老行业的时候，我就想着如何利用互联网思维把年长者链接起来。我想了很多的商业模式，2016 年那时候非常流行微商裂变：既能躲避直销的壁垒，又能通过层级方式实现盈利的商业模式。在进入这个行业半年的时间内，我基本上都是在思考商业模式和销售已有智能产品。

尝试了半年时间，我发觉一个严重的问题：想做的事情非常被动，有力使不上，仿佛是在“天上飘”。为什么会有这样的感觉呢？我反思总结后发现最大的问题就是无法快速找到我们的客户。如果从互联网的角度来说，我们干的事情就是全国的事情，但是想到产品落地以后需要考虑安装和服务等问题时，就卡壳了。

* 本节由福建邻里汇健康管理有限公司创始人董势执笔。

人力成本太高，还要考虑当地的资源状况，再加上我们当时的智能产品以外部品牌为主再进行二次组合，市场接受度不高，价格昂贵，使用性不智能……总的来说就是不知道方向，不知道何去何从。

就在这个时候，福建 2016 年 8 月出台了 125 号文件（《福建省人民政府办公厅关于印发“十三五”社区居家养老服务补短板实施方案的通知》）和 126 号文件（《福建省人民政府办公厅关于加快推进城乡社区居家养老专业化服务的通知》），全省每个县市区要引进一家专业化服务组织。这两个文件让我们的商业模式发生了天翻地覆的改变，由原来的以技术为主转为以服务为主，这样的改变对于团队的人员来说，确实是很大的挑战；对于像我一样一直在创业路上的人来说，我抓目标、要结果的态度比较强硬，这样使得团队在不专业的情况下也会出现不少问题。

当时我们团队总共 8 个人，6 个人组成技术团队，1 个人在市场部，就这样我们开始开发市场。开发市场要具备几个方面的能力，要有和政府部门打交道的经验，有招投标的经验，有项目成交后服务落地的经验，这些内容对于我来说全部都是空白的。通过团队的不懈努力，第一个项目终于在漳州华安落地。这是一个晚上 9 点后大街上就没什么人，用滴滴都打不到车的县城。这个县城的项目由我亲自带队，对接当地政府资源和企业资源，通过谈判，让当地电信与我们合作，同时给了我们一个电信办公楼一楼沿街的场地，这个场地的位置在县城中心，周边老年人比较多。我们就这样开始了设计、装修、招人等一系列的工作，开始积累了一些养老服务专业经验。

就这样一个项目、两个项目、三个项目……持续三年的时间，总共拿到了 12 个县市区涉及 2 省 6 地市的项目，也实现了从亏损到扭亏为盈局面。花了近三年的时间，团队从原来的 8 个人增加到近 200 人，每年的业绩都是 100% 增长，获得国家工信部、民政部、卫健委三部委颁发的智慧养老示范企业、省级科技小巨人等荣誉称号，华安县项目荣获福建省第二届新时代巾帼志愿服务“十大最美组织”等。

很多人会问，我为什么要放弃已经步入正轨的智慧养老企业，放弃这辛辛苦苦打造出来的成果呢？其实我的内心一直非常纠结，一年 365 天天天都在忙，一年到头总感觉时间不够用，我曾经一天跑 3 个地级城市，主要是为了配合政府的领导参观接待、检查、成果提炼和招投标等工作。这和我的初心不一样，每天都在忙忙碌碌做着应付性工作。

如果我选择继续拿着高额年薪，按照这样的节奏去做事也没有问题，因为有稳定的团队和基础运营盘，要想混日子也没太大问题。还有一个就是对市场的培育，当时大部分的养老企业以招投标的形式拿下一个县市区，然后以项目型的方式来运营，在我觉得养老事业是一个“要付出先投入”的事业，单靠政府购买服务 20 元 / 月、30 元 / 月这样的费用从中获利，很难能把服务提高起来。

对于我来说，在实际的落地服务上还是有很大的差距，当时的初心就是能实现长者价值。养老市场庞大，如果不走市场化，那么这个行业还是不能走得远。作为居家养老专业化服务机构，对于 50 岁、55 岁、60 岁后的退休人群都应该要为他们提供服务。按照政府购买这样发展，我们能走多远呢？养老行业是个有潜力的行业，是个未来可期的行业，应该有更好的商业模式来实现，而不是简单靠政府购买服务来实现。

就是在这样的情况下，我放弃了曾经的成绩，按照自己的初心创立了“邻里汇”这家公司。一看到公司名字，就知道它的定位是居家养老，有邻里互助的意思。2019 年 8 月，“邻里汇”开始近邻互助养老创新模式的探索之路。

2019 年 10 月 8 日，经过几轮的选址对比，我们的项目最终落地在福州市鼓楼区水部街道东光花园，这里是老旧小区改造的高级版，政府部门较为重视，且老旧小区老年群体较多，所以需要配套民生项目，我们也就自然进入了这个小区。当时的想法比较简单，就是要和之前的政府购买服务不一样，通过我们的服务让长者和子女对“邻里汇”实现认可，以这样的方式实现市场化。人口老龄化使得家庭养老负担变重，让家庭养老功能外化压力不断增大，“邻里汇”创立之初的想法就是实现市场化。

城乡长者收入平稳增长，“活力长者”的闲暇生活更加注重品质和时尚，渴望接受新鲜事物；高素质长者则渴望“老有所为”，身体差一些的长者对上门看病、康复护理等医疗健康类服务需求旺盛，对宜居环境要求也更高。“邻里汇”致力于嵌入式养老的创新实践，以小区为单位，通过积分养老激励机制，为小区全员参与提供平台，在不脱离长者熟悉的社会关系和生活环境的前提下，为长者原地安养提供专业化、个性化、便利化的养老服务，打造家门口 5 分钟便利生活服务圈。以“养老”为切入点，从而在小区内形成“家庭结伴、邻里结情”的共治共享的良好、孝老、敬老的生活氛围。最早，我们通过积分银行的方式让老年群体来赚取积分，凡是组织、参加活动和互助服务都可以获得积分，然后提供有健康类、教育类、旅游类、便民类服务。

创办“邻里汇”初期，定位走市场化方向，政府购买服务 + 市场化服务这样的逻辑优先级，先服务好政府购买服务；而现在的思路是以市场化服务思路 + 政府购买服务要以服务为导向，让客户满意才可拓展市场化。虽然只是顺序变化，但是他们的逻辑思维是不同的，难度系数远高于政府购买服务的需求。政府购买服务的第三方专业化服务组织是采取圈地方式，通过招投标快速扩充阵地，短期内让公司的地盘扩大，而“邻里汇”的定位是从选择一定规模的镇街开始，深挖市场需求，让长者以及子女愿意买单的养老服务。这个方向既艰巨又难走，在社区养老初期阶段，我们“邻里汇”还是坚定地选择这条不归路，经过两年多的试点，从社区中的一个小区，再到整个社区，最后到一个街道的摸索和探索，最后总结了一套创新的运营模式。这里我和大家做个分享，希望对从事养老行业和未来想从事养老行业的你，有所帮助。

“邻里汇”的初心是倡导中老年父母“走出去”“多学习”“再工作”的理念，这是联合国“积极老龄观”。首先，鼓励中老年父母“走出去”，到人多的地方与自己的同龄人交流，能结交不少志同道合的朋友，让自己的晚年生活更加热闹纷呈。其次，鼓励中老年父母“多学习”。只是作为兴趣爱好，没有任何压力，还能提高素养、丰富日常生活。最后，鼓励中老年父母“再工作”。对父母来说，退休之后，工作不是为了钱，而是为了生存的价值。也就是这样的理念“邻里汇”摸索出一套属于自己的养老服务模式。养老服务主要分为两个板块的内容：公益层面和市场化层面。

公益层面，这个是“邻里汇”的核心，用了一年的时间去研究如何使用公益的方式让中老年父母能够快速融入进来，最终“邻里汇”成立“全民公益 8+3 帮扶团”。起初“邻里汇”只是通过无规则的方式开展公益活动，做了大概 3 个多月时间，感觉像陪太子读书一样，打不起精神，好像和其他的第三方养老服务组织在这方面没有区别，都是在开展活动，而且有时候还有些长者来参加活动会问我们：“我们来参加活动，怎么没有礼品拿呀？”

各种尴尬的局面都出现过，这一定不是我们“邻里汇”想要看到的结果，后面对活动类别进行了调试，这也是归根于“邻里汇”的初衷，养老问题一定是社会全民参与，不单单只是政府和子女的责任，应该要发挥全社会的作用，所以在我们 12 周的活动体系分为“共享互助”系列、“共享快乐”系列、“共享资源”系列三个价值层面的活动。

一、“共享互助”系列

【政府】“政策推介会”：邀请政府的人员为父母们就“养老金、老年医社保”有关父母自身权益的政策进行宣导。

【邻里间】“交换空间”：公益“8+3”帮扶团成员互相任意选择一名对手，到对方的家里帮忙打扫卫生（或做饭等需求任意），结束时拍照进行 PK。

【邻里汇】“健康周”：组织健康讲座为父母提供健康知识教授、体检、理疗等活动呵护父母身体健康。

【志愿者】“别人家的孩子”：从小都是父母做饭给子女吃，子女长大了应该感恩和回报父母，征集社会志愿者，引入社会力量来站点，参与活动的每一个志愿者都要为公益“8+3”帮扶团的父母做一道菜，由公益“8+3”帮扶团的父母做评委选出最喜欢的一道菜。

二、“共享快乐”系列

【学习主题】“课堂体验”：邀请老师为公益“8+3”帮扶团的父母试上课一节（如邀请金能爱老师到站点为父母们上一节书法课），让父母们体验一下上课的感觉，激发学习的兴趣。

【旅游主题】“野餐派对”：组织公益“8+3”帮扶团的父母去网红公园野餐游玩。

【回忆主题】“重返 18 岁”：征集社会志愿者成为摄影师，可以运用各种科技、美图等手段为公益“8+3”帮扶团的父母拍摄变年轻的照片，需提供前后对比照片。

【活动主题 1】“滚铁环”：活动的设置要动静结合，所以“滚铁环”既可以让父母动起来锻炼身体，又可以回忆过去。

【活动主题 2】“你画我猜”：公益“8+3”帮扶团成员互相任意选择一名队友进行一个画一个猜。

【活动主题 3】“我会你不会”：可以进行一个问答小游戏，主持人提出任何跟专业有关系的问题（如“我会金融理财”），参与活动的父母只能回答会或者不会，也算是收集数据的方法。

三、“共享资源”系列

【技能】“积分交换”：有任意技能的父母可以提供他们的作品（如毛衣、罐头、手工艺品等），“邻里汇”用积分回收这些作品，上架邻里妈妈商城售卖。

【学识】“一日之师”：公益“8+3”帮扶团的父母可以任意选一项自己精通的知识点进行讲课 PK，讲故事、讲历史等形式不限。

【专业】"顾问讲座"：可以为有专业的经验与职能的父母开办一场主题讲座（如会理财的父母举办一场"理财讲座"等）。

表6–8 "邻里汇"近邻互助养老创新模式活动体系排期

日期	活动名称
启动会	【政府】"政策推介会"
第一周	【活动主题2】"你画我猜"
第二周	【活动主题1】"滚铁环"
第三周	【邻里汇】"健康周"
第四周	【志愿者】"别人家的孩子"
第五周	【技能】"积分交换"
第六周	【学识】"一日之师"
第七周	【旅游主题】"野餐派对"
第八周	【回忆主题】"重返18岁"
第九周	【邻里间】"交换空间"
第十周	【活动主题3】"我会你不会"
第十一周	【学习主题】"课堂体验"
第十二周	【专业】"顾问讲座"

通过12周的活动计划引进政府部门、社区、中老年父母志愿者、社会志愿者和专业志愿者、企事业单位、善业联盟等社会群体开展了一系列的活动，让全民参与到我们的助老中来，同时让中老年父母亲身体验"邻里汇"给他们带来的老年生活，让他们感知到自己老了依然很有价值，而不是在等待死亡的到来。

这里来分享一下我们身边的两个案例：

案例一：老董，今年89岁，从拄着拐杖到后面能和正常的人一样一起跳慢三慢四的交际舞。这应该是发生在2年前，刚开始"邻里汇"刚进入东光花园小区开始做试点，某一次活动老董慕名来参加，他来的时候是拄着拐杖来的，当时我们工作人员对他也没特别在意，当作是普通的一位长者来参加活动。直到有一天，我们正在执行12周计划中的第四周活动志愿者服务周，上午的企业志愿者活动刚刚结束，老董突然来找到我，问能不能把"邻里汇"的黄色马甲给他一件。对此我不假思索、一口答应，马上叫工作人员给他一件"邻里汇"的黄色马甲，因为能有这样的想法的长者不多。虽然说他已经87岁了，很多人会担心他在我们站点出事或者摔倒，一般的工作人员都会考虑这些，但我则想："只要他是满18周岁的成年人，他自己就有能力保护好自己，如果说真的在站点出事，那也是我们需要承担的责任。"

就这样，他成为了我们的邻里志愿者。从那以后，他再也没脱下这件神圣的"邻里汇"黄马甲。很多人都会好奇，拄拐杖的人怎么会扔掉拐杖呢，我把它总结为"数字药"。穿上黄马甲的老董是一名党员，"既然穿上了'邻里汇'的黄马甲，就应该要做点事情。"他刚开始做点站点管理的事情，后面每天站点的开关门都是由他来，同时每天早晨最早来的一个也是他，一来以后就开始拖地、擦地、擦桌子等；后来站点的管理、站点的宣传队伍也是他动员起来的，到后来成为站点的志愿者主力队员。另外"邻里汇"的激励机制就是我们的积分银行和激励表扬机制双管齐下，我们的"数字药"终于发挥作用，他彻底扔掉拐杖，重新开始了他新的生活。

案例二：老刘，今年90岁，从迷迷糊糊，每天靠镇定剂维持睡眠，走路不利索，一年都要去医院几趟，到腿脚利索，红光满面，几乎不要镇定剂，也不用去医院了。怎么会这么神奇呢？这其实是"邻里汇"养老模式从被动养老到主动养老的转变，让她觉得自己是有价值的，老刘就是从这个时候开始改变的。每周的活动她都积极参与，后来成为我们"公益8+3帮扶团家长团"的团长，在12周里，她每天坚持参加八段锦团、回忆主题周、邻里互助周、专业价值周等活动，在我们最后一周专业价值周我们走访一家企业的时候，她也参与了。她感慨地告诉我们，她已经快30年没进入职场了，当看到年轻人在办公，回想年轻时候的工作时，她特别开心："现在我还能回到年轻人的职场看看。"就是因为这样一件件的经历，她走出来了。当她65岁的大女儿告知我们她的情况时，我非常震惊，能给长者们带来健康快乐生活，我们的付出还是很值得的。

以"8+3"公益帮扶下好"一盘棋"，持续强化近邻养老服务精度。"邻里汇"是以公益8+3帮扶团为核心，构建1+4养老服务体系，以公益和市场化并存的养老服务组织。什么是公益8+3帮扶团？所谓公益8+3帮扶团，是由同住一个社区的8名及以上、年龄达55周岁、各有专长的"邻居父母"自由组成各类活动互助小组，并选定1个团长，主要围绕"共享互助、共享快乐、共享资源"三个层级的为老服务内容。以"12周"模式系列活动为契机，引导长者自行运转，每天以任务方式快速迭代。

一是共享互助。以政策推介、健康周、志愿者服务周等为主题，同一近邻帮扶团成员与空巢、独居、失独、百岁、病残等特定的长者可以就打扫卫生、陪同聊天、爱心助餐、健康理疗等40项内容进行互帮互助。

二是共享快乐。以学习、回忆、旅游等为题，长者可以共享67项休闲娱乐活动、26门活力学院课程以及21条旅游路线资源带来的快乐。

三是共享资源。长者可以按服务类别发挥在医疗、家政、社工等文娱活动方面的价值或通过与多家医疗、家政、社工等善业联盟合作，形成近邻养老服务供应商库。通过“12周”活动让参与项目的长者喜欢上近邻养老，结束后根据近“8+3”帮扶团成立情况、参与活动情况等，定期或不定期以居民议事、居民恳谈等方式召集街道、社区、社会组织、部分长者代表进行总结和决策，形成可复制模式到其余近邻点，让更多长者主动参与共享养老。

截至2021年12月，已有近邻志愿者1100余人参与，开展健康检查服务达22 000余人次，健康理疗6800余人次，爱心助餐5500余人次，组织小型活动450场，参与人数12 200余人次，大型活动85场，参与人数8250余人次。

以“1+4”多元联动织密“一张网”，持续提升近邻养老服务温度。社区组织网格党员志愿者入户摸底调查，通过收集整理需求、资源、服务的“三张清单”，以社会组织为支撑，依托电商平台，用1个近邻养老服务“积分银行”与“健康、教育、旅游、便民”四大类110个以上小项内容，实现公益互助与市场机制联动。

一方面，用互助服务换取积分。我们积极动员低龄健康长者为社区内高龄、失能、失智、行动不便等有服务需求的长者提供互助服务，形成一代帮一代、低龄扶高龄的波浪式互助养老的良性循环。按照自主自愿原则，辖区内55周岁以上长者可申领到一张“积分存折”，通过近邻养老服务“积分银行”所提供的服务以拓展纳新、组团权益、志愿者服务、组织活动、公益互助、承接任务、特长授课等7个板块互助服务内容获取“1～10 000”不等的平台积分。截至2021年12月，已有825人申领了“积分存折”，换取积分共计80 000多分。

另一方面，用转换服务激发动力。所换取的积分可到邻里妈妈商城兑换所需资源如日常用品，或以“积分＋现金”兑现“健康、教育、旅游、便民”四大类服务。其中，健康服务方面，如三甲医院陪诊服务及绿色通道、医护上门服务、中医以及专科医院会员服务通、物联网健康安全设备等；教育服务方面，如书法、美术、舞蹈等26门活力学院课程；旅游服务主要是周边田园旅游、团建、红色之旅、省内省外定制游等；便民服务主要涉及中老年父母回忆录制作、适老化用品、父母卖场（父母自制产品，手工用品，手艺用品）等，进一步激励提升长者在各项活动的参与活跃度，逐步形成“自给自足”的近邻服务生态链体系。

以“1+N”场所资源优化“一个圈”，持续优化近邻养老服务梯度。为整合提升养老服务场地，探索以街道养老照料中心为中枢，社区养老服务站为枢纽，上下联动、优势互补，逐步建成“一中心、五站点、全覆盖”的“社区养老 5 分钟生活服务圈”。

一是推进环境建设。在已建成街道养老照料中心的基础上，将政府购买居家养老服务项目与养老服务照料中心联合，并对养老服务照料中心重新整修健康管理、爱心助餐、邻里护士站等内部设施，化分为九个功能服务区，改造提升外围环境。

二是整合社区资源。整合社区“两中心两厅一平台（老人活动中心、少儿活动中心、居民议事厅、综合办事厅、信息化平台）”及闲置物业资源等，适时灵活设置多个“近邻养老服务站点”。其中，东光花园老旧小区升级改造后，利用小区闲置多年，面积约 280 平方米的公共配套场所，创建首个近邻养老服务站点，并进行软硬件提升，因地制宜设置了健康管理、康复理疗、茶事空间、书法绘画、活力学院、积分银行、爱心助餐、便民服务及近邻护士站等 9 个功能服务区和配置相应设施，部分居民还主动为该近邻点添置了桌椅、碗筷、冰箱等日常用品，实现了场所的集约型管理和小空间多功能。

三是融合共建单位。积极动员辖区内的国有企业、学校等企事业共建单位在公共活动场所上进行整合和共用资源，通过开展“六助一护”养老服务为基础，延伸到长者需求和子女的尽孝服务。

公益服务和市场化服务的衔接得益于“邻里汇”积分银行政策，积分银行政策主要分为拉新、活动、新建公益“8+3”帮扶团、志愿者服务、互助服务、激励政策、活力学院七个板块，服务可获得对应积分，具体详见“邻里汇”积分获取政策一览表。

表 6-9 “邻里汇”积分获取政策一览表

序号	项目	执行标准
一、拉新		
1	家访	1. 上门家访 2. 见人拍照 3. 活动邀请
2	介绍新朋友	1. 完成兴趣爱好登记表 2. 成功申请积分存折 3. 完成到服务点首次活动签到
3	自主加入	1. 完成兴趣爱好登记表 2. 成功申请积分存折 3. 完成到服务点首次活动签到
4	专业人士邀请	1. 提供专业的资格证书 2. 由区域经理进行审批
5	微信社群拉新	1. 拉新对象：社区成员 2. 新朋友按《“邻里汇”社群规范》执行
6	朋友圈分享	将服务点的活动、资讯分享至朋友圈
二、活动		
1	组织活动	1. 提前向站点督导上报活动信息（时间、地点、人数、内容） 2. 活动现场拍照并发送督导 3. 活动人数不低于 5 人 活动类型参考：八段锦、歌舞、健康操、应急救助、互助感恩学习、理论普及（养生、生活、情感、科技、政治）、故事分享会、电影品鉴等
2	参与活动	参与服务点活动、不限制次数
3	活动人数奖励 1	5～10 人参与
4	活动人数奖励 2	10 人以上参与
5	教会邻里妈妈平台使用	1. 教会新人使用邻里妈妈平台 2. 引导新人完成平台首次下单
6	节假日活动	1. 组织端午、中秋等法定节假日活动 2. 参与人数不低于 20 人 3. 提前上报督导 4. 获得现场拍照并发送督导
7	邻里关爱活动	1. 提前上报督导 2. 拜访对象：出行不便及家庭困难长者 3. 拜访频率：每周拜访一次 4. 陪同聊天时间不低于 30 分钟，给对方精神慰藉 5. 成员建议：2～5 人共同出行拜访
三、新建公益“8+3”帮扶团		
1	自主申请成团	1. 公司认定并颁发成团证明 2. 举办新团诞生日
2	指导他人成团	1. 公司认定并颁发成团证明 2. 举办新团诞生日

续表

序号	项目	执行标准
3	帮扶团组织活动	1. 帮扶团每周仅有 1 次举办机会 2. 人数奖励参照本政策条款 2–3、2–4
4	帮扶团成员活动参与	1. 帮扶团成员参与，每周仅限一次 2. 其他家人参加参照本政策条款 2–2
5	参与评选	参照《福建“邻里汇”健康管理有限公司关于规范公益 8+3 帮扶团权利与义务的实施方案（试行）》
四、志愿者服务		
1	服务点管委会	1. 自愿或者推荐申请并填写管委会成员申请书 2. 区域经理审核通过
2	站点日常保洁	1. 扫地拖地 2. 整理桌椅 3. 关闭电灯电器及门窗 4. 物品归位并拍照发送督导
3	建言献策	1. 为服务点建设提供建议 2. 督导根据实际情况进行发放
4	社会志愿者	1. 组织活动 2. 表演节目 3. 发挥特长等
5	站点值班	1. 组织活动并拍照 2. 站点功能区安全检查 3. 积分登记拍照 4. 穿志愿者服装 5. 签到表拍照
6	督导助手	1. 督导正常上班 2. 站点 80 岁以上中老年父母 3. 协助督导完成站点安全巡查（每小时检查一次并做好记录表记录） 4. 穿志愿者服装
7	服务站点煮饭	全体执行人员平分
五、互助服务		
1	自身技能挖掘	1. 愿意服务于他人 2. 参考本政策 5–3 至 5–18 条款服务项目
2	他人技能挖掘	1. 愿意服务于他人 2. 参考本政策 5–3 至 5–18 条款服务项目
3	日常家庭保洁	上门为长者打扫卫生、擦玻璃等
4	洗衣做饭	
5	缝补衣物	
6	（上门）理发	按规范进行理发并处理好地面卫生
7	家庭医生	
8	护士巡诊	
9	陪同聊天	小区内

续表

序号	项目	执行标准
10	陪同散步	小区内
11	陪同就医	
12	代办	代购、代办证件、代缴水电煤气
13	陪护导游	
14	应急救助	
15	康复训练	专业人员借助保健理疗器械按摩理疗、康复训练
16	代接送小孩	
17	代照看小孩	
18	月嫂	帮助照顾产妇
六、激励政策		
1	承接任务	接取并完成其他用户利用平台发布的悬赏任务
2	平台任务	接取并完成平台发布的悬赏任务
3	服务点任务	接取并完成服务点发布的悬赏任务
4	荣誉奖励	获得公司评定各种荣誉（包含但不限于先进个人、先进团体、各种比赛任务等）
七、活力学院		
1	书法基础班	1. 提交课程大纲至平台审核 2. 大纲包含 10 次课程，每次课程 90 分钟
2	美术基础班	1. 提交课程大纲至平台审核 2. 大纲包含 10 次课程，每次课程 90 分钟
3	舞蹈基础班	1. 提交课程大纲至平台审核 2. 大纲包含 10 次课程，每次课程 90 分钟
4	声乐基础班	1. 提交课程大纲至平台审核 2. 大纲包含 10 次课程，每次课程 90 分钟
5	古筝基础班	1. 提交课程大纲至平台审核 2. 大纲包含 10 次课程，每次课程 90 分钟
6	二胡基础班	1. 提交课程大纲至平台审核 2. 大纲包含 10 次课程，每次课程 90 分钟
7	古筝基础班	1. 提交课程大纲至平台审核 2. 大纲包含 10 次课程，每次课程 90 分钟
8	尤克里里基础班	1. 提交课程大纲至平台审核 2. 大纲包含 10 次课程，每次课程 90 分钟
9	吉他基础班	1. 提交课程大纲至平台审核 2. 大纲包含 10 次课程，每次课程 90 分钟
10	中阮基础班	1. 提交课程大纲至平台审核 2. 大纲包含 10 次课程，每次课程 90 分钟
11	琵琶基础班	1. 提交课程大纲至平台审核 2. 大纲包含 10 次课程，每次课程 90 分钟
12	笛子基础班	1. 提交课程大纲至平台审核 2. 大纲包含 10 次课程，每次课程 90 分钟

续表

序号	项目	执行标准
13	古琴基础班	1. 提交课程大纲至平台审核 2. 大纲包含 10 次课程，每次课程 90 分钟
14	葫芦丝基础班	1. 提交课程大纲至平台审核 2. 大纲包含 10 次课程，每次课程 90 分钟
15	山水画基础班	1. 提交课程大纲至平台审核 2. 大纲包含 10 次课程，每次课程 90 分钟
16	图片处理基础班	1. 提交课程大纲至平台审核 2. 大纲包含 10 次课程，每次课程 90 分钟
17	学习辅导	1. 提交课程大纲至平台审核 2. 大纲包含 10 次课程，每次课程 90 分钟
18	智能手机基础班	1. 提交课程大纲至平台审核 2. 大纲包含 10 次课程，每次课程 90 分钟
19	计算机基础班	1. 提交课程大纲至平台审核 2. 大纲包含 10 次课程，每次课程 90 分钟
20	朗诵基础班	1. 提交课程大纲至平台审核 2. 大纲包含 10 次课程，每次课程 90 分钟
21	镌刻基础班	1. 提交课程大纲至平台审核 2. 大纲包含 10 次课程，每次课程 90 分钟
22	老年化妆课程	1. 提交课程大纲至平台审核 2. 大纲包含 10 次课程，每次课程 90 分钟
23	模特基础班	1. 提交课程大纲至平台审核 2. 大纲包含 10 次课程，每次课程 90 分钟
24	线性素描基础班	1. 提交课程大纲至平台审核 2. 大纲包含 10 次课程，每次课程 90 分钟
25	计算机基础班	1. 提交课程大纲至平台审核 2. 大纲包含 10 次课程，每次课程 90 分钟
26	国画基础班	1. 提交课程大纲至平台审核 2. 大纲包含 10 次课程，每次课程 90 分钟
27	山水画基础班	1. 提交课程大纲至平台审核 2. 大纲包含 10 次课程，每次课程 90 分钟
28	摄影基础班	1. 提交课程大纲至平台审核 2. 大纲包含 10 次课程，每次课程 90 分钟
29	国学经书研读	1. 提交课程大纲至平台审核 2. 大纲包含 10 次课程，每次课程 90 分钟
30	学习辅导	1. 提交课程大纲至平台审核 2. 大纲包含 10 次课程，每次课程 90 分钟

“邻里汇”近邻互助养老模式通过“积分银行”激活了养老市场，有效解决了社会养老服务的效益难题，为长者们和养老服务企业带来真真正正的实惠和个人价值的体现，总体来看，具有以下 3 个特点。

1. 包容性

“邻里汇”近邻互助养老包容性主要体现在服务对象和善业联盟上。从服务对象来看，覆盖整个街道范围内的全部长者。不受收入、层次、地域影响，长者只要在日常生活中累积足够的积分，就能享受与积分对应的各项养老服务；从服务供给角度看，养老服务业包含了医疗保健、文化娱乐、家政、老年大学、旅游、保险金融的综合性产业，这就需要多种不同的服务善业联盟同时为长者提供各项服务。而“邻里汇”的积分银行的本质是善业联盟的结合，通过整合多行业、多企业、多品牌打造的产业联盟，让各服务善业联盟之间实现共享互助、共享快乐、共享资源，形成一个共生共赢的产业生态系统，并以此降低成本、提高效益。“邻里汇”近邻互助养老以“积分银行”为纽带，“串联”了医疗机构、社区、教育机构、旅游机构等当地300多家大大小小企事业单位和社会团体，构建了可持续发展的养老经济循环圈，可以持续为长者提供优质的服务。

2. 适老性

通过两年多的推广普及，“邻里汇”近邻互助养老模式已经完全被辖区服务对象普遍接纳，并且参与进来的长者和子女越来越多，这主要得益于“邻里汇”近邻互助养老的适老性：①“邻里汇”近邻互助养老门槛低，积分兑换灵活方便，满足了长者日常生活的各项需求。除了存款、购买保险、话费、参加社区活动可以获得养老积分外，“邻里汇”长者还可通过从事志愿活动自己“赚”积分。比如低龄健康长者，为高龄、失能、失独、特困长者服务，也可以获得积分的奖励；同样，长者可以利用这些积分，去医疗机构体检、就医，去小吃店吃小吃、去超市购物，去理发，去老年大学听课，其养老服务选择更具自主性、更契合自身需要。②“邻里汇”近邻互助养老调动了长者参与社区活动的积极性。为了获取更多积分，长者可以选择自己感兴趣的社区活动和公益活动，其参与热情普遍高涨。③企业获利后更愿意反哺、提供养老服务，保证了养老服务的可持续发展。“邻里汇”近邻互助养老让联盟企业实现经济效益和社会效益双丰收，推动养老产业进入良性发展轨道，有效减轻政府养老负担，从而实现了可持续发展。

3. 可复制性

“邻里汇”近邻互助养老模式是通过盘活存量资源和社会需求，助推养老产业发展的积极可行的养老模式，具有投人少、风险小、回报快及可复制性等特点，只要有社区及完善的周边配套，如银行、超市、饭店、医院、公园、学校等，就可以制出多个“邻里汇”社区，也就是说，除了极为偏远和落后的农村外，“邻里汇”近邻互助养老模式可以有效地应用于乡、镇、县、市等区域空间内。这种模式对发展社区居家养老具有重要的意义。

“邻里汇”近邻互助养老模式不足在于新型社区养老模式和养老管理人才还处于培养教育期，还有政府对社区居家养老服务的管理体系不够完善，长者服务产品开发还有待加强等，总的来说，目前中国的社区养老处于初级阶段，路漫漫其修远兮！

作为 80 后的我，坚信“邻里汇”近邻互助养老模式会是未来的大势所趋，以庞大的长者基数和长者服务新需求为基础，在实践过程中，“邻里汇”近邻互助养老项目的服务收入逐年递增，实现每个项目的全年服务收入千万级，全国有 2800 多个县级行政单位，相当于 28 000 多个“邻里汇”社区，足以说明社区养老未来可期，在帮助更多子女尽孝同时，还能为政府分忧。

最后，“邻里汇”是长者的家，也是养老人的家，我们期待同全国各地的你有个连接，让我们一起用实际行动，让长者们的晚年生活健康快乐。

执笔作者简介

董势（1986）

福建邻里汇健康管理有限公司创始人

中国民主建国会会员

民建福州市委人口医药卫生委员会副主任

浙江省苍南县民政局养老服务体系建设顾问

12 年互联网创业经验，6 年居家社区行业从业经验，曾任上市公司养老板块总经理，团队由 8 人发展到 200 余人，落地项目 2 省、6 市、11 区县，从接手前 5 年连续亏损到扭亏为盈。擅长居家社区养老项目前期顶层设计、项目定位、可复制商业模式设计、运营管理和养老管理人才培训。

问答篇

第七章 80后养老事业问与答

80后养老事业问与答

问题1：什么是养老或老年生活？

广东老龄产业研究院院长　王先胜：

养老（老年生活）是指占多数的生活能自理的老人所享受的晚年生活。

从古代至20世纪中期，我国人口平均寿命短，有的不到老年就死了，没有养老和老年生活；有的活到老年，但很少活到70岁（所谓人到七十古来稀），养老和老年生活期短。所以，我们说中国人有养老、老年生活是由于改革开放以后经济社会发展到一定阶段和水平才有可能。

养老，按照我国目前的退休制度，即一个人通常到了男60岁，女55岁退休后的生活状态，也就是进入老年生活状态的时期。退休以后的养老或老年生活是一个很长的时期，我国公民的平均寿命已很快到达80岁，所以这个时期的时长男性超20年，女性超25年（如果是女性职工则为30年）。

党政机关、事业单位、企业等有正式退休制度的干部职工，大体上退休后即进入养老、老年生活阶段。但如何安排养老或老年生活阶段是各不相同的。农民、自由职业者、个体户等虽然也参加了养老保险（城乡居民养老保险），但不存在正式的退休制度，他（她）们即使到了退休年龄绝大部分还要继续工作（城乡居民养老保险待遇低，不足以维持老年生活是个重要因素），因身体原因干不动了则另当别论。因此，对这部分老年人而言，退休就是意味着身体已经不行了，干不动了。

养老（老年生活）是指占老年人口大多数（85%以上）活力老人所拥有的。中国应为2.21亿人以上，广东1275万人以上。活力老人是养老、老年生活群体。（为什么是85%以上呢？因为各种测算和老年人口普查，高龄并轻度失能以上的老人占全部老年人口的 15% 左右）。凡生活能自理的老年人，他（她）仍是社会财富的重要创造者（上述农民、自由职业者、个体户等绝大多数仍在业；党政机关、事业单位、企业等退休人员部分仍在继续工作，创造财富），是社会治理和社会服务的重要主体之一，是家庭建设的主要力量之一。

问题 2：什么是养老服务？

广东老龄产业研究院院长　王先胜：

养老服务或称老年人照护，不论是家庭提供的，还是社会（包括政府）提供的，都是针对高龄、失能失智的少部分老年人（占老年人总数的 15% 左右），养老服务的内容是医疗护理和生活照料及心里慰藉。绝大多数老年人要经历低龄（60～70 岁）、中龄（70～80 岁）、高龄（80 岁以上）三个阶段；一般而言，养老服务的需求发生在高龄阶段，这个阶段往往伴以失能、失智状态；低龄、中龄阶段的老年人也有极少数由于身体原因失能、失智，成为养老服务对象。世界各国的养老服务（老年福利）一般都是针对高龄、失能、失智老年人。老年人长期护理保险是专门针对高龄、失能、失智老年人的养老服务筹集资金的制度。

问题 3：为什么要区分养老、老年生活和养老服务？

广东老龄产业研究院院长　王先胜：

由于老年人预期寿命大大延长，而人口出生率严重下降，老龄化社会来临。我国已进入中度老龄化，不久的将来还要进入重度老龄化时期。中共中央和国务院已制定应对人口老龄化的国家战略，总的基调是积极应对人口老龄化。积极应对人口老龄化的首要观念和指导思想就是不要把老年人看作是社会的负担，老年人也不要把自己当成政府、社会、家庭的养老服务对象，应当像世界各国一样，鼓励老年人延迟退休，即使退休了只要身体允许要积极参与社会，或继续进行有酬劳动，创造社会财富，或进行再学习（老年大学、参加终身继续教育等），更新知识，或和志同道合者、兴趣相同者自娱自乐，或加入社会治理志愿者队伍，服务社会，或帮助子女照顾小孩、打理家务等。凡生活完全能够自理的老年人应当根据积极应对人口老龄化的国家战略和自己的身体条件和意愿，安排好养老（老年生活），他（她）们不是家庭的养老服务对象，也不是社会（包括政府）的养老服务对象。

政府及政府部门、人大代表和政协委员要明确两者的不同，制定政策、出台措施，参政议政，要按照积极应对人口老龄化国家战略，鼓励老年人积极参与社会，为老年人参与社会扫除各种障碍；不要把全体老年人当做养老服务的对象，而是集中（有限的）社会资源用于高龄、失能失智老年人的医护和生活照料（当前是依照现有法规、政策落实对经济困难高龄、失能失智老年人的医护和生活照料即提供国家基本公共服务；如有能力再向一般社会老年人中的高龄、失能失智老年人提供诸如喘息服务、照护人免费培训、居家适老化改造、失能护理补贴等力所能及的支持）；把养老（老年生活）的一些活动，如组织老年人参加娱乐、健身活动，参加学习活动，参加社会治理和志愿服务活动，参加配餐活动等与养老服务区别开来。

产业界明确两者的不同，在投资方面要以全体老年人产品和服务需求为导向；对老年人的养老（养老生活）需求要有精准的市场分析，注重老年人个性化、智能化产品和服务需求，尤其是注重老年健康生活，提高老年生活质量、延年益寿的需求；对养老服务需求（即钢性需求），要充分考虑老年人及其家庭、政府两方面的养老服务资源供给能力，注重轻资产投入、低成本服务、高性价比产出，形成规模化、联锁化、品牌化，减少投资的盲目性。

专家、教授要明确两者的不同，聚焦高龄、失能失智老年人的医护和生活照料，引导全社会基于我国“未富先老”的国情和处于发展中国家阶段的现实，配合政府及政府部门按照现有养老服务法规、政策，把有限的养老服务资源（财政资源）用于经济困难高龄、失能失智老年人的照护，兑现兜底性养老服务的承诺，如还有余力也用于高龄、失能失智老年人的照护支持，不得把财政资源用于生活能自理老年人的养老和老年生活方面（不要做秀）。

老人和家人要明确两者的不同，生活能自理的老年人要尽量参与社会，而不是坐在家里等政府、社会提供服务；如家里确有高龄、失能失智的老年人，经济困难高龄、失能失智老年人可以对照政府出台的养老服务法规政策，符合条件的向政府部门申请养老服务补贴、护理补贴等，享受政府兜底养老服务待遇；一般社会老年人高龄、失能失智后主要靠自己解决照护问题；同时从政府推动、由市场提供的普惠性养老服务中寻求支持。

问题 4：什么是居家适老化改造？

广东中匠福健康产业股份公司总经理　李志业：

居家适老化改造是为适应老年人居家生活而进行的改造。具体内容包括两个方面：一是对老年人居家的通道、居室、厨房、卫生间等场所进行全面评估和方案设计，实施物理空间改造，以适应老年人的居家生活；二是针对老年人的身体状况做好居家生活场所必需的日常辅助器适配。通过这两方面的改造，缓解老年人因生理机能变化而导致的不适应，降低老年人意外伤害风险，增加老年人居家生活的安全性和便利性，让老年人拥有一个安全、舒适、便捷的家。

例如，在如厕洗澡安全方面，通过对卫生间、浴室地面进行防滑处理，配备适老坐厕和卫浴器具，配备坐便器、洗澡椅、安装扶手等增加老年人如厕、洗澡的舒适和安全性；为保证老人室内行走便利和安全，对室内出入通道无障碍改造、室内墙体安装扶手（抓杆）、加装夜间照明装置等；处理地面高差，便于老年人行走或轮椅移动；安装门磁、水、气监测报警器等，保证老年人的生活安全。

问题5：为何进行居家适老化改造？

广东中匠福健康产业股份公司总经理　李志业：

从老人的角度讲，可营造安全环境，预防跌倒事故，也可以代偿身体机能，提升生活自理能力，降低因身体机能衰退不得不接受长期照护的概率，帮助老人尽可能久地保持独立而安全的生活。

从家庭的角度讲，不仅减少了家人对老人的照护工作，同时也降低了老人的安全风险。

从社会角度讲，老年人跌倒等安全事故的发生会大幅度增加公共卫生开支，而居家适老化改造是降低老年人跌倒概率的重要举措。

问题6：对全面开展居家适老化改造的期盼是什么？

广东中匠福健康产业股份公司总经理　李志业：

党的十八大以来，北京、上海、江苏等地开始试点对特困老年人的居家适老化改造，改造补贴标准从每户1000～10 000元不等。2016年至今，国家有关部门已两次下文部署经济困难老年人的居家适老化改造，但各地进度很不平衡。作为广东省最早、最多承接居家适老化改造的企业，我们期盼，一是精准实施居家适老化改造。国家发改委牵头制定的《国家基本公共服务标准（2021年版）》已明确把经济困难老年人的居家适老化改造作为国家基本公共服务内容。为此，全国应把经济困难的老年人，如特困、低保、低收入、孤老退伍军人、军烈属、失独老人等全部纳入居家适老化改造范围。对其他非经济困难老年人，可采取深圳市的做法（不论是否经济困难老年人，只要 80 岁以上均可申请；80 岁以下老年人，如有失能情况也可申请），扩大居家适老化改造的受惠面。二是制定合适的居家适老化改造补贴标准。如前所述，已进行居家适老化改造的地区，有的每户补贴标准只有 1000 元，这只能是象征性地配置一两件辅助器具，说不上居家适老化改造。我们认为至少每户补贴 3000～5000 元才能完成最基本的居家适老化改造。经济发达地区应适当高于这个标准，其正发挥居家适老化的作用，惠及亿万老人。

问题 7：80 后与父母一代不同的养老危机是什么？为什么 80 后需要尽早做养老规划？

中美联泰大都会人寿大连分公司顾问　孙亚男：

80 后消费超前，没有储蓄习惯，买房贷款、买车贷款、消费使用信用卡，习惯及时行乐。

80 后跳槽频繁，很多人社保养老只交最低档，未来靠社保养老是个未知数。

80 后工作压力大，亚健康人群庞大。同时，现代医疗水平不断提高，长寿是趋势。

晚婚晚育多，二胎三胎开放后，很多 80 后的养老期与孩子的教育期、创业期冲突，需要更多的现金流。

所以，80 后在中年危机、延迟退休、社会发展、寿命增长等多重因素的作用下，大部分人需要准备的养老费用是要远远大于 30 年的。而你的创富期，也就是有能力为未来准备和规划的时间又剩下多少年了呢？

80 后是长期负债的一代，很多人知道养老很重要了，不过现在压力太大，总想供孩子上完大学，把房贷都还完了再说。那给我们自己留下准备的时间就更少了，意味着我们每年需要为养老准备的钱更多。但那时候的赚钱能力跟现在比，是一定会增加呢，还是有可能还不如现在呢？

在我们个人工作处于稳定的爬坡状态时期，也就是 35～45 岁中年这个时间，收入增长最快，能力最强，此时规划养老金，是科学而且明智的，是当务之急。

如果现在不开始做，未来的确可能会更难。

古话说“凡事预则立，不预则废。”所以，80 后的养老规划，应该从此刻开始，从 40 岁开始。

问题 8：买养老年金和自己存钱养老有什么不同呢？会不会收益还不如自己存钱理财？

中美联泰大都会人寿大连分公司顾问 孙亚男：

长期来看，自己存钱理财是无法替代养老年金的。

如果老了退休金不够，又不能依靠无风险收益获取被动收入，无非是两个选择：

要么就只能吃老本，看着钱越花越少。因为利率下行已然是长期趋势。我们现在还能买到 3% 以上的定期存款，但是五年、十年、二十年后呢？

要么就是被迫成为投资者。需要直面高风险，承受市场波动，本金都无法保证。

需要注意的是，可以安全确定而稳定提供源源不断的现金流来供养我们的晚年的金融工具才是正确的养老规划。

养老年金不一定是全部，但一定是我们做养老规划的必选项。

第一，锁定利率。在利率不断下行的低息环境中，稳定的复利增值。

第二，对抗长寿风险。活多久领多久。

第三，跨期规划。在创富时期强制储蓄，用现在有钱的自己补贴未来养老的需要。

第四，安全性。保证确定且稳定，不跑路、不暴雷。

第五，长期的现金流。用现在的闲散资金换取未来固定的收入。

养老规划是资金的跨期安排，可以穿越周期、平滑风险 。

问题 9：常有人问文化养老是什么？与养老有什么区别？以下谈谈感受，说说八零养老人的理想。

金孝文化传媒（北京）有限公司执行总经理 扈明涛：

今年 40 岁，感觉父母对自己越来越依赖，就像小时候我依赖他们一样，但仔细观察发现他们似乎并不像我们小时候那么快乐。父亲每天晒太阳、遛弯听个收音机，一天就那么过去了，母亲为全家做做饭，看看孙子，说两句父亲的碎语，仿佛一天也就那么短暂，这是他们的幸福吗？

每个人对幸福的定义不同，也许有人觉得忙碌是幸福，平淡是幸福，子女幸福就是自己的幸福，那父母们真的幸福吗？幸福其实是用自己的眼睛看到一切可以期待和憧憬的画面与有温度的话语构成的，本质上是精神层面的文化产物，我们是不是应该试着去了解父母，去发现他们年轻时的梦想，那个属于他们年代的梦想，他们年轻时那些让他们感到快乐的画面、只有那个时代才会出现的语言。在老去的时光里，听母亲讲讲我出生时的故事，在父亲的眼神中，看看他的孩子是否如他期待地成长，也许都有遗憾，也许倾听时会忍着病魔的疼痛，但请相信，与父母的每次沟通，他们永远都会回应，朋友圈里的照片，他们会为你点赞，你远行的每一刻他们都会牵挂，这是精神的纽带，这是文化沉淀的力量。

如果我们把养老科学化，我们会发现养老是一个以时间为单位的沉淀过程，那么在这个以退休为起点、离世为终点的过程中，仅仅是医疗就能满足养老的全过程吗？答案是否定的，构建社区化养老服务已经在十三五期间全面开花，十四五期间，正是通过文化赋予社区养老软性服务的过程。

那么文化是什么？来自哪里？其实他来自老年人的生活沉淀，就像他们年轻时能让他们快乐的画面一样，那个时代的痕迹，在他们身上留下不灭的印记，唤醒时代记忆，你会发现老年人的年轻时光一样精彩，喇叭裤、东芝录音机、大波浪的发型，一首《冬天里的一把火》能让你感到父辈的热情，我们能说他们年轻时不快乐吗？你依然能在他们身上看到年轻时期的文化痕迹，当越来越多的快乐萦绕在他们身边时，我们再去问自己他们的快乐和幸福在哪里，仿佛我们自己就能找到答案——带孩子、遛鸟只是生命的过程，真正的快乐还是年轻时期的文化唤醒。

文化软性的构建——文化养老，成为十四五的重中之重，以文化填补老年人精神空间，通过文化滋养整个晚年生命周期，实现老年人未实现的梦想，成就老年人精神层面的追求成为文化养老的精神内核。它构建家庭亲情的精神纽带，并发现老年人真正快乐与幸福的关键是来自文化而不是医疗。同时，它也是未来养老事业的重要发展方向，是老年人精神文化层面的沉淀过程，也是我们八零养老人追求的文化养老。

问题 10：文化养老的载体是什么？

金孝文化传媒（北京）有限公司执行总经理　扈明涛：

文化养老是以文化滋养老年后半程生活的软性服务，不同于居家、机构等养老的设施医疗服务形式，文化养老更突出实现的是老年人内心的满足、精神的愉悦，从老、中、青三代的“老”这一部分形成家庭幸福的生态闭环。

文化养老服务的内含应围绕老年人的精神层面开展，是一种文化活动，通过画面、语言、行动促成学习、认知，构成文化层面自我满足的精神状态，最终形成老年人的精神幸福。我们常见的老年大学、培训班、图书室、祷告室、禅修室都是文化养老的一种体现，但目前大量的老年文化产品还不能够形成文化养老的引领，更多情况下作为养老机构的配套出现，从十四五规划中提到的文化养老的重要程度来看，无法体现文化的精髓。

文化养老的载体是什么？我们可以看到广义上文化设施以博物馆、文化馆、民俗馆、书店等形式呈现。当前环境下，这些载体与养老机构、社区居家等服务的结合，形成相互依存，相互支撑的局面。那么我们发现，适用范围、载体、设施都有了，如何形成文化引领呢，把设施放到机构或社区，老人就会接受吗？它能产生我们期待的文化价值吗？

从文化角度讲，书店作为文化载体出现是最直接能触动老年人认知、求索的精神空间。以时代为背景的书籍文化活动可以直接触动老年人对生命的求知欲与沉淀过程，同时可以唤醒年轻时的时代痕迹，回忆录、时代日记更可以把年代画面感重现。1964 年 10 月 17 日和 1970 年 4 月 24 日，我们可能

人民日报
RENMIN RIBAO
加强国防力量的重大成就　保卫世界和平的重大贡献
我国第一颗原子弹爆炸成功
新闻公报
毛泽东刘少奇董必武朱德周恩来邓小平彭真陆定一同志
会见古巴党政代表团
毛泽东主席同党和国家其他领导人
接见参加演出《东方红》的全体人员
招待我国领导人及有关部门负责人

人民日报
我们也要搞人造卫星。
毛主席提出“我们也要搞人造卫星”的伟大号召实现了！
我国第一颗人造地球卫星发射成功
这是我国发展空间技术的良好开端，是毛泽东思想的伟大胜利，是毛主席无产阶级革命路线的伟大胜利，是无产阶级文化大革命的又一丰硕成果。

图 7-1　1964 年 10 月 17 日和 1970 年 4 月 24 日《人民日报》

不记得那天发生了什么，但当你拿出一份当日的《人民日报》会看到东方红卫星 1 号升空的号外，你会发现父母的脸上流露出的那种对国家成就的自豪感，还有什么能比让老人恢复年轻时的活力更有吸引力呢？身体老了，精神可以不老——这是文化的力量。

当前环境下，我们的父母并没有意识到文化养老的魅力，而是以老年人的心态在构筑自己的生活轨迹，这更表现出文化在这个层面所具备的潜力，用文化赋能养老，真正使老年人老有所养、老有所乐，晚年得到精神上的满足，那就必须使养老服务上升到新的层面——文化养老服务，这正是十四五规划提出需要达成的基本目标，这也是八零养老人的追求。

问题 11：在你们多年的设计工作经历当中，有没有什么比较典型的问题 / 痛点？

英国 DWA 养老设计公司执行总经理　Mark Dodds：

有一种现象是，项目方建成养老机构后，要去找运营方或是国际运营方，来找我们对接资源。往往遇到这种客户，我们就知道大事不妙，有人要为不懂行付出代价。很明显这是一种本末倒置的做法。不同的运营品牌，运营理念不同，运营策略有差异，建设方和项目方按照自己的理念来设计的机构空间，对后期才介入的运营品牌是不适用的，这些运营品牌有他们想要彰显的运营亮点，也有他们成体系的宣传手段，为了配合这些，后期导致二次改造成本偏高，有些改造成本甚至高于新建建筑。正确的做法是要想投资养老，一定先做好定位，找到适合定位的运营品牌和专业的设计机构，运营和设计同步推进才有最高的效率。

问题 12：DWA 从 2012 年进入中国，深入参与中国养老市场，您对国内养老品牌有什么看法？

英国 DWA 养老设计公司执行总经理　Mark Dodds：

这是一个好问题。英国养老产业经历了大半个世纪，我看到凝聚最大价值的就是养老品牌。经过十年发展，国内已涌现很多有影响力的养老品牌。当然对于一个养老品牌，需要经年累月，需要积累信任，经过时间洗礼把口碑做起来。要知道多年经营的养老品牌，会因几起负面报道，轰然倒地，因此养老运营品牌一直有悬在头顶的达摩克利斯之剑。另一方面，我们从需求出发来确定价值方向和提供差异化价值角度，未来各大养老品牌的竞争焦点在认知症的照护。这方面 DWA 的设计理念在全球都是比较领先的。我们按照非药物治疗的照护理念来规划环境设计，最大程度减少认知症老人的焦虑感，比如我们会在养老机构的公共活动区域设置借助卫生间，设置多感官治疗室，在专业护理人员的协助下，帮助老人治疗，延缓老人机能衰退。认知症让人失去的不仅仅是生存的能力，更多的是尊严感。

问题 13：作为“接地气且超预期”的国外设计机构引领者，请问您有什么想和同行分享共勉的呢？

英国 DWA 养老设计公司执行总经理　Mark Dodds：

一定要持续不断做养老创新，未来养老产业是万物 + 养老。随着中国老龄化的不断深入，对于老年群体，衣、食、住、行、保健、保险、休闲各个领域，全都蕴含着巨大的市场潜力。无论是什么品牌，现在都可以考虑如何进入到养老赛道。锐步运动鞋启用 80 岁最酷大爷王德顺做代言，他挑战自我，挑战年龄，改变了人们对年龄的看法，同时也让大家知道，锐步是全年龄人群全面覆盖的运动鞋品牌。足力健，以老人鞋概念，年销售额达到 40 亿元。黄渤主导拍摄及参与的《忘不了餐厅》引起极大的社会效应，让很多人对认知症有一个了解，起码不羞于谈及和对有认知症的老人完全不理解。从这些例子上看，养老确实是个蓝海行业，行业内只要稍有模式创新，就会带来不错的社会和经济效益。我对本书提及的养老主题书店也充满期待。即使在成熟的欧美市场也是模式创新不断，在日本大受欢迎的茑屋书店，英国的旅游和保险服务提供商 Saga，它本身是一个保险代理公司，后来以做老人的旅游路线进入银发经济市场，主要是向英国退休人士提供度假和旅游活动，它的旅游项目被描述为针对那些“人老心不老”的消费者而提供，公司经营非常成功，以至于很快发展成为一家全方位的旅游公司。希望我们在各自所在的领域各展所长，最终让老人快乐生活，优雅地老去。

问题 14：我们有个拟定的选址物业准备做养老机构，建筑面积约 1 万平方米。公司有自己的运营团队，前期已经做了些筹备计划，项目经初步定位为中端养护院，规划床位约 300 余张。对现场有过基本考察但未进行详细专业的评估，现租赁合同还未签，请问这个阶段能对接设计吗？

上海悉见设计创始人　杨勇：

可以的，从您的描述看出项目处在前期选址阶段，设计正适合环节介入进行专项评估。对目标物业建筑进行系统地评估可以有助于推敲项目定位的准确性，包括建筑物哪些条件不满足规范，改造的重点代价在哪儿以及出床率高低等。这些二次改造的隐性成本也直接影响项目投资的成本核算，决定项目的最终品质。所以我们提倡设计介入项目的时间越早越有利，介入越早越有助于对选址筛选的决策。前期可以依据原始建筑图纸和现场照片，我们可对建筑原有硬件设施条件进行初步诊断提供相应的诊断依据。

问题 15：我们是一家地产公司，近阶段在计划投入康养项目，目前有 2 处存量的物业做备选，项目的投入计划已经启动，请问对我们这一阶段有哪些服务可以提供？

上海悉见设计创始人　杨勇：

您好，针对贵司的情况属于项目前期筹备准备阶段，对后进入养老市场的企业来说，第一个项目落地至关重要。手头有场地有计划但缺少系统的战略规划，对拟定投入的单个项目更需要从全局出发考虑当地政策、市场以及运营策略。

我们所推行的养老项目全环节设计链可以链接将前期策划与设计咨询双线并行给拟投入项目提供全程的策划与设计服务。可以对贵司从战略导向，到风险控制；从客群研究，到产品竞争策略；从商业模式设计，到服务策略设计；从项目营销故事线，到产品策略等多个维度环节链来系统规划落地。

问题 16：养老项目中“适老化”设计都有哪些标准？康养公寓类型的项目应该怎样利用适老化的设计来提高项目特点和卖点？

上海悉见设计创始人　杨勇：

目前我们对“适老化”的理解上还存在一定认知上的误区。首先适老化并非是一套固定不变的标准，随着养老产业的发展引出“适老化”行业名词的出现，其本意是指一切适合老人化的设施环境与设计。某种程度上是从国家的无障碍设计规范里脱胎而来，是专项的从老年人的行为辅助与安全防范等角度来提出相关的设施标准。

早期养老项目中常会以强调项目中“适老化”的功能特点来增加项目的

宣传卖点，以展示出项目的专业性。但往往实际应用方式上也仅停留在扶手、呼叫、防滑、家具圆角等基础无障碍设施的基础层面。

随着行业逐渐对养老的更深层次的认知尤其是对老年人心理层面的理解，适老化认知应当更加看重背后“尊老化”的用意。去除过度的适老化标签，尊重长者自身的意愿才是适老化真正的本意。所以应用方法上不可单一地套用到所有的场景中。

康养公寓类型的定位是能够提供回归家庭氛围式的居住环境，注重的是生活化的日常。这类项目我们更强调“隐性的适老化”处理方法，让长者在不自觉的使用中感受到人性化的适老细节。适老化设计是一套环境体系的设计，不应局限在个别设施应用上面，当然随着科技手段的不断进步，智慧化产品的广泛应用都会不断推进适老化环境的进步。对养老项目来讲，最大的适老化来自项目内在的服务，因此提高项目特点和卖点应该从多维的视角来看待。

问题 17：我们的项目已经进入到了装修阶段，想问下装修结束后软装和家具部分应该如何搭配组合比较好?

上海悉见设计创始人　杨勇：

首先需要对软装的概念重新梳理下。从设计的角度来说，通常我们把室内的墙面、地面、顶部封闭的基础装修空间称为“硬装”。由于其特点，常规情况下都是一次性装修到位而不宜改变的，属于费力且昂贵的工程。“软装”及“软装饰设计”，从字面意思看，“软”与“硬”是两个对立的词语。但两者对立统一，软装与硬装的关系常比做是硬装是骨架，软装是灵魂，由此可见软装在室内空间中的重要性。

养老项目的软装设计与硬装设计在时间上不是前后关系，应该放在室内设计之初就统一设计，尽量不要在硬装结束后再考虑。而实际往往有很多项目对软装仅理解为简单的家具的搭配和墙体的挂画装饰等。

因为硬装工程在提供了基础物理空间后，室内空间里的气氛的烘托、环境意境的创造、空间层次的丰富、环境风格的强化、环境色彩的调节以及如何体现差异化的文化内涵和不同的历史文脉等作用都需要靠软装来实现。在设计环节中应当整体系统地设计。

一个令人舒适的养老居住环境，不仅仅是整洁的、美观的、环保的，同时它应与老人的意识情感相一致，应该是老人情感释放的场所。尤其在特殊养老功能区，例如认知症照护中心里对怀旧、记忆场景的软装设计布置，里面的装饰物品以及色彩运用都有其独特的用意之处。任何一件装饰物的设计挑选都应与居住者产生内心的共鸣。

“见物思情”“情随境迁”都说明了“情”和“物”、“情”和“境”应起到相互感知、相互渗透、相互影响的作用，所以软装饰在室内空间中情感表达的重点是“情”与“境”的互动。养老空间里几乎承载着老年人全部的心理需要，软装饰不仅对室内设计氛围的营造有重要的影响，而且对老年人的心理有极其强烈的感染，能够影响长者的思绪、感官、情感。

我们推行的设计环节链的核心是让项目落地达到高质量的完成度。完成度的很大一部分就是软装来达到的。软装饰在室内空间环境中不仅仅是视觉上的室内装饰，需要用专业的设计来通过长者对装饰物的感受感知，融入空间意境，实现人与物的情感升华。只有这样才能创建出物质居住空间形态与个人情感意识相互协调的室内空间。

问题 18：想问下你们有给房企做过养老设计的标准化文件吗？请解释下这个标准有什么作用？养老规范都有，顾问公司付费做的标准化，对于我们有什么用处？

汎生设计创始人　周明伟：

做过一些，这个标准化我觉得有几个作用。

第一个是对不同业态的养老产品做区分，并明确其建设标准，养老建筑设施虽然国家有规范，但实际上在真实的开发运营中，是把它区分成了照料业态产品和活力业态产品。目前在国家的规范上，并没有明确指出这两类产品的建设差异，在规范中侧重照料业态的养老产品。这就导致了活力业态产品如果遵循照料业态产品的这个标准，实际上对空间尺寸、一些配套功能类别等的要求都会提高，浪费比较大。所以做标准的第一个目的，是满足公司养老产品各个品类开发管理的需求，也就是我们通常说的产品线管理。

第二个是基于公司的某个产品在市场上的定位，来明确其建设标准。举个例子，比如说同样是做照料业态产品，做政府公建民营的机构，跟做市场化的机构，还有保险公司做的机构，虽然它们都是遵循国家养老设施的建设规范，但实际上，基于管理的差异，或者是客户的品质感知上的需求，会有所不同。类似的，照顾单元的人数、公共空间的面积、设施设备的配置等，规范里实际上没有对这一类指标依据市场化的需求做出区分，但每个公司具体项目在市场的定位不同，这些指标是有所不同的。所以企业标准也是基于企业推出的产品在市场的定位，来确定产品的空间和服务的标准。

第三个就是与地产公司做这个标准比较类似——为了降低成本。那首先基于设计的标准化、服务标准化，慢慢去完善整个部品的标准化，甚至是施工工艺的标准化，这样从采购材料逻辑、施工逻辑能做到成本降低。

以上三个方面，我觉得可能是做标准化比较核心的目的。总结一下，第一个是区分公司不同品类产品的标准，第二个是基于市场定位确定每种产品的建设标准，第三个是基于公司内部成本管理统一的建设标准，降本增效。

问题 19：我是 80 后养老事业系列丛书的老读者了，很早就知道 80 团队提出了“齿轮生态”这样一个理念，能否详尽介绍一下？

享爱（北京）国际养老有限公司创始人　张纯宇：

“齿轮生态”既是养老项目开发的一种理念，也是 80 团队率先在行业中提出的一种合作机制。如图 7-2 所示：

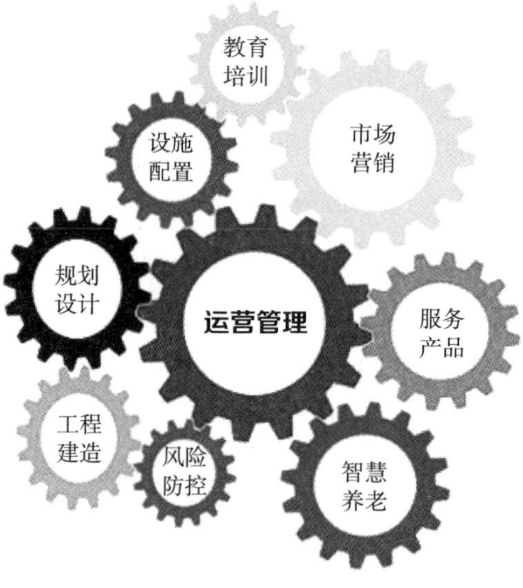

图 7-2 “齿轮生态”的合作机制

以上开发流程从表象上看是一个线性串联的运作模式，实则不然。养老项目的策划实际上是跨多专业、多学科、多领域的极其复杂的系统工程。这个系统是多维度的、立体的、交互的。我们更愿意把开发过程中所涉及主要模块的关系比喻成汽车变速箱里各个齿轮耦合的过程。齿轮本身的特性应该是能动的、自转的、开放的，可以驱动别的齿轮，也可以被别的齿轮驱动。

在这个开发体系里，“齿轮”是一个业务模块，同时也指一个专业团队。比如规划设计单位，也可以是软件开发商（信息化系统）、系统集成商（软硬件）、咨询策划公司、运营服务商、医疗机构、适老化家具供应商、医疗设备供应商、施工单位、装修公司等专业服务机构。传统的工作方式是投资商要向每一个专业团队提出项目的需求，这本身已经是很大的挑战。这个过程都是一对一或是点对点的沟通方式，这样就造成几乎每一个业务模块都是一个信息孤岛。这样的一个机制会导致养老项目的开发周期变长、成本增加、效率降低。我们提出“齿轮生态”的概念是这样定义的：每个齿轮可以打破跨界，连通信息，促进组织协同，将隐形性合作显性化，最终把每个齿轮提供的功效统一输出，形成效率最大化。

问题 20：行业里有这样一个观点：养老行业的核心是服务。您认同吗？

享爱（北京）国际养老有限公司创始人　张纯宇：

不认同。我认为养老行业的核心是：盈利，可持续的盈利。过去几年，行业很多的意见领袖和专家都不约而同地强调做好养老的核心和关键就是做好服务，换言之，做好了服务，做养老就万事大吉了。这样的一种观点影响了很多养老投资商和运营服务商盲目去追求的服务体系的完备性、服务内容的多样性、服务细节的落地性，脱离了市场和客户的真实需求。过分强调服务，其实更多是情怀主义和养老事业思维。我认为：一，无盈利，不服务。养老行业的本质是商业。所以商业的核心反应在公司的行为上就是盈利。服务做得再好，公司不盈利，再高大上的服务体系也不可能坚持长久。行业里有个有趣的现象，越是硬件条件优越、服务完善的项目，运营反而亏的越厉害。所以不以盈利为目的的好服务是盲目和盲从的行为，不值得提倡。二，无盈利，不养老。盈利思维一定要前置，没有清晰的盈利模式，不要轻易涉足养老。很多刚入行的投资人和创业者被表象的养老市场规模和趋势所迷惑，以为遍地的老人就是遍地的黄金，实则暗潮汹涌，处处险礁。三，做养老，单一盈利模式不可行。凡是依赖“做好服务，躺赢养老”思维的投资人或运营商，现阶段要么举步维艰要么后继乏力。养老的属性本身就是一个人的三百六十行，所以如何把养老与金融、地产、互联网、医疗和产品融合，创造出新的可持续发展的商业模式和盈利模式才是令人期待之道。

问题 21：营利性养老机构运营的优势是什么？

樾联健康总经理　高珊：

1. 市场刚需，未来前景巨大

2020 年，大陆地区 60 岁及以上的老年人口总量为 2.64 亿人，已占到总人口的 18.7%，近十年在以 5.4 个百分点的速度递增，由中国发展基金会发布的《中国发展报告 2020：中国人口老龄化的发展趋势和政策》中预测到 2050 年，60 岁以上预计会达到 5 亿。

机构养老人群尽管只占到整个养老市场的 3%，97% 主要是居家和社区养老人群，但客户需求的刚性使得机构养老的运营会持续走下去，且机构养老口碑效应传播会使得后期营销成本骤减。

2. 行业很新，营利性养老机构商业模式处于蓝海状态

2013 年为我国养老元年，过去的几十年内，市场上的养老机构多为公办或是民非性质，管理模式上通常以托底为主，资金上定期享受国家补贴。

近 5 年，越来越多的营利性养老机构开始出现在了市场上，但目前却未看到一套成型的商业模式，不再享受定期的国家补贴，对于运营团队的服务能力和成本把控是有很大的挑战的，运营收支的平衡对于养老机构的持续性至关重要。所以说在提供让客户满意的服务前提下，快速实现运营收支平衡是营利性养老机构可持续经营的必要条件，所以对于致力于从事养老运营的从业者而言，是个好机会。

3. 达到运营平衡后，拥有较为稳定的持续利润，抗经济衰退能力强

营利性养老机构一旦达到运营的收支平衡后，后面的利润基本是可持续且较为平稳的，但是利润是有封顶的，毕竟月费价格不可能持续上调，而刚性成本也是必须要支出的。疫情期间，这点感受比较明显，近两年，受疫情出行的影响，很多行业损失巨大，比如旅游业、酒店业、航空业等，但是养老公寓的运营确实一直持续且收入相对稳定。相反，在疫情期间，老人的居住稳定性也相对增强了。

问题 22：营利性养老机构运营如何尽快实现运营收支平衡？

樾联健康总经理　高珊：

1. 收入的快速增长

收入的快速增长直接反应在入住率的快速提高和搬出率的减少方面，而搬入搬出率映射出来的是我们运营团队提供服务的被接受度，老人非特殊原因搬出的原因其实就是对于运营服务不满意的无声抗诉。当入住率达到一定比例而不再增长的时候，管理者最先思考的应该是自己服务中出现的问题。

目前大多数养老机构的做法还只是满足老人们的住、食、基本活动和生活照护，收费相对不高（4000～5000 元占大多数），更多的服务延伸比如连续的健康管理、精神慰藉、社会参与、陪诊、紧急救助等服务并没有提供完全，对于老人而言，晚年所选择的养老机构，其实更像是家，我们所营造的感受应该围绕这个核心主题。

当然我们也听到很多同业者说增加服务就意味着涨价，老人和家属不接受，个人认为这并不是绝对，取决于各位从业者您想打造的养老机构是什么样的，我们对应的客群是哪类，您所提供的服务是否是老人们最需要的？老年人会为自己需要的服务买单。而住户们对外传递的口碑又是机构养老进行销售时最有利的工具，目前来看也是最有效的方法。

2. 最大限度地合理控制支出成本

养老机构的运营成本如果粗分的话大致有几类：人工成本、能源、租金、运营物资（包含食材成本）、营销及其他零星支出，我们不在这里具体一一说明了。总的来说，养老公寓的运营就和自己家过日子是一样的，中等规模的机构运营方每天要负责上百名老人的生活，所有的支出基本都是有节省空间的，小到一张纸的节约，大到如何调动员工的积极性和效率，节约最大人工成本，这个取决于运营负责人的整体管理水平。

实现盈利是所有运营者都极力追求的，更是投资人希望可以看到的，但是看似简单的逻辑背后确有一套非常专业的管理思路。

问题 23：居室门、卫生间门、公共洗浴空间的门净宽都必须达到 0.8m 吗？

北京德善养老创始人　孟小丹：

国标规定：在文件中标黑字体的指标为《养老机构等级划分与评定》国

家标准“第 5 部分申请等级评定应满足的基本要求与条件”中的条款，如该养老机构不符合基本要求或其申请等级的条件，则自动终止评审程序。

在实际评审过程中，这些共性问题（80% 的院舍均达不到的情况），评审老师会集中讨论并反馈给省厅统一进行调整，目前有些地市例如：河北、山东、安徽阜阳等均是作为加减分项目出现的，并不是一票否决。

问题 24：运营管理中指标 3.1.2 中“有合同管理制度并予以执行”评审标准为查看制度，得 1 分，评审过程中仅仅看制度吗？

北京德善养老创始人　孟小丹：

在运营管理中所有要求有制度并予以执行的指标，第一要有制度并有现场痕迹显示制度落实，第二留痕表现在记录的完成性和及时性上。

问题 25：养老机构院长、副院长具有大专及以上文化程度（申请 4～5 级评审的养老机构如不符合此项要求，则自动终止评定程序），学历证书是全日制的还是函授的也行？

北京德善养老创始人　孟小丹：

学历证书只要学信网上可以查审的都可以成立。

问题 26：在 4.2.2 服务人员中指标要求“参加岗前培训合格”查看培训记录，护理员之前有护理员证书，有的新入职的还没有接受国家统一考试的，院舍进行培训，并有培训记录，可否给分。

北京德善养老创始人　孟小丹：

院舍组织培训并且有完整的培训记录的这种情况，评审时是给分的。

问题 27：在 4.5.2 中服务人员指标要求“服务人员为经过培训的洗衣员，或对接专业的洗涤公司”如果没有安排专门独立的洗衣工去洗，而是护理员进行洗衣工作，可否得分？

北京德善养老创始人　孟小丹：

安排护理人员进行洗涤服务，前提也必须经过专业的培训，例如，洗衣规范、流程、消毒流程、消毒注意事项、消毒比例等之后上岗，而且实际工作也严格执行落地，也是可以得 2 分的。

问题 28：如何来评价你自己现在所在的居家养老服务领域？

沈阳市惠万民居家养老服务中心理事长　姜呐：

居家养老的服务运营特别辛苦、特别累，但是它的价值也很大。首先，就像出行、外卖的行业一模一样，它其实是解决了重要的民生领域最底层的服务工作。这样的工作，我认为未来老百姓需求量非常大，也是满足我们老年人对美好生活向往的一个支撑。作为服务者，我觉得所有服务人员，他们虽然很平凡，但他们工作的社会意义很大，尤其是我们在沈阳这种老工业基地城市，对一些独居高龄的老人提供的服务，是不可或缺的，也是政府面对基本养老最急迫需要解决的实际问题。因此我觉得行业的服务虽然苦、虽然累，但是有价值，也有专业性，未来可能会促进家庭服务行业的大发展，我们也在迅速积累服务经验，在为东北的家护行业积蓄力量。

问题 29：在你看来，社会工作的意义在什么地方？

沈阳市惠万民居家养老服务中心理事长　姜呐：

社会工作的意义，无论对服务采购方——政府，还是我们的服务对象，抑或是我们机构的社工，是一个多赢的过程。服务对象来讲，帮他们解决了眼前的困难，给予了适当的帮扶救助，他们能更好地融入到社会，对于未来生活更有信心；对社工来说，本身也是一个探索自己、发现自己的过程，自己也在服务中成长起来，这或许就是我们常提到的助人自助吧。对于政府来讲，社会工作已成为社会治理中不可或缺的力量，社会工作组织在促进居民互动、服务特殊群体、反映居民诉求等方面作用十分明显，不仅带动社会各界共同推动问题的解决，更有利于倡导建立公平正义的社会。

问题 30：作为一个创业者，在你的观察当中，你会发现在养老这个领域当中，资本往往青睐或者是喜欢怎样的创业项目？

沈阳市惠万民居家养老服务中心理事长　姜呐：

我想所有像惠万民这种养老服务企业对资本都是持开放态度的。从我个人的理解，我觉得养老行业特别需要社会资本的进入来推动整个行业的发展。资本喜欢这个行业能够有规模，然后能够看到这个行业的业务增长，能够有成长性。能够看到这个行业跟互联网进行深度的结合，更精准地去洞悉客户的需求，做到精准营销，做到服务产品研发，来不断迭代产品，满足老人个性化、多样化的需求。这样的企业应该是资本看重和喜欢的企业，并且最终能够积累数据，通过数据生成新的商业模式。

问题31：从这次疫情防控如何看待社会组织发挥的作用？

沈阳市惠万民居家养老服务中心理事长　姜呐：

在社区疫情防控的过程中，越来越多的社会组织挺身而出。不仅运用社会工作专业的理念、方法和技巧，宣传疫情防护知识，安抚居民情绪，给予心理支持，回应居民需求；更多的社会组织链接资源，发挥“社区＋社会组织＋社工＋社区志愿者＋社会慈善力量”等“五社”联动力量，响应政府号召，广泛动员社会力量，促进防疫资源供需快速精准对接及合理有效配置。各界力量相互关心、相互帮助、共同抗疫，社会组织科学有效地开展社会工作服务，在疫情防控中发挥着重要的作用。

问题32：未来社区养老会是怎么样的？

福建邻里汇健康管理有限公司创始人　董势：

有句话叫远亲不如近邻，城市的邻里关系比较疏远，我们希望让邻里的关系更加和睦，提升父母的幸福指数，解决老龄化的社会难题。未来的社区养老应该是大家都向往的，当老人有需求就会有养老服务机构提供服务，可以到社区养老服务中心通过互帮互助方式，实现老有所养、老有所乐、老有所为，大家其乐融融地聚集在共享互助的社区养老服务中心，亲如一家。老人们可以随时来到社区养老服务中心参与音乐舞蹈、体育健身、手工制作，健康养生等文化娱乐活动，也可参与各项的老年大学课程，也可随时回家享受天伦之乐，共同快乐，实现价值，积极养老是未来社区养老的终极目标。虽然老年人年龄已大，但是内心还是可以年轻态，通过第三方服务机构的引导，让老年人自己的兴趣爱好有所建树，实现自己想要的有价值的人生。

问题33：社区养老企业面对困难是什么？如何解？

福建邻里汇健康管理有限公司创始人　董势：

社区养老目前的生存状态应该说是四面楚歌，管理人才缺、服务人才缺、老人消费意识不强、老人家贪小便宜、老人手脚耳力衰退、政府购买服务结算周期较长、提供老年人服务产品较少等问题，让社区养老服务企业举步维艰，推动起来比较困难。大部分人才考虑眼前利益，人才培养一段时间就会被吓跑，或者喜欢做养老的又是以公益状态，没考虑企业生存问题，但是对于市场化养老行业来说，确实需要沉淀和相互信任的行业，总体来说，社区养老服务企业要打破常规，需要面临的是多重考验，这样就更需要养老企业有创新模式来打破常规，同时需要结合可以团结的力量，一起创造公益和市场服务，以全方位融合来满足老年人服务需求。

问题34：不同人眼中的“医养融合”都不一样，现实中它的边界在哪儿？

中福康复医疗公司执行董事总经理　刘宏斌：

首先我们把医养分开来看各自的边界范围在哪儿，然后再将医和养进行组合，这样就能把各种情况看的比较清楚。

“医”的范围由传统的生物医学模式已经发展为“生物—心理—社会”医学模式，也就是从生理、心理、社会三个维度来定义健康，这也与“坚持预防为主，倡导健康文明生活方式，预防控制重大疾病”的健康中国战略相吻合。从时间线条上看，“医”则可以分为“预防（健康管理）—治疗—康复”三个阶段。从这个角度看“医”已经自然与“康”融合扩展为一体。“养”的概念的伸缩性更加宽泛，最广义的“养”对应于“老有所养、老有所医、老有所教、老有所学、老有所乐、老有所为”是整个老年养老生活的总称。中观的“养”则对应于“养老服务”，狭义的“养”则对应于“照护服务”。既然是“医”与“养”的结合，各自都有三个层次各自组合，根据实际情况和业务范围等可各取所需。比如从政府政策兜底的角度出发的医养结合组合范围是“治疗—照护服务”、市场化的社区医养结合组合范围是“预防—养老服务”、老龄产业视角的医养结合组合范围则是包含医养全部层次的最大组合。有了这样的细分和组合，如果是服务提供方就可以制定相应的服务组合和提供模式，比如医和养平行联合提供服务、主副分明的内含关系或嵌入关系、联合体共同服务等。如果是长者选择服务提供方的话，也可以从这几个维度进行评估，抓住主要的需求，然后是否可以叠加其他方面的服务。

问题 35："医养结合"的主体类型都有哪些？

中福康复医疗公司执行董事总经理　刘宏斌：

从需求端来看，只要能够持续便捷提供所需的医养服务就可以，并不太关系主体的类型。但从政府监管和政策制定的角度则需要由民政、医疗、社保等多条线路推动发展。所以有归口民政的养老机构（养老院、养老公寓、养老社区、日间照料中心等）为依托嵌入医疗机构服务并提供医保报销的医养结合形式，有归口医疗卫生口的医疗机构（护理院、老年病医院和社区卫生服务中心等）向养老方向进行延伸和对老年疾病进行倾向的医养结合形式，再有就是医疗卫生机构与养老服务机构建立签约各种合作关系，以医联体、养老服务联合体等形式呈现的医养结合形式。

在实施层面上，养老机构和医疗机构统一规划、统一建设毗邻建设模式、协议合作模式（转诊、对口支援、合作共建、医疗养老联合体、远程医疗等）、内设机构模式和长期护理保险医养联动模式。居家社区养老方面则有家庭医生签约、嵌入型小微机构和居家上门服务等形式。

问题 36：猎头一般都是怎么为养老企业找人的？

杭州升恒猎头养老事业部负责人　林森铨：

我们猎头找人手段其实也没有大家想象的多么高大上，日常积累是个常态，但是会比普通的招聘多做了几步，多花了些精力去专注职能，精力在哪里，成就就在哪里！

在我们开始寻访之前，一定要做的是客户分析和职位分析。客户的商业模式、发展阶段、核心业务、人员规模、未来规划、创始人和企业背景等都是非常重要的，其次才是该职位的分析，需要其解决的核心问题，存在哪些挑战，部门和公司的组织架构，任职的要求，等等。接下来才是制订寻访的计划，其实寻访的方式并不复杂，主要有以下几种：

（1）网络搜索。通过各大招聘网站，例如猎聘、智联、无忧精英、Boss直聘等，把浮在水面上的一些人才先找到，因为这部分人可能刚好也在看机会，猎取的沟通成本就不会太高。

（2）对标企业针对性寻找。对于我们垂直养老行业的猎头而言，可以很快从客户的商业模式和定位中寻找行业本身的头部企业，按这个方向寻找的人匹配性是非常高的，成功率也高。比如某公司在南京的 100 床中高端机构项目，可以很快确定想找的人的方向就是银城、朗诗两家在当地做的还不错的企业。我们会针对各职能线条完善我们的人才 Mapping。

（3）朋友介绍。这一点有两个维度，一是通过熟悉且信任的朋友来引荐你想认识的候选人，毕竟总是会好过于毛遂自荐（这种情况在于寻找定向的一些候选人），且熟悉的朋友是该职能条线的话，也可以引荐不少该职能条线的其他人才。二是找不熟悉的但相关性高的朋友推荐，比如是同类产品或职位上下级的一些朋友等。

（4）打 CC。Cold Call 是每一个猎头顾问进入行业的基本功，这个技能的方向可以是找一些高质量的 List 去 CC。

（5）参加活动。这个角度更多是做储备，一些论坛和峰会并不是天天有的，但的确可以快速认识圈子里的很多人才，包括像参加一些培训、交流会、俱乐部等。

甲方一般给到的猎头职位都是自己内部招聘部先从网上搜索了一遍的，对于我们而言，猎头的专业技能和素质是基础，加上在人才的储备数量、对行业和企业的了解、多职能和地区人才 Mapping 这几个方面的深入，那么想找到一个合适的人才并不难。

问题 37：往年找我的猎头都特别多，怎么 2022 年就无人问津了？现在养老市场的人才需求是怎样的？

杭州升恒猎头养老事业部负责人　林森铨：

2022 年以来的整体需求并没有大幅减少，只是高端职位上的岗位是相较比去年少了很多。做高端养老这部分的资本力量更多聚焦在地产板块，其实居家养老业务方面的机会还是不少的，从我们的市场反馈来看，确实也发现有几个变化：

（1）集团公司下沉到三、四、五线城市布局趋势明显。

从 2019 年后就发现很多一线品牌都在大量布局三、四线城市，甚至更早一些。一则在一线城市有成熟的实践经验，总结了较为先进的养老理念、护理体系、产品服务等，发展自己的连锁规模化；二则一线城市的竞争压力也比较大；三则在三四线城市打造标杆较为容易些，且政策和政府支持力度也大。今天我们也会看到远在内蒙古、黑龙江、广西、河南一些地区的项目寻找一些优秀的职业经理人。但是很多公司在找人的时候也还是优先看当地人，资源和稳定性都更好！毕竟人是可以培养的嘛，不一定马上要多么优秀。

（2）国企步入养老市场节奏加快。

这一部分的资本力量主要是以普惠性养老为主，连锁机构、日间照料、居家上门服务等，像苏州康养、山西康养、北京健康等。高端定位的项目也有部分央企在做，以及一部分刚入行的国央企。这个主要也和政策方向有关系，首先国有企业可以很好实现国有资产优化配置，盘活存量资源；其次《“十四五”民政事业发展规划》也提及了大力发展普惠养老服务，支持国有经济加大对养老服务的投入。

（3）疫情影响投资信心。

在疫情的影响下，很多机构时不时就要封闭管理，尤其像上海这波疫情，对养老产业的很多公司现金流是有极大挑战的（主要是刚开始布局、入住率低的企业）。所以投资热度不高未来也是个常态，本身养老的实体项目就是一个周期较长的投资方向，那么从投资人袋子里拿钱也变得更加困难。我们也看到自疫情爆发后，很多养老公司在投资拓展上的投入趋于保守，要强化自身为先，这也意味着投资拓展这个职能方向的人才找到心仪的工作就目前的情况算是有些困难的。

（4）猎头公司的转型。

今年有不少垂直于地产的猎头公司轰然倒塌，专注于地产的多数公司基本上也是转型新行业赛道。2021 年地产业务还能做一点点，2022 年基本上毫无业务可言！像 2020 年前地产政策还没有明显收紧的痕迹时，TOP 百强内布局康养的地产公司是非常多的，都在各地开拓新项目，找人做医养、康养综合体。也是在这样的背景下，地产公司合作的很多猎头公司都有在做部分医疗、养老的业务。那我们人选接到的机会的确是不少的。

一线城市的养老机会的确是不多了，外地城市的机会薪酬也不会太如意，给到我们的选择就较为受限。不过，话说回来，并不是无人问津，难的时候也有些公司有动作，机遇与风险是并存的。从我们接触的公司而言，真正卓越的人，的确是不缺机会的，很多公司还会让我们特意去留意一些高管动向。

相对而言，2022 年的市场较为活跃的是国企、央企和险资，他们是迈着比较稳健的步调，以及一些定位做居家照护平台方向的企业。市场的基数在这儿，行业发展肯定是没有问题的。只是阶段不同，机遇也不同，再加上突如其来的疫情，会给我们在方向选择上笼罩一层迷雾。

问题 38：康养项目建设中如何配置智慧化产品？

深圳瑞康瀚云科技有限公司软件技术负责人　王海涛：

根据项目本身的定位应遵循合理的基础建设、适合自身条件和未来可拓展三点原则。

（1）合理的基础建设要在项目基础建设时就充分考虑到智慧化产品所必须的网络环境（外网带宽、内网无线 WIFI 信号覆盖、有线网络点位、合理的 IP 规划等）、数据存储方式等。目前所有的智慧化产品均依托网络运行，不搭建好自身网络环境尤其是内部网络环境，智慧化产品就无法使用或发挥 100% 的功效。在项目建设中能选择有线连接的方式就不要选择使用无线连接，有线连接虽然投入大一些但是运行稳定。规划好内外部网络的 IP 地址把不同类型的设备按不同的网段分开管理确保每个网段有足够的 IP 地址资源。明确把无线 WIFI 的 5G 信号和 2.4G 信号分开，因为目前大部分的产品均是需要接入 WIFI 2.4G 信号。同类型产品（硬件产品）要选择型号（版本）较低一版的，不要选择最新版本（软件系统相反）。较低一版的产品一般比较稳定，新版本的产品稳定性没有经过市场反复考验。

（2）适合自身条件是说要充分考虑到自身运营团队的管理能力不要盲目贪图高科技、高大上，造成不必要的浪费和损失。例如，所谓的 AI 大数据分析需要的软硬件系统投入较大，对于单体项目或数据量不大的集团项目没有任何的实用价值；再如养老机构内的定位系统，不但投入大且效果不佳实属不必要。

（3）考虑到未来新的养老模式和产品的涌现，现阶段所选用的基础设备和智慧化产品要考虑到未来能搭配新模式、新产品使用，要保证未来 5 年内不落后。如网络通信方式要考虑兼容 5G/NB。

问题 39：养老运营团队如何选用智慧化产品？

深圳瑞康瀚云科技有限公司软件技术负责人　王海涛：

这是工作中常见的问题，现在养老企业都会选用智慧化系统，市面上的相关产品也是越来越丰富，在选购时经常会眼花缭乱，这里分享几个我的经验。

（1）根据自身运营理念或运营模式选择智慧化软件系统平台或硬件产品。

（2）软件系统平台不要选择功能繁多的，不是功能多就是好的，功能多意味着操作复杂，培训难度大，后期修改费用高。一定要选择符合自身运营理念的，功能主线清晰的。

（3）硬件产品要考虑到易于部署、易于维护、功能单一、产品稳定，尽量选择大品牌产品。

（4）养老运营团队应考虑根据自身定制智慧化软件系统和核心硬件产品，定制智慧化软件系统可以采用逐步积累、分次开发的方式。核心硬件产品应根据自身实际需求，打造一两个即可，不宜贪多。

问题40：居家养老长者选择及使用智慧化产品要注意哪些问题？

深圳瑞康瀚云科技有限公司软件技术负责人　王海涛：

（1）根据长者自身实际情况选择和使用产品，如失能长者主要选择健康监护类、生活照护类产品；失智长者优先选择安全类产品。

（2）长者选择智慧化产品要遵循产品标识明显清晰、提示文字字体较大、不以电池为主要供电方式、断电自动报警、断网自动报警、无需专业人员安装调试、数据无感式采集、无需长者经常性维护等原则。

（3）选择智慧化产品时要考虑其通信方式，尽量选择同时支持4G/5G/WIFI/NB等多种通信方式的产品，即使没有也应优先选择4G、5G或NB通信方式。

（4）长者使用智慧化产品时应第一时间将产品关联到子女或监护人、运营团队的手机、数据平台上。

（5）长者应注意不要为了省电去切断设备电源，智慧化产品一般的用电量都是非常小的，使用智慧化产品时产生的用电量几乎可以忽略不计。

问题41：为什么日本老人用品数量是中国的10倍？

日本株式会社MEDMET会长　张建人：

日本居家养老的所有方面都要依靠适老化产品，这让日本适老化产品种类非常丰富，目前达到了50 000种以上。

适老化产品的普及，首先是依靠日本社会养老制度中的介护保险制度。日本的介护保险和医疗、养老保险一样，是日本的强制性义务保险。在被保人65岁以后的介护养老花费中，承担7～9成的开销，为绝大部份日本人实现了介护养老自由。

日本保险费用的支出庞大，已经在总金额上超过 10 亿人口大国，这样庞大的支出催生了相关企业的崛起，倒逼企业把产品做细做完整，以求在市场中的竞争力。

另外，也得益于日本老人的消费习惯，日本在 1986—1991 年出现的泡沫经济，那个时代的中年人过着花天酒地的生活，四处投资，现在那一代人变成老人，对节约概念是不明显的，同时，他们还有比较高的退休金，已经成为社会的主要消费群体。

在产品种类方面存在差异化，一方面，有许多产品是国内比较少见的，比如说一些大小便护理的机器人，它可以在没有人照顾的时候，非常精准地感知老人的排泄需求，然后全自动地帮老人排泄、清洗、烘干，非常智能化。

还有一些智能化防摔倒报警系统，里面有通过体位的变化，算法，来感知老人摔倒的摄像头。

而介护保险所对应的介护养老服务里，有着非常周全的居家养老服务选项，主要覆盖四大类。

第一块是上述提到的扶手、防滑等设施的住宅改装；

第二块是居家服务，比如介护人员携带着洗澡和排泄的辅具，为老人上门做身体介护；

第三块是日托服务，也就是老人在日间前往社区机构进行餐食、洗护与康复等；

第四块则是养老产品如尿不湿、拐杖轮椅的购买，和护理床、洗护机器等大型设备的租赁。

日本适老化产品的另外一个特征，就是有很多非常轻便的，并且设计非常精巧的居家用品，它可以弥补老人在生活上的一些不便。比如帮助帕金森老人穿衣、系扣和拉拉链的小工具，就非常方便。还有一些吃饭用的小勺子、小叉子，它可以做成椭圆形柄的、圆柄的，各种各样；还有一些无动力的步行助行器，可以减轻 20% 的身体负重，来提高老人的行走效率。

这样的设计非常多，目前在日本，适老化产品一共有 50 000 多个 SKU，这也是日本养老体系成熟的一个标志吧。

中国目前的适老化产品有 6500 种，但增长速度很快，在 5 年内基本上翻了一倍。

问题 42：中国在适老化产品的赛道上有哪些机遇？

日本株式会社 MEDMET 会长　张建人：

目前中国在适老化产品上，是从刚需产品方向逐渐向精细化发展。产品将迅速增加，相关新介入的企业会快速增加。最终将会殊同同归，一定会趋于成熟完善国家的养老体系。

第一个方面。近 5 年来，在我国居家和社区养老改革开启的同时，长期护理保险的社会保险制度也开始在 17 个省市试点。随后几年，越来越多的城市加入长护险的试点，目前共覆盖 1.2 亿人口。日本的适老化产品能够成为老人居家自理的重要帮手，主要是由介护保险制度推动的。目前在中国，商业保险的介入将会迅速催生适老化产品的发展，尤其是护理类产品。

第二个方面，中国老年群体的代际转变，也为未来适老化产品的需求端提供了动力。现阶段 80 岁的中国老人，因青壮年时期历经各种社会变革，消费观念普遍保守。但随着出身 60 年代的人陆续变老，他们经历过富裕和新的消费观，将拥有了更多的财富与更开放的心态。

第三个方面，是目前国内适老化产品的供给端，仍是蓝海。据中国老龄协会的报告显示，我国目前在无障碍设备、生活自助类产品、家居环境改造等多个方面的适老化产品上，精细化品类较少。相比日本的 50 000 个 SKU，中国当下的数量只有 6500 种左右。

我认为一边是长护险的兜底，一边是老人消费能力的提升，未来中国对于适老化产品，同样会向精细化发展。因为对养老产品来说，单纯从科技角度来说，只要有时间，复制都不难，但更细微的、更具关怀性质的东西才能让你取胜。

适老化产品的核心竞争力，是能为各种失能程度不同、需求点不一样的老人，都能够提供相应的产品，因为老人的身体状况是会发生变化的、如果能在他身体状态变好或变坏的时候，你都能提供对应细分产品，同时还让顾客有选择的余地，这就是你的护城河。

问题 43：养老机构如何打造自己的企业文化？

吕振爽健康之家创始人　吕振爽：

“一年企业靠运气，十年企业靠经营，百年企业靠文化。”企业文化不是指知识修养，而是对知识的态度；不是利润，而是人们对利润的心理；不是舒适优美的工作环境，而是对工作环境的感情；不是管理活动，而是造成那种管理活动的原因。总之，企业文化是企业的灵魂所在，是企业内在的本质。所有优秀的企业和企业家无不重视企业文化建设，没有文化的企业可以成长，但很难实现可持续增长。

很多人认为只有大企业才需要企业文化建设，实际上，所有的企业，尤其是初创期的企业最需要建立企业文化，注重文化建设在组织创立阶段的形成。如果等企业规模发展起来再开始着手，就会在企业内部形成散离状态，可能会导致人员离职率高、遇到困难团队凝聚力不够等，对企业发展非常不利。企业文化建设要充分考虑到如下几方面。

（1）意识。在创业之初就要重视企业文化的累积。创业的初心是企业未来发展的渊源，是不竭的动力，但很多企业随着时间的推移就忘记了初心，所以在创业之初就要有意识做这方面的积累，为企业文化的成熟打下良好基础。

（2）行动。在意识的指导下，要尽早做好相关活动的资料收集、整理。

（3）培育。文化是创业和经营过程中优秀文化的积淀和升华，不是天上掉下来的，而是人为的，具有明确的倾向性。离开培育，特别是领导的倡导和培养，就很难形成优秀的文化。

（4）时间。文化的成熟是要长时间累积。一个优秀的企业文化，建设与发展并非是一日之功，也不是一两句口号能代替的，必须经过长期艰巨的培育过程，需要有规划、有步骤地进行。

（5）忍耐。优秀的文化一定是经过很多苦难磨炼出来的。价值观的形成是一种个性心理的累积过程，这不仅需要很长时间，更需要不断强化，人们的合理行为只有经过强化和肯定，才能转化为主体的价值观念，才能深入人心。

（6）认同。任何文化只有得到全体成员认同才能成其文化，否则不是文化。企业文化也不例外。所以，企业文化实质上是一种“认同”。

（7）传播。传播是认同的手段，更是获得认同的有效途径，更是发挥文化影响力的途径。老年教育是创造文化、培育文化和传播文化的主渠道。

（8）善意。养老文化是善文化的一部分，养老机构的从业者要有善意，老年人也要培养更多的善意，这样才能更好地有助于机构的良性发展。

（9）特性。切忌照搬照抄文化，一定要形成自己的文化核心。最完美的不一定是最好的，适合自己的才是最好的。

（10）巩固。发挥教育传播的有效性，利用好各种媒体手段，通过各种案例讨论反复强化，才能巩固文化的成果。

问题 44：老人怎么能在养老机构找到家的感觉？

吕振爽健康之家创始人　吕振爽：

和长辈聊起养老话题，很多人对养老机构的印象是生疏、冷清，缺少家的感觉。虽然很多养老机构的硬件设施已经好过了自己家，但现实还不尽如人意。我想应从如下几个方面来考虑和着手。

（1）何为家？

家是以血缘关系形成的组织，具有体现每个家庭成员主人翁精神的客观环境。家有身体之家、血缘之家、心灵之家，这三个层面是归属感的体现。家要具有和谐精神、团队精神、主人翁精神和道德家风。努力体现这些内涵才会真正让养老机构有家的温暖和幸福感，才能提升养老机构的吸引力。

（2）员工要以单位为家。

养老机构的核心资源是员工，员工的向心力是养老机构家文化建设的试金石，通过各种教育活动，通过养老机构文化打造，首先提升员工对机构的家文化的认同，进一步传播和践行本机构的家文化，这才是养老机构最核心的竞争力。这里面需要强调的是对家文化的认同要从被动到主动、从行动到内心、从有意到自然的转变和提升。

（3）为什么老人不愿意去养老院，就是因为养老院没有家的感觉，没有家的温暖，没有家的寄托，没有家的味道。

现在的养老机构硬件设施都非常好，但还是有很多老人总不把这里当家，服务少了觉得不重视，服务多了觉得受约束，很多人还认为是服务出问题了，其实是老人的观念还没调整过来，他还没有把你们当家人，也没把这里当家，所以才有这些问题产生。

（4）不是身体在哪里哪里是家，而是心里寄托在哪里哪里才是家。

上一个问题就揭示一个非常重要的问题，就是不是身体在哪里，哪里是家。而是心在哪里，哪里才是家。所以要能争取老年人心理认同最关键，这就需要进行老年教育。通过老年教育，改变养老观念，甚至要进行养老革命，才能彻底解决这个问题，如果这个问题不能从根本上解决，工作人员的很多努力都是徒劳。

（5）养老机构要有家的情分，培养不是亲人胜似亲人的感觉。

我们在养老机构这个大平台上结缘，那就要重新建立我们之间的信任和感情，养老机构要主动进行员工教育，能发自内心把老人当家人的人，工作的幸福感就很强。反之，则是被动完成领导交给的任务，这对身心的共同成长都不好。同样，要通过健康教育机制，加强对老人的观念影响，让他把工作人员当成家人，而不是工作人员，这样才不只解决生活上的照料问题。有更多心理上的亲近感，才能找的家的温馨。

（6）家文化不能只讲孝，也要讲慈。现在的大家都很重视孝文化的传播和应用，收到了很好的效果。从文化的宏观角度来看，我们也要重视慈文化的传播，孝是晚辈对长辈，慈是长辈对晚辈，两者相互感应，才是家文化或者说是养老文化完美的体现。

问题 45：老年健康教育的方法与理念哪个更重要？

吕振爽健康之家创始人　吕振爽：

我国从 1983 年开办第一所老年教育机构，近四十的时间一直在做老年健康教育的探索，期望通过老年健康教育真正为积极老龄化社会助力。取得了一些成绩，但和老年人对健康的期望还有很大的差距。

（1）老年健康教育现状，更关注方法，少关注理念。

从目前健康资讯来看，方法层出不穷，很多老人频繁更换保护健康的方法，最后也说不清楚哪个更适合自己。这也是目前老年健康教育的现状，方法太多，坚持的太少。一提到理念的学习，很多人觉得太复杂，晦涩难懂，花很长时间也弄不明白。所以在传播过程中在把握住专业性的前提下，也要兼顾通俗性。

（2）方法和理念之间的关系要弄清楚。

从社会的现实来看，很多中老年朋友都在积极参与健康实践活动，但其中很多人往往没有收到比较理想的效果，仔细观察下来，就是没有弄清楚方法和理念之间的关系问题。

其实从根本上来看，健康教育或者说健康实践一定要从理念入手，因为只有在理念鉴别和指导下的方法才能更好地助力健康的作用，否则可能会适得其反，就像在教学过程中讲述推法在下肢水肿的应用，一部分人用起来效果立竿见影，一部分没有效果，仔细了解才知道没有效果的人根本就是轻视推法的补泻规则，推动的方向和经脉气血运行的方向相反，不但不能有助于疾病的康复，反而适得其反，最后受到影响的是自己，等仔细从理念上弄清楚，后悔不已。

有正确理念做指导的实践活动才能起到真正的健康助力作用，所以要重视理念，特别是传统文化在健康实践当中的指导作用是不可忽略的。当然，我们也要密切关注现实实践当中的感悟，来验证或者调整我们的观念，两者相互良性互动，是保证健康质量提高的必经途径。

从传统文化的角度上来讲，理念学习更有助于调神，而方法学习更有助于调形，独立来讲，上士调神，下士调形。整体来论，形神互动，才是完美的一个整体调整体系。

更重要的是，可以通过老年健康教育，有修正老年人的理念的意识，从而能够修正老年人的生活观、生命观、健康观、幸福观，这样能铺平老年人的养老之路。

（3）有理念才能增强老年人的辨别能力，防止雾里看花，水中望月。

现在老年人的健康意识很强，也想找到合适的方法，但因为方法太多，分辨起来太难，所以就要加强学习，这是提高辨别能力的必经之路。也是真正提高老年健康教育质量的必由之路，希望关注老年健康教育的每个人都要意识到这个问题。

（4）最好的状态是理念和方法相结合，理念指导方法，方法回馈理念，升华理念。还要强调一下要传递正确的理念，近些年很多新的理念层出不穷，特别是创新的养生观念，需要我们用传统的儒释道医武的养生观念综合加以甄别，以免误导自己和他人。需要强调的是这是个长期的过程，是一辈子的事情，急不得！

问题46：我就一个孩子，需要立遗嘱吗？

心愿传承遗嘱库创始人、律师　刘永斌：

如果是独生子女，更要立遗嘱，原因如下：

首先，如果没遗嘱，独生子女可能会面临房产很难过户的情形。

在房产继承的过程中，房产交易部门一般只要公证文书或法院出具的法律文书。但是，如果没有遗嘱，只能法定继承，独生子女无法提供公证处所需材料时，就无法办理公证继承。由于是独生子女，又无其他同一顺序继承人，即找不到法律上的利害关系人做被告，到法院走诉讼程序会有可能驳回诉请的。

其次，如果没有遗嘱，更有可能会导致财产外流。如下案例：

赵大妈是北京退休职工，丈夫早早离世，留一个儿子及西城区的一套房子（2017 年价值已达 1000 万左右）。赵大妈怕儿子受气，没有再婚，好不容易儿子长大并成了家，但老人却怎么也开心不起来，她始终觉得漂亮的外地儿媳是带着目的嫁给儿子的，一次偶然的机会老人还发现儿媳下班被一辆好车送到楼下，担心日后二人感情生变，老人就想自己走后，把房子留给儿子一人。为此赵大妈专门去找律师咨询，说出自己的想法，律师告诉赵大妈可以通过订立遗嘱来实现意愿。但赵大妈一则因律师帮忙订立遗嘱收费高，二则觉得自己身体很好，晚点立也没关系，一拖再拖，遗嘱之事就搁下了。2017 年 9 月，王大妈突因脑出血病倒，意识不清，无法正常表达。此时，赵大妈的儿子又找到律师，想让律师给赵大妈立遗嘱，但律师告知：因赵大妈无法正常表达自己的意愿，已无法办理遗嘱。

半年后赵大妈撒手人寰，老人的丧事还没处理完，儿媳就向法院提出离婚，并要求按夫妻共同财产分割老人的房产。

法院判决：房子因继承所得属于夫妻共同财产，离婚时应平分，最后双方协商价格 1000 万，房子归儿子，儿子支付 500 万给儿媳。

我国法律规定，夫妻婚姻存续期间，继承来的财产，如没有遗嘱等特殊指定，将作为夫妻共同财产来处置。也就是说，若老人未立遗嘱，那么婚后一方继承的遗产属于夫妻共同财产，离婚时对方有权要求分割。若老人生前立有遗嘱，已明确遗产只留给自己的子女，离婚时，另一方无权要求分割。

通过这件事，提示老人们注意一点。一定订立遗嘱，更要及时尽早，千万不要等到身体或精神状态出现问题再订立，到那时有可能因自身原因无法订立而留下终身遗憾！

问题 47：公证遗嘱一定有效吗？还优于其他遗嘱吗？

心愿传承遗嘱库创始人、律师　刘永斌：

公证遗嘱作为《中华人民共和国民法典》里规定的六种遗嘱形式中的一个类型，其效力与其他五种是一样，并不优于其他遗嘱，如果有公证遗嘱与其他遗嘱并存的情况，则以时间最后的有效遗嘱为准。

公证遗嘱也不一定都有效，如下面案例：

原告陈世泽与被告陈世业是同母异父兄弟，父亲陈某（1993 年去世）与母亲王某（2000 年去世）生前婚生子女有三男一女，长子陈世业即被告，次子陈世存、三子陈世泽即原告和女儿陈桂英（已出嫁）。陈某与王某生前共有房屋上中下三大半间和四间小屋。王某生前于 2000 年 11 月 14 日立下公证遗嘱，将其与丈夫陈某生前的房屋进行处分，遗嘱内容为："大儿子陈世业分得底下的大半间及相连的小屋一间；次子陈世存分得顶上的大半间及相连的小屋一间；三儿子陈世泽分得中间（即香火屋）的大半间及相连的小屋一间，其自住的香火屋后上一间小屋，死后归三儿子陈世泽所有。"被告陈世业于 1978 年结婚后即一直居住在中间的大半间房屋（即香火屋）至今。2001 年 12 月 17 日，原告以执行母亲遗嘱为由，要求被告陈世业搬出占有的香火屋而诉至法院。

法院判决：

一审法院审理认为，原、被告父母生前（即 1978 年）已对其家房屋进行了处分，被告分得中间大屋的半间(即香火屋)，并一直居住至今，其事实应视为该房屋已属于被告所有。王某所立遗嘱处分被告原分得的房屋，违反了《中华人民共和国继承法》第十六条第一款的规定，该遗嘱无效。另即使是讼争之房屋尚未处分给被告，属家庭共有财产，依照《中华人民共和国继承法》第二十六条第一款的规定和最高人民法院《关于贯彻执行〈中华人民共和国民法通则〉若干问题的意见（试行）》第八十九条的规定，王某所立遗嘱擅自处分与陈某及其家庭成员的共有财产，该遗嘱仍然无效。据此，依照《中华人民共和国民法通则》第七十二条第一款的规定，判决驳回原告陈世泽的诉讼请求。

本案涉及的法律问题是公证遗嘱的效力问题及共同共有财产的处分问题。大多数人都会认为，既然是经过公证机关公证的遗嘱就是有效的，因为公证遗嘱是由遗嘱人经公证机关办理，程序较为严格。根据《继承法》（当时有效，现已失效）的规定，有效遗嘱必须具备法定的形式要件和实质要件。这两个要件都不具备或仅具备一个要件的遗嘱，应认定无效。

遗嘱的形式要件：遗嘱有公证遗嘱、自书遗嘱、代书遗嘱、录音录像遗嘱、口头遗嘱以及打印遗嘱（《民法典》新增遗嘱形式）六种，其中每种类型都有各自形式要件。

遗嘱的实质要件则要求：

①遗嘱人在设立遗嘱时必须具备遗嘱能力；

②遗嘱必须是遗嘱人的真实意思；

③遗嘱不得取消缺乏劳动能力及没有生活来源的继承人的继承权，要为其保留必要的遗产份额；

④遗嘱只能处分被继承人个人的财产。

共同共有是指两个或两个以上的人，对全部共有物不分份额地享有平等的所有权，也称不确定份额地共有。综上所述，本案中，陈某去世后，其财产份额应由其法定继承人共同继承，王某未经其他共同共有人同意，擅自处分了其他共有人的财产，该遗嘱无效。

本案中，王某立遗嘱时处分了不仅仅是她个人的财产还有其他共有人的财产，而且她个人的财产与其他共有人的财产是共同共有的，是混合在一起的，并没有分割开来，故原告称王某占大多数份额房产，所做的遗嘱只是部分无效，这是不符合共同共有的法律规定的。

问题 48：立遗嘱人不会（能）写字，加盖人名章的遗嘱有效吗？

心愿传承遗嘱库创始人、律师　刘永斌：

案情介绍

刘尚贤与张焕省婚后生育二子一女，长子刘某 1，次子刘某 2，一女刘某 3。刘尚贤于 2017 年 8 月 4 日死亡，张焕省于 2018 年 1 月 3 日死亡。

201 号房屋系刘尚贤、张焕省夫妻共同财产，2002 年 2 月 25 日取得房产证，登记在刘尚贤名下。

2011 年 10 月 13 日，刘尚贤、张焕省共同立自书遗嘱，记载："我们都是 80 多岁的人了，有三个子女，刘某 1、刘某 3、刘某 2，为更好地安度晚年，故叫刘某 1 多照顾我们的日常生活，等我们百年以后，把刘尚贤名下的位于横一条 6 号楼一单元的三居室给刘某 1 长期居住。签字：刘尚贤张焕省人名章 2011 年 10 月 13 日" 2012 年 2 月 21 日，张某、刘鸣皋在遗嘱下方签署自己姓名及日期。

2012 年 2 月 28 日，张焕省立代书遗嘱，由张某代书，记载："我现在年迈多病，体力不支，不久将离人世了。有件事我放心不下，就是我以前和老伴曾写过一份遗书，内容把我老伴名下的位于横一条 6 号楼一单元的一套三居室遗赠给大儿子刘某 1 长期居住，现在再次重申把此房遗赠给大儿子所有。因为大儿子夫妻孝顺伺候的周到。另一条，买此楼时拿了二万元钱投入在内。

遗赠人：张焕省2012年2月28号代笔人：张某2012年2月28日”。刘鸣皋第二日2月29日在遗书下方签署“证明人刘鸣皋2月29日”。

刘某2对上述两份遗嘱均不认可，认为刘尚贤在2011年10月已患老年性痴呆，当时不具备订立遗嘱的民事行为能力，对刘尚贤签字不予认可；认为张焕省会写字，2011年10月的遗嘱张焕省未签字而是盖人名章不符合逻辑，2012年2月的遗嘱不符合代书遗嘱的形式要件。

庭审中，刘某1提交部分刘尚贤、张焕省就医票据及诊断证明书、殡葬票据、养老院协议书，以证明刘某1对刘尚贤、张焕省尽了主要赡养义务；提交证人张某、刘某4的证言，以证明刘尚贤、张焕省的遗嘱真实，201号房屋应归刘某1所有；提交证人刘某5的证言，以证明刘某1对刘尚贤、张焕省尽了主要的赡养义务。

法院判决：

2011年10月13日，刘尚贤、张焕省共同订立的自书遗嘱符合法定形式要件，内容真实有效，各方当事人应遵照遗嘱继承，故201号房屋由刘某1继承，归其所有。刘尚贤、张焕省留下的银行存款30万元由原、被告共同按照法定继承办理。张焕省于2012年2月28日所立代书遗嘱，不符合代书遗嘱的法定形式要件，为无效遗嘱，但因其2011年10月13日通过加盖人名章的方式订立自书遗嘱，故并不影响本案201号房屋的继承方式。刘某2认为刘尚贤在订立遗嘱时不具备民事行为能力，认为张焕省会写字，进而认为2011年10月13日的遗嘱无效，证据不足，不予采信。虽刘某1申请的笔迹鉴定因样本不足而终止，但未有证据显示其持有鉴定比对样本而拒不提供，本案结合案情，对刘某2称刘尚贤签字不是本人所签的意见不予采信。

遗嘱的效力取决于立遗嘱人是否具有完全民事行为能力，是否是立遗嘱人真实的意思表达，是否符合法律规定的实质要件和形式要件，如果上述条件全部满足，则一般遗嘱即为有效。

本案中立遗嘱人采用的是代书遗嘱有见证人且符合形式要件，这是法院认定遗嘱有效的基本逻辑。所以即使立遗嘱人有书定能力，我们一般也不建议立自书，最好采取打印或代书遗嘱。因为在最近期的司法实践中，持有遗嘱的人一个最基本的举证责任是要证明遗嘱的真实性。而这个真实性如果是自书则很难自证真实，只能字迹鉴定，而字迹鉴定又有太多的不确定性且鉴定费用不菲。

问题 49：老年群体最常见的皮肤问题有哪些？症状表现怎样？

广州奇维生物信息技术有限公司总监　周丽：

我国人群样本研究，50～89 岁人群皮肤病总患病率高达 74.1%，明显大于相对低龄人群，尤其以下几种较高发。

（1）皮肤瘙痒症：皮肤干燥、变厚粗糙，引发脱屑、皲裂、瘙痒等一系列症状，四肢更为明显。国外流行病学研究显示，65 岁以上门诊患者皮肤瘙痒症的发病率为 12%，85 岁以上达 20%。

（2）老年性湿疹：一般湿疹的皮损为多形性，以红斑、丘疹、丘疱疹为主，皮疹中央明显，逐渐向周围散开，境界不清，弥漫性，有渗出倾向，慢性者则有浸润肥厚。病程不规则，呈反复发作，瘙痒剧烈。老年性湿疹常见于停经后女性、50 岁以上男性，它的症状有很多，比如可导致皮肤发红，形成的皮损会导致剧烈的瘙痒，搔抓之后会导致皮肤破裂，有液体渗出，还会引起周围皮肤炎症反应，在皮肤上长出集群分布的水疱，搔抓使得水泡破裂液体流出，等到液体干燥后会使得皮肤结痂变厚。

（3）皮肤癣：目前皮肤癣菌病仍按发病部位命名如头癣、体癣、股癣、手癣、足癣等。诱发瘙痒、脱屑、糜烂等一系列症状。夏季多发，冬季少见。如果不积极治疗，病情很可能进一步发展，出现患处扩大、症状加重等，而且还容易传染给亲近的人，危害全家健康。

（4）日光性相关疾病：老年斑是一种生理性色素代谢变化，发生原因一般认为与皮肤老化、内分泌失调及日光长期暴晒有关。表现为散在的色素斑片，大小不等，扁平或稍高于皮面，表面光滑，呈棕褐色。多见于暴露部位，如面部、额部、手背等。通常在 50 岁后开始出现，女性往往比男性更早一些发生。

（5）褥疮：针对失禁和高龄行动不便老人，压力性损伤又称为压疮或褥疮，是很常见的皮肤问题，不仅给老人带来身体的疼痛和心理的压力，对于家庭照顾成员，尤其是对康养机构和护工来说，护理的成本和压力都是巨大的。

压疮又称压力性溃疡、褥疮，是由于局部组织长期受压，发生持续缺血、缺氧、营养不良而致组织溃烂坏死。皮肤压疮在康复治疗、护理中是一个普通性的问题。据有关文献报道，每年约有 6 万人死于压疮合并症。

问题50：为什么老年群体的皮肤问题更为突出？

广州奇维生物信息技术有限公司总监　周丽：

随着年龄的增长，人体的细胞代谢能力变弱，皮肤老化，角质层变得脆弱，皮肤表层的油脂分泌减少，无法锁住水分，导致皮肤干燥，继而容易引发脱皮、瘙痒。无法忍受干痒而不断抓挠，还可能抓破皮肤，引起炎症。

老年人是湿疹的易患人群之一，由于年龄比较大，身体机能慢慢减退，抵抗力和免疫力下降，对抗疾病和适应环境的能力都在下降。因而容易遭到外部环境的影响，引起感染和皮肤炎症。

老年人如果忽视清洁，抵抗力又弱，一旦温湿度适宜，真菌就会侵犯人的皮肤、毛发、甲板，引起感染，形成皮肤癣。

老年人在康复和养老护理中最头疼的一种皮肤问题就是褥疮。局部皮肤组织长期受压、缺氧，加上老年人皮肤功能脆弱退化，容易造成皮肤组织坏死。失禁病人因长时潮湿因素，存在皮肤受损的风险，而且粪便中的酶也会进一步加重皮损的发生。尿液和粪便与皮肤的接触会进一步激发皮肤的破溃，出现疼痛或皮肤感染。

问题51：老年人皮肤如何正确地健康管理？

广州奇维生物信息技术有限公司总监　周丽：

很多皮肤疾病的发生，都与皮肤干燥、皮肤屏障功能受损有关。因此，要预防皮肤疾病，就要在日常生活中加强对皮肤的呵护。

（1）饮食管理。

注重健康饮食，保持营养均衡，增强抵抗力。要注意每天进食高蛋白食物，蛋白质是维持皮肤完整性最佳状态、促进伤口愈合所需的主要营养素。要避免食物油腻、过甜、过咸，多吃粗纤维食物及富含膳食纤维的蔬果。足够的水分对于维持皮肤健康及预防皮肤破溃同样重要。维生素A和维生素C有助于上皮和胶原蛋白形成和伤口愈合。

老年人在患皮肤病期间，应注意少吃辛辣刺激食物及鱼、虾、韭菜等易引起过敏的食物。宜多食用富含维生素的食物，多吃新鲜水果蔬菜。

（2）衣着服饰。

老年人体力衰退，机体抵抗能力变弱，体温调节功能降低，皮肤汗腺萎缩，冬怕冷、夏惧热。因此，对于衣着服饰的选择，应从暖、轻、软、宽大、简单为原则。选择宽松柔软、透气性好的纯棉衣物和床单被褥等，避免化纤类、皮毛产品对皮肤的外界刺激。

（3）皮肤护理。

出现皮肤问题，多数会伴随瘙痒症状，过度的挠抓、热水烫洗都是对皮肤的恶性刺激，加重症状，甚至出现糜烂、流水、继发感染等，应该尽量避免。平时要避免洗澡过频或水温过高，尽量不要用肥皂等碱性太强的沐浴产品，以免过多洗去油脂，导致水分过多流失。洗完澡后立刻擦干，涂抹身体乳或润肤霜，滋润皮肤。日常生活也要做好防晒保湿。

问题52：请问为失独家庭服务要讲究哪些方式和方法？

黑龙江华正众益养老管理服务有限公司总经理　甘田霖：

这几年由于接触、服务失独家庭的关系，对失独家庭或多或少有了一些了解。

说实在话，很多失独家庭虽然看起来走出了失去孩子的阴影，开始了正常生活，其实他们对“失独”两个字还是非常敏感的，是不愿意看到说起的！因为那是一块伤疤、一个痛点，谁愿意经常打开伤疤、给自己制造刺激呢！目前失独家庭只是民间的一种叫法，政府出台的文件中提法是计划生育特殊家庭，有些地方政府和社会组织在公开正式场合将“失独父母”字眼写在条幅上，这种作法实在有些不妥，他们没有从实际出发，也缺乏以人为本的理念。不仅是对失独家庭的不尊重，这也是违背上级文件精神的。

这几年，我们作为以服务失独家庭为主要工作内容的社会公益组织，在做公益服务项目时都是从失独家庭受助群体出发，考虑他们的切身感受。对于服务对象不去面对面深入、沟通交流，不去打开他们内心的创伤，我们可以通过其他渠道对服务对象进行详细了解，掌握第一手材料。

我们日常与服务对象联系，一般都是采用网名或者网上沟通；如果需要与服务对象见面，我们也是在征得服务对象同意的前提下进行走访，很多时候都是在他们指定的第三方区域见面沟通，最大限度地保护失独家庭的个人隐私。作为社会公益组织要做到以人为本、人人平等，不能为了做项目而做项目，不能为了宣传而不考虑失独家庭的内心感受。

以我们连续三年举办的哈尔滨（失独家庭）除夕晚会为例，我们从活动策划、组织、招商、执行、宣传、举办都以特殊家庭为主题的，尽量淡化失独家庭字眼，最大限度地减少、减轻对失独家庭的影响和伤害。这样失独家庭成员在活动中剔除了标签化，找到了自然人的感觉和尊严。例如，2018年8月，我们与黑龙江省总工会联合开办了中国第一所专门为失独群体设立的老年公益课堂，我们给这个公益课堂起的名字叫“读您老年公益课堂”，“读”采用了“独”的谐音，又有读书的意义。

失独家庭是社会的一个特殊群体，他们有自己特殊的内心感受。接触、服务失独家庭要经常做到换位思考、将心比心，不能把失独家庭仅仅作为一个工作、服务对象，我们要像兄弟姐妹那样交知心朋友、做放心伙伴。

上善若水、以情动人，政府部门、社会组织和爱心人士都要把失独群体当作自己的好朋友、好兄弟（姐妹）、好邻居、好同事，他们得到爱的关怀也会做到“失去孩子没有失去爱”！他们也会以特有的方式回到社会、回报社会、服务社会！他们也会是社会和谐、稳定、发展的一支不可忽视的重要力量。

问题53：如何做好公益项目的评估？

黑龙江华正众益养老管理服务有限公司总经理　甘田霖：

目前主流的是发展性评估，通过评估促进公益项目发展。评估结果除了为内部管理与外部决策提供判断依据外，通常也会附上改进建议并推动应用。

将发展性评估划分为准备、设计、实施与应用四个阶段。然而，受公益项目自身社会性的影响，发展性评估又具有一定的特殊性。一方面，公益项目所追求的公共利益，较商业利益而言更难衡量，需要在评估过程中与相关方就“成功标准”达成共识；另一方面，公益项目所能取得的成效，较商业项目而言更依赖相关方，需要最大限度了解各方对项目的认知，并促进各方对其目标与实现过程达成共识。因此，发展性评估相较一般咨询服务更注重相关方的参与。

以下是发展性评估的四个阶段，相信大家读完之后也可以较为系统地了解公益项目评估的流程：

（1）评估准备，是整个评估过程的基础。在该阶段，需要首先就评估背景、需求与目的，以及评估所提供的价值、一般流程与相应要求沟通清楚。在此基础上，需要进一步明确本次评估的目标、问题、方法、范围、任务、权责及预算等，形成“评估任务书”。

（2）评估设计，是对相关方在准备阶段形成的共识进行具体的操作设计。在该阶段中，需要单独组建评估团队，根据项目基础资料与“评估任务书”，确定评估框架、主要活动与产出、时间、资金和人力投入，拟定评估建议书。

（3）评估实施，是对“评估执行与沟通方案”的落实。在此过程中，评估团队需要根据既定方案推进评估实施：根据评估指标、开发测量工具（即“得到相应的数据或内容，去判断评估指标完成的情况”）、调研对象的抽样及信息的收集，整理与分析信息，听取相关方的反馈，结合有关理论与外部环境状况形成合理的解释，最终完成评估报告。

（4）评估应用，不仅指最终评估报告定稿后推动建议的落地，还包括评估活动过程中对项目相关方的积极影响及评估过程本身的改进。该阶段事实上是一个贯穿整个评估的过程，而非单指评估的收尾阶段。

发展性评估的目的，是为了促进项目发展，这里的“发展”即为推动项目所干预的社会问题的解决。

在评估工作开始前，相关方对评估过程与结果要有一致的预期，并达成关于评估指标和成功标准的共识。“评估应用”阶段是一个贯穿整个评估的过程，而非单指评估的收尾阶段。

问题54：对于选择为老服务相关专业的同学你有哪些话？

陈佳汶，来自河南许昌，年龄22岁，毕业于河南医药健康技师学院健康服务管理系健康与社会照护专业。

2020年5月开始至上海泰康之家申园实习，期间曾任职个案管理师、文娱活动师以及养老护理员岗位。实习期间工作能力深受认可，2021年6月在上海申园康复医院以优秀实习生的身份拿到offer直通车成功转正，并凭借自身能力被调任至泰康之家锦绣府，目前担任个案管理师岗位。

主要工作是通过日常访视、家庭会议、居民委员会，与居民深入交流，发现潜在风险，早期预警、早期干预，维护家属关系，加强居民、家属和园区之间的沟通，有效协助解决纠纷或投诉；并组织居民开展一些文娱活动以及大型活动。也在此基础上兼职社区品牌宣传工作，运营与维护社区官方公众号视频号等新媒体平台，打造品牌形象。

身为00后养老人，任职期间深受社区领导、同事以及在住居民和家属的肯定。代表泰康之家锦绣府社区参加浦东养老协会举办的社工大赛，获得大赛优秀奖；获得2021年度集团优秀员工奖以及最佳员工通信员支持奖。

格言：只要能梦想的，就能实现。

忠于选择——养老行业是未来朝阳产业

身为一个在养老行业工作了两年的00后养老人，首先对选择为老服务的同学们表示我衷心的赞扬与肯定；也想在此告诉大家，要坚持自己的选择并忠于初心。我国从2000年已经进入老龄化社会，并且老龄化进程在不断加快，社区养老需求日渐旺盛。在我国，大部分老年人考虑到子女有自己的生活，生活压力大，不想成为他们的负担，因此有超过75%的老年人没有选择跟子女同住。但是，从情感上看，有超过一半的老年人希望子女能够陪着身边，这也从侧面反映出，我国大多数老年人需要陪伴。能够与志同道合的朋友养老并且在离家不远的社区养老也逐渐受到老年人的喜爱。

目前我国养老产业仍处于供不应求的状态，未来伴随着老龄化进程的加快，市场将对养老产品需求持续扩大。在这样的社会背景和大环境的驱动下，我国养老事业迅速发展，养老服务种类越来越多、质量也越来越高，由此可见养老行业在当下社会是一个十分有前景与希望的“朝阳”产业。

提升能力——珍惜在校学习实践时光

在投身养老行业工作之前，我还想对各位同学说：珍惜在校学习实践时光。只有在学校打好基础，夯实地基，日后才可以更好地应对工作中的问题与挑战。近几年随着养老行业的成长与发展，各大院校开设相关专业，引进仪器设备，致力于培养优秀养老人才，这对于养老服务相关专业的同学们来说是十分优质的资源。可能在课堂上有些同学会觉得一直重复一个操作一个知识点反复钻研很枯燥、实操课上面对的不是真正的老人无法代入……有这种想法不可避免，但你要相信在专业教师的指导和同学们的共同努力钻研下，这些课堂上学习到的知识和技能都会对你日后的工作有很大的帮助，付出和回报一定是成正比的。

这点我自身也是深有体会，离开学校正式步入社会以后，才真正体会到学生时代老师说过的话、教过的知识、道理的重要，也后悔自己没有在学校的羽翼下更加努力丰富自己的专业技能、知识储备，提升自己的能力。所以也建议各位同学可以把握住机会，多学多问多钻研，也可以利用课余时间考取相关的证书，积极参与学校组织的实践活动，丰富经历，充实知识技能储备，以更完美的自己接受挑战。

角色转换——从学校到社会 Yes, I can!

相信各位即将面临就业的同学们，心里一定十分忐忑。我可以胜任这份工作吗？我可以很好地跟老人交流吗？我可以很好地跟同事相处吗？等等。在这里我想说，有这些担忧是必然的，因为你要面临的是角色的转换，是身份的变化，但是我们要做的就是让自己成为心态管理大师，化压力为动力，激励自己成为更好的自己。当然也要做好从事这个行业的心理准备，就像我开头说的那样：忠于选择，坚定地走下去。

当你真正融入养老事业之后，你会发现这份工作是会带给你快乐和收获的。像我就职的泰康之家锦绣府，社区居民大多为科学家、工程师、艺术家、院士……他们都是在某个领域闪闪发光的人，在跟他们相处过程中可以身上学到很多，他们也会像爷爷奶奶一样关心爱护我们并且支持我们的工作。

此外在工作之余寻找一个兴趣爱好来释放压力宣泄情绪也很重要。可以是看书、看电影、听歌或者约上朋友散步旅游、吃上一顿美食……放平心态去面对吧，这些压力都会是你成长路上的果实，成长路上的挫折与经历都会在对的时候以另一种方式回馈给你；我们可以，你们也可以。

从事了养老产业之后，我的思想和目标也得到了很大程度上的提升，起初只是抱着我一定要把自己的选择的路走好、让别人刮目相看的心态在努力。但现在的我是发自内心地热爱养老事业，尽自己的力量为养老事业做贡献，让更多的老人可以老有所医、老有所学、老有所享、老有所乐。

养老行业缺少优秀人才，缺少我们这些满怀热忱的年轻血液。泰康保险集团董事长兼首席执行官陈东升的四句话“目标纯正，心无旁骛。做正确的事，时间就是答案”也激励着我在养老行业坚定走下去的心。欢迎各位选择为老服务行业的同学加入养老行业，为大健康事业贡献自己的力量，只要能梦想的，都能实现，一起坚定走下去吧！

问题 55：面对工作劳累、困难与周围人的不理解怎么办？

任韶文，来自河南郑州，22 岁，毕业于河南医药健康技师学院，健康服务管理系健康与社会照护专业。

在 2020 年 5 月至上海泰康申园康复医院实习，曾担任过养老护理师与文娱活动师的岗位，2021 年 6 月凭借优秀实习生的身份成功转正，目前在上海泰康申园康复医院担任文娱活动师的岗位，主要的工作日常是负责各楼层长辈的日常活动和护理公寓大型节庆活动的策划与展开工作，并制作每周课表及每月月历；包括居民每月的生日会与员工每月固定的员工心灵支持工作坊的筹备工作，在每周固定时间至各楼层访视长辈，拉近与长辈的关系，便于日后工作的展开，以及护理公寓官方视频号的剪辑运营宣传工作。

在任职期间凭借自身创作能力在第二届泰康内容创作者表彰大会中荣获最佳原创短视频奖，并获得 2021 年度集团优秀通联团队奖。

格言：越努力越幸运。

两年前我踏入了泰康之家申园的大门，第一个岗位便是养老护理员。顾名思义就是照顾老人的饮食起居，但是这里的饮食起居却不是大家所理解的，我们常常要面临身体不能自理的老人，“食物要精确配比，煮熟后用榨汁机搅拌成浆，晾到最适温度后注入鼻饲管，帮助处理排泄物，定期洗澡按摩，有时候还会被精神不稳定的老人误解，甚至是打骂，但是我理解她们，她们是一群在这个社会更被需要照顾体谅的特殊群体……”这些看似不可能被我做到的事情，我竟然坚持了下来。半年后转岗文娱活动师岗位，每天带着这群可爱的老人做活动，丰富他们的心里世界，不让她们感到孤独。当然这期间经常会遭到朋友或者亲人的质疑，年纪轻轻干什么不好，非要去伺候老人，有什么前途可言。庆幸的是我有家人的理解和支持。我不在乎别人的眼光，因为我在做自己认为对的事，我自己热爱的事业，曾经我以为，养老无非就是物质条件的差别，吃得好一点、住得好一点，就是好机构。其实，老年生活也是生活，不止于温饱、安全、健康等基础需求，更应该要活得体面、尊严，活出这个年龄段的精彩。我们为长者组织服装秀、合唱、绘画、智能手机应用等活动，都是在不断为我的家人们创造新鲜的体验。和 90 后、95 后甚至 00 后聚在一起，她们的心态非常年轻，80 多岁了也爱追星、追剧，一集不落地看，公寓就像一个大家庭一样，我们把爷爷奶奶当作自己的长辈，他们把我们当自己的孩子，因为在这里我们被这些爷爷奶奶们认可，其实她们是一群可爱的人，在这里入住的都是一些退休的高知分子，她们当中都是很“温暖、纯粹、有人情味、内心世界很丰富的人”，被信任、被依赖的感觉是在别的地方体会不到的。在这场跨越年龄的链接中感到了人性的温暖。

如何面对死亡

在这里，我们也会面对生离死别。工作两年，谈到衰老和死亡，会变得迷茫和恐惧。在所有有关养老行业的领域里，我们应该敬畏死亡，享受生活。我们都接受过生死观的教育，在遇到生死时刻，选择坚持也好，离开也罢，收获到的是成长而不是害怕。对死亡的恐惧需要有豁达的生死观帮助解除，埋在心底的恐惧会使得我们不敢、不愿面对，做养老行业，服务的老人和老人家属也在面对死亡的路途中。我们自己都没准备好如何面对，怎么能帮助他们面对未来的恐惧。如果我们能更放开地聊生死，会不会让自己离开世界前的生活质量显著提高？会不会让老人获得更多的尊严以及相互的理解？那这时候就需要我们养老行业的从业者来为家属们排忧解难。给予老人身心上的护理，尊重他们，让他们心情得到放松，解除家属们的焦虑，为家人和家属补充老年心理学知识，让他们活的更有尊严。入住在这里，是他活着的证明，也是他活得有价值的凭证，变老不可怕，哪怕有一天死亡也不可怕，这是大家的必经之路。而如何在变老的时候能够生活得有质量，这就是大家和我们养老行业从业者可以改变的事。

对于未来养老行业怎么看待

朝阳伴着夕阳而升，据第七次人口普查数据显示，全国 60 岁及以上的老年人口已经达到 2.64 亿人，且老年人口所占比重有逐年上升趋势。面对持续增长的养老需求，到 2050 年中国 60 岁及以上的老年人口将接近 5 亿，占总人口比例超三分之一。随着老龄化程度的加深，人们对养老服务的需求、对养老人才的要求也随之上升。当总人口的三分之一步入老年，谁来为我们养老？

95 后的我们已经渗透于养老行业的各个层面，比如我们公寓的医生、护士、厨师、运营等各个岗位都有 90 后、95 后甚至 00 后的员工。他们专业过硬，学习能力强，对新鲜事物接受度高，对老人又很有耐心，深受长者和家属的喜欢，养老行业非常需要这样的新鲜力量加入。

我相信，在不久的将来，这个服务于“夕阳”的行业将迎来真正的“朝阳”时期。

问题 56：是什么让你选择了养老服务行业并在一线坚持了下来？

石鑫雨，来自河南开封，21 岁，毕业于河南医药健康技师学院，健康与社会照护专业。目前在上海泰康之家申园护理部工作，在岗已有两年，期间曾获“优秀学员”“优秀实习生”“护理技能比赛三等奖”“带教护理师聘书”等荣誉证书，轮转过个案管理师的岗位约两个月，目前的职位是护理师，负

责协助楼层居民的生活起居、日常照护、疾病护理、疾病预防、心理安抚、娱乐休闲等工作。性格开朗乐观，工作上有较强的组织管理能力、沟通能力，具有团队协作精神，服务意识、专业能力较强。

人生格言：最高的道德就是不断地为人服务，为人类的爱而工作。

对于我个人而言选择我现在的职业是为了实现我的理想，老吾老以及人之老，没有人愿意“孤独终老”。当我们步履蹒跚、老眼昏花的时候，不仅需要物质上的保障，更需要的是情感上的关爱和精神上的慰籍，每一个人都有老去的时候，因此养老从来都不是一个人、一个家庭的事。作为一个 00 后，选择这个行业需要很大决心和勇气，我很感谢我们的学校，给我提供了实现理想的机会，呼吁更多新伙伴加入养老行业，把我们当作种子进行培养，并为我们安排了就业机会，让养老行业的质量逐渐提高。

以前有很多人都会不理解，我这么年轻，为什么去做这个行业？曾经有一段时间我也很迷茫，是我的老师一句话点醒了我，她说，她能看得到我的付出和进步，让我不要随波逐流，不要在意外界的眼光，时间会证明一切。老师说的没错，我不必去在乎其他人说什么，这个事情总要有人来做的。事实证明，我并没有选择错路，我国已经进入人口老龄化阶段，养老行业的发展潜力是巨大的，随着医疗科技的发展，人们的寿命会不断延伸，中国的老龄化进程只会越来越快。而我国目前子女居家赡养父母的比例较大，随着生活节奏提升，压力也接踵而来，很多人面对工作和生活都已经十分辛苦，照顾父母也心有余而力不足，还让父母晚年生活的舒适度大打折扣，所以像机构养老、社区养老就慢慢走进了大家的生活，而我们就是其中不可或缺的高质量专业护理人员。

对于我们这一代衣食无忧的年轻人来讲，情怀和信念格外重要，我的坚持也取决于我对于身边老人的感情，他们会把我当作自己的孙女一样看待，我觉得他们也不该被我抛弃，我不仅要充当一个护理人员的角色，我也代表着 00 后，更是要充当老人的亲人角色，如果我放弃了，也一定有其他的人放弃，那么老人就不仅仅被我们抛弃，也等于说被新一代社会抛弃了，我们不可以这么做，我们可以去证明我们是有教养、有责任、有胸怀、有眼光的，我们是要引领养老发展趋势的。

目前我只是一位一线的护理师，现在要做的就是脚踏实地干好自己本职的工作，有机会就多学多看，增长见识，而且我的学校、老师和公司领导也会培养我、鼓励我，公司也大力支持人才发展与培养，举行各种培训、技能比拼和人员调配，培养我们去参加省、市比赛由此晋升，我们也不断地接受公司带给我们的挑战，让我们一步步成长，适应不同的环境，找到不一样的自己，在这个行业中发光发亮。但当前的市场上有部分产品环境恶劣且粗滥，有部分则价格无比高昂，难以适用于普通老年人的需求，而我们今后要做的就是响应国家号召，推动普惠型养老服务，将养老行业作为终身事业而奋斗，让人人都能养老，人人都养好老，让老人住进养老院不再是一个奢求。

我们有理由相信，即使有一天头发白了、手脚不便了、脑子糊涂了，没关系，人生的最后一百米，我们的社会将用一颗匠心一路“陪跑”。

后 记

这是80后养老事业系列丛书的第二部作品，按理说之前已经出过书了，再出应该更容易些，但是这本书从策划到出版，几乎每一个环节都历经艰险，困难重重。

我们上海的编委，在居家隔离的状态下弹尽粮绝，饿着肚子、熬着恐惧写完的稿子，从他的文章里也许你能品出《上甘岭》的味道；深圳的编委，不断有域外疫情流入，防控形势十分严峻，面对封城，工作停断，公司员工出现恐慌，此时自己的儿子才出生不久，又要统筹管理好公司，又要照顾好自己的一家老小；哈尔滨的编委，家里长辈去世，父母又在三亚治病疗养，独自承受着葬礼的哀伤；沈阳的编委白天晚上连轴转，带领全单位300多位社工及志愿者做好社区服务，帮助老人挨家挨户送菜、送药，尽着一名人大代表的职责，越是艰难她思考得越多，越是充满诱惑她看得越远；北京的编委面对疫情仍义无反顾地去项目一线辅导，从北京到河北、山东、内蒙、云南、安徽，最后导致自己的健康码异常而无法回家，不得不在京外隔离。而后为了不影响工作，改为线上教学辅导，帮助各地养老机构如期完成等级评定的提升；杭州的编委，在疫情的重重阻碍之下，没有后退，坚持在岗，为多家养老企业第一时间找到了最合适的人选，也为很多因疫情而失业的候选人找到了新的工作机会；京津冀一体化后，三地养老人互动明显增加，天津编委冒着各种风险来北京参加活动，带来天津最新的养老行业动态分享；还有我们河南的编委，疫情导致全校封闭，全校师生频繁测核酸筛查，各种防控任务，此时她冲在了最前线，鼓舞老师，安抚同学，坚定完成了教学任务。

这样一幕幕画面，一个个鲜活的人物，都是让人感动的、真实的故事。他们每个人都经历着人生中的困难，尤其是上有老下有小的80后们，我们没有被疫情吓倒，没有因为困难而动摇，所有人都坚守在自己的岗位上，发光发热，努力扮演好自己的角色。

每位编委都不是擅长写书的作家，他们都是在养老一线实干的创业者。他们创造的企业、创造了工作机会，满足了老人、家庭、政府的各类需求。我们不敢说我们的文章写得多么华丽，多么吸引人，但是我们是以最大的诚意和感情来写的。作为主编，在这里我要由衷地感谢我们编委会里的每一位成员，同时还要感谢鼓励我继续完成80后养老事业系列丛书的各地读者，希望你们能够感受到“忠孝　博爱　开放　利他”的80精神。在仓促的写作过程中，难免会有一些不足，也请读者们给予斧正。我们会不断学习、不断纠错、不断自省、不断完善。

其实现在回过头来看我们的第一部图书，是觉得比较幼稚的，也许过五年再看这本书，可能还会感觉到不成熟。我想这正是真实地记录了我们的成长，80后的成长，中国养老的成长。

通过这本书，我们仍然希望能够与读者们有更多的互动，相互学习，交流业务，大家一起进步。在疫情影响下，我们的展会、论坛等大型活动都做不了，就变成了每月都举办的线上分享会，每个月都有不同的主题，每个月都请专家来分享，让大家的心始终在一起。

欢迎你也加入，请关注“八零养老”公众号，加入社群，参与读者会。

“八零养老”公众号

等疫情过后，期待已久的金孝趣院养老主题书店应该也就开业了，这是属于养老人自己的学习、社交、实践的根据地，欢迎大家来做客。

《奇葩说》里，熊浩说过一段辩词让我至今记忆犹新：

你想让这个世界变得更好，唯一的办法就是尽量发光。

不是因为相信这个光可以照亮一切，而是因为黑暗里的一点点光会特别

耀眼，其他的光会看到你这束光。

微光会吸引微光，微光会照亮微光。

我们互相找到，然后一起发光，这样才能把阴霾照亮。

《80后的养老事业——四十不惑》编委会的全体成员，正是在发着光和热的火种，愿将这份光和热传递给你，为这个需要关爱的社会带来光明和温暖。

这个时候，更显出抱团取暖的可贵。“发现微光　创启新生”！

张晶

2022年5月19日

金孝趣院养老主题书店推荐书单

《老龄社会的革命——人类的风险和前景》	人民出版社
《老龄工作实践与思考》	华龄出版社
《新时代养老机构院长管理指南》	中国社会出版社
《养老社区环境景观设计》	中国林业出版社
《透视日本养老》	中国建筑工业出版社
《我国城市社区综合养老服务体系建设状况分析》	社会科学文献出版社
《城市社区居家养老生态服务系统研究》	上海交通大学出版社
《责任与合作：政府购买养老服务研究》	中国社会科学出版社
《养老服务 PPP：从理论逻辑到实践运作》	中国政法大学出版社
《智慧养老技术及落地应用指南》	电子工业出版社
《老年金融学》	中信出版社
《80 后的养老事业——养老产业商业模式与跨界创新》	中国经济出版社
《认可疗法》	北京联合出版公司
《爆笑养老护理记》	中国财富出版社
《玩转智能手机——开启老年幸福生活》	华龄出版社
《更好的老年》	北京大学出版社
《最好的告别——关于衰老与死亡，你必须知道的常识》	浙江人民出版社
《低欲望社会——人口老龄化的经济危机与破解之道》	机械工业出版社

更多养老题材图书推荐及读者会学习等活动请关注

“金孝趣院养老主题书店”公众号